复旦卓越·21世纪管理学系列

物流学概论

(第三版)

张书源　李　澈　主编

复旦大学出版社

内 容 提 要

近年来物流行业蓬勃发展、日新月异,根据国内物流管理发展现状,针对我国新时期快速发展的物流业对高质量物流管理人才知识、能力等方面的新要求,本书系统地介绍了现代物流管理的基本理论、方法和应用实践,融入了操作层面的实训案例。全书主要内容包括八个模块:物流概述、企业物流管理、现代物流管理功能与内容、传统物流业态、新经济形势下的物流业态、现代物流管理环境、供应链管理、物流绩效管理。这次修订在第二版的基础上对全书的整体章节布局进行了大幅度调整,合并部分章节,并新增了供应链管理和物流绩效管理两个模块的内容,更新了书中的引导案例、相关法律法规及国家标准、行业数据等。本书既能满足学生对于物流管理基本框架和主要内容的认识需求,又让学生对实际操作技能有更深入的了解。

本书适合于高职高专院校和应用型本科院校相关专业使用,也可作为物流类相关培训教材。

图实现教材体系完整,内容丰富新颖,每章设有教学要点、导引案例、教学内容、本章小结、复习思考题和案例分析;重点建设"多媒体课件演示""网上习题解答""网上案例讨论""网上试题测验""前沿文献共享"等在线功能。因此,无论从内容还是结构上,都更具系统性和逻辑性,在普及理论知识的同时突出了实践性,从内容广度和深度而言,相比国内同类教材更具有商科类的应用性特色。

系统的理论和逻辑构架、完整翔实的知识点、深入浅出的表达方式、简洁流畅的行文风格,使这本教材受众面较广,既可以作为物流管理专业的大专生教材,也可以作为工商管理、市场营销、国际贸易、财务管理等各商科专业学生的参考书,还可以供理工科大专生自学使用。我愿意向商科的物流管理和工商管理类相关大专学生推荐这本教材。

上海财经大学物流管理博士生导师　谢家平
2011 年元月于上海财经大学

前　言

经过多年发展,我国物流管理无论在理论上,还是实践上都得到了长足的发展。作为新时代的物流人,对于物流管理基本内涵、物流管理基本环境、物流管理基本发展应该有一个全局认识。本次《物流学概论》(第三版)基于此要求,对内容进行了大范围修改,以满足新形势下学习者的需求。

正是基于这样的背景,本教材做了全面调整。教材主要内容包括:物流概述、现代企业物流管理、现代物流管理功能与内容、传统物流业态、新经济形势下的物流业态、现代物流管理环境、供应链管理、物流绩效管理。

本书由上海开放大学张书源、上海开放大学奉贤分校李澈担任主编。张书源负责对全书框架结构的设计及最后定稿,张书源、李澈参与了全书主要文字部分的编写工作,上海开放大学浦东分校的吴克明对于相关物流法律法规部分提供了大量参考意见,在此特别感谢。

在编写过程中,我们参阅了大量同行专家的有关著作、教材及案例,在此表示感谢。现代物流管理的理论与方法,当前还在不断发展与探索中,虽然我们为编写《物流学概论》(第三版)一书付出了艰辛的努力,但由于水平有限,难免出现疏漏和差错,恳请读者批评指正。

编　者

目 录

第一章　物流概述 …………………………………………………… 001
学习目标 ……………………………………………………………… 001
第一节　物流发展认知 ……………………………………………… 002
第二节　物流的含义与分类 ………………………………………… 008
第三节　物流对企业的重要作用 …………………………………… 013
第四节　物流对宏观经济的作用 …………………………………… 020
第五节　物流的发展过程与趋势概述 ……………………………… 023

第二章　企业物流管理 ……………………………………………… 030
学习目标 ……………………………………………………………… 030
第一节　企业物流管理概述 ………………………………………… 032
第二节　物流成本管理 ……………………………………………… 044
第三节　企业物流质量控制 ………………………………………… 051
第四节　企业物流管理规范 ………………………………………… 055
第五节　物流服务与营销 …………………………………………… 058
第六节　物流人员基本素养与职业道路设计 ……………………… 063
第七节　企业物流战略管理 ………………………………………… 068

第三章　现代物流管理功能与内容 ………………………………… 071
学习目标 ……………………………………………………………… 071
第一节　包装 ………………………………………………………… 073
第二节　装卸搬运 …………………………………………………… 084

第三节	运输	093
第四节	仓储	113
第五节	流通加工	125
第六节	配送	135
第七节	物流信息处理	144

第四章　传统物流业态　162
学习目标 …………………………………… 162
第一节　生产制造企业物流 …………… 164
第二节　流通企业物流 ………………… 181
第三节　第三方物流 …………………… 185
第四节　国际物流 ……………………… 197

第五章　新经济形势下的物流业态　209
学习目标 …………………………………… 209
第一节　电子商务物流 ………………… 212
第二节　冷链物流 ……………………… 221
第三节　应急物流 ……………………… 229
第四节　逆向物流 ……………………… 235
第五节　绿色物流 ……………………… 240
第六节　物流金融 ……………………… 247

第六章　现代物流管理环境　258
学习目标 …………………………………… 258
第一节　经济环境 ……………………… 259
第二节　法律环境 ……………………… 263
第三节　物质条件 ……………………… 271
第四节　物联网 ………………………… 284

第七章　供应链管理　290
学习目标 …………………………………… 290

第一节　供应链管理概述 …………………………………… 292
第二节　供应链管理环境下的物流管理 …………………… 297
第三节　供应链管理要素与集成化运行机制 ……………… 309
第四节　供应链设计与优化 ………………………………… 318

第八章　物流绩效管理 …………………………………… 324
学习目标 ……………………………………………………… 324
第一节　现代物流绩效管理概述 …………………………… 326
第二节　制订现代物流绩效考核计划 ……………………… 332
第三节　现代物流绩效考核方法 …………………………… 335
第四节　现代物流绩效激励 ………………………………… 341
第五节　物流绩效反馈 ……………………………………… 346

参考答案 ……………………………………………………… 352

的供应链体系的资源利用效率。企业竞争的组织模式由企业之间的竞争转变为企业供应链之间的竞争。构建一条高效的供应链，将为企业在市场竞争中占据主动地位提供保障，而有效的物流运作，被认为是供应链高效运行的基础。国际跨国公司的成功实践充分说明了这一点。沃尔玛正是成功构建了一条以高效的信息系统支撑的先进物流运作模式，才使其整条供应链的资源利用率大大提高，进而提高了其竞争力。

正是由于物流职能在供应链竞争中的主导作用，物流作为企业新的利润源泉和取得核心竞争优势的手段越来越受到重视，物流业在社会经济中的作用也越来越重要。以企业物流为对象，以发挥企业的核心竞争力为立足点，研究供应物流、生产物流、分销物流和回收物流的协调组织管理就变成了现代物流管理的主要侧重点，以求快速响应客户的需求并降低物流总成本。物流业作为现代服务经济的重要支柱，必将成为中国经济一个重要的发展引擎和增长点。

经过多年的发展，物流热潮持续升温：国内许多企业都已开始介入物流行业；各地政府也支持建立了物流园区；众多运输仓储公司纷纷转向现代物流公司；各类院校也开始设立与物流相关的专业，并投入大量的科研力量开展物流理论和实践应用方面的研究。这都推动了我国的物流产业迅速崛起，物联网络不断壮大。随着网购等网络商业模式的发展，对快递物流子领域的需求也越来越旺盛。物流不论在学术层面还是在实践层面都欣欣向荣。

但是，我国的物流人才资源结构不合理却成了物流行业发展的"短板"，低端的物流操作人员过剩，中高端的物流管理人才严重不足。这种物流人力资源结构的不合理，急切需要提高我国物流教育水平，为企业提供具有全球化视野，同时掌握国际先进物流理念的中高端人才。物流管理专业知识作为现代管理理论的前沿内容，在物流管理和工商管理专业学员的学习中具有重要的地位。

本教材正是为了培养中高端物流人才而做的。教材中没有堆砌复杂的理论模型，而是基于对现代物流管理直觉的经验判断，结合形象的图形和案例分析，以适合的深度和广度全面生动地描摹了物流管理的理论和方法；在关注对大专生基本理论知识培养的同时，积极探索"重视基础，拓宽视野"的创新特色；力

总　序

　　工业革命以来,决定企业产品竞争力的因素主要经历了由基于"价格、质量、品种"的传统竞争向基于"货期、服务和环保"的现代竞争转变,这些因素在不同历史时期对企业竞争力的影响是不同的。在工业化发展初期,居民消费水平较低,产品只要便宜、可用,就有市场,决定竞争力的主要因素是价格,竞争策略主要集中在降低生产过程和流通过程的成本方面。于是,大规模生产成为主流的生产方式,推动式物流运作模式开始采用。后来,随着技术进步和经济发展,人们的消费水平日益提高,质量和品种成了影响产品竞争力的关键因素,日本企业的全面质量管理和精细生产方式成为这一时期的竞争典范,拉动式物流的运作模式应运而生。自20世纪90年代以来,随着世界范围内全球市场的形成,人们的消费观念发生了深刻的变化,多样化和个性化的市场需求成为主流,企业经营环境的不确定性增加,竞争优势逐渐转移到了交货时间和客户服务上,谁能迅速适应市场环境的变化,谁就能赢得市场,敏捷化的物流运作成为这一时期的主要模式。进入21世纪,环保和低碳成为社会主流,物流运作模式向绿色物流和回收物流转变。正是在需求拉动、技术推动和竞争驱动综合作用下,企业经营理念和竞争策略不断调整,生产方式随之变革,最终带来了物流运作模式相应的不断更新。

　　经济全球化条件下,中国作为"世界制造中心"的地位进一步确立,企业单纯考虑内部资源的重新组合已经不能适应全球化竞争的需要,必须充分利用和虚拟整合外部资源,既要关注企业内部所有职能部门之间的密切联系,又要强调构建企业之间的战略联盟。也就是说,企业取得竞争优势不仅取决于企业内部的资源利用效率,还取决于该企业与上下游企业和客户构成

第一章 物流概述

学习目标

- 重点掌握物流的含义和分类
- 掌握物流的作用
- 掌握物流概念的产生、发展阶段及新物流的发展方向
- 掌握各国物流发展过程与趋势
- 了解物流的基本职能

【引导案例】

圆通速递（物流）有限公司的发展

上海圆通速递（物流）有限公司成立于2000年5月28日，是国内大型民营快递品牌企业，致力于成为"引领行业发展的公司"，以"创民族品牌"为己任，以实现"圆通速递——中国人的快递"为奋斗目标。始终秉承"客户要求，圆通使命"的服务宗旨和"诚信服务，开拓创新"的经营理念。公司拥有10个管理区、58个转运中心、5 100余个配送网点、5万余名员工，服务范围覆盖国内1 200余个城市。公司开通了港澳台、中东和东南亚专线服务。并在中国香港注册了Cats Alliance Express (CAE)公司，开展国际快递业务。

公司立足国内，面向国际，致力于开拓和发展国际、国内快递、物流市场。公司主营包裹快递业务，形成了包括同城当天件、区域当天件、跨省时效件和航空次晨达、航空次日下午达和到付、代收货款、签单返还等多种增值服务产品。公司的服务涵盖仓储、配送及特种运输等一系列的专业速递服务，并为客户量身定制速递方案，提供个性化、一站式的服务。圆通还将使用自主研发的"圆通物流全程信息监控管理系统"，确保每一票快件的时效和安全。

圆通在2013年、2014年和2015年实现了营业收入和快件递送量的三连涨，2013年圆通营业收入为68.85亿元，2014年增长到82.29亿元，2015年为120.96亿元，

两年时间中营收增长幅度超过75%;2013年圆通快递递送量接近13亿件,到2015年增长到了30亿件,两年时间,快递递送量增长130%。2021年11月,圆通速递有限公司全资持股的圆通信息科技有限公司在山西成立。2023年8月22日,圆通速递公告显示:2023年上半年营收270.00亿元,同比增长7.71%;归母净利润18.60亿元,同比增长4.89%;基本每股收益0.5406元。2023年上半年公司快递业务完成量97.77亿件,同比增长20.94%,占全国快递服务企业业务量的16.43%,较2022年同期提升0.65个百分点,业务规模和市场份额加速提升。

案例来源:搜狗百科

【思考】

1. 为什么圆通公司的快递递送量和营业收入能够获得如此骄人的成绩?

3. 你认为以圆通为代表的物流公司未来发展前景如何?

4. 结合二十大报告的"五种精神",你认为圆通之所以取得今天的成绩,哪些精神在起到引领作用?

第一节 物流发展认知

一、物流概念的产生

人们虽然长期对物流现象习以为常,但是一直到20世纪初以前,还没有"物流"这个概念。物流的概念最早起源于20世纪初的美国。从20世纪初到现在,一个多世纪的时间内,物流概念的产生和发展经历了三个阶段。

(一)第一个阶段:物流概念的孕育阶段

从20世纪初到20世纪50年代,这一个阶段是物流概念的孕育和提出阶段。这一阶段物流的概念主要在美国被宣扬和传播,少数人提出并给予其定义,但他们的意见并不统一。主要有两种意见、两个提法:一是美国市场营销学者阿奇·萧(Arch W. Shaw)于1915年提出的叫作physical distribution的物流概念。他是从市场分销的角度提出的。二是美国少校琼西·贝克(Chauncey B. Baker)于1905年提出的叫作logistics的物流概念。他是从军事后勤的角度提出的。

应该说,这两个概念的实质内容是不一样的。前者是从市场营销的角度来定义物流,physical distribution直译应该是"实体分配",按中国人的语言习惯应该译成"分销物流"。它实际上就是指"如何把企业的产品分送到客户手中的活动"。而logistics是物流、后勤的意思,主要是指物资的供应保障、运输储存等。

这两种不同的概念之所以都能存续下来,是因为它们在各自的专业领域中得到了一定程度的响应、应用和发展。也因为这两个概念在各自的专业领域中独立运用,两者之间没有发生冲突,也没有一个统一的物流学派来进行统一规范,也不需要得到社会广泛一致的公认。因此,这个阶段可以说是物流概念的孕育阶段,是市场营销学和军事后勤孕育了物流学。

(二) 第二个阶段:分销物流学阶段

从20世纪50年代中期开始到80年代中期,可以叫作分销物流学(physical distribution)阶段。这一个阶段的基本特征,是 physical distribution 概念的发展且占据了统治地位,并且从美国走向了全世界,受到世界各国一致公认,形成了一个比较统一的物流概念。

1. physical distribution 概念继续在美国得到发展和完善,基本形成了比较完整的物流管理学

1961年,斯马凯伊(Edward W. Smykay)、鲍尔素克斯(Donald J. Bowersox)和莫斯曼(Frank H. Mossman)撰写了《物流管理》一书,这是世界上第一本关于物流管理的教科书,建立起了比较完整的物流管理学科。60年代初期,密西根州立大学及俄亥俄州立大学分别在大学部和研究生院开设了物流课程。

1963年成立了美国物流管理协会,该协会将各方面的物流专家集中起来,提供教育、培训活动,这一组织成为世界上第一个物流专业人员组织。

2. physical distribution 概念从美国走向世界,成为世界公认的物流概念,在世界范围内形成了物流管理学的理论体系

50年代中期,physical distribution 概念从美国传到了日本,在日本得到了承认、发扬和光大,之后又逐渐传到了欧洲、北美,70年代末也传到了中国。这样,基本上全世界各个国家都接受了这样的物流概念和物流管理学理论体系。

分销物流学主要把物流看成运输、储存、包装、装卸、加工(包括生产加工和流通加工)、物流信息等各种物流活动的总和,研究这些物流活动在分销领域的优化问题。在各个物流专业理论和应用发展上取得了很大的进展,例如系统理论、运输理论、配送理论、仓储理论、库存理论、包装理论、网点布局理论、信息化理论以及它们的应用技术等。

3. 在分销领域各专业物流理论竞相发展的同时,企业内部物流理论异军突起

1965年,美国的 J. A. 奥列基博士(Dr. Joseph A. Orlicky)提出独立需求和相关需求的概念,并指出订货点法的物资资源配置技术只适用于独立需求物资。而企业内部的生产过程相互之间的需求则是一种相关需求,应当用 MRP(material requirement planning)技术。在 MRP 发展的基础上,受 MRP 思想原理的启发,80年代又产生了应用于分销领域的 DRP(distribution requirement planning)技术,在 MRP 和 DRP 发展的基础上,为了把两者结合起来运用,90年代又出现了 LRP(logistics resources planning)技术和 ERP(enterprise resources planning)技术。

这一时期五六十年代,日本丰田公司创造的准时化生产技术(just in time,JIT)以及相应的看板技术在生产领域物流技术中异军突起。它不光在生产领域创造了一种革命性的哲学和技术,而且为整个物流管理学提供了一种理想的物流思想理论和技术,现在已经应用到物流的各个领域。

企业内部另一个重要的物流领域是设施规划与工厂设计,包括工厂选址、厂区布局、生产线布置、物流搬运系统设计等,也都成为物流学强劲应用和发展的新领域,形成了物流管理学一个非常重要的分支学科。

所有这些企业内部物流理论和技术的强劲发展,逐渐引起了人们的关注。分销物流的概念显然无法涵盖这些内容,使原来只关注分销物流的人们自然地想到,光使用分销物流的概念已经不再合适。特别是到了80年代中期,随着物流活动进一步集成化、一体化、信息化,改换物流概念的想法就更加强烈了,于是就进入了物流概念发展的第三个阶段。

(三) 第三个阶段:现代物流学(Logistics)阶段

从80年代中期至今,称为现代物流学(logistics)阶段。第二阶段物流业的发展,使全世界都自然意识到,物流已经不仅限于分销领域,而已经涉及包括企业物资供应、企业生产、企业分销以及企业废弃物再生等全范围和全领域。原来的分销物流概念,已经不适应当下形势,应该扩大概念的内涵,采用logistics作为物流的概念。

值得指出的是,这个时候的物流概念logistics虽然和第一阶段的军事后勤学上的物流概念logistics字面相同,但是意义已经不完全相同:第一个阶段军事后勤学上的概念主要是指军队物资供应调度上的物流问题,而新时期的概念则是在各个物流专业全面高度发展的基础上,基于企业供、产、销等全范围、全方位的物流问题,无论是广度、深度还是涵盖的领域、档次都有不可比拟的差别。因此,这个阶段的logistics,不能译为后勤学,更不能译为军事后勤学,而应当译为现代物流学。它是一种适应新时期所有企业(包括军队、学校、事业单位)的集成化、信息化、一体化的物流学概念。

二、物流概念的传播

(一) 美国

美国作为物流理念的发源地,其物流研究、设计和技术开发一直处于世界前沿,有十分成熟的物流管理经验和发达的现代物流,特别是商贸流通和生产制造企业十分重视现代物流能力的开发。从20世纪50年代物流发展初期的实物配送阶段,到20世纪80年代的物流管理阶段,再到当今的供应链管理阶段,美国一直将物流战略作为企业商务战略的核心组成部分予以高度重视,因此物流理念在企业广为普及。

(二) 欧洲

物流的概念从美国产生确立之后迅速向全球传播,首先传播到欧洲,欧洲由于海外贸易运输业比较发达,最初并没有意识到物流的概念,到了20世纪50年代,由于工厂内部对物流管理的需求,首先在制造业引入了物流的概念,表现出工厂物流的特征。

欧洲物流发展最有代表性的行业发展模式是英国的卓越物流模式——便捷的物流服务。卓越物流公司是隶属于英国NFC集团的全英最大的物流公司,卓越物流的显著特点是在日用消费品、汽车、零售、化学和电子领域与客户进行全球合作,提供全委托式物流服务。例如,卓越与全英最大跨国百货公司马莎公司合作,"一揽子"接受马莎公司委托,根据客户需求,组织配送网络,设置配送中心。针对马莎公司海外经营重点是欧洲、亚洲的状况,卓越公司分别在巴黎和中国香港专设配送中心,为马莎公司的海外经营提供配套的一条龙服务。

(三) 日本

20世纪60年代初,物流管理的概念传入日本,并被译为"物的流通"。作为现代物流后起之秀的日本,"物流"概念自从1956年从美国引进后,即开始受到企业和政府的高度重视。1970年,分别成立了日本物流管理协会(Japan Logistics Management Association,JLMA)和日本物流管理委员会(Japanese Council of Logistics Management,JCLM)。1992年6月10日,两个组织合并设立日本物流系统协会(Japan Institute of Logistics Systems,JILS),以突出"物流系统"观念,强调从社会角度构建人性化物流环境,体现可持续发展的理念,延伸内容至与物流相关的交通系统等领域,突出物流作为社会功能系统对循环型社会发展的贡献,这在很大程度上超越了企业的行为空间,因此政府在整个物流发展方面的推动作用十分显著,规划引导力度较大。

(四) 中国

1979年6月,中国物资工作代表团赴日本参加第三届国际物流会议,归国后在考察报告中首次引用了"物流"这一术语,成为现代汉语中"物流"这一名词使用的发起者,1989年4月,第八届国际物流大会在北京召开,从此物流一词普遍为我国物流界所接受。1991年至今,这个阶段是我国国民经济进入高速发展的时期,科学技术的迅速发展和信息技术的普及应用,消费需求个性化趋势的加强,竞争机制的建立,促使我国工商企业,特别是中外合资企业,为了提高竞争力,不断提出新的物流需求。我国经济界开始把发展物流业提到重要的议事日程上来。在此期间,我国加快了物流系统的建设,促使其向标准化、国际化方向发展。

三、新物流的发展方向

新物流,不是出现了另外一个新的物流,而是将物联网、互联网、云计算、人工智能等信息技术的深度应用与传统物流的自动化、机械化、标准化相结合,满足用户的个性化需求,为商业创新提供有效支持。新物流不是物流行业发展到某一特定阶段必然出现的形态,也不是某种至高无上的形式,而是层次丰富,富有活力与创新力,动态发展以至资源实现集约利用的物流集合。21世纪新物流的发展方向可以归纳为信息化、网络化、自动化、电子化、集成化、智能化、标准化、柔性化和全球化。

(一) 信息化

现代社会已步入信息时代,物流信息化是社会信息化的必然要求和重要组成部分。物流信息化表现在:物流信息的商品化,物流信息采集的代码化和商业智能化,物流信息处理的电子化和计算机化，物流信息传递的标准化和实时化，物流信息存贮的数字化和物流业务数据的共享化等。它是现代物流发展的基础，没有信息化，任何先进的技术装备都无法顺畅地使用，信息技术的应用将会彻底改变世界物流的面貌，更多新的信息技术在未来物流作业中将得到普遍采用。

（二）网络化

网络化是指物流系统的组织网络和信息网络体系。从组织上来讲，它是供应链成员间的物理联系和业务体系，国际电信联盟（ITU）将射频识别技术（RFID）、传感器技术、纳米技术、智能嵌入技术等列为物联网的关键技术，这种过程需要有高效的物流网络支持。而信息网络是供应链上企业之间的业务运作通过互联网实现信息的传递和共享，并运用电子方式完成操作。例如，配送中心向供应商发放订单就可以利用网上的电子订货系统通过互联网来实现，对下游分销商的送货通知也可通过网上的分销系统，甚至是挪移手持设备来实现等。

（三）自动化

物流自动化的基础是信息化，核心是机电一体化，其外在表现是无人化，效果是省力化。此外，它还能扩大物流能力、提高劳动生产率、减少物流作业的差错等。物流自动化的技术很多，如射频自动识别、自动化立体仓库、自动存取、自动分拣、自动导向和自动定位、货物自动跟踪等技术。这些技术在经济发达国家已被普遍运用于物流作业中，在我国，虽然某些技术已被采用，但达到普遍应用的程度还需要相当长的时间。

（四）电子化

电子化是指物流作业中的电子商务，它也是以信息化和网络化为基础，具体表现为：业务流程的步骤实现电子化和无纸化；商务的货币实现数字化和电子化；交易商品实现符号化和数字化；业务处理实现全程自动化和透明化；交易场所和市场空间实现虚拟化；消费行为实现个性化；企业或者供应链之间实现无边界化；市场结构实现网络化和全球化等。作为电子商务发展关键性因素之一的物流，是商流、信息流和资金流的基础与载体。电子化使得跨国物流更加频繁，对物流的需求也更加强烈。

（五）集成化

物流业务是由多个成员与环节组成的，全球化和协同化的物流运作要求物流业中成员之间的业务衔接更加密切，因此要对业务信息进行高度集成，实现供应链的整体化和集成化运作，缩短供应链的相对长度，使物流作业更流畅、更高效、更快速、更加贴近客户需求。集成化的基础是业务流程的优化和信息系统的集成，两者都需要有完善的信息系统支持，实现系统、信息、业务、流程和资源等的集成。同时，集成化也是共享化和协同化的基础，没有集成化，就无法实现共享化和协同化。

（六）智能化

智能化是自动化、信息化的一种高层次应用。物流涉及大量的运筹和决策，如物流网络的设计优化，运输（搬运）路径和每次运输装载量的选择，多货物的拼装优化，运输工具的排程和调度,库存水平的确定与补货策略的选择,有限资源的调配,配送策略的选择等优化处理,都需要借助智能的优化工具来解决。近年来,专家系统、人工智能、仿真学、运筹学、商务智能、数据挖掘和机器人等相关技术已经有比较成熟的研究成果,并在实际物流业中得到了较好的应用,使智能化成为物流发展的一个新趋势,智能化还是实现物联网优化运作的一个不可缺少的前提条件。

(七) 标准化

标准化是现代物流技术的一个显著特征和发展趋势,也是实现现代物流的根本保证。货物的运输配送、存储保管、装卸搬运、分类包装、流通加工等作业与信息技术的应用,都要求有科学的标准。例如,物流设施、设备及商品包装、信息传输等的标准化等。唯有实现了物流系统各个环节的标准化,才能真正实现物流技术的信息化、自动化、网络化、智能化等。特别是在经济贸易全球化的新时代下,如果没有标准化,就无法实现高效的全球化物流运作,这将妨碍经济全球化的发展进程。

(八) 柔性化

柔性化是20世纪90年代由生产领域提出来的,为了更好地满足消费者的个性化需求,实现多品种、小批量以及灵便易变的生产方式,国际制造业推出柔性创造系统FMS (flexible manufacturing system),实行柔性化生产。随后,柔性化又扩展到了流通领域,根据供应链末端市场的需求组织生产和安排物流活动。物流作业的柔性化是生产领域柔性化的进一步延长,它可以匡助物流企业更好地适应消费需求的"多品种、小批量、多批次、短周期"趋势,灵便地组织和完成物流作业,为客户提供定制化的物流服务以满足他们的个性化需求。

(九) 全球化

为了实现资源和商品在国际上的高效流动与交换,促进区域经济的发展和全球资源优化配置的要求,物流运作必须要向全球化的方向发展。在全球化趋势下,物流的目标是为国际贸易和跨国经营提供服务,选择最佳的方式与路径,以最低的费用和最小的风险,保质、保量、准时地将货物从某国的供方运到另一国的需方,使各国物流系统相互"接轨",它代表物流发展的更高阶段。

除了上述九个方面,共享化、协同化、挪移化、社会化也是未来新物流发展的趋势。

四、现代物流的基本功能

现代物流的基本功能一般包括运输、仓储、包装、装卸搬运、配送、流通加工及物流信息处理等。由于后面的章节会相继对这部分内容进行阐述,这里不再赘述。

思 考

请你谈谈为什么会产生物流概念?

课后练习

选择题,选项四个的为单选题,选项五个的为多选题

1. 物流理念的发源地在(　　)。
   A. 美国　　　　　B. 日本　　　　　C. 欧洲　　　　　D. 英国
2. 物流发展的第三个阶段,是从80年代中期开始至今,叫作(　　)阶段。
   A. physical distribution　　　　　B. 分销物流学
   C. logistics　　　　　　　　　　　D. 暗黑大陆
3. 物流的概念从美国产生确立之后,到20世纪50年代迅速向全球传播,首先传播到(　　)。
   A. 日本　　　　　B. 中国　　　　　C. 欧洲　　　　　D. 新加坡
4. 21世纪新物流的发展方向可以归纳为信息化、网络化、(　　)、集成化和全球化。
   A. 自动化　　　　B. 电子化　　　　C. 智能化　　　　D. 柔性化
   E. 标准化

第二节　物流的含义与分类

一、物流的含义

(一) 物

物流概念中的"物"是指一切有经济意义的,需要发生空间位移的物质实体,其特点是能够发生位移,而固定设施如建筑物厂房等,不在此列。一般而言,与物相关的概念,包括物资、物料、货物、商品、物品等。

1. 物资

物资,我国专指生产资料,有时也泛指全数物质资料,较多指工业品生产资料。其与物流中的"物"区别在于,"物资"中包括相当一部分不能发生物理性位移的生产资料,这一部分不属于物流学研究的范围,如建筑设施、土地等。另外,属于物流对象的各类生活资料,又不能包括在作为生产资料理解的"物资"概念当中。

2. 物料

物料是我国生产领域中的一个专门概念。生产企业习惯将最终产品之外的,在生产领域流转的一切材料(不论其来自生产资料还是生活资料)、燃料、零部件、半成品、外协件和生产进程中必然产生的边、角、余料、废料及各类废物统称为"物料"。

3. 货物

货物是我国交通运输领域中的一个专门概念。交通运输领域将其经营的对象分为两大类：一类是人、一类是物。除人之外，"物"的这一类统称为货物。

4. 商品

商品和物流学的"物"的概念是彼此包括的。商品中的一切可发生物理性位移的物质实体，也即商品中凡具有可运动要素及物质实体要素的，都是物流研究的"物"，有一部分商品则不属于此。因此，物流学的"物"有可能是商品，也有可能是非商品。商品实体仅是物流中"物"的一部分。

5. 物品

物品是生产、办公、生活领域常常使用的一个概念，在生产领域中，一般指不参加生产进程，不进入产品实体，而仅在管理、行政、后勤、教育等领域使用的与生产相关的或有时完全无关的物质实体；在办公生产领域则泛指与办公、生活消费有关的所有物件。在这些领域中，物流学中所指"物"，就是通常所称的物品。

（二）流

物流概念中的"流"是指物的物理性运动，既包括空间位移，也包括时间延续，它属于一种经济活动。

物流的"流"，经常被人误解为"流通"。"流"的要领和"流通"概念是既有联系又有区别的。其联系在于，在流通进程中，物的物理性位移常伴随互换而发生，这种物的物理性位移是最终实现流通所不可缺少的物的转移进程。物流中"流"的一个重点领域是流通领域，很多人甚至只研究流通领域，因此干脆将"流"与"流通"混淆起来。而其区别主要在两点：一是涵盖的领域不同，"流"不但涵盖流通领域也涵盖生产、生活等领域，凡有物发生的领域，都是"流"的领域。流通中的"流"从范围来看只是全数"流"的一个局部。另一个区别是"流通"并非以其整体作为"流"的一部分，而是以其实物物理性运动的局部组成"流"的一部分。流通领域中，商业活动中的交易、谈判、契约、分派、结算等所谓"商流"活动和贯穿其间的信息流等都不能纳入物理性运动的范畴中。

（三）物流

物流在文字表述上一般有以下几个方面。

（1）物流是一项经济活动，是创造时间价值和空间价值，实现物品空间位移的经济活动，包括运输仓储、包装装卸、搬运流通、加工配送、物流信息处理等。

（2）物流是一项管理活动，即对物流各环节有效地进行计划，组织执行与控制，高效率地实现物品从供应者到需求者的流动。

（3）物流是一项服务活动，是物流企业或物流供给者为社会物流需求者提供的一项一体化服务业务，以满足用户多方面的需求。

（4）物流贯穿于生产领域和流通领域，是供应链的一个重要组成部分，在供应链管理与整合中起着非常重要的作用。

1998年，美国物流管理协会对物流的最新定义是：物流是供应链流程的一部分，是为满足客户需求而对货物服务以及相关信息从原产地到消费地的高效率、高效益的正向和反向流动及存储而进行的计划实施与控制过程。最新定义不仅把物流纳入了企业间相互协作关系的范畴，而且要求企业在更广阔的背景上考虑自身的物流运作。不仅要考虑自己的客户，而且要考虑自己的供应商，不仅要考虑客户的客户，而且要考虑供应商的供应商，不仅要致力于降低某项物流作业的成本，而且要考虑整个供应链运作的总成本最低。

欧洲物流协会(European Logistics Association，ELA)在1994年发表的《物流术语》(Terminology in Logistics)中将物流定义为：物流是在一个系统内对人员或商品的运输、安排及与此相关的支持活动的计划、执行与控制，以达到特定的目的。

日本后勤系统协会(Japan Institute of Logistics Systems，JILS)在1992年6月将物流改为"后勤"，该协会的专务理事稻束原树1997年对"后勤"下了定义：后勤是一种对于原材料、半成品和产成品的有效流动进行规划、实施和管理的思路，它同时协调供应、生产和销售部门的利益，最终达到满足客户的需求。

我国在《中华人民共和国国家标准物流术语》(GB/T 18345—2021)中将物流定义为：根据实际需要，将运输、储存、装卸、搬运、包装、流通加工、配送、信息处理等基本功能实施有机结合，使物品从供应地向接收地进行实体流动的过程。

这个定义也是本教材所采用的定义。

二、物流的分类

根据不同的分类标准，物流有很多类别，这里主要采用三个分类标准。

(一) 按物流的作用分类

1. 供给物流

企业为保证本身生产的节拍，不断组织原材料、零部件、燃料、辅助材料供给的物流活动，这种物流活动对企业正常、高效的生产进行起着重大作用。企业供给物流是在保证供给的限定条件下，再考虑如何降低这一物流进程的成本，以此提高企业的竞争力。为此，企业供给物流就必须解决有效的供给网络、供给方式、零库存的问题。

2. 销售物流

销售物流是企业为保证其经营效益，伴随销售行为将产品所有权转给用户的物流活动。在现代社会中，市场多为买方市场，因此，销售物流活动便带有较强的服务性，以满足买方的需求，最终实现销售。在这种市场前提下，销售活动往往以送达用户并通过售后服务才算终止。因此，销售物流的空间范围很大，这也是其难度所在。在这种前提下，企业销售物流包含包装、配送等一系列动作，这就需要研究送货方式、包装水平、运输线路等，并采取诸如少批量、多批次、按时、定量配送等特殊的物流方式达到目的。因此，其研究领域是很宽的。

3. 生产物流

生产物流指企业在生产工艺过程中的物流活动。这种物流活动是与整个生产工艺进程伴生的，实际上已成为生产工艺进程的一部分。企业生产进程的物流大体步骤为：原料、零部件、燃料等辅助材料从企业仓库或企业的"门口"开始，进入生产线的开始端，再进一步随生产加工进程一个环节一个环节地"流"，在"流"的进程中，原料等本身被加工处理，同时产生一些废料、余料，直到生产加工终结，再"流"至生产成品仓库，便完成了企业生产物流进程。

过去，人们在研究生产活动时，主要注重单个的生产加工进程，而忽略了每一个生产加工进程的串联，使得一个生产周期内，物流活动所用的时间远多于实际加工的时间。所以对企业生产物流的研究，可以大大缩减生产周期，节约劳动力。

4. 逆向物流

逆向物流是指物品从供应链下游向上游的运动所引发的物流活动，逆向物流具有分散性、缓慢性、混杂性、多变性等特点。

5. 废弃物流

废弃物物流是指对企业排放的无用物进行运输、装卸、处置等的物流活动。废弃物物流没有经济效益，但是具有不可忽视的社会效益。

（二）按物流系统的性质分类

1. 社会物流

社会物流是全社会物流的整体，所以人称宏观物流。社会物流是指超越一家一户的以一个社会为范围面向社会为目的的物流。这种社会性很强的物流往往是由专门的物流承担人承担的，社会物流的范围是社会经济大领域。社会物流研究再生产进程中随之发生的物流活动，研究国民经济中的物流活动，研究如何形成服务于社会、面向社会又在社会环境中运行的物流活动，研究社会中的物流结构体系和运行，因此带有宏观性和普遍性。

2. 行业物流

行业物流是指同一行业中企业的物流活动。随着供应链管理时代的来临，在上下游企业间加强合作的同时，物流联盟也悄然兴起，行业内、企业间的协作对促进行业物流系统的合理化具有非常重要的意义，同样，物流企业间的联盟也有利于促进物流产业的发展。

同一行业中的企业是市场上的竞争对手，可是在物流领域中却常常彼此协作，增进行业物流系统的合理化。例如，日本的建设机械行业，提出行业物流系统化的具体内容包括：有效利用各类运输手腕建设统一的零部件仓库，实行统一配送；成立新旧设备及零部件的统一流通中心；成立技术中心，统一培训操作人员和维修人员；统一建设机械规格等。又如，在大量消费品方面采用统一传票、统一商品规格、统一法规政策、统一托盘规格、包装模数化等。行业物流系统化的结果使参与的各个企业都取得相应的利益。

3. 企业物流

企业物流是指生产和流通企业围绕其经营活动所发生的物流活动。根据企业物流活动发生的先后顺序，可以认为企业物流由供应物流、生产物流、销售物流、逆向物流与废弃物物流构成。

（三）按物流活动的空间范围分类

1. 地区物流

地区物流中的地区有不同的划分原则，比如在我国若按行政区域来划分，可分为华北地区、华南地区、西南地区等；若按经济区来划分，可分为苏锡常经济区、黑龙江边境贸易区等；若按地理位置来划分，可分为长江三角洲地区、珠江三角洲地区、环渤海地区等。其中，地区物流按经济圈或地理位置的划分比较科学。

2. 国内物流

国内物流是指拥有自己领土和领空主权的国家在国内开展的物流活动。国家制定的各项方针政策、法令法规、发展规划都应该为其自身的整体利益服务。国内物流应该树立全国物流一盘棋的观念。

3. 国际物流

国际物流是跨越不同国家和地区之间的物流活动。目前，如何提高国际物流活动的效率，降低物流成本，成为国际物流研究的重要课题。

问题思考

1. 请你根据物流的定义，找出你所在的企业有哪些物流活动？
2. 根据这些物流活动，你认为它们属于什么类型的物流活动？

课后练习

选择题，选项四个的为单选题，选项五个的为多选题

1. 按物流的作用分类，物流包括（　　）。
   A. 供给物流　　　　　　　　B. 生产物流
   C. 销售物流　　　　　　　　D. 逆向物流
   E. 废弃物物流

2. 按物流系统的性质分类，物流包括（　　）。
   A. 国际物流　　　　　　　　B. 社会物流
   C. 区域物流　　　　　　　　D. 行业物流
   E. 企业物流

第三节 物流对企业的重要作用

一、现代物流的价值

（一）时间价值

著名物流学家詹姆斯·约翰逊和唐纳德·伍德指出："在市场经济体制下，为了实现在适当的时候，花最少的费用将用户所需要的产品和服务及时送到这一目标，一个有效的物流系统是关键。""物"从供给者到需求者之间有一段时间差，由改变这一时间差创造的价值，称为"时间价值"。这也和运输的时间效用相一致，就是物流能将"物"按规定的时间运到指定地点。时间价值实现的三种方式：缩短时间、弥补时间差、延长时间差。

（二）场所价值

物流活动通过把货物从低价值区搬运到高价值区，物流扩展了市场的边界，因而获得价值差，增加了产品的经济价值，形成场所价值。

物品的产地与消费地在现代化大生产条件下往往不相同，产生了生产与消费之间的空间分离，通过有效的物流活动，可实现商品从集中生产场所流入分散需求场所，或从分散生产场所流入集中需求场所，又或者从低价值生产地流入高价值需求地，最终克服这种空间性分离，创造空间价值。

（三）形态价值

形态价值指以制造、生产和组装来增加产品的价值，当原材料通过一定方式组合成为一种产品就产生了形态价值。

在现实的物流活动中，我们要通过维护商品的价值，并通过适当的手段增加商品的价值，从而实现商品的保值和增值。比如在配送中心通过开仓卸货及产品组合等方式改变产品的专业规格和包装特征，以此改变产品的形式；通过以托盘为单位进行分装，以及通过流通加工，将货物大包装改为小包装易货，将货物进行尺寸的分割等都可以改变商品的外形，并创造商品的附加价值，这类价值被称作形态价值。

（四）系统功能价值

物流的系统功能最早是运用在第二次世界大战中，美军将现代物流管理理念用于整个军事后勤系统，将军事物资单元化、组合化，并将仓储、运输、包装、装卸、搬运有机结合在一起，构筑了一个高效有力的军事后勤保障系统，从而为最终取得战争的胜利提供了有力的支持。在这一过程中，物流是一项系统工程，成功实现了以往单方面物流活动所不能达到的目标，人们首次认识到了物流的系统功能价值。第二次世界大战之后，物流作为一项军事后勤技术，被成功地运用到民用领域。系统化管理的思想方法和技术在社会经济领域具有强大的生命力，物流系统功能的价值由此显现。

（五）利润价值

当产业界引入了物流技术和物流管理模式之后,有效激发了企业的活力和潜能,提高了企业的经济效益,大大增加了企业的利润。许多企业经营管理者优化物流系统、强化物流管理,产生了巨大的成本降低空间,有效地缓解了原材料和劳动力价格上涨给企业经营造成的压力,这使人们认识到了物流的利润价值。

（六）环境价值

物流对于节约能源、减轻污染、改善环境及可持续发展具有不可或缺的作用,人们逐渐认识到了物流的环境价值,展开对物流环境价值的研究,认为其有助于解决诸如交通拥堵、环境污染等问题,有助于建设资源节约型、环境友好型社会,有助于实现可持续发展。

（七）服务价值

利润最大化是企业经营的目标,但该目标的实现必须建立在企业向客户提供让其满意的产品或服务的基础之上。产品的有形和服务的无形,虽形态不同但其实质相同,它们所代表的是一种价值,一种顾客认同的价值。货主企业与客户达成交易后,需要物流服务作为支撑,物流企业则专门为货主企业及其客户提供良好的物流服务,有助于企业参与市场竞争,树立企业品牌形象,并与客户结成长期稳定的战略联盟。在市场竞争日益激烈的今天,这对企业生存与发展具有深远的现实意义和战略意义。

（八）产业价值

随着计算机技术的日趋完善,以及以网络为代表的信息技术的飞速发展,物流运作效率及经济效益呈几何倍数增长。现代物流与传统物流已不可同日而语,逐渐形成了一个新兴产业,它比传统产业更具朝气,同时也更加富有挑战性。现代物流产业已经成为第三产业中的支柱产业,成为新的经济增长点。物流产业价值的提升,为未来物流产业的发展奠定了重要的基础。

二、物流服务对企业经营的重要意义

（一）物流服务是企业生产经营的前提保证

物流为生产的连续性提供保障。物流活动与生产活动一样,是生产企业经营活动必不可少的重要组成部分。通过物流活动把原材料运进生产企业,并使其依次在加工点之间流动,逐步形成半成品、成品,直至出厂。企业生产过程中原材料的供应、半成品在加工点之间的流转、成品的运出,都需要依赖物流系统才能不间断地进行,使生产活动得以继续下去。企业的原材料辅料、外购件等的采购与供应,零部件、在制品、半成品等加工对象在工作中心之间的流转等,都必须有一个高效的物流系统作为支撑,否则企业生产活动便难以顺利进行。因此,物流具有保障生产的作用。

（二）物流服务水平提高可以降低企业生产成本

物流费用一般在企业生产经营活动中的占比较大,高水平的物流服务往往伴随高物流成本,这是物流系统效益背反性的体现。企业很难既提高物流服务水平,又降低物流成本,除非有根本性的技术进步。因此,我们需要研发高新技术来降低运输、保管、装卸、包装等各环节的物流费用。如果仅依靠增加销售额来获得等额的利润,那难度会相当大。

(三) 物流服务可以支撑企业营销策略

物流派生于企业的市场营销,是市场营销的一个重要环节和重要因素。企业能通过物流达到促销和扩大市场的目的。对企业的产品实施物流管理策略对企业和顾客双方都有益处:一方面能够提高顾客满意度从而赢得市场,另一方面可降低成本从而稳固和扩大市场。

企业在制定营销策略时要综合考虑各方面的因素,然后再决定销售渠道,确保物流活动的顺畅。要想提高物流的分配速度就要优化物流配送方案,这样才会使分销渠道更高效快捷,才会使产品更具有吸引力。如果物流不畅就会造成库存商品的积压,不利于企业资金的流转,对企业的销售效率造成不利影响。这就要求企业把物资的管理和配送形成统一的整体,提高物流管理水平,制订高效的物流管理计划。一个在物流管理方面有卓越能力的企业,会成为众多合作商眼中的优秀合作伙伴,提高企业的综合竞争力。

企业要根据时代发展的特点,根据企业自身的实际情况,形成企业的物流管理布局,并能根据具体的物流管理规划遵循一定的实施原则,循序渐进,完成企业的销售任务。

三、物流与生产、流通的关系

物流和生产、流通是相互依存的关系。物流可以帮助企业实现货物的及时、安全送达,提高服务质量,增加消费者的信任和忠诚度。同时,还可以通过提高物流效率和降低物流成本,为企业生产创造更大的经济效益。

(一) 物流与流通

1. 流通在社会经济中的地位

流通产业广义上是与商品的流通相关的所有服务行业的统称,是沟通商品与消费者的纽带。随着我国经济的快速发展,流通在内外经贸中的地位和作用日益凸显。

商品流通是指以货币为媒介的商品交换过程,包括简单商品流通和发达商品流通两种形式。简单商品流通是为买而卖,它始于卖而终于买,交换的目的是满足购买者对商品使用价值的需要。而发达商品流通则是为卖而买,它始于买而终于卖,交换的目的是实现商品的价值和货币的增值。

流通是生产得以产生和发展的前提条件,同时对生产又具有反作用。生产决定流通,生产方式决定流通的性质,生产力的发展水平和速度决定流通的规模和方式。生产是流通的物质基础,没有生产就没有商品供给市场,自然也就没有流通。而流通对生产的反作用表现在,流通的规模和方式制约着生产的规模及其发展水平和速度。一方面,原材料、辅料等生产资源要从上游的生产资料市场获取,如果供应渠道不畅,生产就会受到影响,同时,生产资料的供应价格也会影响企业的经营成本,影响企业的利润;另一方面,产成品只有通过物流才能到达消费者手中,才能实现其使用价值和价值,而生产者也才能收回生产成本并从中获得补偿,否则就会失去再生产的条件,经营活动将难以为继。

2. 流通领域的支柱流

现代流通领域主要涉及商流、物流、资金流、信息流和人才流五大流,如图1-1所示。

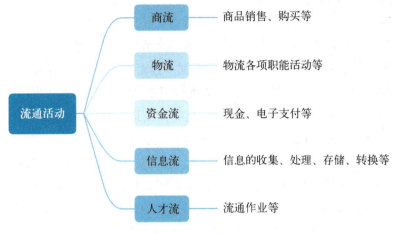

图1-1 流通领域的支柱流

(1)商流。商流是生产者和消费者之间进行"物"的所有权转移时所发生的商业交易活动,包括商品销售、商务谈判、订购货物、签订合同,以及伴随着商业活动出现的市场调查与预测、市场策划、公关等活动。

(2)物流。流通领域的物流活动主要包括上游生产资料及下游产成品在流通中所发生的运输、配送等物流活动。

(3)资金流。资金流是指商品在流通中所涉及的资金支付、资金周转等所有与资金有关的活动,包括金融、信贷、保险、支票、保证金、现金支付、资金结算、账户管理、索赔与理赔、网上银行、电子资金转账(EFT)等内容。资金流有助于流通的实现。

(4)信息流。信息流是现代流通领域中与其他支柱流相伴而生的情报、信息及相关的服务和支持活动,包括数据与信息的收集、处理、储存与传输,信息系统的运行与维护,数据库管理等活动。信息流也有助于流通的实现。

(5)人才流。在现代流通领域,一切业务活动的开展都离不开人,特别是具有一定专业知识和管理经验的人才。如果离开了人才流,流通领域的其他几大流都将失去存在的基础。

在上述五大流中,商流和物流是流通领域最重要的支柱流,也称双流。换言之,流通主要是由商流和物流构成的。因为资金流是在商品所有权更迭的交易过程中发生的,可以认为从属于商流,而信息流则包括商流信息和物流信息。因此,商流和物流主要代表流通的两个侧面,各自有着不同的功能和定位。一般认为,商流是解决生产者和消费者之间社会性分离的途径;而物流是解决生产者与消费者之间空间性和时间性分离的途径。商流可实现商品的所有权转移从而创造社会价值,物流可以消除商品的时空分离从而创造时间价值和空间价值,两者配合共同完成商品的完整流通。

3. 商流和物流

商流和物流是流通的关键构成要素，两者关系密切、互为前提。一般来说，商流是物流的先导，物流是商流的后续。通常，当商流发生后（即商品所有权达成交易后），货物必然要从原来的货主转移至新货主，这就引发了物流活动。但之所以商流会发生，是因为人对"物"有购买需求。从该意义上讲，物流是商流的物质基础。因此，商流与物流相辅相成、互为条件。

尽管商流和物流的关系密切，但它们各自按照自己的规律和渠道独立地运动。例如，商贸中心、购物中心往往位于繁华的商业街区，但物流中心、物流园区则位于交通条件较好的城郊。由于商流和物流具有不同的活动内容与运动规律，因而按照"商物分离"的原则处理商流和物流是现代企业管理的需要，同时也是提高社会经济效益的客观需要。

4. 物流和信息流

在信息时代，商流、物流及其他支柱流都离不开信息流，否则，将会影响流通体系的正常运转。因此，信息流是发展商流、物流和其他支柱流的基础。特别地，物流是一个产生并集中大量信息的领域，而且物流信息会随时间的推移不断变化。如果说现代商流是以物流系统作为保障，那么现代物流更是离不开信息流的支撑。

与物流关系密切的信息技术主要包括销售时点系统（POS）、电子数据交换（EDI）、自动识别与数据采集（AIDC）、射频识别（RFID）、全球定位系统（GPS）、地理信息系统（GIS）、仓库管理系统（WMS）、货物跟踪系统（GTS）、智能交通系统（ITS）、电子订货系统（EOS）等。

5. 物流和资金流

现代物流和资金流的关系也非常密切，物流是表象，资金的流动才是实质。换言之，物流本质上是资金的运动过程。例如，物流活动中资金的周转、支付，物流相关的保险（货物保险、车辆保险），国际物流中的信用证制度、口岸异地结算等都属于资金流动的范畴。物流业是商物分离的产物，而现代物流与商流的融合正日益加强。相应地，物流和资金流的关系将更加紧密。

6. 物流和人才流

现代物流和传统物流相比，系统管理更复杂、科技含量更高。这种情况无论是从物流管理角度，还是从物流设备、物流技术抑或物流各功能要素环节来看，都是如此。因此，要开展好现代物流业务，就必须拥有一大批专业知识过硬、业务能力强且具有丰富管理经验的优秀人才。无论是尖端的物流技术，还是先进的物流设备，乃至科学的物流管理，归根结底都离不开人才支撑。如果缺少了人才流的支持，现代物流系统的高效运转将无从谈起。

（二）物流与生产

传统物流观点认为，产品从企业生产制造出来以后，经分销到达消费者手中的过程为物流过程。而现代物流观点则认为，从原材料的购入起，经过生产加工转换得到产成品，再经过分销到达消费者手中的全过程都是物流过程。因此，物流贯穿企业生产经营活动的全过程，与生产有着密不可分的联系。一般而言，物流对企业生产系统有如下影响。

1. 企业物流系统为高效、连续、均衡的生产活动提供了重要保障

例如，原材料、辅料、外购件等的采购与供应，零部件、在制品、半成品等加工对象在各工作中心之间的流转，物料、工具、产品等的储存保管，原料与成品的运输等，都必须有一个高效的物流系统作为支持；否则，企业生产活动便难以顺利进行。

2. 物流费用一般在企业生产经营活动的总成本中占有较大比重

随着"第一利润源"和"第二利润源"的逐渐枯竭，人们将目光投向了物流，期望通过加强包括生产物流在内的企业物流管理，实施合理化物流，降低物流成本，挖掘"企业脚下的金矿"，获取"第三利润源"。

3. 物流状况对企业生产环境和生产秩序具有决定性的影响

在生产作业现场，各工作中心处于固定的位置，而物流始终处于运动状态，物流路线纵横交错、上下升降，形成了错综复杂的立体动态网络。物流线路不畅、节奏不均衡，都有可能造成生产秩序的混乱；物料堆放不合理，也将对生产环境造成不良影响。因此有专家认为，企业的物流状况最能体现企业管理水平的高低。

总之，物流具有服务商流、保障生产、服务生活等作用。

四、现代物流管理的特征

目前，全球选购、全球销售与本土化生产的趋势已越来越明显。在经济全球化背景下，对专业化分工的认知使发达国家的很多企业意识到自有物流成本太高，继而把原来自己经营的物流活动以合同形式委托给专业物流服务企业。在物流企业的规模经营标准化作业下降低自身成本、改善服务质量，同时通过信息系统，与物流服务企业保持亲密联系以达到对物流活动的全过程管理和掌握。由于现代物流管理依托信息化网络技术，能够对物流资源进行优化整合，从而降低成本、提高效率、充分发挥自身核心竞争力并增加企业对环境的快速应变能力。现代物流管理是工业经济时代已经形成的社会分工与协作组织在当今经济条件下的发展和演化。现代物流管理具有以下五个特征。

（一）物流过程一体化

现代物流具有系统综合和总成本掌握的特征，它将经济活动中全部的供应、生产、销售、运输、库存及相关信息流等活动视为一个动态的系统总体，它关心的是整个系统的运行效能与费用。物流过程一体化的一个重要表现是供应链（supply chain）概念的出现。供应链把物流系统从选购开始，经过生产过程和货物配送，至到达用户的整个过程看作是一条环环相扣的"链"。现代物流管理的研究以整个供应链而不是单个的功能部门为基本单位。今后的竞争重点也不再仅仅是单个公司之间的竞争，而是上升为供应链与供应链的竞争。

（二）物流技术专业化

物流技术专业化表现为现代技术在物流活动中得到了广泛的应用，如条形码技术、EDI技术、自动化技术、网络技术、智能化和柔性化技术等。运输、装卸、仓储等也普遍采用专业化、标准化、智能化的物流设施设备。这些现代技术和设施设备的应用大大提高了物流活动的效率,扩大了物流活动的领域。

(三) 物流管理信息化

物流管理信息化是整个社会信息化的必然需求。现代物流高度依赖于对大量数据、信息的采集、分析、处理和即时更新。在信息技术、网络技术高度发达的现代社会,从客户资料的取得和订单处理的数据库化、代码化,物流信息处理的电子化和计算机化,到信息传递的实时化和标准化,信息化已渗透至物流的每一个领域。为数众多的第三方物流机构正是依赖其信息优势展开全球经营的。从某种意义上来说,现代物流竞争已成为物流信息的竞争。

(四) 物流服务社会化

突出表现为第三方物流与物流中心的迅猛发展。随着社会分工的深化和市场需求的日益复杂,生产经营对物流技术和物流管理的要求也越来越高。众多工商企业逐渐认识到依靠企业自身的力量不可能在每一个领域都获得竞争优势。它们更倾向于采用资源外取的方式,将本企业不擅长的物流环节交由专业物流公司,或者在企业内部设立相对独立的物流专业部门。这样才可将有限的资源集中于自己真正的优势领域。专业的物流部门由于具有人才优势、技术优势和信息优势,可以采用更为先进的物流技术和管理方式,取得规模经济效益,从而达到物流合理化,即在产品从供方到需方的全过程中,实现环节最少、时间最短、路程最短、费用最省。

(五) 物流活动国际化

在产业全球化的浪潮中,跨国公司普遍采取全球战略,在全世界范围内选择原材料、零部件的来源,选择产品和服务的销售市场。因此,其对物流服务商的选择和配置也超出国界,着眼于全球大市场。大型跨国公司的普遍做法是选择一个适应全球分配的分配中心以及关键供应物的集散仓库,在获得原材料以及分配新产品时使用当地现存的物流网络,并且把这种先进的物流技术推广到新的地区市场。例如耐克公司,他们通过全球招标采购原材料,然后在中国或东南亚地区生产,再将产品分别运送到欧洲、亚洲的几个中心仓库,然后就近销售。再比如,全球范围内采购原材料和零部件,大大降低了汽车的制造成本,车商为此也改变了汽车生产线的位置。

问题思考

请你根据企业实际,谈谈加强物流管理,对企业有什么重要意义?

课后练习

选择题,选项四个的为单选题,选项五个的为多选题

1. 现代物流的价值包括( )等。
   A. 时间价值　　　B. 场所价值　　　C. 形态价值　　　D. 利润价值

E. 产业价值

2. 物流服务可以支撑企业的营销策略,总的来说包括两部分内容(　　)。

A. 对产品升级策略的优化　　　　B. 对产品促销策略的优化
C. 对产品销售策略的优化　　　　D. 对产品价格策略的优化
E. 对产品渠道策略的优化

3. 现代流通领域主要涉及商流、物流、资金流、(　　)这五大流。

A. 贸易流　　　B. 速度流　　　C. 时间流　　　D. 人才流
E. 信息流

4. 现代物流管理的特征包括(　　)等。

A. 物流活动国际化　　　　B. 物流服务社会化
C. 物流管理信息化　　　　D. 物流技术专业化
E. 物流过程一体化

第四节　物流对宏观经济的作用

一、物流的经济价值

物流的经济价值主要体现在物流的市场价值、物流产品的表现形态、物流服务的使用价值和价值三个方面。

(一) 物流的市场价值

在商品流通的过程中,双流结束的标志是物流过程的完成,比较而言,商流代表的是法律意义上的实物所有权的转移,物流代表的是实物控制权的转移。物流的基本特征是实物的流通及使用价值的流转,而商流的本质特征是商品价值的流转及商品所有权的转移。在商品经济的条件下,商流是物流的前提,物流实现商流,物流与商流的运作辩证统一,推动所有商品的交易行为,促进形成各个行业不同种类、各个层次和大小不等的市场,并为市场交易的网络提供商品交换的供求渠道,这就是物流的市场价值。

(二) 物流产品的表现形态

物流服务是物流劳动者在实现物品的时间、空间转移的过程中,通过对物品搬运、保管、包装、装卸信息处理等活动进行组织协调,继而为客户提供服务。物流服务的生产过程与物流服务的消费过程是同时完成的,物流劳动所创造的产品是以物流服务价值的形式存在的,它并不对产品本身的使用价值造成影响和改变。但是由于物流各项职能的有机配合,有形产品经过"加工处理"后,使用价值得以改变,如在昆明价格低廉的鲜花,经过包装,通过冷链运输进入上海的市场,可以卖出更高的价位,其物流产品表现形态与在原产地有所不同。

(三)物流服务的使用价值和价值

在市场经济的条件下,物流服务是可以用来交换的,因此物流服务具有商品属性,即具有使用价值和价值两个因素。物流服务的使用价值表现为服务。在物流行业日益便利和发达的今天,越来越多企业选择购买第三方物流企业的物流服务来帮助本公司完成单一或综合性的物流活动;个体消费者也会通过 App、小程序或官网进行下单,请快递公司将物品送到异地。快递公司会在接单后按时上门,提供报价,有偿或无偿提供包装,完成取件等服务。这些都是物流服务使用价值的体现。物流服务的价值凝结在无形的劳动产品上,是劳动者在物品从供给者到需求者的物理性运动和时间转换过程中体现的体力和脑力的支出,对物流服务的价值的最本质的描述就是为客户节约了成本、增加了利润空间,为客户创造了价值。一些企业在自营物流与购买第三方物流企业的物流服务之间进行评估后发现,购买第三方的物流服务,不仅能够比自营物流运作得更加专业、合理,也更加节约物流成本,从而帮助企业获取更多利润。

二、物流的财富创造

(一)物流对社会财富的创造

无论哪个层面的消费,哪个领域的商业活动,都离不开物流活动的支持。我们一般描述社会财富的增长,经常用的一个概念,即国民收入总量。国民收入总量的构成,包括企业投资、居民消费、政府消费和出口产值。这四个环节无一例外地涉及物流对社会的贡献,也包括所有物流为生产领域和流通领域产品所创造的价值增值。前文中提到的昆明鲜花在上海得以高价销售,就是很好的实例说明。

(二)物流的时空特征

生产、分配、交换和消费的物质运动过程是时间和空间的统一,商品在不同时间与不同地点具有不同的价格,因此,时间差异和场所差异给物流带来了时间价值和场所价值。在物流过程中,不同场所根据专业化分工和场所优势所从事的补充性加工作业也会形成附加价值。

此外,物流活动的加速一定会缩短商品在流通领域里的时间,这样既能节约流通费用,又能加快资金周转,从而带来经济利益。在市场经济中,商品总是向价值高的场所流动,无论是从集中生产场所流向分散的需求场所,还是从分散生产场所流向集中的需求场所,追求场所价值是区域与国际物流发展的主要因素之一。也是物流产业链不断延伸的根本保证。

(三)物流是第三利润源

常规来看,企业目前可以通过三个途径取得利润。

(1)在企业的经营过程中,通过降低制造成本和人工成本取得企业经营的第一利润源。

(2)随着科技进步产生了自动化的生产手段,提高了生产量,增加了销售额,成为企业新的利润点。通过引进现代市场营销理念、战略方法,确保企业通过扩大销售来获得更多利润,这是企业经营的第二利润源。

(3)第三利润源即物流领域。随着市场竞争日益激烈,企业能够占有的市场份额也是有一定限度的,当达到一定限度不能再扩大利润的时候,就需要寻找新的利润增长点。随着第一利润源和第二利润源的逐渐枯竭,人们将目光投向了物流,期望通过加强包括生产物流在内的企业物流管理实时合理化物流,降低物流成本,挖掘其脚下的金矿,获取第三利润源。第三利润源的说法主要出自日本,简单地说就是在制造成本压缩空间不大的情况下,通过降低物流成本来为企业创造利润,使其成为企业的第三利润源。

三、物流的宏观经济作用

(一) 物流是宏观经济运行的基础

物流是国民经济的动脉系统,它连接社会生产各个部分,使之成为一个有机整体,任何一个国家或地区的经济都是由众多的产业部门和企业组成的。这些企业又分布在不同的城市和乡村,属于不同的所有者,他们之间相互供应,其产品由于对方的生产性消费和人员的生活消费,形成互相依赖又互相竞争的错综复杂的关系,而物流就是维系这些复杂关系的纽带和血管。物流通过影响社会资源的配置来影响宏观经济的政策与发展。因此,物流与宏观经济之间具有紧密的关系,两者表现为相互适应、相互促进。概括地说,物流对宏观经济的影响主要表现在促进社会分工的专业化、改善供给状况、提高产业效率等方面。

首先是促进社会分工的专业化。企业通过物流活动有效地将产品送达市场,实现销售,进而促进企业生产的专业化。生产的专业化带来成本优势,成本优势带来竞争力的提高,竞争力的提高增加对社会经济发展的贡献。

其次是改善供给状况。有了企业物流活动,才能在生产地、仓储与需求地之间取得某种平衡。改善供给的同时,物流活动还使供给的产品或服务变得丰富多彩。从这个角度来说,物流作业提供了连接与存储的网络,它对现代经济的运转发挥着关键的作用。

最后是提高产业效率。通过物流整合,能够实现产业链的最佳组合,进而达到对整个产业效率的提高。

(二) 物流发展关系到国家经济运行质量

物流的现代化可以改善国民经济运行水平,有效优化产业结构。物流基础设施、物流技术水平得到全面系统的改善,可以促进国民经济运行水平的提高,使粗放式的企业经营形态通过物流的服务得到精细化的发展。

2022年全年的社会物流总额超过340万亿元,同比增长3.6%左右;物流业总收入达到12万亿元,同比增长5%左右。铁路、冷链、快递等专业物流领域保持了较高增速。2022年,国家铁路全年完成货物发送量39亿吨,同比增长4.7%,增速为近3年来最高;冷链物流市场规模全年超过4 900亿元,同比增长7.2%左右;快递业务量累计完成1 105.8亿件,比上年净增22.8亿件。

2022年,规模企业逆势增长,市场份额稳步扩大,全国A级物流企业超过8 600家。中国物流50强企业收入合计近2万亿元,入围门槛较上年提高20亿元。其中,多家企业收入规模超千亿元。智慧物流活力彰显各物流园区、配送中心、物流仓库加大智能化改造力度,将智慧物流园区和智能仓储设施升级换代。截至2023年三季度末,全国网络货运平台总数已达2 937家,预计2023年全年全国即时物流平台全年订单数可达506.1亿单。国际物流不断开拓新赛道。2022年全年中欧班列开行1.6万列、发送160万标箱,同比分别增长9%和10%;西部陆海新通道货运保持强劲增长势头,全年发送75.6万标箱,同比增长18.5%。

(三)物流服务是商流畅通的前提保证

物流支撑着经济生活中的大多数交易行为,是保证商流畅通,进而实现商品价值和使用价值的物质基础。在商品流通过程中,物流是伴随着商流而产生的,但它又是商流的物质内容和物质基础,商流的目的在于变换商品的所有权,而物流是商品交换过程所要解决的社会物质变化过程的具体体现。正是因为有了物质保障,交易行为才能在正确的时间和空间得以实现。

问题思考

请你谈谈物流的宏观作用与你有什么关联?

课后练习

选择题,选项四个的为单选题,选项五个的为多选题

1. 物流的经济价值主要体现在(　　)四个方面。
A. 物流的市场价值　　　　　　　　B. 物流产品价值的表现形态
C. 物流服务的实用价值　　　　　　D. 物流的空间价值
E. 物流服务的价值

2. 物流的宏观经济作用表现为(　　)。
A. 对产品升级策略的优化　　　　　B. 对产品促销策略的优化
C. 物流服务是商流畅通的前提保证　D. 物流发展关系到国家经济运行质量
E. 物流是宏观经济运行的基础

第五节　物流的发展过程与趋势概述

一、美国的物流发展

(一)美国物流管理发展阶段

1. 物流管理的萌芽阶段

时间为20世纪初至40年代,这一阶段产生了物流的概念,物流管理在相关领域得以应用。

2. 物流管理的实践与推广阶段

时间为20世纪50—70年代，物流概念从美国推广到世界主要经济发达地区，在海外得以认可和传播。

3. 物流管理现代化阶段

时间为20世纪70年代末到80年代中期，这一阶段物流技术、物流决策都进入现代化管理模式。

4. 物流国际化、信息化及迅速发展阶段

时间为20世纪80年代中期至今，这一阶段供应链、智慧物流、大数据为主要特征。

（二）美国物流管理发展现状

1. 政府放宽管制、促进物流发展

从20世纪80年代开始，美国政府制定了一系列法规，逐步放宽对公路、铁路、航空、航海等运输市场的管制（deregulation），取消了运输公司在进入市场、经营路线、联合承运、合同运输、运输费率、运输代理等多方面的审批与限制，通过激烈的市场竞争使运输费率下降、服务水平提高。1991年颁布多式联运法，大力提倡多式联运的发展；1996年出台的《美国运输部1997—2002年财政年度战略规划》提出建设一个世界上最安全、方便和经济有效的物流运输系统。这些政策法规的推行，为确立美国物流在世界上的领先地位提供了保障。

2. 积极推进企业物流合理化

企业物流面临新的市场环境：一是随着企业经营全球化，物流与供应链覆盖范围扩大，管理复杂性提高，普遍需要全球性的物流服务；二是由于市场的多变性以及客户需求的个性化和多样化趋势，物流服务要有很好的灵活性，适应企业内部和外部各种因素的变化；三是企业之间的竞争已由产品竞争转向服务竞争，物流作为企业的"第三利润源泉"，需要通过各种途径来降低物流成本，改进客户服务，提高企业的竞争能力。为了适应新的市场环境，企业一方面打破部门界限，实现内部一体化物流管理，将物流总监设为企业高层；另一方面，冲破与供应商和客户的壁垒，结成一体化供应链伙伴，使企业之间的竞争变成供应链之间的竞争，涌现出Dell、Cisco、IBM、Wal-Mart、MacDonald等成功的企业物流与供应链管理模式。2002年，美国的企业物流成本为9 100亿美元，占GDP的比例从1981年的16.2%下降到8.7%，其中库存持有成本2 980亿美元（含仓储成本780亿美元），运输成本中汽车承运人占4 620亿美元，其他类型承运人占1 090亿美元，显示了美国企业物流合理化的成效。

3. 大力发展第三方物流

合理化的一个重要途径，是将物流服务外包给第三方物流公司（3PL）。美国第三方物流市场规模由1996年的308亿美元上升到2002年的650亿美元，但仍只占当时物流服务总体支出6 900亿美元的9.4%，增长潜力巨大。根据最近的抽样调查，在过去两年里，第三方物流企业的客户物流成本平均下降11.8%，物流资产下降24.6%，订货周期从

7.1 天缩短到 3.9 天，库存总量下降 8.2%，说明美国第三方物流的作用已从单纯的降低客户物流成本转变为多方面提升客户价值，而实现这一转变的前提是美国的第三方物流已从提供运输、仓储等功能性服务向提供咨询、信息和管理服务延伸，UPS、FEDEX、APLL、RYDER 等一批物流企业致力于为客户提供一体化解决方案，与客户结成双赢的战略合作伙伴关系。

二、日本的物流发展

日本的物流概念虽然在 20 世纪 50 年代才从美国引入，但发展迅速，而且形成了自身独特的管理经验和方法，日本已发展成为现代物流的先进国家。

（一）日本物流管理发展四阶段

1. 物流概念的引入和形成阶段

时间为 1953—1963 年，这一阶段的发展为日本物流行业奠定了基础。

2. 流通为主的发展阶段

时间为 1963—1973 年，对日本产品的国际化起到了极大的促进作用。

3. 物流合理化阶段

时间为 1973—1983 年，推行网上订货发货等业务快捷化操作，降低了流通领域物流成本，准时生产、零库存等模式的应用，降低了企业物流成本。

4. 物流现代化阶段

时间为 20 世纪 80 年代中期至今，物流的信息化和现代化促进了社会物流的发展。

（二）日本物流管理发展经验

1. 重视物流业的学习和研究

20 世纪 50 年代中期的日本，在经济恢复的过程中，十分重视学习美国的先进技术和管理经验，他们在考察美国工厂的运输情况，如搬运设备、搬运方法、库存物资的堆垛方式、与厂内运输有关的工厂总体布局和搬运技术的状况之后，正式引进了"物流"这一概念。在日本经济发展的有力支持和物流需求的推动下，物流技术得到了广泛的应用，加之其非常重视对物流的研究与组织管理，从而在进入 70 年代后，日本在物流技术和管理的探索上，开始走到了世界的前列。

日本物流业除了积极向他人学习借鉴之外，还非常重视自身的科学研究，成立了物流研究所、物流学会等机构，组织各方面专家、学者和物流工作者，对共同关心的物流问题进行理论与实际应用的研究。为了提高全社会的物流意识，他们召开了各种国内与国际会议，既积极提高物流业的战略地位，又提高物流科学研究和管理水平，取得了良好的社会效益。

日本对物流科学研究的重视还体现在肯花大力气培养物流管理人才上。除了在有关的大专院校设有物流课程，培养高级物流管理人才外，还有群众学术团体为社会培养一般的专业技术人才。如日本物流管理学会和日本物资流通协会，分别举办定期的物流大型讲座,为社会培养了大批物流管理人才。

2. 物流业的发展得到了政府的支持和引导

日本物流业的发展无论是在规划布局、硬件设施,还是在软件开发、规范管理等各方面都是紧紧围绕着社会需求展开的,有的甚至超前一步,有力地促进了整个社会的发展。

日本政府推进物流发展主要是积极加快建立物流基地:首先,由政府牵头确定市政规划,在城市的市郊结合部、内环线之外(或城市之间的主要干道附近)选择合适的地块建设物流基地。其次,将基地内的地块分别以生地的价格出售给各个不同类型的物流行业协会,协会以股份制的形式在其内部会员中招募资金,用来购买土地和建造物流设施,同时成立专业公司来负责此项工作。协会成员的出资额可多可少,不足部分政府还可提供长期低息贷款。再次,政府对已确定的物流基地积极加快交通设施的配套发展,在促进物流企业发展的同时,促使物流基地的地价升值,使投资者能得到回报。最后,各个协会的专业公司则根据当前本行业的实际需求在物流基地内统一规划建设物流设施,建成后由专业公司负责管理。协会中出资的会员都可以按照自己业务的大小向专业公司承租物资设施,并可享受相同的优惠价格。这样一方面保护了协会中投资者的利益,另一方面又避免了协会成员之间的相互竞争,使物流设施得到充分利用。

3. 重视物流业信息化

为提高物流效率,适应流通产业发展的新要求,日本政府非常重视物流产业的信息化。根据1988年日本政府颁布的《运输白皮书》报告,80%的运输业者已经在各种程度上利用了计算机,特别是路线卡车的使用率达到了91%,航空运输业达到了91%,外航海运业为85%,仓库业占77%,路线卡车货运业的联网率达到了63%,仓库业的联网率也超过了50%。

日本在20世纪80年代的物流业信息化程度已经很高。随着世界性的信息化浪潮的兴起,20世纪80年代后,流通业务将准时生产制引入商品流通中,生产者和销售者采用准时生产、准时流通的运营方式,加快了物流业信息化的步伐。通过信息化,物流企业在出入货统计与验证、库存管理联网、配送信息管理、载货明细表编制、货物追踪情报、运输车辆管理等方面实现了自动化和效率化。

三、欧洲的物流发展

(一)欧洲物流管理发展阶段

1. 工厂物流阶段

时间为20世纪50—60年代,这一时期欧洲各国为了降低产品成本,开始重视工厂范围内的物流过程的信息传递,对传统的物料搬运进行变革,对工厂内的物流进行必要的规划以寻求物流合理化。在这一阶段,储存与运输分离,各自独立经营,是物流发展的初级阶段。

2. 综合物流阶段

时间为20世纪70年代,这一时期欧洲经济快速发展,商品生产与销售进一步扩大,多个工厂联合的企业集团或大企业内部物流已经不能满足集团对物流的要求,因此出现了综合物流及基于工厂集成的物流。

3. 供应链物流阶段

时间为20世纪80年代,这一时期欧洲开始应用供应链物流概念,这主要源于随着经济和流通的发展,不同企业都在进行物流革新,建立物流系统。由于各个经济主体都拥有不同的物流系统,容易在经济主体的连接点产生矛盾,为了解决这一问题,有必要发展联盟型的物流体系,供应链物流便应运而生。

4. 全球物流阶段

时间为20世纪90年代。这一时期全球经济一体化的发展趋势十分强劲,欧洲企业纷纷在国外,特别是在劳动力比较低廉的亚洲地区建设生产基地,生产零部件,甚至根据市场预测和地理优势,分别在国外建立总装厂,全球物流就是全球消费者和全球供货源之间的物质流和信息流,这一时期欧洲的供应链着眼于提供产品和物流服务的整体能力。

5. 电子物流阶段

时间为20世纪90年代末至今,基于互联网和电子商务的电子物流正在欧洲盛行,以满足客户越来越苛刻的物流需求。

(二) 欧洲物流行业协会助推物流发展

物流产业在欧洲是一个快速发展的服务领域,对欧洲各国经济发展产生了重要影响。其中,物流行业协会组织在物流产业发展中作用显著。

1. 引导和促进作用

欧洲物流协会组织的物流企业问卷调查,跟踪和分析了整个欧洲物流产业的发展状况,再结合世界物流产业的发展趋势,引导和促进整个行业的发展。

2. 咨询服务作用

荷兰国际物流配送协会,专门提供配送中心选址、规划、经营等方面的咨询和信息,帮助成员企业降低成本、提高效率,促进成员企业的发展。

3. 教育和培训作用

目前,欧洲各物流协会的物流课程设置和教学大纲基本上采用的是欧洲物流协会开发和制定的物流教育培训标准,并形成了相应的物流从业资格制度。

4. 行业规范作用

欧洲物流协会与欧洲标准化委员会及各种标准化研究机构合作,参与制定了多种物流行业标准,并合作编写物流词典,规范物流用语。

5. 联络和交流作用

一是利用研讨会、组织专项研究活动等,促进物流产业内部的交流和合作;二是建立与欧盟组织和各国政府的对话机制和交流渠道,反映行业的呼声和利益要求,积极寻求政府对物流产业发展的支持。

四、我国的物流发展

我国的物流发展总体起步较晚,但是发展迅速,尤其以快递物流独领风骚。

(一) 现代物流发展的政策环境日趋完善

随着 2001 年《关于加快中国现代化物流发展的若干意见》,2002 年《关于加快发展我国集装箱运输的若干意见》,2004 年《我国现代物流发展规划》等一系列重大政策的出台,我国物流发展在政策环境方面日益完备,各类法律法规为行业发展保驾护航。

(二) 物流基础设施建设持续推进

公路方面,2015—2019 年,中国公路总里程及公路密度逐年上升。截至 2022 年年底,全国公路总里程达到 535 万千米;预计到 2026 年,全国公路总里程约为 574 万千米。随着投资规模的不断加大,国家政策的支持以及公路建设技术和工艺的不断革新与改进,可以预期,未来我国公路建设行业将继续保持平稳发展。港口方面,从规模以上港口集装箱吞吐量来看,近年来中国港口集装箱吞吐量逐年增长,2022 年达到 29 587 万 TEU,同比增长 4.7%;铁路方面,截至 2022 年年底,铁路通车总里程 15.49 万千米,其中高速铁路达 4.2 万千米,继续领跑世界。

(三) 区域物流合作趋势逐渐增强

我国已经形成长三角、珠三角、环渤海湾等比较发达的区域物流服务网络,为经济的进一步发展奠定了基础。

(四) 快递物流独领风骚

快递业是邮政业的重要组成部分,是融合信息交流、物品递送、资金流通等多种功能于一体的复合型新兴服务业。由于国家政策的大力扶持,快递行业迎来了发展新纪元。根据国家邮政局的数据显示,近年来我国快递业发展迅猛,2022 年全国快递服务企业业务量累计完成 1 892 亿件,同比增长 9.84%;业务收入累计完成 4.1 万亿元,同比增长 12.19%。

五、现代物流发展趋势

在本章第一节我们已经学习了新物流的发展方向,这里不再赘述,除此之外,现代物流发展还体现出以下趋势。

1. 商业驱动供应链变革

主要特征是提供智慧供应链服务以及物流机器人的广泛应用。

2. 物流生态平台化

一些公司成为了物流生态的构建者,如阿里巴巴、亚马逊、京东等。同时还产生了大量的供应链运营平台,如贸易供应链运营平台、智慧供应链运营平台、菜鸟社会协同零售供应链运营平台等。

3. 物流服务合同化

从行业发展角度来看,合同物流的大趋势是走向科技化、产品化与平台化。大型合同物流企业依托双流支持和驱动,以及自身的规模化效应,将会强者愈强。而中小型合同物流企业作为合同物流生态不可或缺的参与者,需尽快找到自身的定位和发力点。

问题思考

结合物流发展趋势,说说你的公司在物流领域有哪些发展机会?

课后练习

选择题,选项四个的为单选题,选项五个的为多选题

1. 在物流管理发展过程中,日本总结出的经验包括(　　)。
   A. 重视物流成本　　　　　　　　　B. 重视物流业的学习和研究
   C. 物流业的发展得到了政府的支持和引导　　D. 重视物流速度
   E. 重视物流业信息化

2. 欧洲物流管理发展五阶段包括:工厂物流阶段、(　　)等。
   A. 综合物流阶段　　　　　　　　　B. 供应链物流阶段
   C. 全球物流阶段　　　　　　　　　D. 电子物流阶段
   E. 物流金融阶段

3. 欧洲物流行业协会在助推物流发展中起到的作用包括(　　)。
   A. 引导和促进作用　　　　　　　　B. 咨询服务作用
   C. 教育和培训作用　　　　　　　　D. 行业规范作用
   E. 联络和交流作用

4. 以下哪些属于现代物流发展新趋势(　　)。
   A. 物流网络电子化　　　　　　　　B. 商业驱动供应链变革
   C. 物流生态平台化　　　　　　　　D. 物流进程速度化
   E. 物流服务合同化

第二章　企业物流管理

学习目标

- 重点掌握生产企业物流的概念及类型
- 重点掌握物流成本相关学说
- 掌握流通企业物流的基本概念、物流社会化
- 掌握物流成本管理的概念
- 掌握企业物流质量控制
- 了解物流成本管理内容
- 了解物流服务与营销
- 了解物流人员基本素养与职业道路
- 了解企业物流管理规范
- 了解企业物流战略管理

【引导案例】

美国福特汽车公司的及时制

20世纪最初的20年间,福特汽车公司首先将泰勒的科学管理原则应用于生产的组织过程,创立了流水线作业体系,从而奠定了现代大工业管理组织方式的基础。因此,这种管理方式也被称为福特制,其基本特点表现为大规模批量生产,以实现规模经济效益。这种最早应用于汽车工业的组织生产方式很快就被传播应用到其他产业,在五六十年代创造了现代工业的"黄金时代"。进入70年代后,福特制体现出严重的局限性,欧美企业陷入困境,其原因并非简单的生产成本问题,而是他们无法对市场多样化的需求作出更快、更适宜的反应。

80年代以来,美国、西欧及其他国家开始学习和应用日本首创的JIT(just in time,及时)管理方法。福特汽车公司作为北美三大汽车制造公司之一,其工厂遍及北美,生产业务主要为汽车组装,依赖北美许多供应商提供零部件,也于1987年开

始实施 JIT。

福特汽车公司的及时生产是以最低库存直接针对市场需求的小批量生产,其生产设计具有迅速转产或转型的灵活性。厂房的布局使机械加工过程组合得更密切,这样可以减少材料的移运。另外,由于与零售商达成协议,因此生产计划较为稳定。公司生产需要及时制系统的支持,福特汽车公司的及时制系统具有以下几个特点。

厂内系统

福特汽车公司的生产线进料储存量设计为"保持全天所需的原材料外加半天的保险库存"。除非是需要用作安全库存的关键物品,不然消除大多数非生产线进料库存。大部分原料直接传递到生产线进料地点,消除大宗库存,取消库存用地,取消额外的物资管理。同时使用可退换容器来改进搬运效率。

包装系统

福特汽车公司所用包装是专门设计的,采用可折叠式包装以便回收。减少可消耗包装的成本,提高包装的保护性以便于运输。标签及文字记录的位置准确化,使得搬运快捷准确。优化模型设计,方便运输工具及铲车作业,提高搬运效率,尤其是生产线进料处的搬运效率。

运输系统

及时物流需要可靠的运输供应者。福特公司尽量减少运输承运人的数量且谈判合同包括惩罚条款,以此提高运输系统的可靠性。必要时用汽车运输来代替铁路运输。在可能的情况下,还会用及时性铁路运输来取代常规铁路运输。

内向运输系统

汽车和铁路运输定时到达福特工厂,采用时间窗口进行递送:使用转动式拖车卸货,而不采用倾倒和转换式卸货,这样可消除拖车连成一串的情况,使接货的人力安排更有效,减少卸货车辆的等待时间。采用循环收取的办法,以便一辆车能够从若干的供应者那里收取物料,这样,因重复和对线路的熟悉便提高了效率。运输公司与福特公司每天通过计算机网络信息系统进行通信,如一个实时的电子通信系统,即物资需求系统(DMRS)。另外,还利用铁路运输来发展及时性服务。

供应者

供货方均以年度合同的方式向福特公司供货。供货方掌握福特公司未来20天的每日生产需求的连续报表,以便制订供货计划,由每日物资需求系统来连接。每天晚上,DMRS将次日的物资需求信息传递给运输公司。供应者必须及时将物资准备好以便装车。运输采用特定的集装箱,用特定的拖盘并在特定的时间、窗口进行。承运人将在特定的时间、窗口提取物资,货物往往在当日或连夜运送。

> **及时管理协调员**
>
> 从福特公司的成功经验来看,及时管理协调员是确保系统正常运行的关键:当供货者或承运人或福特厂家未能按计划运作时,及时管理协调员对系统进行调整;当供货者或承运人一方违约时,及时管理协调员要追究其责任。另外,福特公司和供货者及承运人三方按计划运作,建立伙伴关系,履行各自的承诺。福特公司对可靠的服务支付费用,并提供培训。
>
> **【思考】**
> 1. 福特公司为什么会用JIT替代使用了50年的福特制?
> 2. JIT的实施给福特公司带来了哪些改变?
> 3. JIT理念对于构筑高度一致的社会协同体系也是大有裨益的,对于企业之间、企业与客户之间的协调都有很大帮助,请举一个相关例子。

第一节 企业物流管理概述

对企业而言,物流联系着供应商、配送中心、分销商、零售商及最终的消费者等各环节,因此,良好的物流管理至关重要。企业的市场范围常常覆盖全国或全球,但生产却可能集中在相对较少的几个点,生产地和市场在空间上被分割,物流活动就是它们之间的桥梁。对供应物流、生产物流、销售物流及回收物流进行有效管理,才能完成企业的使命,实现价值。

企业物流(enterprise logistics)是对企业从原材料供应地一直到产品用户之间的物料流及有关信息流进行组织和管理的过程。相对于宏观的社会物流来讲,企业物流属于微观领域的物流活动,即小物流。具体来讲,企业物流包括运输、仓储、物流管理、订货处理、顾客服务等活动。企业物流始于企业的原材料采购,终于企业对废弃物的处理及退货的回收,它包含了企业经营的全过程。

企业物流涵盖了企业内部的多个部门,构成复杂的网络结构。按性质的不同,可以将企业物流划分为生产企业物流和流通企业物流。

一、生产企业物流

(一)生产企业物流的概念

生产企业物流是由于企业生产社会所需要的产品而产生的。企业为了制造产品需要有一定数量的加工器械,配置一定数量的原材料、辅材料,需要一定的生产空间,必须花费一定的生产时间,按照生产工艺要求逐个工序将原材料生产成成品,储存在成品库中,最后及时将成品送到用户手中。生产企业物流是指工业企业在生产经营过程中从原材料的采购供应开始,经过生产加工,一直到产成品销售以及伴随着企业生产经营活动所产生的废旧物资回收、废弃物的处理等过程中发生的物流活动。从功能上看,生产企业物流包括工业企业在生产经营过程中发生的加工、检验、搬运、储存、包装、装卸、配送等物流活动。所以,生产企业的生产过程实际上是物料的流动过程,物料从供应商流动到企业仓库,又从仓库流动到各个加工点,最后把成品配送到用户手中。因此,企业生产物流是指企业生产经营中形成的物流。

生产企业尤其是大型生产企业的生产过程相当复杂,有着复杂的生产计划和精密的生产指令,因此,企业物流与企业信息流同步。为了提高产品竞争力,企业以不断降低生产成本和物流成本为追求目标。生产企业物流与企业的营销、财务紧密相连。生产企业物流管理从属于企业战略管理范畴。

(二) 生产企业物流的分类

根据物流活动发生的先后顺序,可将生产企业物流系统划分为供应物流、生产物流、销售物流、回收与废弃物物流四部分。

1. 供应物流

(1) 供应物流的定义。

供应物流包括原材料等一切生产资料的进货、运输、储存、库存管理与用料管理等活动。供应物流是指一种物流模式,它专注于管理来自供应商的各类物品,并将这些物品运送至最终用户或消费者。供应物流是涉及从供应商到消费者的众多步骤的一个系统。它旨在优化可用资源、降低成本、提高效率、改善客户体验。通过改进供应物流的效率,企业可以提高客户服务质量,以此赢得新客户并保持老客户。

从2001年8月1日起正式实施的《中华人民共和国国家标准:物流术语》中,对供应物流是这样定义的:"为生产企业提供原材料、零部件或其他物品时,物品在提供者与需求者之间的实体流动"。

这个定义实际上将供应物流限定在制造业中使用,对于批发业和零售业,人们习惯上使用配送物流来描述。而在《中华人民共和国国家标准:物流术语》实施以前,供应物流的一般定义是:包括原材料等一切生产资料的采购、进货运输仓储、库存管理、用料管理和供料运输。这个定义描述了供应物流的工作内容,但这些工作内容必须放在企业物流系统的大环境中考虑。

(2) 供应物流的内容。

一般来说,供应物流包括以下活动:产品采购、供应、仓储和库存管理、发货和递送、客户服务和支持以及货物回收。

采购是核心环节,从选择合适的供应商、采购产品至建立正确的采购机制,都在采购环节完成。采购包括寻找商品产地和供应商、购置、运输、收货、入库仓储等。采购是生产企业为了获得生产所需要的商品物资而进行的活动,也是流通企业备货、购物的重要环节。

供应是供应物流与生产物流的衔接点,是依据供应计划,根据生产资料消耗定额进行测算,大致确定供给数量并保证供应的作业层,负责原材料消耗的控制。

仓储与库存管理仓储是供应物流与生产物流衔接的一个环节,负责供应物流的接货、仓储、发货工作。在这个环节上要严把进货关,入库前保证入库物资的数量和质量符合合同或协议的规定。库存管理是供应物流的核心部分,它依据企业生产计划的要求和库存状况制订采购计划,并负责制定库存控制策略及收集计划的执行与反馈情况。库存管理有两个基本目标:一是提高对客户的服务水平;二是降低库存成本。

发货和递送包括将货物准确、及时地发往顾客所在地,以确保全部货物质量良好。

客户服务和支持是负责了解客户需求,并及时响应客户的问题,从而提升客户满意度。

货物回收负责收回不再使用的货物,以便重新使用或回收利用,减少废物处理和环境污染。

(3) 供应物流的模式。

企业供应物流目前用得较多的有以下四种基本模式。

① 委托社会销售企业代理。即供应商或社会销售企业送货上门,也称供应商代理形式。采用这种模式,企业可免除物流活动而致力于其核心业务,供应商则利用其熟悉的物流渠道为企业提供增值服务,并以良好的服务与企业共同结成战略联盟。

② 委托第三方物流企业代理。这种供应物流方式是指在企业完成采购任务后,由相对于"第一方"发货人和"第二方"收货人而言的第三方专业物流企业来承担供应物流活动的一种物流形态。第三方物流企业通过与第一方或第二方的合作来提供其专业化的物流服务。它不拥有商品,不参与商品买卖,而是为顾客提供用合同形式来约束、以结盟为基础的系列化、个性化、信息化的物流代理服务。

供应链物流的关键在于优化各个环节,以减少摩擦,提高效率,优化客户体验,加快响应速度和降低成本。一些技术工具,如条形码、RFID 和移动互联网,可以帮助企业实现以上目标,有助于提高供应链物流效率。条形码可以用于追溯产品质量,RFID 可以帮助企业跟踪库存数量和存放位置,而移动互联网可以帮助企业实现顾客自助服务及自动化服务。

③ 自供与外协物流模式。企业自供模式,即企业上一生产环节的产品作为下一生产环节的原材料供应。外协是由生产企业向外协厂(即 OEM 厂商)提供所需产品的技术图纸以及产品质量要求,由外协厂组织生产、供应、并满足生产企业的需要,完成供应物流过程。

④ 供应链供应物流模式。这是近年来随着供应链理念和实践的拓展而发展起来的供应物流模式。供应链体系将物料供应商、生产商、储运商、分销商及消费者组成供需网络链,供应商和企业结成最高层次上的联盟,在互利互惠、共享信息、共担风险和相互信任的原则

下建立长期的供应合作关系。

总之,供应物流是维持供应链流程运转的重要组成部分,为企业提供关键的支持,是改善企业运营效率的关键之一。它包括一系列从采购到送达最终客户的复杂活动,在现代社会,供应物流必不可少。为了满足顾客需求,企业可以利用新技术设备和服务,引入更高效的供应物流系统,以最大限度地提高客户体验,实现良好业绩。

2. 生产物流

(1) 生产物流的定义。

生产物流是指企业生产过程中发生的涉及原材料、在制品、半成品、产成品等的物流活动。生产物流包括生产物流计划与控制、物料搬运、在制品储存与库存管理等活动。

(2) 生产过程中和物流有关的业务环节。

工厂布置:包括工厂范围内各生产手段的位置确定、各生产手段之间的衔接,以及实现这些生产手段的方式。

工艺流程:产品的技术加工过程。

装卸搬运:生产物流过程中发生频率最高的物流活动。

仓库作业:用于生产过程中半成品、在制品短暂停留的场所。

(3) 影响生产物流的主要因素。

生产类型:不同类型的生产企业其物流活动的表现不同,这是影响企业生产物流的最主要的关键因素。它影响生产物流的构成和比例。

生产物流有不同的类型,从物流流向的角度分类,包括项目型生产物流,连续型生产物流,离散型生产物流;从物料流经的区域和功能角度分类有工厂间物流、工序间物流等。

生产规模:一般而言,生产规模越大,生产过程的构成要素越齐全,物流量越大。

企业的专业化与协作水平:这一因素影响生产物流的构成与管理。企业的专业化与协作水平越高,生产物流越趋于简化,物流流程就可以缩短;反之物流流程会变得冗长。

(4) 合理组织生产物流的基本要求。

物流过程的连续性:为保证生产的连续性,物流过程必须有序、连续进行,使物料能顺畅、最快、最省地走完各个工序,直到成为产品。

物流过程的平行性:物料在生产过程中要实行平行交叉作业,各个支流能平行流动。

物流过程的节奏性:从投料到最后完成入库,保证按计划进行,避免出现忙闲不均现象,生产过程中各阶段都能有节奏、均衡地进行。

物流过程的比例性:考虑各工序内的质量合格率,以及装卸搬运过程中可能发生的损失,零部件数量在各工序间有一定的比例,形成了物流过程的比例性(考虑回收物流)。

物流过程的适应性:企业生产组织向多品种、少批量发展,要求生产过程具有较强的应变能力,物流过程同时具备相应的应变能力。

(5) 生产物流系统设计原则。

功耗最小原则:要求物流距离要尽量短,搬运量要小。

流动性原则：流动顺畅,避免逆向、交错流动。

高活性指数：物品放置的情况与被移动的难易程度相关,越容易移动,活性指数越大。因此物品放置应尽量提高其活性指数。

(6) 生产物流的组织。

生产物流的组织和生产过程的组织是同步进行的。伴随着生产过程的空间组织和时间组织,生产物流也存在着如何进行合理的空间和时间组织的问题。

① 生产物流空间组织是指企业内部各生产阶段或生产单位的组织及其空间位置的安排,目标是如何缩短物流在工艺流程中的移动距离。

② 生产物流的时间组织指一批加工对象在生产过程中各生产单位、各道工序之间在时间上的衔接和结合方式。

通常一批物料有三种典型的移动组织方式。

顺序移动方式：当一批生产加工对象在上道工序完成全部加工后,整批地转到下道工序生产加工。

平行移动方式：指每个产品或零件在上道工序加工完后,立即转到下道工序加工,使各个零件或产品在各道工序上的加工平行地进行。

平行顺序移动：一批零件或产品既保持每道工序的平行性,又保持连续性的作业移动方式。

(7) 生产物流控制的内容及系统要素。

生产物流控制的内容包括进度控制、在制品管理、偏差的测定和处理。

生产物流控制系统的要素则由强制控制和弹性控制、目标控制和程序控制、管理控制和作业控制三部分组成。

在生产物流系统中实现物流协调和减少各个环节生产和库存水平的变化幅度是很重要的,在这样的系统中,系统的稳定性与所采用的控制原理有关,两种典型的控制原理分别是推进式物流控制原理和拉动式物流控制原理。

3. 销售物流

企业的产品只有经过销售才能实现其价值,从而创造利润、实现企业价值。销售物流是指企业为完成销售任务而采取的一系列物流活动。它包括从销售预测、订单处理、物流服务到售后服务等环节,旨在提高销售效率、降低成本、提升客户满意度。销售物流与传统物流不同,它更加注重客户需求、市场变化和销售策略之间的协调,强调"以客户为中心"的理念。在销售物流中,企业需要注意物流服务水平、物流成本控制、库存管理等方面的问题,以实现销售目标和企业利益最大化。同时,随着电子商务的发展和普及,销售物流也在不断进化和创新,如快递物流、智能物流等新兴业态不断涌现,为企业销售带来更多的选择和机会。

(1) 销售物流的定义。

销售物流是指企业在销售过程中,将产品的所有权转给客户的物流活动,是产品从生产地到客户所在地的时间和空间的转移,以实现企业销售利润为目的,是包装、运输、储存等诸环节的统一。

销售物流是企业在出售商品过程中所发生的物流活动,在产品同质化的今天,优质的销售物流服务成了提升企业竞争力的关键。

对销售物流概念的理解包括以下几个方面。

① 销售物流是一个系统,具有一体化特征。销售物流是企业为保证本身的经营效益,伴随销售活动,不断将产品所有权转给用户的物流活动,它是订货处理、产成品库存、发货运输、销售配送等物流活动的有机统一。

② 销售物流是联接生产企业和用户的桥梁,是企业物流与社会物流的一个衔接点。销售物流是企业物流活动的重要环节,它以产品离开生产线进入流通领域为起点,以送达用户并经售后服务为终点,它与社会销售系统相互配合共同完成企业的分销和销售任务。

③ 销售物流是生产企业赖以生存和发展的条件。对于生产企业来讲,物流是企业的第三利润源泉,降低销售物流成本是企业降低成本的重要手段。销售物流成本占据了企业销售总成本的20%左右,销售物流的好坏直接关系到企业利润的高低,进而直接关系到企业的生存与发展。

④ 销售物流具有很强的服务性。销售物流是以满足用户的需求为出发,从而实现销售和完成售后服务,因此销售物流具有很强的服务性。在现代社会中,市场环境是一个完全的买方市场,只有满足买方要求,卖方才能最终实现销售。在这种市场前提下,销售往往以送达用户并经过售后服务才算终止。销售物流的服务性表现在要以满足用户的需求为出发点,树立"用户第一"的观念,必须快速、及时,这不仅是用户和消费者的要求,也是企业对自身发展的要求。

⑤ 销售物流以实现销售为目的,它的所有活动及环节都是为了实现销售利润,因此物流本身所实现的时间价值、空间价值及加工价值在销售过程中都处于从属地位。销售物流过程的终结标志着商业销售活动的终结。

(2) 销售物流的功能。

① 进行市场调查和需求预测。销售物流包含大量的工作,其中的首要任务是进行销售预测,然后在此基础上制订生产计划和存货计划。

② 开拓市场和制定销售产品的方针和策略。在进行产品销售活动中,开拓市场和制定销售产品的方针和策略是销售物流的一项重要内容,主要包括对销售渠道、营销组合、产品定价的方案制定等。

③ 编制销售计划。正确确定计划期产品的销售量和销售收入两个指标。

④ 组织、管理订货合同。包括组织签订合同、检查执行合同和处理合同执行中的问题。

⑤ 组织产品推销。包括产品的商标与装潢设计、广告宣传、试销试展、派员推销以及

市场信息反馈等。

⑥ 组织对用户的服务工作。包括产品安装调试、使用与维修指导，实行"三包"，提供配件以及售前、售后征求用户意见等。

⑦ 进行成本分析。对销售功用与销售成本进行分析，不断提高销售的经济效益和管理工作水平。一般认为，销售物流总成本的主要构成部分是运输(46%)、仓储(26%)、存货管理(10%)、接收和运送(6%)、包装(5%)、管理(4%)以及订单处理(3%)。

(3) 销售物流工作流程。

① 产成品存货。适当的存储可以应对产品供应的不确定和需求的波动。在平衡过低库存的风险与过高库存的管理成本之间，确定订货时间和订货数量。

② 包装。包装是生产结束、物流开始的环节。为了方便运输、储存和配送，产成品必须包装。将包装安排在生产结束环节，甚至将包装作业并入生产加工过程，可以降低物流成本。

③ 订单处理。订单处理是从客户发出订货要求开始到客户收到所订货物为止的一个完整过程，包括订单准备、订单传输、订单泵入、订单履行、订单报告等。

④ 销售产品运送。在决定销售物流的产品运送时，应考虑如下细节：

根据物品特性和销售渠道，确定运输方式和运输路线；在干线运输确定之后，将两端的短距离运输作为重点的成本节省部分核算；运输外包的经济可行性。

(4) 销售物流服务要素。

影响销售物流供方和需方成本的四大要素是时间、可靠性、沟通和方便性。

① 时间。时间要素指订货周期，即客户从确定物品到物品送达之间的时间间隔。

订货周期包括订单处理、订单准备、货物发送，通过对这些活动的有效管理，可以确保适当的订单周期。

② 可靠性。可靠性是指根据客户订单的要求，按照预定的时间，安全地将订货送达客户指定的地点。可靠性通过备货时间的可靠性、安全交货的可靠性以及正确供货的可靠性来保证。

③ 沟通。沟通存在于整个销售物流过程中，是供方与需方的商务交流。交流渠道必须保证畅通，交流方式应多样化，包括电话、常规通信、电子邮件和 EDI，以及必要的面对面沟通。

④ 方便性。方便性就是指服务必须灵活，对不同客户的不同需求，应通过不同的物流服务方式实现客户的最高满意度，对目标客户应提供最大的经营便利。

4. 回收与废弃物物流

在企业的生产、供应、销售活动中总会产生由于某些原因被退回的产品、一些边角余料和废料等，这些东西如果处理不当，很可能会影响整个生产环境，甚至影响社会环境。并且，"废弃物"只是在一定时期、一定范围内而言的，物料的形式或用途发生了变化，而它本身可以被利用的属性并没有完全消失，只要被发现和再利用，依然有可能变成有用的资源。

现在人们通常将回收与废弃物物流统称为逆向物流。逆向物流和正向物流方向相反,而且总是相伴发生。其特点是:回收与废弃物物流产生的时间、地点、数量是难以预见的;发生地点为分散、无序的;发生的原因通常与质量、数量异常有关;处理的系统和方式复杂多样,不同的处理手段对资源价值贡献有显著差异。

(1) 两种逆向物流的概念。

① 回收物流。回收物流(returned logistics)是指不合格物品的返修、退货以及周转使用的包装容器从需方返回到供方所形成的物品实体流动。比如回收用于运输的托盘和集装箱、客户的退货、收集容器、原材料边角料、零部件加工中的残次品等。它主要是物资的回收流动,但同时又伴着信息流、资金流、价值流、商务流,与常规物流共同组成整个物流系统。尽管回收物流的市场潜力无疑是巨大的,但由于回收物流常常意味着供应链成本的增加而被企业物流管理人员所忽视。

② 废弃物物流。废弃物物流(waste material logistics)是指将经济活动中失去原有使用价值的物品,根据实际需要进行收集、分类、加工、包装、搬运、储存等,并分送到专门的处理场所时形成的物品实体流动。

在实际生产活动中,人们更多关注的是使用价值依然存在的部分商品,即回收物流。然而,在许多的排放物中,一部分可以被回收循环使用,称为再生性资源;一部分已丧失再利用价值的排放物,则只能进行焚烧和掩埋,称为废弃物。再生性资源由于社会进步及人们环保意识的增强,已逐渐被回收。通过分拣、加工、分解等工序,重新进入生产和消费领域。而对于生产和生活中产生的废弃物,目前国内的处理手段和重视程度还远远不够,因其使用价值的丧失而鲜有物流企业问津。图 2-1 展示了回收与废弃物品处理流程。

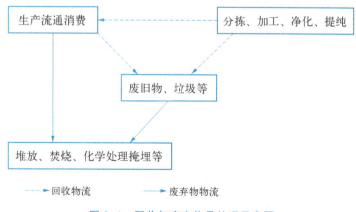

图 2-1 回收与废弃物品处理示意图

(2) 企业引入逆向物流的具体原因。

具体而言,企业引入逆向物流系统的原因,如表 2-1 所示。

表 2-1　企业引入逆向物流系统的原因

引入逆向物流系统的主要原因	使用逆向物流系统的典型例子
为获得补偿或退款而退还产品	不能满足客户期望的 VCR 被退回,得到退款
归还短期或长期租赁物	当天租赁的场地装备的返还
返回制造商以便修理、再制造或返还产品的核心部分	返还用过的汽车发电机给制造商以期被再制造和再销售
保修期返回	电视机在保修期内功能失灵而被退还
可再利用的包装容器	返回的汽水瓶、酸奶瓶、饮料瓶被清洗和再使用
寄卖物返还	寄存在商店的音箱没有变卖又返还给物主
卖给顾客新东西时折价回收旧货	出售新车时,代理商回收旧车准备再卖
产品发往特定组织进行升级	旧电脑被送往制造商以安装光盘驱动器
送还	不必要的产品包装或托盘在不需要时被送还
普遍的产品召回	由于安全带失效汽车被返还给代理商
产品返还给制造商进行检查或校准	医学设备被返还以检查和调校仪表
产品没有实现制造商对客户的承诺	如果电视性能与承诺的不一致则可以退还

资料来源:[美] David J. Bloomberg, Stephen Le May, Joe B, Hanna.综合物流管理入门[M].雷震甲,杨纳让译,北京:机械工业出版社,2003年第211页.

(3) 逆向物流的驱动因素。

企业实施逆向物流活动的驱动因素大致可分为外部驱动因素和内部驱动因素。

① 外部驱动因素有以下五种。

第一,政府法律法规限制因素的驱动。

在经济全球化的今天,政府为了防止企业在经济竞争的同时给环境带来破坏,逐步出台和完善了有关环境保护的法律法规。而且,消费者对全球气候变暖、温室效应和环境污染的关注也督促了企业实施逆向物流。在各个国家的法律体系中,关于环境保护的法律法规都是一个重要内容。在美国,议会在过去的几年中引入了超过 2 000 个固体废品的处理法案;在我国,政府相继制定了《中华人民共和国环境保护法》《中华人民共和国固体废物污染环境防治法》《中华人民共和国环境噪声污染防治法》等多部法律法规。政府的环境立法有效地推动了企业对其所制造的产品的整个生命周期负责,使生产者共同承担产品责任。作为企业应积极应对强制性法规的实行,为日后可持续的环境法案相关内容做准备,积极思考自身在产品管理上的地位、责任和机会。

第二,消费者的退货行为和维修行为的驱动。

任何企业都面临着消费者的退货行为和维修行为。由于货物在运输、装卸搬运、存储等物流活动中的操作不规范等人为因素或不可控的自然因素都有可能造成产品有缺陷和瑕疵,以及递送商品的错位等问题,使得消费者不能得到他们想要的产品,从而导致退货行为。为了吸引更多顾客购买企业的产品,企业越来越注重产品的保修,特别是IT行业,有些企业甚至提出了产品终身保修的维修承诺。这就增加了从消费终端返回生产厂商的维修活动。

第三,产品生命周期缩短的驱动。

产品生命周期正在变得越来越短,这种现象在许多行业都变得非常明显,尤其是计算机行业和手机行业等高端电子产业。新产品和升级换代产品以前所未有的速度被推向市场,推动消费者更加频繁地购买。当消费者从更多的选择和功能中得到满足时,这种趋势也不可避免地导致了消费者拥有越来越多不被需要的产品,同时也带来了更多的包装浪费和退货。技术进步导致产品生命周期的缩短,加快了产品淘汰,增加了进入逆向物流的物资浪费以及管理成本。

第四,新的分销渠道的驱动。

如今兴起的新的分销渠道主要是直销,消费者可以更加便捷地通过新的分销渠道购买商品,电视购物网络和互联网的出现使得直销成为主流。由于消费者并不是亲临现场检验货物,而只是根据电视上或网络上提供的资料信息进行购买,就有可能造成实际购买到的产品与他们在电视上或网络上看到的不一致,从而导致换货或者退货的发生,这种行为明显增加了逆向物流的负担。由于直销渠道面对的顾客是全球范围的,而不仅仅局限于本地、国内或者某一区域,因此,退货物品管理的复杂性就会增加,管理成本也将上升。

第五,供应链中的力量转移。

竞争的加剧和产品供应量的增加意味着买家在供应链中的地位提升。零售商可以而且的确在拒绝承担未售出商品和过度包装品的处理责任。在美国,大多数返还给最上层供应商的商品,要么源于消费者,要么是因为未售出,都被最初的供应商收回,由他们对这些产品进行再加工和处理。这种趋势在所有行业都有所发生,即便是航空业。航空公司会要求供应商收回并处理不需要的包装物品。

② 内部驱动因素有以下两种。

第一,来自供应商产品召回行为的驱动。

产品召回制度源于20世纪60年代的美国汽车行业,2010年年中和2011年年初,丰田汽车公司就做了两次全球性的召回。经过很多年的实践,美国、日本、欧洲、澳大利亚等国对缺陷汽车的召回都已经形成了比较成熟的管理制度。近几年随着消费者地位的上升,消费者的权益增加,产品召回现象从最初的汽车、电脑迅速蔓延到手机、家电、日用品等各行业。为了维护企业的核心竞争力,企业需要通过有效的逆向物流管理来降低召回损失。

第二,企业塑造自身形象的驱动。

消费者的环保意识日益增强,消费观念也发生了巨大的变化,顾客对环境的期望越来越高。另外,由于不可再生资源对环境的污染日趋加重,各国都制定了许多环境保护法规,企业的环保业绩已经成为评价企业运营绩效的重要指标。为了改善企业的环保行为,提高企业在公众心目中的形象,许多企业纷纷采取逆向物流战略,以减少其产品对环境的污染及资源的消耗。

(4) 生产企业发展逆向物流的必要性。

首先,发展逆向物流的必要性是为了物流可以实现资源回收再利用,促进可持续发展。实施逆向物流是实现我国经济可持续发展的迫切需要。一方面,地球上的资源是有限的,特别是一些矿产稀缺资源,大量开发利用后短时期内根本无法再生。近年来,社会生产实践对自然资源的需求激增,开发利用了大量的资源,使其储备量明显下降。另一方面,近年来随着社会发展进步,人们的各类需求越来越多样化,造成产品生命周期越来越短,许多产品在报废或淘汰后没有得到合适的处理,造成大量可再循环利用资源的闲置和浪费。而逆向物流能够将废旧物品变成再生资源,重复循环利用。在资源并不富足的今天,制造企业从事逆向物流将廉价的废旧物品回收作为生产的原材料再利用,可以大幅度降低企业的采购成本,实现资源的循环利用,促进经济可持续发展。

其次,从企业角度看,逆向物流能够降低企业生产成本,而企业成本管理的核心正在于减少原材料的消耗,提高资源利用率,减少采购。不少废旧物品的回收再利用价值非常高,经过检验、分拆、分类等逆向物流活动,可以重新获得利用价值。在多数发达国家,汽车、飞机制造业及电子产品制造业,使用翻新零部件已成为一种趋势。例如,美国宇航局重新利用改制与翻新的零部件使飞机制造费用节省大约40%—60%,由于这些废旧物品的回收代价较低并且来源非常充足,对其回收加工可以大幅度地降低企业的原材料成本。特别是随着经济的发展,资源短缺日益严重,资源的供求矛盾更加突出,逆向物流日渐显示其独特优越性。逆向物流有助于企业提高顾客附加价值,增强核心竞争力。在顾客驱动市场的前提下,企业创造的附加价值才是决定企业生存和发展的决定因素。将逆向物流作为一种营销手段,能够提高顾客对产品或服务的满意度,赢得顾客的信任,树立良好的企业形象,从而增强其竞争优势。对于消费者而言,逆向物流能够确保自己不满意的产品可以及时作退货处理,消除购买的隐患,增加其对企业的信赖感。另外,对于整个供应链而言,制造企业如果拥有良好的逆向物流系统,适当地放宽退货标准,能降低供应链末端的经销商的经营风险,促进企业间战略合作,实现双赢。

最后,逆向物流可以完善企业质量管理体系。无论是企业还是政府部门都在日益增强环保意识,人们的消费观念也已不同往日,这些变化对企业的生产经营行为存在一定的约束,对质量管理系统的要求也有所提高。制造企业实施逆向物流战略,可以减少最终废弃物的排放量,改善企业的经营能力,提高生产效率,塑造良好的企业形象。

在经济全球化和国际贸易不断发展的背景下,企业要想生存势必要走出国门,这就迫使企业寻求环境友好型增长。而逆向物流恰恰能够满足企业的这一需求,在保护环境追求快速增长的同时,提升企业的市场份额,在国际竞争中占得先机。完善的逆向物流系统可以帮助企业分析产品退货的分布状况,将产品质量和服务质量问题通过逆向物流信息系统不断传递到企业的管理层,为产品的改进设计提供反馈信息,将有力地推动企业不断消除产品质量隐患,从而改进质量并提高产品竞争力。

二、流通企业物流

流通企业物流是指从事商品流通的企业在其经营范围内所发生的物流活动。商品流通企业包括商业企业和物流企业两类。前者参与商品流通中的商流活动,在物流自营的情况下也参与商品流通中的物流活动。而后者则主要从事实物流通,即商品流通中的物流活动。商业企业的物流活动主要包括供应物流、企业内部物流和销售物流三种形式。供应物流是商业企业组织货源,将原材料集中到商业企业所发生的物流活动,企业内部物流活动则包括商业企业内部的储存、保管、装卸、运送和加工的各项物流活动,而销售物流是商业企业将商品转移到消费者手中所发生的物流活动。

学习流通企业物流,重点从批发企业物流管理和零售企业物流管理两个方面进行,这部分内容我们将放在第四章进行详细讲解,这里不再赘述。

三、企业物流社会化

企业物流社会化是指企业将自身的全部或部分物流业务外包给专业的物流企业,或者企业向社会化物流企业转型,利用自身的物流设施、设备提供社会化物流服务。

企业物流社会化最常见的形式就是物流外包,即制造企业或销售企业为集中资源、节省管理费用,增强核心竞争能力,把自己不擅长或没有比较优势的部分或全部物流业务以合同方式委托给专业的第三方物流公司运作。

关于第三方物流,我们将在第四章进行详细学习,这里不再赘述。

问题思考

结合你熟悉的企业,谈一谈该企业是如何处理回收废弃物的?

课后练习

选择题,选项四个的为单选题,选项五个的为多选题

1. 企业物流涵盖了企业内部的多个部门,构成复杂的网络结构。按性质的不同,可以将企业物流划分为(　　)。
   A. 生产企业物流　　B. 贸易企业物流　　C. 商业企业物流　　D. 金融行业物流
   E. 流通企业物流

2. 根据物流活动发生的先后顺序,可将生产企业物流系统划分为(　　)四部分。

A. 供应物流　　　　B. 生产物流　　　　C. 销售物流　　　　D. 回收与废弃物流

E. 金融物流

3. 影响生产物流的主要因素包括(　　)。

A. 企业的专业化与协作水平　　　　B. 生产质量

C. 客户标准　　　　　　　　　　　D. 生产规模

E. 生产类型

4. 影响销售物流供方和需方成本的四大要素是(　　)。

A. 方便性　　　　B. 可靠性　　　　C. 效率　　　　D. 沟通

E. 时间

5. 批发企业的物流管理策略包括(　　)。

A. 实行共同配送　　　　　　　　　B. 构筑完善的物流系统

C. 备货多样化　　　　　　　　　　D. 配送快速化

E. 构筑物流联盟

6. 企业物流社会化最常见的形式就是(　　)。

A. 物流联盟　　　　B. 虚拟物流　　　　C. 物流外包　　　　D. 物流采购

第二节　物流成本管理

一、物流成本概念

物流成本(logistics cost)是指物流活动中所消耗的物化劳动和活劳动的货币表现。具体来说,物流成本是产品在实物运动过程中,如包装、装卸搬运、运输、储存、流通加工等各个活动中所支出的人力、物力和财力的总和。这里的物流成本包括两方面的内容:一方面是直接在物流环节产生的支付给劳动力的成本、耗费在机器设备上的成本,以及支付给外部第三方的成本;另一方面是在物流环节中因持有存货等所潜在的成本,如占有资金成本、保险费等。

物流成本按其范围有狭义和广义之分。狭义的物流成本是指由于物品实体位移而产生的有关运输、包装、装卸等成本;广义的物流成本是指包括生产、流通、消费全过程的物品实体与价值变换而产生的全部成本。广义上的物流成本具体包括从生产企业内部原材料的采购、供应开始,经过生产制造过程中的半成品存放、搬运、装卸、成品包装及运送到流通领域,进入仓库验收、分类、储存、保管、配送、运输,最后到消费者手中的全过程所发生的所有成本。

二、物流成本管理的概念

物流成本管理是以物流成本信息的产生与利用为基础,按照降低物流成本的要求进行计划、组织、领导分析和控制等一系列活动的过程。

成本管理是企业管理的一个重要组成部分。成本管理是根据会计及其他有关资料，采用会计的、数学的和统计的方法，对企业成本进行预测、决策、预算、核算，以及控制和分析，以达到成本最低的一项综合性的管理活动。随着成本管理实践的深入和物流管理在当今社会的快速发展，人们深刻认识到，成本管理不能仅停留在原有的模式和内容上，要想大幅度降低成本、提高质量，必须注重物流这个"第三利润源"的管理。而人们对物流管理的关心首先是从关心物流成本开始的，因此要完善成本管理体系，推动成本管理发展，以及加强物流在企业经营中的职能，就必须加强物流成本管理，加强对物流成本的研究与管理对提高物流活动的经济效益有着非常重要的意义。

从物流成本管理的内容来看，物流成本管理是以物流成本信息的产生和利用为基础，按照物流成本最优化的要求有组织地进行预测、决策、计划、控制、分析和考核等一系列的科学管理活动。它是一种价值管理，涉及企业物流价值活动的各个方面。

物流成本管理不单是一项具体的可操作的任务，一般普遍认为物流成本管理不仅是管理物流成本，更是通过成本去管理物流，可以说是以成本为手段的物流管理方法，通过对物流活动的管理，在既定的服务水平下达到降低物流成本的目的。

三、物流成本相关学说

（一）"黑暗大陆"学说

1962年，著名的管理学家彼得·德鲁克在《财富》杂志上发表了题为《经济的黑暗大陆》一文，他曾经讲过，"流通是经济领域的黑暗大陆"并将物流比作"一块未开垦的处女地"，强调应高度重视流通及流通过程中的物流管理。

"黑暗大陆"学说指出在市场经济繁荣和发达的情况下，无论是科学技术还是经济发展，都没有止境。"黑暗大陆"学说也是对物流本身的正确评价，即这个领域未知的东西还很多，理论与实践皆不成熟。从某种意义上看，"黑暗大陆"学说是未来学的一种研究结论，是战略分析的结论，带有较强的哲学抽象性，这一学说对于研究物流领域起到了启发和带头作用。

（二）物流的"森林"学说

物流的"森林"学说是美国学者提出的，该学说认为物流的整体效应如同一片森林。在物流过程中不是单纯地追求各项功能要素优化，而更主要的是追求整体效果最优化，将各个分功能有机联系起来，追求总体效果最优。"物流是一片森林而非一棵棵树木"，用物流森林的结构概念来表述物流的整体观点，指出物流是一种"结构"，对物流的认识不能只见功能要素不见结构要素，即不能只见树木不见森林，物流的总体效果是森林的效果。即使是和森林一样多的树木，如果孤立存在，没有连成片，也不是森林。物流追求的是森林的总体效果。如果单搞运输、储存不能称为物流，将运输、储存等功能综合经营才能称其为物流。物流"森林"说强调的是总体观念。在物流理论中，还有很多提法也具有类似的观念,如物流系统论、多维结构论、物流一体化。物流"森林"学说如图 2-2 所示。

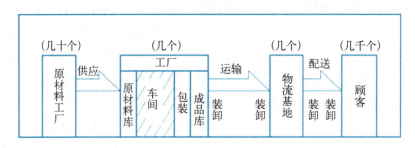

图 2-2　物流"森林"学说

(三)"物流是第三利润源"学说

"第三利润源"学说最初是由日本早稻田大学教授西泽修提出的。1970 年,西泽修教授在其著作《流通费用——不为人知的第三利润源泉》中,认为物流可以为企业提供大量直接或间接的利润,是形成企业经营利润的一项主要活动。此外,对国民经济而言,物流也是国民经济中创利的主要领域。

对第三利润源理论的最初认识基于以下几个方面。

(1) 物流是可以完全从流通中分化出来的,自成体系,有目标、有管理,因而能进行独立的总体判断。

(2) 物流和其他的独立经济活动一样,它不是总体的成本构成因素,而是单独盈利因素,可以成为"利润中心"。

(3) 从物流服务角度看,通过优质的物流服务,可以给接受物流服务的生产企业创造更好的盈利机会,成为生产企业的"第三利润源"。

(4) 通过有效的物流服务,可以优化社会经济系统和整个国民经济的运行,降低整个社会的运行成本,提高国民经济总效益。

(四)"物流成本冰山"学说

"物流成本冰山"学说也是由日本早稻田大学的西泽修教授提出的。这一理论的解析是,人们并没有掌握物流成本的总体内容,提起物流成本大家只看到露出海水上面的冰山一角,而潜藏在海水里的整个冰山却看不见,海水中的冰山才是物流成本的主体部分。西泽修教授指出,企业在计算盈亏时,"销售费用和管理费用"项目所列支的"运输费用"和"保管费用"的现金金额一般只包括企业支付给其他企业的运输费用和仓储保管费用,而这些外付费用只不过是企业整个物流成本的冰山一角。

一般情况下,在企业的财务统计数据中,只能看到支付给外部运输和仓库企业的委托物流成本,而实际上,这些委托物流成本在整个物流成本中确实犹如冰山一角。因为物流基础设施的折旧费、企业利用自己的车辆运输、利用自己的库房保管货物、由自己的工人进行包装和装卸等自家物流成本都记入了"原材料""生产成本(制造费用)""销售费用""管理费用"和"财务费用"等科目中。

一般来说,企业向外部支付的物流成本是很小的一部分,真正的大头是企业内部发生的物流成本。从现代物流管理的需求来看,当前的会计科目设置使企业难以准确把握物流成本的全貌。美国、日本等国家的实践表明,企业实际物流成本的支出往往要超过企业对外支付物流成本额的5倍以上。

图2-3反映的是我国当前会计核算制度下一个典型的制造企业中物流成本的核算现状。其中,整座冰山可以被视为该企业的整个物流成本部分,露在水面之上的部分是委托物流成本,这部分物流成本是企业可以统计出来的,而隐藏在水面之下的大部分物流成本却不能通过当前的会计核算得到统计。

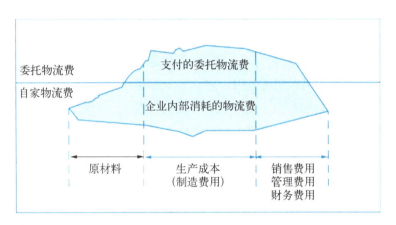

图2-3 "物流成本冰山"学说

"物流冰山"学说之所以成立,除了现行会计核算制度本身没有考虑物流成本之外,还有三个方面的原因。

(1)物流成本的计算范围太大。包括:原材料物流,工厂内物流,从工厂到仓库、配送中心的物流,从配送中心到商店的物流等。这么大的范围,涉及的单位非常多,牵涉的面也特别广,很容易漏掉其中的某一部分。漏掉哪部分,计算哪部分,会导致物流费用的统计结果相距甚远。

(2)运输、保管、包装、装卸、流通加工以及信息等各物流环节中,以哪几个环节作为物流成本的计算对象。如果只计算运输和保管费用,不计算其他费用,那么,与加入运输、保管、装卸、包装、流通加工以及信息等全部费用的计算结果差别相当大。

(3)把哪几种费用列入物流成本中去的问题。比如,向外部支付的运输费、保管费、装卸费等费用,一般都很容易列入物流成本;可是本企业内部发生的物流费用,如与物流相关的人工费、物流设施建设费、设备购置费,以及折旧费、维修费、电费、燃料费等是否也列入物流成本中去等。因而我们说物流费用确实犹如一座海里的冰山,露出水面的仅是冰山的一角。

(五)"效益背反"学说

效益背反又称为二律背反、交替损益,是指物流的若干功能要素之间存在着损益的矛盾，即某一功能要素的优化和利益发生的同时，必然会存在另一个或几个功能要素的利益受到损失，反之也如此。效益背反是物流领域中很普遍的现象，是物流领域中内部矛盾的反映和表现。物流系统的效益背反包括物流成本与服务水平的效益背反和物流各功能活动之间的效益背反。

一般说来，提高物流服务水平，物流成本即上升，它们之间存在着效益背反；但物流服务与物流成本之间并非呈现线性的关系，也就是说，投入相同的成本未必得到相同的物流服务的增长。一般而言，当物流服务处于低水平阶段时，追加成本的效果较佳。此外，物流的各项活动处于这样一个相互矛盾的系统中，想要较快地达到某个方面的目的，必然会使另一方面的目的受到一定的损失，这便是物流各功能活动的效益背反。

物流的基本功能主要是指对货物的包装、装卸、保管以及运输配送等职能，这些基本职能之间存在着此消彼长的效益背反。例如，从配送中心的数量与运输配送费和保管费的关系来看，一个企业如果在配送范围内建立多个配送中心，运输配送成本必然下降，因为运输距离变短。但是同时，由于单个配送中心必须配备一定数量的保管人员、车辆，且保持一定数量的商品库存，必然导致企业整体的工资费用、保管费用、库存资金占用利息等大大增加。也就是说，运输成本和保管费用之间存在着二律背反关系，两者交替损益。

物流系统是以成本为核心，按最低成本的要求，使整个物流系统化。它强调调整各要素之间的矛盾，强调各要素之间的有机结合。这要求必须从总成本的角度出发，系统地看问题，追求整个物流系统总成本的最低。企业物流管理肩负着"降低企业物流成本"和"提高服务水平"两大任务，这是一对相互矛盾的对立关系。整个物流系统的合理化，需要用总成本来评价，这反映出企业物流成本管理的效益背反特征及企业物流对整体概念的重要性。美国学者用"物流森林"的结构概念来表述物流的整体观念，指出物流是一种结构，对物流不能只见功能要素而不见结构，即不能"只见树木，不见森林"，物流的总体效果是类似森林的效果。

对这种总体观念的描述还有许许多多的提法，诸如物流系统观念、多维结构观念、物流一体化观念、综合物流观念和物流的供应链管理等，都是这种思想的另一种提法或是同一思想的延伸和发展。

(六)"成本中心"学说

"成本中心"学说是指物流在整个企业的战略中，对企业营销活动的成本发生影响，物流是企业成本的重要变量。因而，解决物流的问题并不主要在追求合理化与现代化，也不主要在支持保障其他活动，而是要通过物流管理和物流的一系列活动降低成本。所以，成本中心说认为物流既是主要成本的产生点，又是指降低成本的关键点。物流是"降低成本的宝库"等说法正是这种认识的形象描述。

四、物流成本管理的内容

物流管理对于降低资源消耗、提高生产效率、增进企业经营效果、降低总体费用的作用已经引起了企业的普遍关注,物流成本管理是企业物流管理的核心,为此,所有企业都在谋求降低物流成本、提高效益的途径,这对国家与企业都具有非常重要的现实与长远意义。

(一) 物流成本管理的微观作用

物流按其所处企业的领域不同划分,可分为流通企业物流和生产企业物流,相应的物流成本也可分为流通企业物流成本和生产企业物流成本。对流通企业而言,成本主要发生在人工费用、营业费用、财务费用、管理费用和物流信息费等。对生产企业而言,成本主要发生在人工费用、采购费用、仓库保管费、营业费用、物流设施、设备的维护和折旧费、产品销售费用、物流信息费和财务费用等。企业想降低物流成本可以着重在上述方面优化改进。

物流成本在企业的总成本中占有不小的比重,因此物流成本对于企业来说更不是一个小数目。据统计,国外制造型企业的物流成本占总成本的比例大约为7%,我国则在20%以上。在制造业中,物流成本费用仅次于原材料成本。调查显示,从原材料到成品,我国制造型企业一般用于商品加工制造的时间不超过生产产品总用时的10%,而90%以上的时间均用于仓储、运输、搬运、包装、配送等物流环节。

物流成本的高低直接关系到企业利润水平的高低和竞争力的强弱。现在不少企业中,物流成本占了很大的比重,企业为了维持其发展,迫切需要加强物流成本管理来降低生产费用、增加销售额,因此物流成本管理正在越来越受到人们的重视。

(二) 物流成本管理的宏观意义

从宏观的角度讲,进行物流成本管理,给行业和社会带来的经济效益体现在以下几个方面。

1. 优化资源配置,提高经济运行效率

随着经济全球化和信息技术的迅速发展,企业生产资料的获取与产品营销范围日益扩大,社会生产、物资流通、商品交易及其管理正在不断发生深刻的变革。物流成本管理水平的高低,将直接影响物流成本水平,进而影响产品成本。对于我国工商企业而言,在各国企业都追求客户服务的差异化或成本最小化战略之时,可以利用我国高质量的现代物流系统,通过较低的物流成本,提高企业及其产品参与国际市场活动的竞争力。如果全行业的物流效率普遍提高,物流平均成本降低到一个新的水平,那么,该行业在国际市场上的竞争力将会得到增强。对于一个地区的行业来说,可以提高其在全国市场的竞争力。

降低物流成本,可以降低物品在运输、装卸、仓储等流通环节的损耗,对于全社会而言,意味着创造同等数量的财富,在物流领域所消耗的物化劳动和活劳动得到节约,实现以尽可能少的资源投入,创造出尽可能多的物质财富,达到节省资源消耗的目的。物流成本的节约,使得更多的物质被转移至生产领域的投入,从而创造更多的物质财富。同时还可以增加企业向国家上缴的利税,增加国家资金积累,扩大社会再生产的基础。

全行业物流成本的普遍下降,将会对产品的价格产生影响,导致物价相对下降,减轻消费者的经济负担,这有利于保持消费物价的稳定,相对提高国民的购买力,刺激消费,提

高经济运行的整体效率。

物流业水平的高低是一个国家综合实力、竞争力、经济效率与宏观调控力的重要标志。加强物流成本管理对于优化资源配置,提高经济运行效率,具有十分重要的意义。

2. 促进区域经济结构的合理布局和协调发展

区域经济是一种聚集经济,是人流、商流、资金流等各种生产要素聚集在一起的规模化生产,以生产的批量化和连续性为特征。在区域经济的发展进程中,合理的物流系统起着基础性的作用。

加强物流成本管理,可以促进新的产业形态的形成,优化区域产业结构。现代物流业本质上是第三产业,是现代经济分工和专业化高度发展的产物,其发展对第三产业的发展起到积极的促进作用。实践表明,现代物流业的发展,推动、促进了当地的经济发展,既解决了当地的就业问题,又增加了税收,并且联带了其他行业的发展。此外,还能进一步带来商流、资金流、信息流、技术流的集聚,以及交通运输业、商贸业、金融业、信息业和旅游业等多种产业的发展,这些产业都是第三产业发展的新的增长点,是第三产业重要的组成部分。加强物流成本管理还有利于对分散的物流进行集中处理,量的集约必然要求利用现代化的物流设施、先进的信息网络进行协调和管理。相对于分散经营、功能单一、技术原始的储运业务,现代物流属于技术密集型和高附加值的高科技产业,具有资产结构高度化、技术结构高度化、劳动力高度化等特征。从这个角度来说,加强物流成本管理有利于区域产业结构向高度化方向发展。

总之,加强物流成本管理,降低物流成本,从微观角度上看,可以提高企业的物流管理和经营管理水平,促进经济效益的提高,增强竞争力;从宏观角度上看,对提高国民经济的总体运行质量和竞争力,促进产业结构的调整,大力发展国民经济,提高人民生活水平都具有重要意义。

问题思考

良好的物流成本管理会给你所在的企业带来什么收益?

课后练习

选择题,选项四个的为单选题,选项五个的为多选题

1. (　　)是指物流的若干功能要素之间存在着损益的矛盾,即某一功能要素的优化和利益发生的同时,必然会存在另一个或几个功能要素的利益损失,反之也如此。
   A. 第三利润源　　　B. 黑暗大陆说　　　C. 物流"森林"说　　　D. 效益背反

2. 物流冰山说的提出者是(　　)。
   A. 德鲁克　　　　　B. 杜邦　　　　　　C. 西泽修　　　　　　D. 布鲁尔

3. 物流成本管理的宏观意义包括( )。
A. 降低区域物流成本　　　　　　　　B. 优化资源配置
C. 提高经济运行效率　　　　　　　　D. 促进区域经济结构的协调发展
E. 促进区域经济结构的合理布局

第三节　企业物流质量控制

一、物流质量概念

物流质量是指物流服务活动本身固有的特性满足物流客户和其他相关要求的能力。物流质量既包括物流对象质量，又包含物流手段、物流方法的质量，还包括物流协作质量。

物流质量管理的目标，首先是要保障物品的质量；其次还要改善物品的质量，物流过程不只是消极地保护质量及转移质量，也是物品质量形成的过程；再次要确保物流的有效性，保证物品能在正确的时间、正确的地点送达正确的顾客，可用批次及数量的满足程度、配达比例、间隔期及交货期的保证程度等来衡量；最后还要符合物流获得的经济属性，即在一定服务水平下物流总成本最低，或以最低总成本实现预期功能。

二、物流质量管理内容

物流质量的内容一般包括以下方面。

1. 物流质量管理体系

物流企业要实现质量管理目标，需要相应的体系构建，设置组织机构，明确岗位职责，拟定活动程序，配备必要的设备和合适人员。

2. 物流质量方针和质量目标

物流质量方针是指由物流企业的最高管理者正式发布的该企业总的物流质量宗旨和质量方向。物流质量目标是物流企业的质量方针所对应的追求目的，是物流企业质量方针的具体体现。

3. 物流质量策划

物流质量策划致力于规定必要的运行过程和相关资源以实现物流质量目标。

4. 物流质量控制

物流质量控制指为了保证物流工作过程和服务达到质量要求所采取的作业技术和有关活动。

5. 物流质量保证

物流质量保证是为使人们确信物流工作的过程和服务能够满足质量要求而进行必要

的有计划、有系统的活动。

6. 物流质量改进

物流质量改进是物流企业为争取更多的收益,根据实践积累不断改进物流质量,实现物流业的高效运作。

7. 应急处理与风险控制

应急处理与风险控制指物流企业在面对市场的经营风险和作业风险,客户的投诉以及物流空间位移、储藏所可能发生的重大风险时采取的应急预案管理与风险防控策略。

三、物流质量管理特点

物流质量管理的特点如下。

1. 物流质量管理的全员性

物流质量管理必须依靠各个环节中各部门和广大职工的共同努力,需要各方人员紧密配合。

2. 物流质量管理的全过程性

物流质量管理是对物流对象的包装、装卸、储存、运输、保管、搬运、配送和流通加工等若干过程进行的全过程管理,必须一环紧扣一环地进行全过程管理才能保证最终的物流质量,达到目标质量。

3. 物流质量管理的全面性

物流质量管理是一个系统工程,加强物流质量管理就必须全面分析各种相关因素,从系统的各个环节、各种资源以及整个物流活动的相互配合和相互协调抓起,最终实现物流质量管理目标。

四、物流质量的衡量

物流质量是物流管理的重点。物流质量主要从物流时间、物流成本、物流效率三个方面来衡量。主要的物流质量的指标如下。

1. 服务水平指标

服务水平指标越高,企业满足订单的次数与总服务次数之比就越高。

2. 满足程度指标

该指标指企业能够满足的订货数量与总的订单的订货数量之比。

3. 交货水平指标

该指标指按期交货次数与总交货次数的比率。

4. 交货期质量指标

该指标指实际交货与规定交货期相差的日数(天)或时数(时)。

5. 商品完好率指标

该指标指交货时完好商品量或缺损商品量与总交货商品量的比率(%)。

6. 物流每吨费用指标

该指标即单位物流量的费用(元/t),这一指标比同行业的平均水平低,说明运送相同吨位货物费用较低,则此公司拥有更高的物流效率,其物流质量较高。

五、物流质量管理的八大原则

质量管理是组织综合管理的核心内容,它通过建立和实施持续改进业绩的管理体系,可使组织获取成功,八大原则具体如下。

1. 以顾客为中心

组织依存于其顾客,因此,组织应理解顾客当前的和未来的需求,满足顾客需求并争取超过顾客期望。

2. 领导作用

领导者应把握本组织统一的宗旨、方向和内部环境。所创造的环境应能使员工充分参与实现组织目标的活动。

3. 全员参与

各级人员都是组织的根本,只有所有人充分参与,才能使员工的才干为组织带来收益。

4. 过程方法

将相关的资源和活动作为过程来进行管理,可以更高效地达到预期的目的。

5. 管理的系统方法

针对设定的目标,识别、理解并管理一个由相互关联的过程所组成的体系,有助于提高组织的有效性和效率。

6. 持续改进

持续改进是组织的一个永恒的目标,只有不断优化与完善管理质量,才能提高组织的综合竞争力。

7. 以事实为决策依据

有效的决策是建立在对信息和资料进行合理和直观的分析基础上。

8. 互利的供方关系

组织与供方之间保持共同的利益关系,可增进双方创造价值的能力。

六、物流质量管理体系

质量管理依据 ISO9000:2000 的定义,是指在质量方面指挥和控制组织的协调活动。质量管理科学自产生至今经历了三个阶段:质量检验管理阶段、统计质量管理阶段和全面质量管理阶段。

(一) 质量检验管理阶段

质量检验管理阶段是从 20 世纪初至 30 年代末,是质量管理的初级阶段,主要特点是以事后检验为主。美国学者泰勒提出按照职能的不同进行合理的分工，首次将质量检验作为一种管理职能从生产过程中分离出来，建立了专职质量检验制度，并逐渐形成了制定标准（管理）、实施标准（生产）按标准检验（检验）的三权分立。

（二）统计质量管理阶段

统计质量管理阶段形成于20世纪20年代，完善于40年代至50年代末，是质量管理发展史上的一个重要阶段，其主要特点是从单纯依靠质量检验事后把关，发展到工序控制，突出了质量预防性控制与事后检验相结合的管理方式，即事先控制、预防为主、防检结合。此阶段的质量管理用数据说话并应用统计方法进行科学管理。

（三）全面质量管理阶段

全面质量管理阶段是一个组织以质量为中心，以全员参与为基础，目的在于通过让顾客满意和本组织所有成员及社会受益而达到长期成功的管理途径。其核心是"三全"管理，即全面质量，不限于产品质量，还包括服务质量和工作质量等在内的广义的质量；全过程，不限于生产过程，还包括市场调研、产品开发设计、生产技术准备、制造、检验、销售和售后服务等质量环节；全员参与，不限于领导和管理干部，而是全体工作人员都要参加。

物流企业推行和实施ISO质量管理体系应注意以下问题。

（1）在ISO质量管理体系认证前期，物流企业要注意对质量体系认证工作的统一思想认识，明确工作责任，先对管理者进行推动，使质量工作深入各个部门、各级人员。

（2）在ISO质量管理体系实施期间，物流企业要处理好三个方面的问题：① 处理好短期效益与长远发展的矛盾；② 处理好质量体系认证前后的观念转变工作；③ 把质量管理工作和绩效考核挂钩。

问题思考

你熟悉的企业在物流质量管理方面都做了哪些工作？

课后练习

选择题，选项四个的为单选题，选项五个的为多选题

1. 物流质量的内容一般包括以下方面（　　）。

A. 物流质量方针和质量目标　　B. 物流质量策划

C. 物流质量控制　　D. 物流质量保证

E. 物流质量管理体系

2. 以下哪些属于物流质量管理的特点。

A. 物流质量管理的全流域　　B. 物流质量管理的全过程性

C. 物流质量管理的全面性　　D. 物流质量管理的社会性

E. 物流质量管理的全员性

3. 主要的物流质量指标包括(　　)。

A. 满足程度指标　　　　　　　B. 交货水平指标

C. 交货期质量指标　　　　　　D. 商品完好率指标

E. 服务水平指标

4. 质量管理科学自产生至今经历了三个阶段,它们是(　　)。

A. 质量检验管理阶段　　　　　B. 计划质量管理阶段

C. 统计质量管理阶段　　　　　D. 全面质量管理阶段

E. 行业质量管理阶段

第四节　企业物流管理规范

规范化是指在经济、技术、科学及管理等社会实践中,对产品、工作、工程、服务等普遍的活动制定、发布和实施统一标准的过程。

物流规范化是指以物流系统为对象,围绕运输、储存、装卸、包装及物流信息处理等物流活动制定、发布与实施有关技术和工作方面的标准,并按照技术标准和工作标准的配合性要求,统一整个物流系统的规范化过程。标准化是现代物流管理的重要手段之一,它对降低物流成本、提高物流效益具有重大的决定性作用,能保障物流活动的通畅,加快流通速度,减少物流环节,最大限度地节省投资和流通费用,保证物流质量,提高经济效益和服务质量。

一、主要标准简介

物流管理规范化具体内容主要包括两类标准。

(一) 大系统配合性、统一性标准

1. 基础编码标准

对物流对象物编码,并且按物流过程的要求,转化成条形码,这是物流大系统能够实现衔接、配合的最基本的标准,也是采用信息技术对物流进行管理和组织、控制的技术标准。

2. 物流基础模数尺寸标准

基础模数尺寸指标标准化的共同单位尺寸,或系统各标准尺寸的最小公约尺寸。在基础模数尺寸确定之后,各个具体的尺寸标准,都要以基础模数尺寸为依据,选取其整数倍数为规定的尺寸标准。由于基础模数尺寸的确定,只需在倍数中进行标准尺寸选择,便可作为其他尺寸的标准,这就大大减少了尺寸的复杂性。物流基础模数尺寸的确定不但要考虑国内物流系统,而且要考虑到与国际物流系统的衔接,具有一定难度和复杂性。

3. 物流建筑基础模数尺寸

主要是物流系统中各种建筑物所使用的基础模数，它是以物流基础模数尺寸为依据而确定的，也可选择共同的模数尺寸。该尺寸是设计建筑物长、宽、高尺寸，门窗尺寸，建筑物柱间距、跨度及进深等尺寸的依据。

4. 集装模数尺寸

这是在物流基础模数尺寸基础上，推导出的各种集装设备的基础尺寸，以此尺寸作为设计集装设备尺寸的依据。在物流系统中，由于集装是起贯穿作用的，集装尺寸必须与各环节物流设施、设备、机具相配合，因此，整个物流系统设计时往往以集装尺寸为核心，然后在满足其他要求的前提下再决定各设计尺寸。因此，集装模数尺寸影响和决定着与其有关的各环节标准化。

5. 物流专业名词标准

为了使大系统能有效配合并统一，尤其在建立系统的情报信息网络之后，信息传递必须异常准确，这首先便要求有专用语言及其所代表的含义实现标准化。如果同一个指令在不同环节有不同的理解，这不仅会造成工作的混乱，而且容易出现大的损失。物流专业名词标准包括物流用语的统一化及定义的统一解释，还包括专业名词的统一编码。

6. 物流单据、票证的标准化

物流单据、票证的标准化，可以实现信息的统一录入和采集，可以将管理工作规范化和标准化，也是应用计算机和通信网络进行数据交换和传递的基础标准。它可用于物流核算、统计的规范化，是建立系统情报网、对系统进行统一管理的重要前提条件，也是对系统进行宏观控制与微观监测的必备前提。

7. 标志、图示和识别标准

物流中的物品、工具、机具都是在不断运动中的，因此，识别和区分便十分重要。对于物流中的物流对象，需要有易于识别的又易于区分的标识；有时还需要自动识别，这就可以用复杂的条形码来代替可用肉眼识别的标识。

（二）分系统技术标准

分系统技术标准主要有：运输车船标准，作业车辆标准，传输机具标准，仓库技术标准，包装、托盘、集装系列尺寸标准，包装物标准，货架储罐标准等。

二、包装标准化

在一定的范围内获得最佳秩序，对实际的或潜在的问题制定共同的和重复使用的规则的活动，称为标准化。包装标准化工作就是制定、贯彻实施包装标准的全过程活动。

目前，我国的产品包装标准主要包括建材、机械、电工、轻工、医疗机械、仪器仪表、中西药、食品、农畜水产、邮电、军工等共14大类500多项。包装标准是以包装为对象制定的标准。包装标准包括以下几类。

(1) 包装基础标准。包括包装术语、包装尺寸、包装标志、包装基本试验、包装管理标准。

(2) 包装材料标准。包括各类包装材料的标准和包装材料试验方法。

(3) 包装容器标准。包括各类容器的标准和容器试验方法。

(4) 包装技术标准。包括包装专用技术、包装专用机械、防毒包装技术方法、防锈包装等标准。

(5) 产品包装标准。主要指与包装关系密切的标准，诸如集装箱技术条件、尺寸，托盘技术条件、尺寸，叉车规格等。

(6) 其他相关标准。

三、与运输标准化有关的一些具体规定

集装箱使用标准化主要包括《系列 1 集装箱装卸和栓固》和《集装箱代码、识别和标记》等国际标准。国际标准集装箱目前为系列 I 共 13 种，国际标准集装箱其宽度均为 2 438 mm，长度有 2 911 mm、6 095 mm、9 125 mm、12 192 mm 四种，即 10 英尺、20 英尺、30 英尺、40 英尺四种。高度有 2 438 mm 以下、2 438 mm、2 591 mm、2 896 mm 四种，其中 2 591 mm 应用最普遍。国际集装箱运输最常用的是 20 英尺和 40 英尺的集装箱，为了便于统计，将一个 20 英尺的标准集装箱作为国际标准集装箱的标准换算单位，称为换算箱或标准箱，简称 TEU，TEU 是 Twenty-foot EquivalentUnit 的缩写；将 40 英尺的集装箱简称 FEU，FEU 是 Forty-foot EquivalentUnit 的缩写，1 FEU＝2 TEU。

(一) 集装箱的起吊方式

国际标准 ISO 3874《系列 1 集装箱装卸和紧固》中规定集装箱的起吊方式有：用吊具吊顶、用吊索吊顶、用吊索吊底、用叉车叉举、用抓臂起吊、侧吊、端吊等。

(二) 集装箱起吊的注意事项

(1) 如果箱内货品偏心装载时，严禁用单根钢丝绳起吊。

(2) 当箱内装载高重心货品时，禁止起吊后高速旋转。

(3) 当装卸超高货集装箱时，要用专用的超高货吊索。

(三) 集装箱装卸的注意事项

(1) 当集装箱着地时，应注意慢慢放下，避免使集装箱受到猛烈冲击而损坏箱内货品。

(2) 集装箱在下降过程中不能突然停止。

(3) 不允许在其他集装箱上拖拽集装箱。

(4) 不能用滚轮或圆棍棒移动集装箱。

(四) 集装箱的固定

(1) 在公路车辆上固定集装箱时，用四个底角件固定扭锁、锥体。

(2) 在铁路车辆上固定集装箱时，用四个底角件固定，常采用锥体固定件来固定。

(3) 如果集装箱在集装箱专用船舶的箱格内,则不用固定。如果在甲板上,则可以用箱格导柱固定或插接框架固定。

问题思考

本节课所学的物流管理规范,有哪些与你熟悉的企业工作密切相关?请简单阐述一下具体做法。

课后练习

选择题,选项四个的为单选题,选项五个的为多选题

1. 以下哪些属于大系统配合性、统一性标准(　　)。
A. 包装、托盘、集装系列尺寸标准　　B. 包装物标准
C. 物流基础模数尺寸标准　　D. 集装模数尺寸
E. 基础编码标准

2. 包装标准包括以下几类(　　)。
A. 包装材料标准　　B. 包装容器标准　　C. 包装技术标准　　D. 产品包装标准
E. 包装基础标准

第五节　物流服务与营销

一、物流服务的本质

(一) 物流服务的基本概念

物流系统的产出就是物流服务,现代物流服务管理以顾客满意为第一目标。在物流活动中,客户服务水平的好坏直接影响着双方合作的效力和持久性。物流服务理念的确立成为现代物流的最大革新。物流服务是企业为满足客户(包括内部和外部客户)的物流需求,开展的一系列物流活动的结果。物流服务的本质是以系统化的理念将运输、仓储、装卸搬运、流通、加工、配送和信息分析等功能环节集成整合,一体化运作,提高流通的效率与效益,从而有效降低服务总成本,增强产品和供方企业的竞争力。

美国的罗纳德·H.巴罗(Ronald. H. Ballo)教授提出的交易全过程理论,把客户服务分为交易前、交易中和交易后三个阶段,每个阶段都蕴涵着不同的服务要素,如图2-4所示。

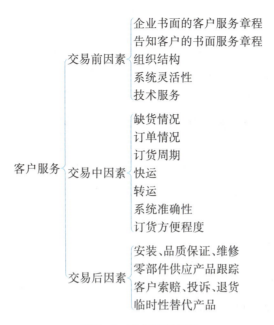

图 2-4 客户服务要素

(二) 物流服务的内容

从满足客户的需求角度看,物流服务包括:① 保证顾客需要的商品库存(备货保证,例如在库服务率);② 可以在顾客需要的时间内送达(输送保证,例如进货周期、订货频度、订货截止时间等);③ 提供符合顾客所期望的产品质量(品质保证,例如避免物理损伤、保管运输中损伤、数量差错等)。物流服务可以理解为衡量某物流系统为某种商品或服务创造的时间和空间效用的好坏尺度。

从不同服务层面看,物流服务包含基本物流服务和增值服务,基本物流服务指物流企业根据实际需要,提供运输、仓储、包装、装卸搬运、配送、流通加工和物流信息处理等基本物流服务。增值服务是指在提供基本服务的基础上满足顾客的更多期望,为客户提供更多的利益和不同于其他企业的优质服务,例如增加便利性的服务、加快反应速度的服务、降低成本的服务和延伸服务。

(三) 物流服务的重要性

1. 物流服务已成为企业差别化战略的重要内容

目前,物流市场需求出现多样化、分散化的快速发展变化,企业经营只有不断满足各种不同类型、不同层次的市场需求,才能使企业在激烈的竞争和市场变化中求得生存和发展。物流服务上的差异就成为企业差别化经营战略的重要内容,例如,许多企业开展的个性化的送货服务就是一种实施差别化战略的方式。

2. 物流服务日益深刻地影响企业经营绩效

对物流服务水平的定位是构筑物流系统的前提。物流服务供求关系既决定了物流服务的价值,又决定了一定服务水准下的物流成本。所以,物流服务直接影响企业经营绩效。

3. 物流服务能够有效降低企业经营成本

低成本战略是企业经营竞争的重要内容，而低成本的实现往往涉及商品生产、流通的全过程，物流服务方式等要素对经营成本也具有重要的影响。合理的物流客户服务不仅能提高商品流通效率，而且能直接有效地降低企业经营成本。

4. 物流服务是有效联结供应链经营系统的重要手段

物流服务打破了批发商和零售商之间的间隔，有效地推动了商品从生产到消费全过程的顺利流通。同时，物流服务成为现代企业有效联结供应链经营系统并获得竞争优势的基本途径和手段。

二、物流服务营销的概念

物流服务营销，是物流企业以市场需要为核心，通过采取整体物流营销行为，以提供物流产品和服务来满足客户的需要和欲望，从而实现物流企业利益目标的过程。物流服务营销的特点有三点。

(1) 服务的质量是由客户的感受决定的。物流服务一般不对流通中的物品做出改变，只是对其流通性进行完善，从而增值。物流服务很多时候是面对客户的，客户对于服务的主观感受是评价服务质量的主要因素之一。

(2) 营销对象广泛，市场差异大。物流服务的营销对象遍及全球，物品种类形态各异。大到重型机械设备，小到针头线脑，受众群体肤色各异，经济能力各不相同，市场差异性极大。

(3) 营销的服务能力强，营销的产品是服务。

三、物流服务营销理论

(一) 4Ps 营销理论

杰罗姆·麦卡锡(E. Jerome McCarthy)于1960年在其《基础营销》(*Basic Marketing*)一书中第一次将企业的营销要素归结为四个基本策略的组合，即产品(product)、价格(price)、渠道(place)、促销(promotion)，由于这四个词的英文字头都是 P，再加上策略(strategy)，所以简称为"4P's"，这就是著名的"4Ps 理论"。

产品主要包括产品的实体、服务、品牌、包装。它是指企业提供给目标市场的货物、服务的集合，包括产品的效用、质量、外观、式样、品牌、包装和规格，还包括服务和质量保证等因素。

价格主要包括基本价格、折扣价格、付款时间、借贷条件等。它是指企业出售产品所追求的经济回报。

渠道指的是，企业并不直接面对消费者，而是注重经销商的培育和销售网络的建立，企业与消费者的联系是通过分销商来进行的。

促销是指企业利用各种信息载体与目标市场进行沟通的传播活动，包括广告、人员推销、营业推广与公共关系等。

(二) 7Ps 营销理论

4Ps 营销理论主要应用于产品营销,而物流服务作为服务的一种,其具有无形性、不可分性、易变性和不可储存性的特点。1981 年,布姆斯(Booms)和比特纳(Bitner)建议在传统市场营销理论 4Ps 的基础上增加三个"服务性的 P"即:人员(people)、过程(process)、有形展示(physical evidence)。

人员:在营销组合里,意指人为元素,扮演着传递与接受服务的角色。换言之,也就是公司的服务人员与顾客。在现代营销实践中,尤其是服务业,由于人员素质参差不齐,服务表现出的质量也就无法达到一致的要求,公司的服务人员因此变得极为关键,他(她)们可以完全影响顾客对服务质量的认知与喜好。人员也包括未购买及已购买服务的顾客。营销经理人不仅要处理公司与已购顾客之间的互动关系,还得兼顾未购顾客的行为与态度。

过程:过程是指顾客获得服务前所必经的过程。进一步说,如果顾客在获得服务前必须排队等待,那么这项服务传递到顾客手中的过程所耗费的时间即为重要的考虑因素。

有形展示:包括环境、便利工具和有效引导。可解释为商品与服务本身的展示,即使所促销的东西更加贴近顾客。有形展示的重要性在于顾客能从中得到可触及的线索,去体验商品所提供的服务质量。因此,最好的服务是将无法触及的东西变成有形的服务。

(三) 服务利润链理论

1. 基本概念

服务利润链(service profit chain)是表示利润、顾客、员工、企业四者之间关系并由若干链环组成的链。于 1994 年由詹姆斯·赫斯克特教授等五位哈佛商学院教授组成的服务管理课题组研究"服务价值链"模型时提出。这项历经二十多年、追踪考察了上千家服务企业的研究,试图从理论上揭示服务企业的利润是由什么决定的。他们认为,服务利润链可以形象地理解为一条将"盈利能力、客户忠诚度、员工满意度和忠诚度与生产力之间联系起来"的纽带,它是一条循环作用的闭合链,其中每一个环节的实施质量都将直接影响下一个环节,最终目标是使企业盈利。

简单地讲,服务利润链告诉我们,利润是由客户的忠诚度决定的,忠诚的客户(也就是老客户)给企业带来超常的利润空间;客户忠诚度是靠客户满意度取得的,企业提供的服务价值(服务内容加过程)决定了客户满意度;最后,企业内部员工的满意度和忠诚度决定了服务价值。简言之,客户的满意度最终是由员工的满意度决定的。

2. 理论价值

服务利润链理论的提出,对于提高服务企业的营销效率和效益、增强企业的市场竞争优势,能起到较大的推动作用。主要体现在以下三个方面。

(1) 服务利润链明确指出了顾客忠诚与企业盈利能力间的相关性。这一认识将有助于营销者将营销管理的重点从追求市场份额的规模转移到追求市场份额的质量上来,真正树立优质服务的经营理念。

(2) 顾客价值方式为营销者指出了实现顾客满意、培育顾客忠诚的思路和途径。服务企业提高顾客满意度可以从两个方面入手:一方面可以通过改进服务,提升企业形象来提高服务的总价值;另一方面可以通过降低生产与销售成本,减少顾客购买服务的时间、精力与体力消耗,降低顾客的货币与非货币成本。

(3) 服务利润链提出了"公司内部服务质量"的概念,它表明服务企业若要更好地为外部顾客服务,首先必须明确为"内部顾客"——公司所有内部员工服务的重要性。为此,服务企业必须设计有效的报酬和激励制度,并为员工创造良好的工作环境,尽可能地满足内部顾客的内在和外在需求。

服务创造价值已成为公理。至于服务究竟如何创造价值,服务利润链的理论认为:利润增长、顾客忠诚度、顾客满意度、顾客获得的产品及服务的价值、员工的能力、满意度、忠诚度、劳动生产率之间存在着直接、牢固的相互作用关系。

3. 衡量指标

服务利润链为管理信息系统提供了广泛的指导原则,涉及诸如利润与收入增加值这类财务指标;另有顾客满意度和忠诚度,服务和产品的价值成本分析,员工满意度、生产效率和忠诚度等各类指标。

例如,银行的国际信用卡部采用以下两种方式测量顾客忠诚度:一是顾客用本公司信用卡购买的次数;二是顾客信用卡使用的总次数在本公司所占的比例。而在银行业,与普通消费者打交道是无利可图的。如果消费者只用银行的支票服务功能,那么即使他是忠诚的顾客,其价值也非常有限。银行要保证长期的盈利性,重要的途径就是扩大与顾客之间的交往"深度",即顾客享用银行服务的次数。

员工的忠诚度是一个简单的指标,主要衡量员工与组织之间维持关系的时间长短。在某些业务中,员工满意度与顾客满意度之间存在着直接的联系,这时只要测量其中一个指标就足够了。但这种情况毕竟少见。因此,为了今后更顺利的测量顾客满意度,企业有必要先测量员工满意度。

服务利润链概念描述的是员工满意度、服务质量、顾客满意度、企业绩效之间的关系。大量研究表明,四者之间存在着明显的正相关关系。现在竞争环境和竞争对手的实力都已跃升到全新的层次,过去的单一服务竞争战略已不足以让公司在竞争中继续保持领先的优势,所以要将市场竞争战略由服务战略转变为服务领先战略和成本领先战略并举,构筑良好的服务利润链,使企业立于不败之地。

问题思考

做好物流服务与营销对企业会增加哪些收益?

课后练习

选择题,选项四个的为单选题,选项五个的为多选题

1. 从满足客户的需求角度看,物流服务包括( )。
   A. 可以在顾客需要的时间内送达　　B. 符合顾客所期望的质量
   C. 顾客可以挑选　　　　　　　　　D. 顾客可以退货
   E. 有顾客需要的商品

2. 4Ps 营销理论所涉及的营销策略包括( )。
   A. 产品策略　　B. 价格策略　　C. 渠道策略　　D. 促销策略
   E. 有形展示

3. 相比 4Ps 营销理论,7Ps 营销理论增加了哪些内容( )。
   A. 售后　　B. 有形展示　　C. 过程　　D. 人员
   E. 服务

4. ( )是一个简单的指标,主要衡量员工与组织之间维持关系的时间长短。
   A. 员工的满意度　B. 员工的忠诚度　C. 员工的在职时间　D. 员工的诚信

第六节　物流人员基本素养与职业道路设计

一、物流人员职业道德

所谓职业道德,是同职业活动紧密联系的符合职业特点所要求的道德准则、道德情操与道德品质的总和,是一般社会道德的特殊形式,是现代商业伦理和价值观的表现。爱岗敬业,诚实守信,办事公道,服务群众,奉献社会是我国职业道德建设的主要内容和要求。

在我国职业道德基本原则指导下,结合物流行业特点,形成物流人员职业道德特定规范。主要包括以客户服务为中心、高度诚信原则、良好的行为规范、高效率的团队精神、持续的竞争能力等,具体汇总如下。

(一) 爱岗敬业、忠于职守

这是各行各业共同的职业道德要求。爱岗就是热爱自己的工作岗位,热爱本职工作,以正确的态度对待职业劳动,努力培养热爱自己所从事的工作的幸福感、荣誉感,将身心融合在职业工作中。

敬业就是用一种严肃的态度对待自己的工作,勤勤恳恳,兢兢业业,忠于职守,尽职尽责。物流业的产品是服务,物流生产不可能在封闭式场所进行,因此爱岗敬业、忠于职守,在物流业界尤为重要。如果每个员工都有良好的敬业精神,那无论在何时何地,都能正确表现企业形象,宣扬企业品牌,将企业文化延伸到服务对象。因此培养员工的职业荣誉感和敬业精神,使他们能够热心周到、不厌其烦地为客户提供优质的服务。

(二)遵章守法、服从指令

遵章守法在物流行业的道德含义就是所有从业人员的工作、劳动,都要遵守国家的法律、法规和政策,执行物流业的职业纪律和规程、制度。服从指令,就是要求每个员工都必须严格按照管理系统的指挥调度,不得自以为是、自作主张、各行其道,要真正做到令行禁止。

(三)勤学苦练、钻研业务

业务技能是物流从业人员从事职业活动所必须具备的知识和经验,应用这些知识和经验解决实际问题,既是改善和提高工作质量和工作效率的关键,也是实现自身价值和服务社会的前提。物流人才,特别是技能型物流人才,要认真学习和掌握从事职业活动所需的业务知识和专业技能,才能技术精湛、业务熟练、本领过硬,成为本职业岗位上的行家里手。

虽然每个员工都只是在某个具体岗位上工作,不可能接触到物流的全过程,但是,了解物流供应链的各个环节及其主要内容,既可发挥合作精神,同心协力服务客户,又可拓宽知识面,达到多技能、宽专业、一专多能,有利于员工在职业活动中有更大的作为。

二、物流人员专业素养

物流从业人员还应当具备专业素养,包括以下四个方面。

(一)信息技术的学习和应用能力

现代物流企业核心竞争力的提高在很大程度上将取决于信息技术的掌握和应用水平。现代物流过程同时也是一个信息流的过程,在这个过程中,货物的供应方和需求方要及时发出各种货物需求的指令,了解各种货物的存在状况,以及监控货物的流动情况。而执行物流的企业,也必定要有这种准确及时地处理各种信息和提供各种信息服务的能力。目前,信息技术受到物流企业的广泛重视,并已经应用在订单处理、仓库管理、货物跟踪等各个环节。所以,作为一个合格的物流从业人员,必须熟悉现代信息技术在物流作业中的应用状况,能够综合使用这一技术提高劳动效率,并且能够在使用的过程中提出有建设性和可操作性的建议。

(二)组织管理和协调能力

系统化方案设计、系统化资源整合和系统化组织管理是现代物流的灵魂,特别是客户资源、信息资源和能力资源的整合和管理。在目前现代物流行业没有形成统一标准的情况下,现代物流从业人员更需要具备较强的组织管理能力,在整合客户资源的前提下,有效贯彻企业的经营理念,充分利用设备、技术和人力等企业内部资源来满足外部客户的需求。现代物流服务的特点之一是客户参与到服务产品的生产、销售和使用的过程中,物流从业人员在工作过程中需要实时与客户沟通协商,与上下游环节协调合作,需要运用不同的工具进行各种信息的传递和反馈。因此,现代物流从业人员不但要有相当丰富的知识面,同时应具备相当强的沟通协调能力和技巧。

(三) 异常事故的处理能力

在市场瞬息万变的情况下,市场对现代物流服务的需求呈现出一种波动性,对信息的采集又有相对的滞后性。同时,现代物流作业环节多、程序复杂、且行业标准不统一,异常事故时有发生。在可利用资源有限的情况下,既能保证常规作业的执行,又能从容面对突发事件和突如其来的附加任务,就需要从业人员具备较强的处理异常事故的能力、具备随时准备应急作业的意识以及对资源、时间的合理分配和充分使用的能力。

(四) 现代物流质量的持续改进能力

一个企业是否有生命力主要取决于其创新能力,一个从业人员是否能够确保业务能力不断提高、服务水平连续稳定,主要体现在其对作业质量和效率的持续改进能力的高低。由于科技的发展、社会的进步,市场对现代物流服务水平的期望将会越来越高,也就要求各级从业人员有能力不断发现潜在问题,及时采取措施优化作业流程,持续改进作业方式,提高作业效率和服务水平。

三、物流人员专业知识

物流从业人员需要掌握的专业知识与技能如下。

(一) 供应链管理

供应链管理是物流行业中最基本也是最重要的技能之一。它涉及整个生产过程中所有环节的协调与管理,包括原材料采购、生产、仓储、运输等。物流专业人员需要了解供应链管理中各个环节之间的关系,并且能够有效地协调,以提高整个供应链的效率。

(二) 运输规划和组织

在物流行业中,运输规划和组织也是非常重要的技能之一。这包括路线选择、车辆调度、货运量计算等方面工作。通过合理地规划和组织运输,可以降低运输成本并提高效率。

(三) 仓库管理

仓库管理也是物流专业人员必须掌握的技能之一。这包括库存管理、订单处理、货品分类等方面工作。通过有效的仓库管理,可以降低库存成本、提高货物周转率,从而提高效率和盈利能力。

(四) 货运代理

货运代理是物流行业中的一项重要服务。物流专业人员需要掌握货运代理的相关知识,包括海关报关、保险申请、运输协议签订等方面内容。这些技能可以帮助物流企业为客户提供更全面的服务,并提高客户满意度。

(五) 数据分析和处理

在现代物流行业中,数据分析和处理能力也变得越来越重要。物流专业人员需要掌握相关的数据分析工具和技术,以便更好地管理和优化整个供应链。通过数据分析,可以发现潜在问题并及时采取措施解决。

(六) 团队合作

团队合作是任何行业都必须掌握的技能之一。在物流行业中,团队合作尤其重要。因为这个行业涉及多个部门和环节之间的协调与合作。物流专业人员需要具备良好的沟通和协调能力,并且能够有效地与其他部门和人员进行合作。

以上列举了物流专业人员需要掌握的一些基本技能。这些技能不仅可以帮助物流企业提高效率和盈利能力,还可以为客户提供更优质的服务。因此,物流专业人员需要不断学习和提升自己的技能,以适应快速发展的市场环境和客户需求。

四、物流从业规划

当下物流从业人员的工作岗位主要集中在企业物流管理、物流中心和国际货运代理。在企业物流方面,可以从事销售物流管理、生产物流管理和采购物流管理;在物流中心,可以从事订单处理、配送管理、仓储管理和库存管理;在国际货运代理方面,可以参与的工作有报关、客户服务和国际运输等。

(一) 物流行业核心人员分析

物流行业的核心人才有两类:一是处于金字塔底端的物流操作人员;一是处于金字塔顶端的能够提供整体物流解决方案的人才。

1. 物流操作员

简单地说,物流操作员负责将客户委托的货物从客户指定的提货地点按照最合理有效的方式运达客户指定的收货地点。整个过程的时间安排很重要,比如要安排拖车时间、装货时间、报关时间等。其中,有很多问题会出现,如拖车提不到柜,时间出现问题;报关遇到查柜,不能在截关前把柜运上船,耽误船期。产生问题就会发生费用,如何解决问题并控制成本就看操作员的水平和能力了。物流操作员的职责可以概括为四个字:跟单,控制。

2. 高级物流策划

高级物流策划,就是整体物流解决方案的制定者。

翻开一家企业的财务报表,可以看出企业经营中的几乎每一项活动都和物流分不开,每一个物流决策都直接影响着企业的资产收益率、利润率、现金流量乃至企业所创造的经济增加值。精明的企业家会发现,利润的获得除了靠销售产品外,还有一个重要方面是如何节约在产品销售之前的流动费用,后者甚至可以与前者在利益上等量齐观。

高级物流策划的职责还包括:物流中心的布点位置、功能规划、规模设施、管理体制的合理确定,甚至企业物流系统改造、行业物流系统改造、物流园区的规划设计以及配送中心的规划设计等都是他的职责。因此,整体物流解决方案的制定者需要有多年物流管理经验,掌握物流、信息技术、定价等知识,对采购、仓库、进出口有一定经验,能够深入理解市场规划、市场销售策略。这样的人才绝对是凤毛麟角,因此高级物流策划是物流行业的核心人才,是稀缺资源,媒体宣传的百万年薪聘人才,往往聘的就是他们。

(二)物流职业生涯规划指导

物流行业,最缺乏的是中高级物流策划管理与营销人才,最好是既懂营销管理又懂得策划,还懂得如何运用现代技术去改善提升原有操作模式的。显然,刚毕业的大学生在工作经验上难以适应这些岗位。不过,经验总是要积累才能有的,我们可以通过在操作岗位以及低级别管理岗位上的锻炼来达到那个水平。

1. 职业通路:操作人员——中层管理人员——高级管理人才

操作人员:对于操作人员来说,拥有相关的证书,有相关从业经验,英语达到国家四级以上水平的,薪资会比较高,上升空间也较大。同一职位,大型物流公司要比小型公司月薪高出1 000—2 000元,而有大型公司工作经验的,跳槽到小公司的话,职位和薪水也能得到一定的提升。

中层管理人员:这一级别主要指部门主管或者经理,包括业务经理、生产经理、操作主管等。一般要求是大专以上学历,有三年以上的从业经验,对于本部门的操作流程非常熟悉,具有大型物流公司工作经验的会非常受欢迎。

高级管理人才:这一级别主要指企业执行总监、公司副总、高级行政管理人员等,这些是站在物流行业金字塔塔尖的人才,属于高价难求的稀缺资源。对于这类人才,除了要求基本素质高,具备硕士以上学历外,还要有丰富的行业经验、出色的策划组织能力、良好的沟通能力等。其薪资从10万元到150万元不等,根据公司的性质和规模而定。一般来说,中外合资的物流企业待遇最高,年薪能够达到百万元以上。除了薪资收入以外,部分企业还会提供一定份额的股份给这些高层管理人员作为激后力,年底可以获得分红。

2. 从业方向分析

从就业方向来说,物流职位主要分布在企业内部物流和第三方专业物流公司,前者关注的是企业内部的采购、仓库管理、物料的保障与协调。后者则关注的是货物的外部流动过程。

物流专业的毕业生去的最多的要数零售连锁企业的内部物流职业,如沃尔玛、盒马、京东等。他们的竞争优势在于物流成本低、集中采购、高效的物流系统。

专业的物流岗位工作职责应该包括采购、生产、储运、销售甚至上游供应商和客户服务等内容,也就是供应链管理。但实际上目前大部分企业将物流岗位的工作职责锁定在储运上。储运职位是进入门槛比较低的职位。作为物流专业学生,若能充分利用自己的专业优势和理论基础,比别人做得更专业就能具备强势竞争力。所谓专业,具体到储运来说,首先,最基本的就是全面掌握从仓库选址、仓储原则、库存控制、运输线路优化原则以及订单处理等理论知识,这些都是在学校学习时可以学到的知识技能。

物流最直接的定义就是在顾客满意的前提下,最大限度地控制成本。因此,公司一般都会要求员工具备良好的成本意识,甚至会让其参与到成本的分析与控制环节中去。因此,很有必要掌握一定的成本会计知识。

3. 专业物流公司

专业物流公司指快递和其他第三方物流公司。主要岗位包括报关员、货运操作、海运操作、采购、仓管、单证员、客服、销售人员等。

在那里，你将能得到完善、系统的培训，更快地积累最优质的经验。

国际快递公司都非常重视对新进员工的培训：中外运敦豪的新员工在上岗之前，都会依次进入所有部门进行轮岗实习，以确保在正式上岗前对公司的所有业务环节都有直接的体验，对所有专业知识都有了解。UPS对第一线的操作人员如运输车司机的培训，会细致到指导他们应该用哪一个手指拿车钥匙，才能既安全又快捷。而联邦快递则是通过一次50个小时的培训，使新员工在短时间内了解公司的发展历史、远景规划和企业文化，理解他们所在岗位的职责。以后每个员工每年还会接受不少于50个小时的课程培训。

问题思考

区别于其他行业，物流人员需要具备哪些独特的职业素养？

课后练习

选择题，选项四个的为单选题，选项五个的为多选题

1. 我国物流人员职业道德标准主要包括(   )。
   A. 掌握技术标准   B. 勤学苦练、钻研业务
   C. 遵守企业规章制度   D. 遵章守法、服从指令
   E. 爱岗敬业、忠于职守

2. 物流从业人员应当具备的专业素养包括(   )。
   A. 组织管理和协调能力   B. 异常事故的处理能力
   C. 培训属下的能力   D. 现代物流质量的持续改进能力
   E. 信息技术的学习和应用能力

3. 物流行业核心人员包括两类，它们是(   )。
   A. 快递员   B. 物流操作员   C. 高级物流策划   D. 物流财务人员
   E. 叉车工人

第七节　企业物流战略管理

一、物流战略内涵

企业战略是企业面对激烈变化、严峻挑战的经营环境，为了完成自己的使命及实现其预定的目标，在充分考虑主客观因素的前提下而拟定的对企业整体性、长期性、指导性问

题的决策方案。与战略相对的另一概念叫战术,是对企业的经营作出具体决策,制定详细的执行方案。而战略只把握大政方针,并不对具体细节作出决策。

企业的战略可以分为采购战略、生产战略、销售战略和物流战略等。可见物流战略是企业众多子战略的重要一环,而物流战略依据其物流管理的要素,又可以对运输、仓储、装卸、包装、流通加工、配送和信息处理分别制定战略。

物流战略是企业根据外部环境和自身特性,为寻求物流的可持续发展,就物流发展目标及达成目标的途径与手段而制定的长远性、全局性规划与谋略。具体包括:准时制物流战略、一体化物流战略、第三方物流战略、网络化物流战略、全球化物流战略、绿色物流战略等类型。总体目标有三个:① 降低企业物流活动中的成本,即将与运输和存储有关的可变成本降到最低;② 在保障服务水平的前提下,使物流系统的直接投资最小化;③ 通过高效快捷的物流提高客户服务水平,并获得企业的差异化竞争优势。物流战略的基本内容包括物流战略目标、战略优势、战略态势、战略措施和实施步骤等。

二、主要的物流战略

近十几年来,不断延续的环境变化和新型营销体制的确立已成为物流企业在战略上不断求新、求变,追求竞争优势的压力和动力。首先是货主物流需求不断向高度化方向发展,经营环境和新型营销体制对战略的影响除了需求方面的因素外,供给方面也有相当大的作用,这主要表现在从事物流经营的企业之间竞争日益激烈。在这一背景下,企业该如何根据自身的经营特点,适时、有效地开展物流战略已成为企业谋求长远发展的重大课题。随着经济全球化和区域经济一体化,物流在企业的发展过程中的地位逐渐从幕后走到了幕前,从为主业做配套支撑的成本中心演变成可以作为产业来发展的利润中心,为此,物流战略规划对企业发展的重要性显得至关重要。

从总体上看,企业物流的革新与发展都是紧紧围绕产、销、物的结合而开展的,其表现出来的方向主要有以下几个。

(一) 成本最小

成本最小是指降低可变成本,主要包括运输和仓储成本,如物流网络系统的仓库选址、运输方式的选择等。面对诸多竞争者,公司应达到何种服务水平是早已确定的事情,成本最小就是在保持服务水平不变的前提下选出成本最小的方案。当然,利润最大一般是公司追求的主要目标,成本最小也是为达成这一目标服务的。

(二) 投资最少

投资最少是指对物流系统的直接硬件投资最小化从而获得最大的投资回报率。在保持服务水平不变的前提下,我们可以采用多种方法来降低企业的投资,例如,不设库存而将产品直接送交客户,选择使用公共仓库而非自建仓库,运用JIT策略来避免库存,或利用TPL服务等。显然,这些措施会导致可变成本的上升,但只要其上升值小于投资额的减少,则这些方法均值得一用。

(三)服务改善

服务改善是提高竞争力的有效措施。随着市场的完善和竞争的激烈,顾客在选择公司时除了考虑价格因素外,及时准确的到货也越来越成为公司的有力的筹码。当然,高的服务水平要有高成本来保证,因此,权衡综合利弊对企业来说是至关重要的。服务改善的指标值通常用顾客需求的满足率来评价,但最终的评价指标是企业的年收入。

总之,企业物流战略的制定作为企业总体战略的重要部分,要服从企业目标和一定的顾客服务水平,企业总体战略决定了其在市场上的竞争能力。

三、物流战略管理的过程

对物流战略管理而言,其过程一般有三个环节,分别是物流战略的形成、物流战略的实施和物流战略的评价与控制。

问题思考

企业战略对物流战略具有指导意义,物流战略应该顺应企业战略。你所熟悉的企业制定了哪些物流战略?简单谈一谈。

课后练习

选择题,选项四个的为单选题,选项五个的为多选题

1. 物流战略的基本内容包括(　　)。

   A. 物流战略目标　　B. 战略优势　　C. 战略态势　　D. 战略措施

   E. 战略实施步骤

2. 企业物流战略的总体目标包括(　　)。

   A. 提高客户服务水平　　　　　　B. 使物流系统的直接投资最小化

   C. 缩短物流时间　　　　　　　　D. 获得企业的差异化竞争优势

   E. 降低企业物流活动中的成本

3. 对物流战略管理而言,其过程一般有三个环节,分别是(　　)。

   A. 物流战略的规划　　　　　　　B. 物流战略的形成

   C. 物流战略的实施　　　　　　　D. 物流战略的评价与控制

   E. 物流战略的反馈

第三章　现代物流管理功能与内容

学习目标

- 重点掌握物流管理各功能的含义和作用
- 掌握包装的分类及包装合理化
- 掌握运输的基本方式及其特点,掌握集装箱运输与多式联运的概念
- 掌握仓储的功能和种类
- 掌握流通加工的类型及作业方式
- 掌握配送环节及流程,掌握配送合理化
- 掌握物流信息各项技术及其用途
- 了解各功能的发展趋势和方向
- 了解各功能在实践中的基本操作

【引导案例】

新亚欧大陆桥

新亚欧大陆桥——由太平洋西岸中国日照和连云港开始的陇海、兰新铁路向西延伸在中国西部边境阿拉山口与哈萨克斯坦共和国的德鲁日巴站接轨,从而构成了一条沿当年亚欧商贸往来的"丝绸之路",经亚洲、欧洲诸国直到大西洋的另一条陆上通道,这就是新亚欧大陆桥。它将是一条对亚欧大陆经贸活动发挥巨大作用的现代"丝绸之路"。

新亚欧大陆桥的地理位置

新亚欧大陆桥东起太平洋西岸连云港等中国东部沿海港口,西可达大西洋东岸荷兰鹿特丹、比利时的安特卫普等港口,横贯亚欧两大洲中部地带,总长约10 900千米。它的东端直接与东亚及东南亚诸国相连,并进而与美洲西海岸相通;它的中国段西端,从新疆阿拉山口站换装出境进入中亚,与哈萨克斯坦德鲁日巴站接轨,西行至阿克斗卡站与土西大铁路相接,进而分北中南三线接上欧洲铁路网通往欧洲。北

线:由哈萨克斯坦阿克斗卡或比什凯克或乌兹别克斯坦的塔什干北上与西伯利亚大铁路接轨,经俄罗斯、白俄罗斯、波兰通往西欧及北欧诸国。中线:由哈萨克斯坦往俄罗斯、乌克兰、斯洛伐克、匈牙利、奥地利、瑞士、德国、法国至英吉利海峡港口转海运或由哈萨克斯坦阿克斗卡南下,沿吉尔吉斯斯坦边境经乌兹别克斯坦塔什干及土库曼斯坦阿什哈马德西行至克拉斯诺沃茨克,过里海达阿塞拜疆的巴库,再经格鲁吉亚第比利斯及波堤港,越黑海至保加利亚的瓦尔纳,并经鲁塞进入罗马尼亚、匈牙利通往中欧诸国。南线:由土库曼斯坦阿什哈巴德向南入伊朗,至马什哈德折向西,经德黑兰、大不里士入土耳其,过博斯鲁斯海峡,经保加利亚等国通往中欧、西欧及南欧诸国,同时还可经过土耳其埃斯基谢基尔南下中东及北非。连接着中国、东亚、中亚、西亚、中东、俄罗斯、东欧、中欧、南欧、西欧等地,占世界国家数22%;面积3970万平方千米,占世界陆域面积26.6%。

新亚欧大陆桥的经济作用

首先,它使亚欧之间的货运距离比西伯利亚大陆桥缩短得更为显著,从日本、韩国至欧洲,通过新亚欧大陆桥,水陆全程仅为12 000千米,比经苏伊士河少8 000多千米,比经巴拿马运河少11 000多千米,比绕道好望角少15 000多千米。

其次,它使东亚与中亚、西亚的货运距离大幅度缩短。日本神户、韩国釜山等港至中亚的哈萨克、乌兹别克、吉尔吉斯、塔吉克、土库曼5个国家和西亚的伊朗、阿富汗,通过西伯利亚大陆桥和新亚欧大陆桥,海上距离虽相近,但陆上距离相差很大。例如,到达伊朗、德黑兰,若走西伯利亚大陆桥,陆上距离达到13 322千米,而走新亚欧大陆桥,陆上距离则只有9 977千米,两者相差3 345千米;到达中亚的阿雷西,若走西伯利亚大陆桥,陆上距离是8 600千米,走新亚欧大陆桥,陆上距离则只有5 862千米,两者相差2 738千米。

再次,由于运距的缩短,它在运输时间和运费上将比西伯利亚大陆桥又有所减少,更有利于同海运的竞争。

最后,新亚欧大陆桥有利于经济合作。在亚欧经贸合作中,新亚欧大陆桥具有重要作用。它的东西两端连接着太平洋与大西洋两大经济中心,基本上属于发达地区,但空间容量小,资源短缺;而其辽阔狭长的中间地带亦即亚欧腹地除少数国家外,基本上都属于欠发达地区,特别是中国中西部、中亚、西亚、中东、南亚地区,地域辽阔,交通不够便利,自然环境较差,但空间容量大,资源富集,开发前景好,开发潜力大,是人类社会赖以生存、发展的物华天宝之地。这里是世界上最重要的农牧业生产基地,粮、棉、油、马、羊产量在世界上占有重要比重。这里矿产资源有数百种,能源尤为富集,煤炭储量2万亿吨以上,石油储量约1 500亿吨,天然气储量近7 500亿立方英尺,堪称世界"能源之乡"。因此,新亚欧大陆桥通过的区域,在经济上具有较强的相互依存性与优势互补性,具有非常好的互利合作前景。

新亚欧大陆桥的发展前景

我们相信,横贯中国东、中、西部,东西双向开放的"钢铁国际走廊"的加速开发和开放将使它成为中国经济新的增长带,并将加速变成中国的国际性、开放型交通、经济走廊。为此,有关部门正在研究加快沿桥中国段经济发展的具体措施。这些措施包括:沿桥地带实行沿海地区的开放政策,根据需要可继续设立各种开发区和保税区;试办资源型开发区;按照高起点和国际接轨的要求,建立资源和资源加工型新型企业;促进沿线地区工业化和城市化;利用外资,试办中国西部农业合作开发区,营造亚欧农产品批发交易中心;根据交通枢纽、资源状况、地理位置,以中心城市为依托,在沿桥地区建立若干经济发展区,如以连云港为中心的国际经济贸易合作区,以徐州为中心的淮海经济区,以邯郸为中心的中原经济区,以西安为中心的关中经济区,以兰州为中心的西北经济区,以乌鲁木齐为中心的西部经济区等。并把乌鲁木齐建成中国西部的国际金融、商贸、工农业经济中心,促进中国西部与中亚市场的发育和繁荣。

【思考】
1. 新亚欧大陆桥对于社会主义现代化建设起到哪些助力?
2. 查阅资料,了解新亚欧大陆桥与以往的运输方式相比有哪些优势?

第一节 包 装

一、包装

我国国家标准 GB/T 4122.1—2008 中将包装定义为:包装(packaging)为在流通过程中保护商品,方便储运,促进销售,按一定技术方法而采用的容器、材料及辅助物等的总体名称。也指为了达到上述目的而采用容器、材料和辅助物的过程中施加一定方法等的操作活动。这是当前国内普遍接受和使用的概念。

其他国家对包装的定义的表达可能不同,但是主要包含了对现代包装认识的两层基本含义:一是静态的"物",即装载商品的容器;二是动态的"行为",即在对产品实施捆扎、承装过程中的系列活动。因此,对包装的概念理解应该是静态和动态的结合。

二、包装的功能

包装具有保护性、单位集中性和便利性的特点。这三大特性赋予了包装保护商品、方便物流、促进销售等功能。

(一) 保护功能

保护商品是包装的首要功能,是确定包装方式和包装形态时必须抓住的主要矛盾。只有有效地保护,才能使商品不受损失地完成流通过程,实现所有权的转移。包装的保护作用主要体现在以下几个方面。

(1) 防止物资的破损变形。为了防止物资的破损变形,物资包装必须能够承受装卸、运输、保管等过程中的各种冲击、振动、颠簸、压缩、摩擦等外力的作用,形成对外力的防护。此外还要具有一定的强度,在装卸搬运作业中,由于操作不慎包装跌落,造成落下冲击;在仓储堆码时,由于堆码过高使底层货物承受强大的压力;在运输过程中,由于运输和其他物流环节的冲击震动,跳起后又落回,都要求包装有足够的强度。

(2) 防止物资发生化学变化。物资在流通、生产、消费过程中易受潮、发霉、变质和生锈而发生化学反应,影响物资的使用价值。为了防止物资受潮、发霉、变质、生锈等化学变化,物资包装必须能在一定程度上起到阻隔水分、潮气、光线以及空气中各种有害气体的作用,避免外界不良因素的影响。

(3) 防止有害生物对物资的影响。鼠、虫以及其他有害生物对物资有很大的破坏性。包装封闭不严,会给细菌、虫类造成侵入之机,导致变质、腐败,特别是对食品的危害性更大。鼠、白蚁等生物会直接吞蚀纸张、木材等。这就要求包装能够具有阻隔真菌、虫、鼠侵入的能力,形成对内装物资的保护作用。

(4) 防止异物混入、污物污染、丢失、散失和盗失等的作用。

(二) 方便功能

包装具有方便流通、方便消费的功能。在物流的全过程中,合理的包装会带来巨大的方便,从而改善物流的效果。包装的方便功能可以体现在以下几个方面。

1. 方便物资储存

从物资保管角度看,物资的包装为保管工作提供了方便,便于维护物资本身的原有使用价值。包装物的各种标志,使仓库的管理者易于识别、易于存取、易于盘点,尤其是有特殊要求的物资易于引起注意。

2. 方便物资装卸

从搬运装卸角度看,物资出入库时,在包装的规格尺寸、重量、形态上进行标准化管理适合仓库内的作业,为仓库提供了搬运、装卸的便捷。包装袋规格尺寸标准化后为集合包装提供了条件,从而极大地提高装载效率。

3. 方便物资运输

包装袋规格、形状、质量等与货物运输关系密切。包装尺寸与运输车辆、船、飞机等运输工具箱、仓容积的吻合性,方便了运输,提高了运输效率。

(三) 促销功能

包装是无声的推销员,精美实用的包装是产品品牌和企业形象的有机组成部分。良好的包装以精巧的造型、合理的结构、醒目的商标、得体的文字及图案引起消费者的注意，激发消费者的购买欲望，并导致购买行为。此外，包装还可以表现商品的品质，是商家用于区分商品档次和价格的一个重要手段。通常可通过便携式、开窗式、喷雾式、成套式、易开式、透明式、配盖式、压穿式等形式新颖、使用方便的包装来提高产品的档次和附加值，争取更大的市场份额。因此，包装的设计对于促进商品销售有重要的地位。

三、包装的分类

(一) 按包装功能不同，包装可分为商业包装和工业包装

(1) 商业包装。商业包装是以促进商品销售为目的的包装。这种包装的特点：外形美观，有必要的装潢，包装单位应适合顾客购买量和商店设施的要求。

(2) 工业包装。工业包装又称运输包装，是物资运输、保管等物流环节所需求的必要包装。工业包装以强化运输、保护商品、便于储运为主要目的。工业包装要在满足物流要求的基础上使包装费用越低越好。对于普通物资的工业包装其程度应当适中，才会有最佳的经济效果。

(二) 按包装层次不同，包装可分为个包装、中包装和外包装

(1) 个包装。个包装是指一个商品为一个销售单位的包装形式。个包装直接与商品接触，与商品装配成一个整体。个包装以销售为主要目的，一般随同商品销售给顾客。个包装起着直接保护、美化、宣传和促进商品销售的作用。

(2) 中包装。中包装(又称内包装)是指若干个单体商品或包装组成一个小的整体包装。它是介于个包装与外包装的中间包装，属于商品的内层包装。中包装在销售过程中，一部分随同商品出售，一部分则在销售中被消耗掉，因而被列为销售包装。在商品流通过程中，中包装起着进一步保护商品、方便使用和销售作用，方便商品分拨和销售过程中的点数和计量，方便包装组合等。

(3) 外包装。外包装(又称运输包装或大包装)是指商品的最外层包装。在商品流通过程中，外包装起着保护商品、方便运输、装卸和储存等方面的作用。

(三) 按包装容器质地不同，包装可分为硬包装、半硬包装和软包装

(1) 硬包装。硬包装(又称刚性包装)是指充填或取出包装的内装物后，容器形状基本不发生变化，材质坚硬或质地坚牢的包装。

(2) 半硬包装。半硬包装(又称半刚性包装)是介于硬包装和软包装之间的包装。

(3) 软包装。软包装(又称挠性包装)是指包装内的充填物或内装物取出后，容器形状会发生变化，且材质较软的包装。

(四) 按包装使用范围不同，包装可分为专用包装和通用包装

(1) 专用包装是指专供某种或某类商品使用的一种或一系列包装。

(2) 通用包装是指一种包装能盛装多种商品，被广泛使用的包装容器。

(五)按包装使用次数的不同,包装可分为一次用包装、多次用包装和周转用包装

(1)一次用包装是指只能使用一次,不再回收复用的包装。

(2)多次用包装是指回收后经适当加工整理,仍可重复使用的包装。

(3)周转用包装是指工厂和商店用于固定周转多次复用的包装容器。

(六)包装的其他分类方法

(1)按运输方式不同,包装可以分为铁路运输包装、卡车货物包装、船舶货物包装、航空货物包装及零担包装和集合包装等。

(2)按包装防护目的不同,包装可分为防潮包装、防锈包装、防霉包装、防震包装、防水包装、遮光包装、防热包装、真空包装、危险品包装等。

(3)按包装操作方法不同,包装可分为罐装包装、捆扎包装、裹包包装、收缩包装、压缩包装和缠绕包装等。

四、包装技法

包装作业时所采用的技术和方法简称为包装技法,对任何包装件的操作都有技术问题和方法问题,通过包装技法,才能将运输包装体和产品(包括小包装)形成一个有机的整体。

(一)一般包装技法

1. 对内装物的合理置放

对内装物的合理置放、固定和加固在包装容器中装进形状各异的产品(固体),必须要合理置放、固定和加固。置放、固定和加固得巧妙,才能有效地缩小体积、节省材料、减少损失。

2. 对松泡产品进行体积压缩

对于松泡产品如羽绒服、枕芯、絮被、毛线等,包装时占用容器的容积太大,会增加运输、储存费用,所以对松泡产品需要压缩体积。其中有效的方法是进行真空包装,它可大大缩小松泡产品的体积,缩小率可达50%—85%。

3. 合理选择外包装形状尺寸

在外包装形状尺寸的选择中,要避免过高、过扁、过大、过重等。过高会导致重心不稳,不易堆垛;过扁则标志辨认困难;过大则内装量太多,不易销售,且给流通带来困难;过重则纸箱易破损。

4. 合理选择内包装(盒)形状尺寸

内包装(盒)一般属于销售包装。在选择其形状尺寸时,要与外包装(箱)的形态尺寸相配合,内包装(盒)的底面尺寸必须与包装模数协调,而且高度也应与外包装高度相匹配。

5. 包装外的捆扎

包装外的捆扎对运输包装功能起着重要作用。捆扎的直接目的是将单个物件或数个物件捆紧,以便于运输、储存和装卸。而捆扎的功用远多于此,如能防止失窃、压缩容积、

加固容器等。

(二) 特殊包装技法

1. 缓冲包装

缓冲包装主要是利用缓冲作用，减少或避免被包装物品在装卸搬运、运输过程中受外界的冲击力、振动力等作用而造成损伤和损失。

对包装件来说，缓冲材料包括容器材料、固定材料、连接材料、封接材料等，主要指容器和产品之间的固定材料，但也不能忽视其他材料的缓冲作用。

各种物品因材质和结构不同，承受振动力、冲击力的能力也不一样。通常把物品承受外力的能力称为耐冲击度或易损性，它用物品能承受的最大冲击加速度的能力 G 值表示。G 值又称 G 因数，它是物品允许的最大冲击加速度与重力加速度之比。物品的 G 值小于等于 40 者为 A 级，耐冲击度最弱；G 值为 41—90 者为 B 级，耐冲击度较好；G 值大于 90 者为 C 级，耐冲击度最好。

缓冲包装的设计，要合理地选定缓冲材料并确定其衬垫厚度。

缓冲包装方法一般分为全面缓冲、部分缓冲和悬浮式缓冲三类。

(1) 全面缓冲。全面缓冲是指产品或内包装的整个表面都用缓冲材料衬垫的包装方法。

(2) 部分缓冲。部分缓冲是指仅在产品或内包装的拐角或局部地方使用缓冲材料衬垫，通常对整体性好的或有包装容器的产品特别适用，既能得到较好的效果，又能降低包装成本。部分缓冲可以有天地盖、左右盖、四棱衬垫、八角衬垫和侧衬垫几种。

(3) 悬浮式缓冲。悬浮式缓冲是指先将产品置于纸盒中，产品与纸盒间各面均用柔软的泡沫塑料衬垫妥当，盒外用帆布包装或装入胶合板箱，然后用弹簧张吊在外包装箱内，使其悬浮吊起。这样通过弹簧和泡沫塑料同时起缓冲作用。这种方法适用于极易受损，且要求确保安全的产品，如精密机电设备、仪器、仪表等。

2. 防潮包装

防潮包装技法就是采用防潮材料对产品进行包装，以防止包装内部水分的增加，达到抑制生物的生长和繁殖，延长内装物贮存期的目的。采取的基本措施是以防潮性能良好的密闭容器或薄膜包装材料将已干燥的物品密闭起来，以隔绝外部空气中潮气变化对内装物的影响。防潮包装常用的包装容器有陶瓷容器、金属罐、玻璃瓶等。它们的防潮性能虽好，但却有质硬体重、易破损、装运和使用不便等缺点。因而目前较多采用聚乙烯和聚丙烯等包装材料制成的容器进行包装。

3. 防锈包装

防锈包装技法是在运输储存金属制品与零部件时，为防止因锈蚀而降低价值或性能所采用的包装技术和方法。其目的是消除和减少致锈的各种因素，采取适当的防锈处理。

4. 防霉腐包装

产品的发霉、腐烂变质是由霉菌引起的。霉菌从产品中吸取营养物质，产生生物霉，使产品牢度降低;有的产品长霉影响外观,还会引起机械、电子、仪器、仪表的机能故障;金属产品发霉则会引起腐蚀的加快。因此必须采用防霉包装。为防止霉菌侵袭而采用的包装方法称为防霉腐包装。防霉腐包装方法的实质是劣化某一环境因素,以达到抑制或杀灭微生物,防止内装物霉变、腐烂,保护物品质量的目的。

防霉腐包装技法大致有防潮包装(上文已介绍)和耐低温包装两类。

耐低温包装一般是用耐冷耐潮的包装材料制成,使包装件能较长时间存放于低温条件下而不会变质,以抑制包装中微生物的生理活动,保护内装物不霉腐。如鲜肉、鲜鱼、鲜蛋、水果和蔬菜等需要较长期储存的食材,都必须采用耐低温包装。

防霉腐包装可根据具体物品采用密封包装和非密封包装。密封包装又可分为如下四种:抽真空换惰性气体密封包装、干燥空气封存包装、防氧封存包装、挥发性防霉剂防霉包装。非密封包装可采用产品经有效处理和包装箱开通风窗两种技法。

5. 保鲜包装

保鲜包装是指通过采用固体保鲜剂和液体保鲜剂对果实、蔬菜等进行保鲜的包装。

6. 脱氧包装

脱氧包装是指利用无机系、有机系、氢系三类脱氧剂,除去密封包装内的氧,降低氧气浓度,从而有效地阻止微生物的生长繁殖,起到防霉、防褐变、防虫蛀和保鲜目的的包装。脱氧包装主要适用于某些对氧气特别敏感的制品。

7. 充气包装和真空包装

充气包装是指采用二氧化碳气体或氮气等不活泼气体置换包装容器中空气的包装技术方法;真空包装是指将制品装入气密性容器后,在容器封口前将容器内抽为真空,使密封后的容器里基本上没有氧气的包装。

8. 高温短时间灭菌包装

高温短时间灭菌包装是指将食品充填并密封于复合材料制成的包装内,然后使其在短时间内保持135℃左右的高温,以杀灭包装容器内细菌的包装方法。

(三) 集合包装技法

1. 集合包装的概念

集合包装就是将许多小型单件物品或未包装货物,通过一定的集装容器和技术措施集合成尺寸规格较大、重量较重的大型标准化的组合体。常用的集合包装方式有托盘集合、集装箱、集装袋等。

2. 集合包装的作用

(1) 集合包装可以提高装卸搬运和堆积作业的效率。

(2) 集合包装可以使包装合理化。

(3) 集合包装便于运输和仓储管理。

(4) 集合包装可以使物流系统合理化。

五、包装标志

包装标志是指商品包装时,为便于货物交接、防止错发错运,也为运输、装卸、搬运、储存、堆码等的安全要求或理货分运的需要,在商品外部印刷、粘贴或书写的代号。

(一) 包装标志的分类

商品包装的标志,通常分为运输标志、指示性标志和危险品标志。

1. 运输标志

运输标志即唛头。这是贸易合同、发货单据中有关标志事项的基本部分。它一般由一个简单的几何图形以及字母、数字等组成。唛头的内容包括:目的地名称或代号,收货人或发货人的代用简字或代号,件号(每件标明该批货物的总件数),体积(长×宽×高),重量(毛重、净重、皮重)以及生产国家或地区等。

2. 指示标志

指示标志用来指示运输、装卸、保管人员在作业时需注意的事项,以保证物资的安全。这种标志主要表示物资的性质,物资堆放、开启、吊运等的方法。指示性标志如图3-1所示。

图3-1 包装指示性标志

3. 危险品标志

危险品标志是用来表示危险品的物理、化学性质,以及危险程度的标志,又称警告性标志。它可提醒人们在运输、储存、保管、搬运等活动中引起注意。根据国家标准GB190—2009规定,在水陆、空运危险货物的外包装上应当拴挂、印刷或标打危险品标志,如爆炸品、遇水燃烧品、有毒品、剧毒品、腐蚀性物品、放射性物品等。危险品标记共4个，标签26个，其图形分别标示了9类危险货物的主要特性。部分危险品标签如图3-2所示。

图3-2　包装危险品标志

(二) 包装标志的要求

1. 必须按照国家有关部门的规定办理

我国对物资包装标记和标志所使用的文字、符号、图形以及使用方法，都有统一的规定。

2. 必须简明清晰、易于辨认

包装标记和标志要求文字少、图案清楚、易于制作、一目了然、方便查对。标记和标志的文字、字母及数字号码的大小应和包装件的标记和标志的尺寸相称，笔画粗细要适当。

3. 涂刷、拴挂、粘贴标记和标志的部位要适当

所有的标记和标志，都应位于搬运、装卸作业时容易看得见的地方。为防止在物流过程中某些标记和标志被抹掉或不清楚而难以辨认，应尽可能在同一包装物的不同部位制作两个相同的标记和标志。

4. 要选用明显的颜色作标记和标志

制作标记和标志的颜料应具备耐温、耐晒、耐摩擦等性能，从而不发生褪色、脱落等

现象。

5. 标志的尺寸一般分为三种

特大和特效的包装不受此尺寸限制。

六、包装合理化

(一) 包装合理化的概念

包装合理化一方面指包装总体的合理化,这种合理化往往用整体物流效益与微观包装效益的统一来衡量;另一方面也指包装材料、包装技术、包装方式的合理组合及运用。从多个角度来考察,合理包装表现为以下几个方面的发展趋势。

1. 包装轻薄化

由于包装只是起保护作用,对产品使用价值没有多大意义,因此在强度、寿命、成本相同的条件下,更轻、更薄、更短、更小的包装,可以提高装卸搬运的效率。而且,轻薄短小的包装一般价格比较便宜,如果是一次性可降解包装,更可以减少废弃包装材料的数量。

2. 包装标准化

物流包装标准化是以物流包装为对象,对包装类型、规格、容量、使用材料,包装容器的结构造型、印刷标志,产品的盛放、衬垫、封装方法,名词术语,检验要求等给予统一的政策和技术措施。

3. 包装机械化

包装机械化是指对装箱、封口、捆扎等外包装作业的机械化操作。包装机械化对于提高作业效率和包装现代化水平起着重要的作用,因此不断开发新型的包装机械是包装合理化的重要途径之一。

4. 包装绿色化

绿色包装是指无害、少污染的符合环保要求的各类包装物品,应符合"3RID"标准,即减量化(reduce)、重复使用(reuse)、再循环(recycle)、可降解(degradable)。也就是说,绿色包装应符合节省材料、资源和能源,废弃可降解,不致污染环境,对人体健康无害等方面的要求,绿色包装是包装合理化的发展主流。

5. 包装集装化

集装化也称组合化、单元化,它是将一定数量的散装或零星成件物资组合在一起,以便在装卸、保管、运输等物流环节中作为一个整体进行技术上和业务上处理的包装方式。

(二) 不合理包装的现象

不合理包装是指在现有的条件下可以达到的包装水平而实际未达到,从而造成了包装不足、包装过剩、包装污染等问题的现象。

1. 包装不足

物流包装不足主要体现在以下方面。

(1) 物流包装强度不足。

(2) 物流包装材料不能承担防护作用。

(3) 物流包装容器的层次及容积不足。

(4) 物流包装成本过低,不能有效地包装。

由于包装不足造成的主要问题是流通过程中的损失及促销能力的降低,因此这一点不可忽视。我国曾经举行过全国包装大检查,经过统计分析,每年我国因包装不足造成的损失有上百亿元。

2. 包装过剩

(1) 包装过剩的体现物流包装过剩主要体现在以下方面。

① 包装强度设计过高;② 包装材料过高;③ 包装技术过高;④ 包装层次过高,体积过大;⑤ 包装成本过高。

(2) 包装过剩的危害。包装过剩在管理学上又称为包装过度,其危害体现在以下几个方面。

① 浪费大量资源。包装工业的原材料如纸张、橡胶、玻璃、钢铁、塑料等,使用的原生材料,来源于木材、石油、钢铁等,这些都是我国的紧缺资源。如果用于过度包装、大量使用,却没有进行相应地回收利用,就会造成很大的浪费。

② 污染环境。过度包装产生的成本本就相当可观,而这些耗费大量资源的过度包装物,到了消费者手中又全部变成了生活垃圾。消费者抛弃大量包装废弃物,加重对环境的污染。

③ 损害社会利益。首先,过度包装侵害了消费者的利益,使其在支付了必要的商品价值后,又被强加了额外的巨额包装费。其次,伤害了企业利益。激烈的不正当竞争,造成了过度包装在市场上的泛滥,从长远来看,这无疑不利于企业的可持续发展。再次,损害了社会利益。过度包装之风形成了奢华、浮夸的社会风气,不利于建设节约型社会。

3. 包装污染

包装污染主要体现在两个方面。

(1) 包装材料中大量使用的纸箱、木箱、塑料容器等,要消耗大量的自然资源。

(2) 商品包装多为一次性的,既不可重复利用,有些甚至采用不可降解的包装材料,严重污染环境。

包装污染对环境的危害很大,日益枯竭的自然资源和日益严峻的生态环境要求人们最大限度地采用绿色包装,从材料选择、产品制造、销售、使用、运输到回收等整个过程都应符合绿色物流的要求。

(三) 包装合理化的策略

要实现包装合理化,需要从以下几个方面加强管理。

1. 广泛采用先进包装技术

包装技术的改进是实现包装合理化的关键。要推广诸如缓冲包装、防锈包装、防湿包装等包装方法,使用不同的包装技法,以适应不同商品的包装、装卸、储存、运输的要求。

2. 由一次性包装向反复使用的周转包装转变

包装是产生大量废弃的环节,处理不好可能造成环境污染。包装最好可反复多次使用并能回收再生利用,实现由一次性包装向反复使用的周转包装的转变。

3. 采用组合单元装载技术

即采用托盘、集装箱进行组合运输。包装要符合集装单元化和标准化的要求,包装的规格与托盘、集装箱关系密切,其设计应考虑与运输车辆、搬运机械的匹配,从系统的角度出发,整体化制定包装的尺寸标准。

4. 实行机械化与自动化包装

为了提高作业效率和包装现代化水平,在推行包装标准化的基础上,应注重各种包装机械的开发和应用。

5. 一次性包装应轻薄化

在运输过程中,由于包装只是起保护作用,对产品使用价值的提升没有帮助,因此,对于一次性包装,在强度、寿命满足要求的前提下,应使用更轻、更薄、更标准的包装,旨在提高装卸搬运的效率。

6. 注意与其他环节的配合

包装是物流系统组成的一部分,需要和装卸搬运、运输、仓储等环节一起进行综合考虑、全面协调。

问题思考

生活中常见的绿色包装都有哪些?简单谈一谈。

课后练习

选择题,选项四个的为单选题,选项五个的为多选题

1. 包装的功能包括(   )。

   A. 保护功能   B. 方便功能   C. 促销功能   D. 流通功能

   E. 储存功能

2. 按运输方式不同,包装可以分为(   )和集合包装等。

   A. 铁路运输包装   B. 卡车货物包装   C. 船舶货物包装   D. 航空货物包装

   E. 零担包装

3. 商品包装的标志,通常分为(   )。

   A. 上架标志   B. 危险品标志   C. 指示性标志   D. 储存标志

   E. 运输标志

4. 缓冲包装方法一般分为（　　）和三类。
   A. 全面缓冲　　　　B. 外部缓冲　　　　C. 部分缓冲　　　　D. 悬浮式缓冲
   E. 内层缓冲

5. 不合理包装是指在现有的条件下可以达到的包装水平而实际未达到，从而造成了（　　）等问题。
   A. 包装简陋　　　　B. 包装昂贵　　　　C. 包装污染　　　　D. 包装过剩
   E. 包装不足

第二节　装卸搬运

在整个物流过程中，装卸搬运是不断出现和反复进行的活动。它的出现频率高于其他各种物流活动，并且每次装卸搬运都要占用很多的时间和消耗很多的劳动。因此，装卸搬运不仅成为决定物流速度的关键，而且也是影响物流成本高低的重要因素。

一、装卸搬运的概念

装卸搬运是指在同一地域范围内进行的，以改变物品的存放状态和空间位置为主要内容的物流活动。其主要包括对物品进行装运卸货、移运移送、堆垛拆垛、移转取出、分拣配货等作业活动，一般随物品运输和保管而附带发生。

二、装卸搬运的特点

装卸搬运的基本功能是改变物品的存放状态和空间位置。无论是在生产领域还是在流通领域，装卸搬运都是影响物流速度和物流费用的重要因素，影响着物流过程的正常进行，决定着物流系统的整体功能和效益。

（一）附属性与伴生性

装卸搬运是物流每项活动开始及结束时必然会发生的具有附属与伴生性的活动，因此有时被人忽视，有时被看作其他操作的组成部分。例如，一般而言的"汽车运输"就包含了相随的装卸搬运，仓库中泛指的保管活动也含有装卸搬运活动。

（二）支持性与保障性

装卸搬运的附属性不能被理解成被动行为，实际上，装卸搬运对其他物流活动有一定的决定和支持性。装卸搬运会影响其他物流活动的质量和速度。例如，装车不当会引起运输过程中的损失；卸放不当会引起货物转换成下一步运动的困难。许多物流活动在有效的装卸搬运支持下，才能保障高水平地作业。

（三）衔接性与及时性

在任何其他物流活动互相过渡时，都是以装卸搬运来衔接的。因此，装卸搬运往往成为整个物流过程的"关节",是物流各功能之间能否形成有机联系和紧密衔接的关键,而这又是整个物流系统的关键。建立一个有效的物流系统,关键看这一衔接是否有效。比较先进的系统物流方式(如联合运输方式)就是为着力解决这种衔接而设计的。同时,为了使物流活动得以顺利进行,各环节的装卸搬运作业一般都对作业时间提出一定要求,要求在规定时间内完成。

(四) 均衡性与波动性

生产领域的装卸搬运必须与生产活动的节拍一致,表现为与生产过程均衡性、连续性的一致性;流通领域的装卸搬运,虽力求均衡作业,但随着车船的到发和货物出入库时可能发生的不均衡,作业过程是突击的、波动的、间歇的,因此装卸搬运作业应具有适应波动性的能力。

(五) 复杂性与延展性

通常认为货物装卸搬运以改变物料存放状态和空间位置者居多,作业任务比较单纯。但实际由于经常和运输、存储紧密衔接,同时还要进行堆码、装载、加固、计量、取样、检验、分拣等作业,以保证充分利用载运工具、仓库的载重能力与容量,因此,装卸作业其实还是比较复杂的。这些作业也可看成装卸搬运作业的分支或附属作业,它丰富了"改变货物存放状态和位置"这一基本概念的内涵。装卸搬运系统对这些分支作业应有较强的适应能力。

三、装卸搬运作业

(一) 装卸搬运作业的基本内容

1. 堆放拆垛

堆放是指把货物按要求状态装上、装入到指定位置的作业;拆垛则是其逆向作业,是指卸下、卸出货物的作业。

2. 分拣配货

分拣是在堆垛作业后或配送作业前,将货物按品种、流向进行分类,再放到指定地点的作业;配货则是把货物从所在位置按品种、发货目的地进行分类的作业。

3. 搬运移动

搬运移动是为进行装卸、分拣、配送活动而发生的短距离移动货物的作业,包括水平、垂直、斜行移动以及几种组合的搬送。

(二) 装卸搬运作业的五要素

任何一项装卸搬运作业都涉及以下五个要素。

1. 操作人

虽然目前在装卸搬运作业中已经大量使用装卸搬运机械和设备,但操作它们的主体仍然是人。在没有机器的时代,装卸搬运靠人工进行,这种装卸称为人工装卸。在使用货车、卡车和集装箱等运输时,仍然需要靠人工进行装卸搬运的指挥、操作和执行。

2. 装卸物

装卸物是需要进行装卸和搬运的对象，也称货物。根据货物种类、性质、形状、重量和大小不同，装卸搬运的方法也不同。对于普通的件杂货物，既可以一件一件地进行单件装卸，又可以用托盘或集装箱进行集装化装卸搬运；对于化肥、水泥、小麦等散装固体货物的装卸，称为散装固体装卸；对于石油、化学品、液化气等的装卸搬运，叫作散装液体货物装卸搬运。

3. 装卸搬运场所

装卸搬运场所是进行装卸搬运作业的地点和环境，如车站、码头、机场、车间、仓库、商场、露天货场等。

4. 装卸搬运时间

商品的装卸搬运有连续流动装卸搬运方式和间歇集中装卸搬运方式两种。前者是靠输送带或输送泵使物品进行连续流动的作业；后者是将装在集装箱里的货物用机械进行装卸搬运。采用不同的方式所需的时间是不同的。装卸搬运的时间包括装卸搬运过程的时间、装卸搬运个件的频率以及待运时间等内容。

5. 装卸搬运手段

装卸搬运手段是指装卸搬运用的设施和机械器具等。在装卸搬运时，若以机械为主，称为机械装卸搬运；反之，则为人工装卸搬运。按照所用的机械，可分为输送带装卸搬运、叉式升降机装卸搬运、起重机装卸搬运等。

（三）装卸搬运作业的分类

装卸搬运的作业范围广泛，作业对象复杂。在进行操作之前，应根据货物的种类、体积、重量、批量、装卸搬运设备状况来确定装卸搬运作业方式。装卸搬运作业按照不同的分类标准可进行以下几种分类。

1. 按照装卸搬运作业场所不同进行分类

（1）铁路装卸搬运。铁路装卸是指在铁路车站进行装卸搬运作业，包括汽车在铁路车站旁的装卸作业，铁路仓库和理货场的堆码取拆、分拣、配货、中转作业，铁路车辆在货场及站台的装卸作业，装卸加固作业，以及清扫车辆、揭盖篷布、移动车辆、检测计量等辅助作业。

（2）港口装卸搬运。港口装卸是指在港口进行的各种装卸搬运作业，包括码头前沿的装卸船作业，前沿与后方之间的搬运作业，港口仓库的堆码拆垛作业、分拣理货作业，港口理货场的中转作业，后方的铁路车辆和汽车的装卸作业，以及清舱、平舱、配料、计量、分装、取样等辅助作业。

（3）场库装卸搬运。场库装卸是指在货主处进行的装卸搬运作业，即铁路车辆和汽车在厂矿或储运业的仓库、理货场、集散点等处所进行的装卸搬运作业。

2. 按照装卸搬运作业的基本内容进行分类

（1）堆垛拆垛作业。堆垛拆垛又称堆码取拆，它包括堆放作业、拆垛作业、高垛作业和高垛取货作业。如果按堆垛拆垛作业的场地不同,又可分为车厢、船舱内、仓库内和理货场的堆垛拆垛作业等。

（2）分拣配货作业。分拣配货作业是将货物按品种、到站、货主等不同特征进行分类,并且按去向、品类构成等一定的原则,将已分类的货场集合车辆、汽车、集装箱、托盘等装货单元进行作业。

（3）搬运移动作业。为了实现堆垛拆垛和分拣配货作业而发生的搬运移动作业,包括水平、垂直、斜行等几种作业方式,以及由这几种形式组成的改变空间位置的作业。

3. 按照装卸搬运的物品属性进行分类

（1）成件包装物品装卸搬运。有些物品虽然没有包装,但为了方便装卸搬运作业,需进行临时捆扎或装箱,形成装卸搬运单元。对这些装卸搬运单元进行的装卸搬运作业,称为成件包装物品装卸搬运。

（2）超大超重物品装卸搬运。单件物品的重量超过 50 千克或单件物品体积超过 0.5 立方米,都归为超大超重物品。对这类物品进行的装卸搬运即为超大超重物品装卸搬运。

（3）散装物品装卸搬运。散装货物本身在物流过程中处于无固定的形态,如煤炭、水泥、粮食等。对这些物品的装卸搬运可以进行连续装卸搬运作业,也可用装卸搬运技术单元如托盘等进行装卸搬运。

（4）流体物品的装卸搬运。流体物品是指气态或液态物品。对这些气体、液体物品需经过包装,盛装在一定的容器内形成成件包装物品,如瓶装、桶装。对这些物品采取罐装车形式,则需要采用相应的装卸搬运作业。

（5）危险品的装卸搬运。危险品是指化工产品、压缩气体和易燃易爆物品。这些物品在装卸搬运过程中有特殊的安全要求和严格的操作程序,以确保装卸搬运作业的安全。如果装卸搬运不慎,随时都有发生重大事故的危险。

4. 按照装卸搬运的机械作业方式分类

（1）"吊上吊下"式作业。"吊上吊下"式作业是利用各种起重机械从货物上部吊起,依靠起吊装置的垂直移动实现装卸,并在吊车运行的范围内或回转的范围内实现搬运。

（2）"滚上滚下"式作业。"滚上滚下"式作业主要是港口装卸的一种水平装卸方式,常用于船上装卸搬运货物。这种作业方式是用拖车将半挂车、平车拖拉至船上后,拖车开下离船,而载货车辆连同货物一起到达目的地,再原车开下或拖车上船拖拉半挂车、平车开下。

（3）"叉上叉下"式作业。"叉上叉下"式作业是用叉车从货物底部托起货物,并依靠叉车的运动进行货物的位移。位移完全靠叉车本身,货物可以不经过中途落地直接放置到目的地。

（4）"移上移下"式作业。"移上移下"式作业是在两车之间（如火车及汽车）进行靠接,把货物水平、上下移动,从一个车辆上推移到另一个车辆上。

(5)"散装散卸"式作业。散装散卸式作业是针对散装物进行的装卸。一般从装点直到卸点,中间不再落地。这是集装卸与搬运于一体的装卸搬运方式。

5. 按货物的主要运动形式分类

(1)垂直装卸。采取提升或降落的方式进行装卸,这种装卸需要消耗较多的能源。垂直装卸是采用比较多的一种装卸形式,所用的机具通用性较广,如叉车等。

(2)水平装卸。对装卸货物采取水平移动的方式实现装卸目的,这种装卸方式不改变被装物的势能,比较节能,但是需要专门的设施。例如,和汽车水平接靠的高站台,汽车与火车车皮之间的平移工具等。

6. 按照作业的连续性分类

(1)连续作业。货物支撑状态和空间位置的改变是连贯、持续的流水式进行的。主要使用连续输送机械等专用机械进行作业。

(2)间歇作业。货物支撑状态和空间位置的改变是断续、间歇、重复、循环进行的。主要使用起重机械、工业车辆、专用机械进行作业。

7. 按照装卸搬运的作业对象方式分类

(1)单件装卸搬运。单件装卸搬运指的是对按件计的货物逐个进行装卸搬运操作的作业方法,其作业对象主要是包装杂货,多种类、少批量货物及单件大型、笨重货物。单件作业对机械、装备和装卸条件要求不高,可在很广泛的地域内进行而不受固定设施、设备的局限。单件作业可采取人力装卸搬运、半机械化装卸搬运及机械装卸搬运。由于是逐件处理,装卸搬运速度慢,且装卸搬运要逐件接触货体,从而容易出现货损,反复作业次数较多,也容易出现货差。

(2)集装作业。单元装卸也称集装装卸,是用集装化工具将小件或散装物品集成一定质量或体积的组合件,以便利用机械进行作业的装卸方式。集装作业是对集装货物进行装卸搬运的作业方法,其作业对象范围较广,一般除特大、重、长货物和粉、粒、液、气状货物外,都可进行集装作业;粉、粒、液、气状货物经一定包装后集合成大的集装体也可采用集装方式进行装卸。集装作业每装卸一次是针对一个经组合之后的集装体进行装卸操作。它与单件装卸主要差别在于集装作业"件"的单位远远高于单件作业每件的大小。集装作业由于集装单元较大,不能进行人力手工装卸,只能采用有实现能力的机械进行装卸。因此不仅受到装卸设备的限制,必须在有条件的场所进行这种作业,还受到集装体货载存放条件的限制,机动性较差。集装作业一次作业装卸量大,装卸速度快,且在装卸时并不逐个接触货物,而仅对集装体进行作业,因而货损较小,货差也小。

(3)散装作业。散装作业指对大批量粉状、粒状货物进行无包装散装、散卸的装卸方法。装卸可连续进行,也可采取间断的装卸方式。散装作业一般都采用机械化设施、设备。在特定情况下,批量不大时,也可采用人力装卸。

四、装卸搬运合理化的目标

(一) 防止无效的装卸搬运

无效的装卸搬运指消耗必要装卸搬运劳动之外的多余劳动,主要包括过多的装卸搬运次数、过大的包装装卸、无效物质的装卸,以及无效距离的搬运等。

1. 过多的装卸次数

物流过程中发生货损的主要环节是装卸环节,而装卸作业在整个物流过程中反复进行,从发生频率来讲超过任何其他活动。因此,过多的装卸次数必然导致货损的可能性增加。从发生的费用来看,一次装卸的费用相当于几十千米的运输费用,每增加一次装卸,费用就会有较大比例的增加。此外,装卸会大大阻碍整个物流速度,也是降低物流速度的重要因素。因此,应尽可能地减少装卸搬运的次数。

2. 过大的包装装卸

包装过大过重,在实际装卸时容易发生反复在包装上消耗较大劳动的情况,这一消耗是不必要的,因而形成无效劳动。包装的轻型化、简单化、实用化会不同程度地减少装卸搬运的无效劳动。

3. 无效物质的装卸

进入物流过程的货物有时混杂着没有使用价值的各种掺杂物,如煤炭中的矸石、矿石中的表面水分,石灰中的未烧熟石灰及过热石灰等,在装卸时,对这些无效物质的反复消耗劳动会形成无效装卸。

4. 无效距离的搬运

物料在装卸、搬运过程中,要实现水平和垂直两个方向的位移,应选择最短的路线完成这一活动,避免无效的长距离搬运,形成无效搬运劳动。

(二) 充分利用重力和消除重力影响,进行小消耗装卸

在装卸时考虑重力因素,可以利用货物本身的重量,进行有一定落差的装卸,以减少或根本消除装卸的重力,这是合理化装卸的重要方式。例如,从卡车、铁路货车卸物时利用卡车与地面或小搬运车之间的高度差,使用溜板、溜槽之类的简单工具,依靠货物本身重量,从高处自动滑到低处,这就无须消耗劳力。在装卸时尽量消除或削弱重力的影响,以求得减轻体力劳动及其他劳动消耗的合理性。在货物平移时,从甲工具移到乙工具上,这就能有效消除重力影响,实现合理化。在人力装卸时,负重行走一方面要持续抵抗重力的影响,另一方面还要行进,因而体力消耗很大,是容易造成疲倦的环节。所以,人力装卸如果能配合简单机具,做到"持物不步行",则可以大大减轻劳动量,节约装卸劳动,使装卸合理化。

(三) 充分利用机械,实现规模装卸

对装卸机械来讲,也有"规模"问题。装卸机械的能力达到一定规模,才会有最优效果,才能更多降低单位装卸工作量的成本。装卸的规模效益主要表现在一次装卸量或连

续装卸量达到充分发挥机械的最优化效率。追求规模效益的方法，主要是通过各种集装实现间断装卸时一次操作的最合理装卸量，或通过散装实现连续装卸的规模效益，使单位装卸成本降低。

（四）提高货物的活性

货物存放状态对装卸搬运作业难易程度的影响程度称为货物的"活性"。如果很容易转变为下一步的装卸搬运而不需要过多进行装卸搬运准备工作，活性就高；如果难以进入下一步的装卸搬运，则活性低。

通常，活性指数分为 0—4 共 5 个等级。散放在地上的货物要运走，需经过集中（装箱）、搬起（支垫）、装车、运走 4 次作业，作业次数最多，最不易装卸搬运，也就是说它的活性水平最低，规定其活性指数为 0；集装在箱中的货物，只要进行后 3 次作业就可以运走，装卸搬运比较方便，活性水平高一等级，规定其活性指数为 1；货物装箱后搁在托盘或其他支垫上的状态，规定其活性指数为 2；货物装在无动力车上的状态，规定其活性指数为 3；而处于运行状态的货物，因为不需要进行其他作业就能运走，其活性指数最高，规定为 4。

由于装卸搬运是在物流过程中反复进行的活动，其速度可能决定整个物流速度。若货物的活性高，每次装卸搬运的时间缩短，多次装卸搬运的累计效果则十分可观。因此，提高货物的活性对装卸合理化是很重要的因素，实现的方法是把待运货物整理归堆，或是包装成搬运单元放在托盘上，或是装在车上，或是放在输送机上。

（五）保持物流的均衡顺畅

货物的处理量波动大时会使装卸搬运作业变得困难，但是装卸搬运作业受运输等其他环节的制约，其节奏不能完全自主决定。因此，必须综合各方面因素妥善安排，使物流量均衡，避免忙闲不均的现象。

（六）实行货物单元化装载，巧装满载、牢固稳定

单元化装载是指将物品集中成一个单位进行装卸搬运，是实现装卸搬运合理化的重要手段。在物流作业中广泛使用托盘和集装箱，推行将一定数量的货物汇集起来成为一个大件货物，不仅可以提高作业效率，而且还可以防止损坏和丢失，以利于机械搬运、运输、保管，形成单元化装载系统。此外，装载时要根据货物的形状、大小、轻重、物理化学性能、存放期限、流向及车船、仓库的类型等，采用适当的装载方法和堆码方法，巧装满载，牢固稳定，以充分发挥车船和仓库的利用率，是提高经济效益的重要方法。

（七）文明装卸搬运，运营科学化

杜绝"野蛮装卸"是文明装卸搬运的重要标志。在物料装卸搬运作业中，要采取措施保证物料完好无损，保障作业人员人身安全，坚持文明装卸搬运。同时，不因物料装卸搬运作业而损坏物料装卸搬运设备和设施、运输与储存设备和设施等。物料装卸搬运设备和设施的负荷率和繁忙程度要合理，应控制在设计的范围之内，严禁超载运转；能源消耗和成本要达到合理甚至先进水平；设备和设施采用科学的综合管理和预修保养制度；按照经济合理的原则，确定设备和设施的寿命周期，及时更新改造。此外，要改变物料装卸搬

运只是一种简单的体力劳动的过时观念,积极推行全面质量管理等现代化管理方法,使物料装卸搬运作业工作从经验上升到科学管理。

五、装卸搬运合理化的原则

为了对装卸搬运进行有效的规划与控制,使其合理化,达到其管理目标,装卸搬运管理一般应遵循以下原则。

(一)机械化水平的原则

搬运和装卸是劳动强度大、工作条件差的活动,因此,在搬运和装卸频繁、动作复杂的环节,应尽可能采用有效的机械化作业方式。例如,采用自动化立体仓库可以将人力作业降低到最小程度,而使机械化、自动化水平得到很大提高。

(二)减少无效作业的原则

当按一定的操作程序来完成货物的装卸搬运时,要完成许多作业。作业即会产生费用,因此,应避免无效作业。通常可采取多种措施来避免无效作业,如减少作业数量、使搬运距离尽可能缩短等。

(三)尽量采用集装单元化的原则

为了提高搬运、装卸和堆存效率,提高机械化、自动化程度和管理水平,应根据设备能力,尽可能扩大货物的物流单元,如采用托盘、货箱等。目前发展较快的集装箱单元就是一种标准化的大单元装载货物的容器。

(四)提高搬运活性的原则

移动货物时的机动性大小反映出物流合理化程度,评价物流搬运活性可以采用"活性指数"的方法。从物流的合理化角度来看,应尽可能使货物处于机动指数高的状态。

(五)利用重力和减少附加质量的原则

在货物搬运、装卸和堆存时,应尽可能利用货物的自重,以节省能量和投资。例如,利用地形差进行装卸、采用重力式货架堆货等。在保证货物搬运、装卸和堆存安全的前提下,应尽可能减少附加物的自重和货物的包装物重量。

(六)强调各环节均衡、协调的原则

装卸搬运作业是各作业线环节的有机组成,只有各环节相互协调,才能使整条作业线产生预期的效果。应使装卸搬运各环节的生产率协调一致,能力相互适应,因为个别薄弱环节的生产能力决定了整个装卸搬运作业的综合能力。因此,要针对薄弱环节,采取措施,提高能力,使装卸搬运系统的综合效率最高。

(七)系统效率最大化原则

在货物的流通过程中,应力求改善包装、装卸、运输、保管等各物流要素的效率,由于各物流要素间存在着效率背反的关系,如果分别独自进行,则物流系统总体效率不一定能够提高,因此,要从物流全局的观点来研究问题。

六、装卸搬运方案设计

实践中，针对装卸搬运活动，相关人员需要进行装卸搬运方案设计，分为两步：第一步，先进行初步设计，需要相关人员收集原始数据，根据原始数据设计出多个初步方案，然后对这些方案进行比较评价和优化，最后对方案进行决策，选择出比较满意的方案。第二步，相关人员对这个选定的方案进行详细设计，制定具体操作细则，然后就可以作为企业执行的标准了。

问题思考

你所在企业的待装卸搬运物品一般处于哪个活性等级？请简述并谈一谈你的改进建议。

课后练习

选择题，选项四个的为单选题，选项五个的为多选题

1. 装卸搬运的作用不包括(　　)。
   A. 物流活动的支持作用　　　　B. 物流活动的衔接作用
   C. 物流活动的支柱作用　　　　D. 物流活动的辅助作用

2. 装卸搬运的特点包括(　　)。
   A. 附属性与伴生性　　　　　　B. 支持性与保障性
   C. 均衡性与波动性　　　　　　D. 复杂性与延展性
   E. 衔接性与及时性

3. 装卸搬运作业的要素包括(　　)。
   A. 操作人　　B. 装卸物　　C. 装卸搬运场所　　D. 装卸搬运时间
   E. 装卸搬运手段

4. 按照装卸搬运作业场所不同进行分类，装卸搬运包括(　　)。
   A. 铁路装卸搬运　　B. 堆垛拆垛作业　　C. 分拣配货作业　　D. 港口装卸搬运
   E. 场库装卸搬运

5. 按照装卸搬运的物品属性进行分类，装卸搬运包括(　　)。
   A. 成件包装物品装卸搬运　　　　B. 单件装卸搬运
   C. 超大超重物品装卸搬运　　　　D. 散装物品装卸搬运
   E. 流体物品的装卸搬运

6. 无效的装卸搬运指消耗必要装卸搬运劳动之外的多余劳动，主要包括(　　)等。
   A. 过多的装卸搬运次数以及　　B. 过大的包装装卸
   C. 无效物质的装卸　　　　　　D. 利用重力的装卸搬运

E. 无效距离的搬运

7. 货物的活性分为五个等级( )。

A. A—E　　　　　B. 1—5　　　　　C. 0—4　　　　　D. 一——五

第三节　运　　输

一、运输的概念

(一) 运输的定义

运输是在不同地域范围间,以改变"物"的空间位置为目的的活动。简单地说,运输就是物品借助于运力在空间上所发生的位置移动。具体地讲,运输就是通过各种运输手段(如火车、汽车、轮船、飞机等交通工具)使货物在物流节点(如仓库、商场、配送中心、物流中心等)之间流动,以改变"物"的空间位置为目的的活动。

本书采用国家标准《物流术语》(GB/T 18354—2021)对运输的定义:"利用载运工具、设施设备及人力等运力资源,使货物在较大空间上产生位置移动的活动。"

运输和搬运、配送等概念有时容易被人们混为一谈,它们之间其实有着明显的区别。运输和搬运的区别在于,运输是在较大范围内(如不同城市之间)的活动,搬运是在较小地域范围之内(如同一仓库的不同库区之间)的活动。运输和配送的区别在于,运输一般指长途运输,而配送则是从物流网点到用户的短距离、小批量的运输。

(二) 运输的特征

运输是一种特殊的物质生产活动,它具有很强的服务性。运输按其在社会再生产中的地位、运输生产过程和产品的属性来讲,和工农业生产相比有很大的差别。

1. 运输联系的广泛性

运输生产是一切经济部门生产过程的延续,通过各种运输方式,可以把原材料、燃料等送达生产地,又能把产品运往消费地,它贯穿于整个社会再生产过程。因而,运输和其他活动的联系要比生产活动更为广泛,它几乎和所有的生产经营活动都发生直接或间接的联系。运输线路是否畅通,对企业的连续生产、充分发挥生产资金的作用以及加速商品流通等方面,都具有极其重要的影响。

2. 运输不创造新的产品

在正常条件下,运输生产的产品只是货物在空间上的位移。其他生产活动则是通过物理、化学或生物作用过程,改变劳动对象的数量和质量,从而得到新的产品,以满足人们的需要。运输生产则与此不同,它虽然也创造使用价值与价值,但不创造新的产品,它创造的产品是一种特殊的产品。它把价值追加到被运输的货物上,实现货物场所的变更。基于这一点,在满足运输需要的前提下,如果产生多余的运输产品和运输支出,对社会就是一种浪费。因此，在物流活动中，充分考虑节省运输能力、降低运输成本，具有极其重要的意义。

3. 运输生产的非实体性

运输产品是看不见、摸不着的，和被运输的实体产品结合在一起的产品，它只是实现空间的位移。因此，运输产品的生产和消费是同一过程，它不能脱离生产过程而独立存在。也就是说，运输过程对从业者来说是生产过程，而对用户来说是对运输能力的消费过程。因此，运输的产品既不能储存，做到以丰补歉，又不能调拨，在地区间调剂余缺，只有通过调整运输能力满足运量的波动和特殊的需要。由于运输生产是在广大的空间范围内进行活动，当各种运输线路和港站集散能力一旦形成后，也就形成了该地区的运输能力。因此，对于运输能力在地域上的布局应力求与货物的分布相适应。

另外，运输生产不需要原料，因而运输部门也就不需要进行原料储备和半成品、成品储备。与工业部门相比，运输生产的固定资产的占比较大，这就决定了运输部门的生产资金和运输成本具有特殊的构成，燃料费、折旧费在运输成本中占有很大比重。因此，充分发挥运输设备及工具的作用，对于降低运输成本和节省运输费用具有重要意义。

4. 运输生产的连续性

运输生产是在一个固定的线路上完成的，它的空间范围极为广阔，好像一个大的"露天工厂"。货物运输往往要求几种运输方式共同完成，而不像工农业生产那样在一定范围内即可完成其生产任务。因此，在物流规划中，如何保证运输生产的连续性以及根据运输需求按地区和货流形成综合运输能力，具有重要意义。基于这一特点，物流规划必须充分重视自然条件，运用其有利因素，克服其不利因素，提高物流活动中的运输效率和经济效益。

5. 各种运输方式产品的同一性

各种运输方式虽然在线路、运输工具以及技术装备上各不相同，但生产的是同一种产品，即货物在空间上的位移对社会有同样的效用。而工农业生产各部门，由于生产工艺不同，产品规格有很大差别。产品的同一性是运输生产的又一特征。在物流规划中必须研究各种运输方式在运输网中的地位和作用，促使各种运输方式的合理分工和综合利用，形成综合运输网。

6. 各种运输方式之间的代替性较强

实现货物的位移，往往可采用不同的运输方式。鉴于各种运输方式下的产品都在实现相同的"位移"，因此，每种运输方式都有可能被另一种运输方式所代替。这种运输需求在运输方式之间转移的可能性造成各种运输方式之间一定的替代和竞争关系，而工农业部门的生产内部以及它们相互之间的生产一般是不能代替的，例如，工业内部的冶金、机械不能代替纺织、食品加工等。运输方式的这种代替性，使得供求关系有可能通过调节不同运输方式来实现平衡，使运量在各种运输方式之间合理分配，形成较为科学的综合运输体系。作为运输的供给者，会根据货物运输的具体要求，合理选择适当的运输方式。当然，由于各种运输方式的经济、技术特征不同，在完成同一运输任务时的经济效益存在差异，所以对于运输生产者来说，应该满足用户对运输的需要，形成适应性较强的服务能力，提高运输产品的竞争力。

（三）运输的基本功能

运输具有扩大市场、稳定价格、促进社会分工、扩大流通范围等社会经济功能。现代生产和消费是通过运输事业的发展来实现的，这里主要介绍其产品转移和产品储存功能。

1. 产品转移

运输的主要职能是将产品从原产地转移到目的地，运输管理的目的是要以最少的时间和费用完成产品的运输任务。运输通过改变产品的地点与位置而创造的价值是运输的空间效用。同时，运输能将产品在用户需要的时间到达目的地，这是运输创造的时间价值。

无论产品处于哪种形式，是原材料、零部件、装配件、在制品，还是制成品，也不管是在制造过程中被转移到下一阶段，还是更接近最终的顾客，运输都是必不可少的。

运输是通过利用时间资源、财务资源和环境使产品在价值链中移动来提高其价值和使用价值。

运输之所以涉及利用时间资源，是因为产品在运输过程中是难以存取的。这种产品通常指转移中的存货，是各种供应链战略。

运输之所以要使用财务资源，是因为过程中会产生驾驶员劳动报酬、运输工具的运行费用，以及一般杂费和行政管理费用分摊。此外，还要考虑因产品灭失损坏而必须弥补的费用。

运输直接和间接地使用环境资源。在直接使用方面，运输是能源的主要消费者之一；在间接使用环境资源方面，由于运输造成拥挤、空气污染和噪声污染而产生环境费用。

运输的主要目的就是要以最低的时间、财务和环境资源成本，将产品从原产地转移到规定地点。此外，产品灭失损坏的费用也必须是最低的；同时，产品转移所采用的方式必须能满足顾客有关交付履行和装运信息的可得性等方面的要求。

2. 产品储存

对产品进行储存是运输的另一大功能，即将运输工具作为临时的储存场所和设施。例如，如果转移中的产品需要储存，但在短时间内（如几天后）又将重新转移的话，那么，该产品在仓库卸下来和再装上去的成本也许会超过储存在运输工具中每天需要支付的费用。

在仓库空间有限的情况下，利用运输工具储存也许不失为一种可行的选择。在本质上，利用运输工具作为一种临时储存设施，其代价和成本可能是昂贵的，但当需要考虑装卸成本、储存能力限制或延长前置时间的能力时，从物流总成本或完成任务的角度来看却是合理的，有时甚至是必要的。

(四)运输的地位和作用

运输作业在现代物流系统中具有以下地位和作用。

1. 运输是物流的主要功能要素之一

物流是物的物理性运动,包含物的"时空状态"的改变。运输是改变空间状态的主要手段,运输再配以搬运、配送等活动,就能圆满完成改变空间状态的全部任务。

2. 运输是社会物质生产的必要条件之一

在社会生产活动中,运输是生产过程的继续,连接生产与再生产、生产与消费,连接国民经济各部门、各企业,连接着城乡,连接着不同国家和地区。在直接生产过程中,运输是生产的直接组成部分,没有运输,生产内部的各环节就无法连接。

3. 运输可以创造"场所效用"

由于空间场所不同,同种"物"的使用价值的实现程度则不同。例如,在沿海地区很廉价的海产品,在内陆价格很高。由于改变场所而最大限度发挥使用价值,最大限度提高了产出投入比,这就被称为"场所效用"。通过运输,将"物"运到场所效用最高的地方,就能发挥"物"的潜力,实现资源的优化配置。从这个意义来讲,也相当于通过运输提高了物的使用价值。

4. 运输是"第三利润源"的主要源泉

运输要靠大量的动力消耗才能实现。由于运输承担着大跨度空间转移任务,时间长、距离长,消耗也大。然而正是因为消耗的绝对数量大,其节约的潜力也就大。一般综合分析计算社会物流费用,运费在其中有接近50%的比例,有些产品运费甚至高于产品的生产成本。通过运输合理化可大大缩短运输的千米数,从而获得比较大的"利润",成为"第三利润源"的主要源泉。

5. 合理的运输能降低物流费用,节约物流成本

运输费用是构成物流费用的主要组成部分,在物流费用中占着很大的比例。通过合理的运输组织,缩短运输里程,提高运输工具的运用效率,可以降低运输费用,进而达到降低物流费用、节约物流成本的目的。

6. 合理的运输能加快资金周转速度,降低资金占用时间

从宏观角度讲,合理的运输能加快物流速度,减少物品库存,加快资金周转,节约资金占用。相应地,就能提高社会产品的使用效率,提高物流的经济效益和社会效益。

二、运输的基本方式及其特点

产品在物流结点上发生位置移动,是通过不同的运输方式来完成的。要合理有效地完成运输过程,首先必须了解各种运输方式及其特性,然后根据物品本身的特点选择合理的运输方式。

运输方式可根据不同的标准进行分类。

（一）按运输中途是否换载分类

1. 直达运输

直达运输是利用一种运输工具从起运站/港一直到达到站/港，中途不经换载，中途不入库储存的运输形式。直达运输可以避免中途换载所出现的运输速度减缓、货损增加、费用增加等一系列的弊端，从而提高运输效率，降低运输成本。

2. 中转运输

中转运输是指在物品到达目的地的过程中，在途中的车站、港口、仓库进行转运换载。虽然相比直达运输，中转运输有一系列的弊端，但是它可以化整为零也可以集零为整，有助于提高运输效率，降低运输成本。

（二）按运输的作用分类

1. 集货运输

集货运输是指将分散的货物汇集集中的运输形式。一般是短距离、小批量的运输，货物集中后再进行远距离、大批量的运输。

2. 配送运输

配送运输是指将物流结点中已按用户要求配好的货物分送到各个用户的运输。一般是短距离、小批量的运输。但是也有不同的情况，比如大型超市的物流配送中心是集货运输和配送运输的连接点。根据超市的规模，集货运输和配送运输往往是长距离、大批量的。

（三）按运输的协作程度分类

1. 一般运输

孤立地采用不同的运输工具或同类运输工具而没有形成有机协作关系的为一般运输。

2. 联合运输

联合运输是指将两种或两种以上的运输方式或运输工具连接起来，实行多环节、多区段相互衔接的接力式运输方式。它是利用不同运输方式的优势以充分提高效率、降低成本的综合性运输方式。采用联合运输，可以扩大运输范围、缩短物品的在途时间、加快运输速度、降低运费、提高运输工具的利用率，最终提高用户的满意度。

（四）按运输设备及运输工具分类

这是最基本的分类方式。按照这种方式，运输可以分为铁路运输、公路运输、水路运输、航空运输、管道运输五种基本运输方式。随着经济的发展，运输方式经过了四个阶段：水运阶段，道路运输阶段（铁路为主、公路为辅），现代运输方式阶段（高速公路、航空、管道运输），综合运输阶段（多种运输方式的综合利用、互相协调、均衡衔接的现代化运输系统）。在现代综合运输中，每一种运输方式在速度、规模、成本和灵活性方面具有不同的特性，这决定了厂商对特定运输方式或联合运输方式的选择。本书重点介绍基本运输方式的特性。

1. 铁路运输

铁路是一国国民经济的大动脉。中华人民共和国成立以来,我国基本形成了横贯东西、纵穿南北的铁路网络,铁路运输也成为我国货物运输的主要方式之一。铁路运输,按照货物的数量、性质、装运方式可以分为整列运输、整车运输、零担运输、集装箱运输、混装运输、行李货物运输等。按照铁路的性质还可以分为营业性线路运输和专用线路运输等。我国《铁路货物运输规程》将铁路运输分为整车运输、零担运输和集装箱运输,并对运输种类的选择做出了相应的规定。

(1) 铁路运输的优点。

① 运量大。通常,一列火车可运 2 000—3 000 吨,单线单方向全年运量可达 1 000 万吨以上,双线可达 2 000—4 000 万吨。

② 连续性强。可以高速运输,一般铁路时速为 80—150 千米,高速铁路运行时速可达 220—275 千米,并且铁路网络遍布全国,运输范围大。

③ 远距离运输费用低。铁路单位运输成本低于航空与公路运输,有的低于内河运输。

④ 可靠性强。与水运相比,不受气候条件、自然条件等因素影响,稳定,安全。同时,铁路运输具有定时性,能够按照事先的计划运行。

(2) 铁路运输的不足。

铁路运输也有其不足之处,主要体现在如下几个方面。

① 灵活性差。与公路运输相比,铁路运输欠缺灵活性。一方面,火车的运行时刻、配车、编列等都是事先有所规定的;另一方面,铁路分布、货站的设立也是短期内不可改变的。铁路运输受到上述因素的限制,不能随意修改车次增加行车,只能在固定的路线上行车,在固定的站点装卸货物。因此,铁路运输通常不能适应紧急性的运输。但是对于长期的、有规律的运输是有保障的。

② 短途运输费用高。铁路运输的费用依照距离的不同有所不同。一般来说,距离越远费用越低,短途运输费用较高。

因此,铁路运输适于大宗货物的远距离集中运输,特别是可以集中整列运输。同时,铁路运输可以与水路运输、各种短途运输相连接形成以铁路运输为主的运输网络。

2. 公路运输

公路运输也是货物运输的主要方式之一。公路运输主要依托于汽车与公路。近年来,我国高速公路发展迅速,带动了公路运输的发展。与铁路运输相比,公路运输具有较多的私人性质。中小运输公司一般以公路汽车运输业务为主。公路运输的主要优点如下。

(1) 灵活机动。与其他运输形式相比,公路运输最大的优点就是灵活性高。首先,公路运输速度快、装卸速度快,甚至可以实现"门对门"的运输。许多城市内的快递业都是依托于灵活迅速的城内汽车运输。其次,运输富于弹性。汽车可以随时调拨,不受时间限制,几乎可以随时随地停靠,受地形、气候限制较少。因此,公路运输在紧急性运输以及限时运输方面具有优势。

（2）适应性强。公路运输易于同铁路、水路、航空运输衔接，是综合运输体系的重要组成部分。

但是，与铁路运输相比，公路运输运量相对较小，而且长途运输的费用相对较高、发生事故的可能性较大。此外，汽车运输带来的环境污染也越来越受到人们的重视。

因此，公路运输适用于中小量货物的中短途运输，以及承担水路、铁路运输难以到达地区的长途、大批量货运。同时，公路运输也可以与铁路、水路运输联运，形成以公路运输为主体的货物运输网络。近年来，随着汽车产业的发展、公路的建设，以及我国物流业的迅速发展、人们对长途运输的合理规划，公路运输已成为我国货物运输的最主要方式。

3. 水路运输

（1）水路运输的分类。

水路运输是利用船舶等水上运载工具在水路上运输。它依托于船舶、河流、运河、海洋以及港口。水路运输是古老而又现代化的运输方式。在18—19世纪，资本主义早期的工业，大多沿通航水道设立工厂，对水运的依赖性很强。根据可以利用的水运线路，水路运输可以分为海洋运输和内河运输，海洋运输又可具体分为沿海运输、近海运输、远洋运输。

① 沿海运输。使用船舶通过大陆附近沿海航道运送货物的运输方式。一般使用中、小型船舶。

② 近海运输。使用船舶通过大陆邻近国家海上航道运送货物的运输形式。视航程可使用中型船舶或小型船舶。

③ 远洋运输。使用船舶跨大洋的长途运输形式。主要依靠运量大的大型船舶。

④ 内河运输。使用船舶在陆地内的江、河、湖、川等水道进行运输的一种方式。主要使用中、小型船舶。

（2）水路运输的优点。

① 成本低。水运能耗少，航道的投资较少。因此，一般来说，在中长途运输中，水运的费用是最低的。

② 载重量大，能进行大批量运输。这就决定了水路运输能以最低的单位运输成本提供最大的货运量。

（3）水路运输的缺点。

水路运输的缺点也是很明显的，具体如下。

① 速度慢。在途的货物多，会增加货主的流动资金占有量。

② 与铁路、公路运输相比，受天气、自然条件等因素的影响大。

③ 虽然水运运费相对较低，但是在港口的停泊、装卸货物的费用较高。

因此，水路运输适于大宗货物或散装货物的长途运输。水路运输，尤其是海洋运输，是各国间进出口货物往来的主要运输方式。一般来说，在国际贸易中，约有三分之二的货物是通过海上运输的。国际贸易的海洋运输主要有班轮运输和租船运输两种方式,前者的运输船舶、运输时间、运输路线都是固定的,一般由专业的运输公司经营。后者灵活性较强,可以根据自己的需要租用合适的船舶,完成班轮所不能完成的运输。

4. 航空运输

航空运输,是在具有航空路线和机场的情况下,利用飞机作为运载工具进行货物运输的一种运输方式。我国的航空运输业并不发达,在我国货运中所占的比重较小。

航空运输的优点如下。

(1) 航空速度是各种运输方式中最快的,时间效应高。同时航线不受地面的地形限制,因此航空运输可以到达地面运输难以到达的地方。

(2) 飞机运输对货物产生的冲击力较小,散包事故少,因此对包装要求较简单。

但是,航空运输也有其明显的缺点,首先是运量小,其次受机场等大型设施要求的限制,再次是航空运输费用相对较高。同时,由于机场的位置一般较为偏僻,航空运输还需要借助于公路运输等短途运输方式。

因此,航空运输适于少量贵重物品、鲜活商品等远距离运输,例如药品、黄金等。这类商品运载价值高,运费承担能力强。由于航空运输的速度快,它也适合于紧急运输,以及对速度要求较高的物品的运输。例如,戴尔的直销模式中,许多计算机所需的零部件就是通过航空运输送交的。

5. 管道运输

管道运输在我国发展较晚。它是一种新型的运输方式,主要适用于一些液状、气态的特殊物品,如菜油、成品油、天然气以及其他气体等。现在,已经出现了通过某些特殊方法运输煤等固体物体。不同于其他运输方式,管道设备是静止不动的,它是利用物体在管道内顺着压力方向循序移动实现运输的。

管道运输的优点如下。

(1) 运量大,可以不停地连续运输,不产生空驶。管径529毫米的管道,年输送能力可达1 000万吨;管径630毫米的管道,年输送能力可达1 500万吨;管径为1 200毫米的管道,年输送能力可达1亿吨。

(2) 安全程度高、损耗小。

(3) 运输成本较小。

(4) 管道运输机械化程度高,管理简单方便。管道输送流体货物,主要依靠每60—70千米设置的增压站提供压力能,设备运行比较简单,且易于就地自动化和进行集中遥控。先进的管道增压站已完全做到无人值守。由于节能和高度自动化,用人较少,使运输费用大大降低。

(5) 不占用土地,并且有利于环境保护。管道运输的缺点主要是需要专门铺设管道,以及建立储存站和加压站,投资较大,对事先规划性的要求高,定向性强,灵活性差。此外,可运输的物品有限。

三、集装箱运输与多式联运

(一) 集装箱运输

1. 集装运输的概念与方式

集装运输是指使用集装器具或利用捆扎方法,把裸装物品、散粒物品、体积较小的成件物品,组合成为一定规格的集装单元进行的运输。

集装有若干种典型的方式,在各类典型方式的交叉领域还有许多非此非彼的集装变形体,因此集装的种类方式很多。简单介绍如下。

(1) 托盘。最典型的托盘是平托盘,其变形体主要有柱式托盘、折叠式托盘、架式托盘、笼式托盘、箱式托盘、折叠式托盘、轮式托盘、薄板托盘等。

(2) 集装箱。所谓集装箱,是指具有一定强度、刚度和规格专供周转使用的大型装货容器。使用集装箱装运货物,可直接在发货人的仓库装货,运到收货人的仓库卸货,中途更换车、船时,无须将货物从箱内取出换装。

(3) 集装袋。集装袋是一种柔性运输包装容器,广泛用于食品、粮谷、医药、化工、矿产品等粉状、颗粒、块状物品的运输包装,发达国家普遍使用集装袋作为运输、仓储的包装产品。

(4) 集装货捆。集装货捆是以捆扎方式形成的集装体。集装网袋也是集装货捆的一种变形体。

2. 集装运输的优越性

集装运输是一种新型的先进运输方式,随着集装运输的广泛运用,其经济效果越来越明显。集装运输的优越性具体体现在以下几个方面。

(1) 显著减少在运输过程中的货物损失。使用集装运输后,由于集装容器具有足够的强度和刚度,结构坚固,可以采用机械直接装卸和换装,这就可以大大减少传统运输方式中的人力装卸和搬运次数,从而避免人和自然因素造成的货物破损、湿损、丢失等货运事故,减少经济损失,基本上保证货物运输安全。

(2) 节省货物包装材料。货物的包装材料及加工制作的费用,在生产成本中占有一定的比重。货物由于单位质量小,使用的包装材料多,采用集装运输后,不仅保证了货物的质量,又可以简化或基本不用包装,从而得以大量节省包装材料和费用,降低商品的成本。

(3) 提高装卸作业效率。在运输实务中,许多小件货物,如小五金、图书、日杂用品等,由于它们体积小、件数多,不能适应机械装卸和搬运的要求,只能采用人力装卸,因此劳动强度大,装卸作业时间长,效率低。采用集装运输后,由于扩大了货物单元,可以使用机械进行装卸和搬运,因此,得以减轻劳动强度,缩短装卸作业时间,提高作业效率。

(4) 简化作业手续,加速货物送达。集装运输的主要对象是零担货物。零担货物具有运量小、批数多,托运和交付手续复杂、工作量大,且包装规格不一、堆码困难的特点。

对承运的零担货物,如果一件一件点数,一件一件拴标签,不仅手续繁杂、效率低,而且容易发生事故。采用集装运输后,不过磅、不清点、不拴标签,简化了手续,缩短了货物在站停留时间,加速了货车周转和货物送达。

(5) 提高货车载重量利用率。集装运输由于简化或取消了包装,货物对空间的利用率大为提高,从而增加了货车的装载量。据统计,采用集装运输的货车载重量利用率可以提高 10%—20%。

(6) 减轻劳动强度,保证作业安全。广泛采用集装运输能提高装卸、搬运的机械化,工人的劳动强度日益减轻,同时也保证了作业安全。

(7) 便于自动化管理。集装运输是一种规格化的货物运输单元,这就为自动化管理创造了便利的条件。

(二) 集装箱运输实务

国际标准化组织(ISO)把集装箱定义为"一种运输设备",应满足以下要求:

(1) 具有耐久性,其坚固强度足以反复使用。

(2) 在一种或多种运输方式中运输时无须中途换装。

(3) 具有便于快速装卸和搬运的装置,可以从一种运输方式换装至另一种运输方式。

(4) 便于货物装满或卸空,能充分利用箱内容积。

(5) 内容积等于或大于 1 立方米。

1. 集装箱的标准

集装箱的标准按使用范围划分,有国际标准、国家标准、地区标准和公司标准四种。

(1) 国际标准集装箱。国际标准化组织技术委员会自 1961 年成立以来,对集装箱国际标准做过多次补充、增减和修改,现行的国际标准为第一系列共 13 种,其宽度均一样(2 438 mm),长度有四种(12 192 mm、9 125 mm、6 058 mm、2 991 mm),高度有四种(2 896 mm、2 591 mm、2 438 mm、<2 438 mm)。在海运和陆运时经常使用的 20 ft 和 40 ft 的集装箱,是第一系列中的 1C 和 1A 型。为了便于计算集装箱数量,以 20 ft 的集装箱作为换算标准箱(简称 TEU),即:40 ft 集装箱=2 TEU;30 ft 集装箱=1.5 TEU;20 ft 集装箱=1 TEU;10 ft 集装箱=0.5 TEU。

(2) 国家标准集装箱。我国现行国家标准《系列 1 集集装箱 分类、尺寸和额定重量》(GB 1413—2023)规定了集装箱各种型号的外部尺寸、极限偏差及额定重量。

(3) 地区标准集装箱。此类集装箱标准是由地区组织根据该地区的特殊情况制定的,此类集装箱仅适用于该地区。例如,根据欧洲国际铁路联盟(VIC)所制定的集装箱标准而建造的集装箱。

(4) 公司标准集装箱。某些大型集装箱船公司根据本公司的具体情况和条件而制定的集装箱船公司标准。这类集装箱主要在该公司运输范围内使用,如美国海陆公司的 35 ft 集装箱。

此外,目前世界上还有不少非标准集装箱。例如,非标准长度集装箱,有总统轮船公司的 45 ft 及 48 ft 集装箱;非标准高度集装箱,主要有 9 ft 和 9.5 ft 两种高度集装箱;非标准宽度集装箱,有 8.2 ft 宽度集装箱等。

2. 集装箱运输的优点

集装箱运输是指以集装箱这种大型容器为载体,将货物集合组装成集装单元,以便在现代流通领域内运用大型装卸机械和大型载运车辆进行装卸、搬运作业并完成运输任务,从而更好地实现货物"门到门"运输的一种新型、高效率和高效益的运输方式。

集装箱运输具有如下优点。

(1) 高效益。集装箱运输的高经济效益主要体现在以下几个方面:简化包装,大量节约包装费用;减少货损货差,提高货运质量;减少营运费用,降低运输成本。

(2) 高效率。传统的运输方式具有装卸环节多、劳动强度大、装卸效率低、船舶周转慢等缺点。而集装箱运输具有装卸能力大、装卸效率高的特点,从而使得船舶在港停留时间大大缩短、周转加快、运输能力提高,在不增加船舶数量的情况下,可完成更多的运量。

(3) 高投资。集装箱运输虽然是一种高效率的运输方式,但它同时是一种资本高度密集的行业。首先,船公司必须对船舶和集装箱进行巨额投资;其次,集装箱运输中的港口投资也相当大;最后,集装箱运输的相关配套设施的投资也比较大。

(4) 高协作。集装箱运输涉及面广、环节多、影响大,是一个复杂的运输系统工程。集装箱运输系统包括海运、陆运、空运、港口、货运站以及与集装箱运输有关的海关、商检、船舶代理公司、货运代理公司等单位和部门。如果互相配合不当,就会影响整个运输系统功能的发挥。

(5) 适合多式联运。由于集装箱运输在不同运输方式之间换装时,无须搬运箱内货物而只需换装集装箱,这就提高了换装作业效率,适合不同运输方式之间的联合运输。在换装转运时,海关及有关监管单位只需加封或验封转关放行,从而提高了运输效率。

3. 集装箱运输的种类

(1) 整箱货(full container load, FCL)指由发货人负责装箱、计数、积载并加铅封的货运。整箱货的拆箱,一般由收货人办理,但也可以委托承运人在货运站拆箱。承运人不负责箱内的货损、货差。除非收货方举证确属承运人责任事故的损害,承运人才负责赔偿。承运人对整箱货,以箱为交接单位,只要集装箱外表与收箱时相似且铅封完整,承运人就完成了承运责任。整箱货运提单上,要加上"委托人装箱、计数并加铅封"的条款。

(2) 拼箱货(less than container load, LCL)指不满一整箱的小票货物。这种货物,通常是由承运人分别揽货并在集装箱货运站或内陆站集中,而后将两票或两票以上的货物拼装在一个集装箱内,同样,要在目的地的集装箱货运站或内陆站拆箱分别交货。对于这种货物,承运人要负责装箱与拆箱作业,装拆箱费用由收货方收取。承运人对拼箱货的责任,基本上与传统杂货运输相同。

4. 集装箱运输的交接方式

(1) FCL/FCL,即"整箱/整箱"。在这种交接方式下,集装箱的具体交接有以下四种情况。

① 门到门(door to door)。由发货人的工厂或仓库整箱交货,承运人负责运至收货人的工厂或仓库整箱交收货人。

② 场到场(cy to cy)①。发货人在起运地或集装箱港的集装箱堆场整箱交货,承运人负责运至目的地或卸货港的集装箱堆场整箱交收货人。

③ 门到场(door to cy)。在发货人的工厂或仓库整箱交货,承运人负责运至目的地或卸货港的集装箱堆场整箱交收货人。

④ 场到门(cy to door)。发货人在起运地或装箱港的堆场整箱交货,承运人负责运至收货人的工厂或仓库整箱交收货人。

(2) LCL/LCL,即"拼箱/拼箱"。在这种交接方式下集装箱的具体交接地点只有一种情况,即站到站(cfs② to cfs)。这是指发货人将货物送往起运地或装箱港的集装箱货运站,货运站将货物拼装后交承运人,承运人负责运至目的地或卸货港的集装箱货运站进行拆箱,货运站按件分拨至各具体收货人。

(3) FCL/LCL,即"整箱/拼箱"。在这种交接方式下,集装箱的具体交接地点有以下两种情况。

① 门到站(door to cfs)。在发货人的工厂或仓库整箱交货,承运人负责运至目的地或卸货港的货运站。货运站拆箱按件分拨至各具体收货人。

② 场到站(cy to cfs)。发货人在起运地或装箱港的集装箱堆场整箱交货,承运人负责运至目的地或卸货港的集装箱货运站,货运站负责拆箱按件分拨至各具体收货人。

(4) LCL/FCL,即"拼箱/整箱"。在这种交接方式下,集装箱的具体交接地点也有以下两种情况。

① 站到门(cfs to door)。发货人在起运地或装箱港的集装箱货运站按件交货,货运站进行拼箱,然后由承运人负责运至目的地收货人工厂或仓库整箱交货。

② 站到场(cfs to cy)。发货人在起运地或装箱港的集装箱货运站按件交货,货运站进行拼箱,然后由承运人负责运至目的地或卸箱港的集装箱堆场,整箱交收货人。

(三) 集装箱国际多式联运的组织管理

国际多式联运是基于集装箱化的国际物流运输。通过集装箱这一载体把海、陆、空等各种运输方式紧密地结合在一起,共同完成国际间的货物运送。

1. 国际多式联运的概念

根据《联合国国际多式联运公约》(以下简称公约)所下的定义,"国际多式联运是指按照多式联运合同,以至少两种不同的运输方式,由多式联运经营人把货物从一国境内接运货物的地点运至另一国境内指定交付货物的地点"。

---

① cy(container yard)指集装箱堆场。
② cfs(container freight station)指集装箱货运站。

一般来说，构成一项国际多式联运必须具备以下条件。

（1）必须签订一份多式联运合同。多式联运合同中明确规定了多式联运经营人和托运人之间的权利、义务与责任范围和豁免关系。这是区别多式联运与一般联运的根本依据。

（2）必须使用一套全程的多式联运单据。按照《公约》规定，这种联运单据是由多式联运经营人签发的用以证明货物已被其接管，并对货物运输全程负责的一种单据。因此多式联运单据既是物权凭证，也是有价证券。

（3）必须是国际间的货物运输。国际多式联运必须具有跨越国境的性质，这是区别国际运输和国内运输的限制条件。

（4）必须是至少以两种不同的运输方式组成的连贯运输。这是国际多式联运区别于一般联运的一个重要条件。国际多式联运可以是海/陆、陆/空、海/空或海/陆/空等形式的联运。海/海、铁/铁、空/空虽然也为二段式运输，但只属一般联运的范畴，而不构成国际多式联运。

（5）必须有一个多式联运经营人全程负责。这是国际多式联运的一个重要特征。经营人与托运人签订国际多式联运合同，并签发多式联运单证，并以自己的名义寻找分段的承运人，实现各运输段的运输活动，多式联运经营人承担自接受货物起至交付货物为止的全程运输责任。

（6）必须实行全程单一的运输费率。经营人在分段运输的基础上，制订一个由包括各段运杂费在内的运输成本、经营管理与合理利润组成的全程单一费率，一次性向托运人收取。

2. 开展国际多式联运应具备的条件

根据国际多式联运的特点，多式联运的经营人往往都是一些拥有强大实力和规模的国际货运公司，作为多式联运经营人，应具备如下条件。

（1）具有强大的实力基础。从国际多式联运发展来看，开展多式联运的经营人一般都具有雄厚的实力，他们资源丰富，能够有效地组织各类运输方式，知名度较高，为货主所信任，具有良好的沟通能力，与货运相关的各个机构都建立了良好的合作关系。

（2）在国内外建立完善的多式联运经营网络。由于国际多式联运是将两种或两种以上的运输方法连贯起来，以多式联运合同作为契约由经营人负全程责任将货物从一国境内接运货物的地点运至另一国境内指定交付货物的地点，因此要求多式联运的经营人不仅在国内、国外的港口拥有自己的分类机构，而且在内陆城市也应该具备开展业务的条件，实现港口、场站交接货物，实现货物的"门到门"运输。

（3）在国内外建立开展多式联运的集装箱货运站。国际多式联运涉及两种或两种以上的运输工具，且具有跨越国境的性质，因此经营人应建立中转机构，包括货场、仓库和大型装卸搬运工具。若受资源条件限制，可采取委托形式。

（4）拥有一支专业的人才队伍。组织全球范围内的货物多式联运委托，比使用单一运输工具环节更多，线路更长，涉及面更广，而且牵涉的部门更为复杂。因此要求经营人具备一支训练有素的人才队伍,不仅要有娴熟的专业技术,知识面广,经验丰富,而且要具有良好的沟通能力及敬业精神,不畏困难,能为用户提供优质的服务。

(5)建立完善的计算机信息管理系统。国际多式联运路线长,涉及面广,情况复杂多变,业务开展过程中要求环环相扣,保证运输链的畅通。如果在某个环节出现问题,就可能使整个国际多式联运遇阻,延误交货期。沟通顺畅是重中之重,实现这一目标的途径就是建立完善而科学的计算机信息管理系统。

3. 国际多式联运经营人的责任

国际多式联运经营人是一个独立的法人实体,他既不是发货人的代理或代表,也不是分段承运人的代理或代表,而是以自己的名义与托运人签订多式联运合同并负责寻找分段的承运人,对整个货物的全程运输负总的责任。国际多式联运经营人从接收货物起到交付货物止对货物负有全部责任,关于其责任限制和赔偿限额目前国际上有三种不同做法。

(1)统一责任制。货物的灭失和损差无论发生在哪个运输区段,多式联运经营人都按一个统一的责任原则负责,并按一个约定的限额进行赔偿。即多式联运经营人对货主负有不分区段的责任,因此对多式联运经营人来说,责任较大,赔偿额较高,具有较大的经营风险。

(2)分段责任制。又称网状责任制,它是以各运输区段原有的责任为限,多式联运经营人以各分段运输的原有责任进行赔偿。例如,海上运输区按《海牙规则》,铁路运输区段按《国际铁路运输公约》,航空区段按《华沙公约》处理。在某些区段不适用上述公约时,则按相应国家的国内法进行处理。赔偿限额也是按各区段的国际公约规定的或有关国家法律法规规定的限额赔偿。目前,国际上大多数国家采用这一制度,我国国际多式联运经营人也采用分段责任制。

(3)修正统一责任制。这是介于上述两种责任之间的一种责任制,故又名为混合责任制。它在责任范围上按统一责任制,在赔偿限额上按分段责任制。

四、运输合理化

(一) 不合理运输的表现形式

组织合理运输也要防止不合理运输。不合理运输是指在组织货物运输的过程中,违反运输规律,不按经济区域和货物的自然流向组织货物的调运,忽视运输工具的充分利用和合理分工,装载量低,流转环节多,从而出现浪费运力和加大运输费用的现象。不合理运输主要有以下三种类型。

1. 浪费运力的运输

(1)返程或起程空驶。

空车或无货载行驶,可以说是不合理运输最严重的形式。在实际组织运输中,有时候必须调运空车,从管理上不能将其看成不合理运输,但是,因调运不当、货源计划不周、不采用

运输社会化而形成的空驶,则是不合理运输的表现。造成空驶的原因主要有以下几种:

① 能利用社会化的运输体系而不利用,却依靠自备车送货,往往就会出现单程实车、单程空驶的不合理运输。

② 由于工作失误或计划不周,造成货源不实,车辆空去空回,形成双程空驶。

③ 由于车辆过分专用,无法搭运回程货,只能单程实车、单程空驶周转。

(2) 重复运输。

重复运输是指货物本来可以直达目的地,但因某些原因,使货物在中途停卸重复装运,又第二次起运。虽然重复运输一般不会增加运输里程,但增加了中间环节,不仅会导致装卸搬运费用的增加,而且延长了货物的在途时间,降低了运输工具的运输效率,甚至可能会影响其他货物的运输。

(3) 托运不当。

托运不当是指本来可以选择更好的托运方式而未选择。例如分散货流,即把有条件按整车发运的商品,化整为零,增加了运输单位成本。

(4) 运力选择不当。

运力选择不当是指未能利用各种运输工具的优势而不正确地选用运输工具所造成的不合理现象。例如,较近的距离却利用铁路或大型船舶运输,既浪费时间又发挥不了铁路或水路运费低的优势。

2. 流向不合理的运输

流向不合理的运输即运输的方向不合理,从而造成运力浪费。

(1) 对流运输。

对流运输也称相向运输、交错运输,即同一种货物本可以相互代用而又不影响管理、技术及效益,却在同一条运输线路上或两条平行的线路上做相对运输,而与对方运程的全部或一部分发生重叠交错的运输。已经制定了合理流向图的货物,一般必须按合理流向的方向运输,如果与合理流向相反,也属对流运输。

(2) 逆流运输。

逆流运输即货物从销地或中转地向产地或起运地回流的一种运输现象。这种运输方式的不合理性要高于对流运输。因为往返两程的运输都是不必要的,形成了双程浪费。

3. 运距不合理的运输

运距不合理的运输即运输舍近求远,在没必要的道路上迂回,造成运输里程过长。

(1) 过远运输。

过远运输是指本来可以就地就近采购调运的货物反而从远处调运进来的一种舍近求远的运输现象。

(2) 迂回运输。

迂回运输是指本来可以走直线或经最短运输线路运输的货物反而采用绕道运输的一种不合理运输现象。迂回运输有一定的复杂性,不能简单判断。只有当计划不周、组织不当而发生的迂回,才属于不合理运输。如果最短距离经常发生交通堵塞,那么选择迂回的路线则不能说不合理。

(3) 交叉运输。

交叉运输是指一种货物在两对以上的产销地点间的流向发生交叉,产生能避免但没有避免的不合理运输现象。

产生不合理运输的因素很多,除了上述不合理运输的三大表现形式处,还受产、供、销情况和交通条件等客观因素的影响。而且,上述不合理运输的描述,主要是从微观角度来考察的。在实践中,必须将其放在物流系统中做综合判断。因此,要消除不合理运输,就要合理布局生产力,改进分配供应体制,发挥价格体系的作用,合理设置批发机构及储运网点,并努力提高运输部门的经营管理水平。

(二) 影响运输合理化的因素

在发送地与目的地之间,往往有多条运输线路,存在多种运输方式。理论上,应该按照合理运输的原则选择合适的运输方式。但是实际上,很难同时满足各方面的要求。例如,要想以最快的速度到达目的地可能会提高运输费用,使运输变得不经济。因此,组织合理运输,必须从实际出发,在保证客户要求、市场供应的前提下,根据当前的交通运输条件,合理选择运输线路和运输方式,保证运输任务的完成。

一般来说,影响合理运输的因素很多。但主要有五个,被称为合理运输五要素。

1. 运输距离

根据运输的定义,运输是指物品借助于运力在空间上发生的位置移动。因此,物品需要移动的距离即运输距离的远近,是决定合理运输选择的一个最基本的因素。例如,短途运输可能利用汽车运输比较方便,而长途运输则选择铁路运输可能更为划算。

2. 运输环节

运输是物流最重要的职能之一,但不是唯一的职能。运输任务的完成涉及包装、仓储、搬运、装卸,甚至财务、市场、信息等各个环节。从整个物流系统来看,运输任务的完成需要经过多个环节,需要多个职能部门配合。因此,运输所涉及环节的多少也是决定运输合理性的一个重要因素。多一道环节,就需要多花时间、精力和成本。所以,在组织合理运输时,需要尽可能地减少运输环节,例如,能够组织直达、直拨运输的,就尽量不要采取中转运输。

3. 运输工具

正如本章第一节介绍的,不同的运输工具运输具有不同的特点。一方面,要根据运输任务和被运输货物的特点,合理选择铁路运输、汽车运输、水运或航空运输等不同运输方式。同时根据运输距离,选择最佳的运输线路,合理使用联合运输。

另一方面,可改进车船的装载技术和装载方法,提高技术装载量,使用最少的运力,运输更多的货物,提高运输效率。例如,大型零售商沃尔玛的送货运营策略就是设法把车装满,即从底部到顶部把整个车厢填得满满的。

4. 运输时间和运输速度

现代经济发展使得大部分的商品都处在买方市场状态，因此满足客户的需要是第一要义。为了及时满足客户的需要，时间是一个决定性因素。特别是对大型的超市、零售商来说，运输不及时、商品补充不及时，很容易失去销售机会。同时，商品如果在运输过程中停留时间过长，也容易引起商品的货损货差，增加仓储等方面的费用，降低运输效率。在市场变化很快的情况下，时间问题更为突出。所以在物流过程中，要特别强调运输时间，想方设法加快货物运输，尽量压缩待运时间，使货物不要长期徘徊、停留在运输途中。例如，戴尔直销模式的特点在于根据顾客订单的要求设计组装计算机。因此，它需要计算机的各部分配件及时送达指定地点进行组装，这就要求尽可能地缩短运输时间。

5. 运输费用

运输费用占物流费用的比例很大，是衡量物流经济效益的重要指标，也是组织合理运输的主要考虑因素之一。当前我国出现的超载问题，很大程度上是由于我国运力不足、为了节约运输费用的权宜之计。

上述各个因素是相互联系、相互影响的，有的还是相互矛盾的。例如，在一定条件下，要减少运输时间，就要提高运输费用。这就要求在组织合理运输时，综合考虑各种影响运输的因素，根据运输的目的和原则合理权衡，追求最佳运输方案。在一般情况下，运输时间的长短或运输速度的快慢、运输费用的高低，是考虑合理运输的两个主要因素，集中体现了物流过程的经济效益。

(三) 运输合理化的有效措施

长期以来，我国劳动人民在生产实践中探索和创立了不少运输合理化的途径，在一定时期内，一定条件下，取得了较好的效果。在发展现代物流的今天，这些做法仍然是值得借鉴的。

1. 提高运输工具的实载率

提高运输工具装载量，是组织合理运输提高运输效率的重要内容。实载率有两个含义：一是单车实际载重量与运距之乘积和标定载重与行驶里程之乘积的比率，这在安排单车、单船运输时，是作为判断装载合理与否的重要指标；二是作为车船的统计指标的含义，即一定时期内车船实际完成的物品周转量（以吨千米计）占车船标定载重量与行驶里程乘积的百分比。在计算时，车船行驶的千米数，不但包括载货行驶，也包括空驶。

提高实载率的意义在于：充分利用运输工具的额定能力，减少车船空驶和不满载行驶的时间，减少浪费，从而使得运输合理化。提高装载量不仅可以最大限度地利用车船载重吨位，而且可以充分利用车船装载容积。具体做法有以下几种。

(1) 实行"配送"。

将多家需要的物品和一家需要的多种物品实行配装，以达到容积和载重量的充分合理运用，相比自家提货或一家送货车辆的回程空驶的状况，是实现运输合理化的一个进步。

(2) 组织轻重配装。

把实重货物和轻泡货物组装在一起,既可以充分利用车船装载容积,又能增加装载重量,从而提高运输工具的综合利用率。

(3) 实行解体运输。

它是针对一些体积大且笨重、不易装卸又容易碰撞致损的货物所采取的一种装载技术。例如,大型机电产品、科学仪器、自行车、缝纫机等,可将其拆卸装车,分别包装,以缩小其所占据的空间位置,达到便利装卸搬运和提高运输装载效率的目的。

(4) 堆码技术的运用。

根据车船的货位情况及不同货物的包装状态、形状,采取有效的堆码技术,如多层装载、骑缝装载、紧密装载等技术,以达到提高运输效率的目的。与此同时,改进包装技术,逐步实行单元化、托盘化,对提高车船技术装载量也有重要的意义。

2. 减少能源投入,增加运输能力

运输的投入主要是能耗和基础设施的建设,在设施建设已定型和完成的情况下,尽量减少能源投入,是减少总投入的核心。做到了这一点就能大大节约运费,降低单位物品的运输成本,达到合理化的目的。

减少能源投入,提高运输能力的有效措施如下。

(1) "满载超轴"。

其中"超轴"的含义就是在机车能力允许的情况下,多加挂车皮。我国在客运紧张时,也采取加长列车、多挂车皮的办法,在不增加机车的情况下增加运输量。

(2) 水运拖排和拖带法。

竹、木等物资的运输,利用竹、木本身的浮力,不用运输工具载运,采取拖带法运输,可省去运输工具本身的动力消耗;将无动力驳船编成一定队形,一般是"纵列",用拖轮拖带行驶,具有比船舶载乘运输运量更大的优点。

(3) 顶推法。

顶推法是我国内河货运采取的一种有效方法。将内河驳船编成一定队形,由机动船顶推前进的航行方法。其优点是航行阻力小,顶推量大,速度较快,运输成本很低。

(4) 汽车挂车。

汽车挂车的原理和船舶拖带、火车加挂基本相同,都是在充分利用动力能力的基础上,增加运输能力。

3. 发展社会化运输体系

运输社会化的含义是发展运输的大生产优势,实行专业分工,打破一家一户自成运输体系的状况。

一家一户的运输小生产,车辆自有,自我服务,不能形成规模,且一家一户运量需求有限,难以自我调剂,因而经常容易出现空驶,运力选择不当(因为运输工具有限,选择范围太窄),不能满载等浪费现象,且配套的接、发货设施,装卸搬运设施也很难有效运行,所以

浪费很大。实行运输社会化,可以统一安排运输工具,避免对流、倒流、空驶、运力不当等多种不合理形式发生,不仅可以追求组织效益,而且可以追求规模效益,是运输合理化非常重要的措施。

当前火车运输的社会化运输体系已经较完善,而在公路运输中,小生产的生产方式非常普遍,是建立社会化运输体系的重点。社会化运输体系中,各种联运体系是其中水平较高的方式,联运方式充分利用面向社会的各种运输系统,通过协议进行一票到底的运输,有效打破了一家一户的小生产,在社会上颇受欢迎。

利用联运这种社会化运输体系,创造"一条龙"货运方式。对产、销地及产、销量都较稳定的产品,事先通过与铁路、交通等社会运输部门签订协议,规定专门的收、到站,专门的航线及运输路线,专门的船舶和泊位等,能够有效保证许多工业产品的稳定运输。

发展社会化的运输体系能够形成良好的第三方物流,形成一种物流产业。这样不仅能够使供应链的效应获得提高,而且还能够促进物流产业本身的完善和发展。

4. 开展中短距离铁路、公路分流,"以公代铁"的运输

在公路运输的经济里程范围内,或者经过论证已超出通常平均经济里程的范围,也尽量利用公路,"以公代铁"运输。这种运输合理化的优势主要有两点:一是对于比较紧张的铁路运输,用公路分流后,可以得到一定程度的缓解,从而加大这一区段的运输通过能力;二是充分利用公路从门到门和在中短途运输中速度快且灵活机动的优势,达到铁路运输服务难以达到的水平。

我国"以公代铁"目前在杂货、日用百货运输及煤炭运输中较为普遍,一般路程范围在200千米以内,有时可达700—1 000千米。山西煤炭外运经谨慎的技术经济论证后,认为用公路代替铁路运至河北、天津、北京等地也是合理的。

5. 尽量发展直达运输

直达运输是追求运输合理化的重要形式,其对合理化的追求要点是通过减少中转过载换载,从而提高运输速度,省却装卸费用,降低中转货损。直达的优势,尤其是在一次运输批量和用户一次需求量达到一整车时表现最为突出。此外,在生产资料、生活资料运输中,通过直达,建立稳定的产销关系和运输系统,也有利于提高运输的计划水平。因此,用最有效的技术来实现这种稳定运输,可大大提高运输效率。

特别需要一提的是,如同其他合理化措施一样,直达运输的合理性也是在一定条件下才会有所表现,不能绝对认为直达一定优于中转,这要根据用户的要求,从物流总体出发做综合判断。如果从用户需要量看,批量大到一定程度,采用直达是合理的;批量较小时采用中转是合理的。

6. "四就"直拨运输

"四就"直拨运输,即就厂直拨,就车站、码头直拨,就库直拨,就车、船过载等。直拨运输是指在组织货物运输的过程中,对当地生产或外地到达的货物,不运进流通批发仓库,采取直拨的办法,把货物直接分拨给批发商、零售商或用户,而不需要经过当地的流通批

发仓库,从而减少一道中间环节。

"四就"直拨运输通常适用于运输里程较短、批量较小的运输,通常在大中城市批发站所在地办理直拨运输业务。而直达运输一般适用于运输里程较长、批量较大的运输。两者既有联系又有区别。

7. 发展特殊运输技术和运输工具

依靠科技进步是运输合理化的重要途径。例如,专用散装罐车,解决了粉状、液状物运输损耗大、安全性差等问题;袋鼠式车皮、大型半挂车解决了大型设备整体运输问题;"滚装船"解决了车载货的运输问题;集装箱船比普通船能容纳更多的箱体;集装箱高速直达车船加快了运输速度等,都是通过采用先进的科学技术实现合理化。

8. 流通加工合理化

有不少产品,由于产品本身的形态及特性问题,很难实现运输的合理化,如果进行适当加工,就能够有效解决合理运输问题,例如将造纸材在产地预先加工成干纸浆,然后压缩体积运输,就能解决造纸材运输不满载的问题;轻泡产品预先捆紧,包装成规定尺寸装车,就容易提高装载量;水产品及肉类预先冷冻,就可提高车辆装载率并降低运输损耗。

问题思考

你所在企业的待装卸搬运物品一般处于哪个活性等级?请简述并谈一谈你的改进建议。

课后练习

选择题,选项四个的为单选题,选项五个的为多选题

1. 运输具有(　　)等社会经济功能。

   A. 促进销售　　　　B. 扩大市场　　　　C. 扩大流通范围　　　D. 稳定价格

   E. 促进社会分工

2. 运输是"(　　)"的主要源泉。

   A. 第一利润源　　B. 第二利润源　　　C. 第三利润源　　　　D. 第四利润源

3. 在沿海地区很廉价的海产品,在内陆价格很高。由于改变场所而最大限度发挥使用价值,最大限度提高了产出投入比,这就称为"(　　)"。

   A. 时间效用　　　B. 空间效用　　　　C. 节约效用　　　　　D. 场所效用

4. 按运输中途是否换载将运输分为(　　)。

   A. 集货运输　　　B. 直达运输　　　　C. 配送运输　　　　　D. 一般运输

   E. 中转运输

5. 按运输设备及运输工具,运输可以分为(　　)。

A. 铁路运输　　　　B. 水路运输　　　　C. 公路运输　　　　D. 管道运输
E. 航空运输

6. 公路运输的主要优点包括(　　)。
A. 成本低　　　　　B. 载重量大　　　　C. 灵活机动　　　　D. 运输成本较小
E. 适应性强

7. 各种运输方式中最快的、时间效应高,同时基本不受地面的地形限制的是(　　)。
A. 公路运输　　　　B. 水路运输　　　　C. 管道运输　　　　D. 航空运输

8. 影响合理运输的因素很多。但主要有以下几个(　　)。
A. 运输距离　　　　　　　　　　　　　B. 运输环节
C. 运输工具　　　　　　　　　　　　　D. 运输时间和运输速度
E. 运输费用

第四节　仓　　储

一、仓储的定义

(一) 基本概念

中华人民共和国国家标准《物流术语》(GB/T 18354—2021)将仓储定义为:"利用仓库及相关设施设备进行物品的入库、储存、出库的活动。"仓储具有静态和动态两种方式:一种是当产品不能被及时消耗,需要专门场所存放时,就产生了静态的仓储;另外一种是将物品存入仓库以及对存放在仓库里的物品进行保管、控制等的管理,由此形成动态的仓储。可以说仓储是对有形物品提供存放场所,并在储存期间对存放物品进行保管、控制的过程。

对仓储的理解可以把握以下几个要点:仓储是物质产品的生产持续的过程,同样创造着产品价值;仓储包含静态的物品存储,也包含动态的物品存取、保管、控制的过程;仓储活动发生在仓库等特定的场所;仓储的对象既可以是生产资料,也可以是生活资料,但必须是实物动产。

(二) 仓储的性质

仓储具有如下属性。

(1) 仓储是物质产品生产过程的持续。物质产品在生产结束之后,通常都会进入仓库进行保管。

(2) 物质产品的仓储提升了物质产品的价值。

(3) 仓储活动发生在仓库这个特定的场所中。

(4) 仓储的对象可以是生产资料,也可以是生活资料,但必须是有形态的实物动产。

（5）仓储活动所消耗的物化劳动和活劳动一般不改变劳动对象的功能、性质和使用价值，只是保持和延续其使用价值。

（三）仓储的意义

（1）做好仓储活动，是社会再生产过程顺利进行的必要条件。
（2）做好仓储活动，是保持物资原有使用价值和合理使用物资的重要手段。
（3）做好仓储活动，能够加快资金周转，节约流通费用，降低物流成本，提高经济效益。
（4）物资仓储活动是物资供销管理工作的重要组成部分。

二、仓储的作用

仓储的作用具体体现在以下几个方面。

（一）保障生产顺利进行

在生产、制造、加工领域，生产用的原材料需要不间断地供应，成品下线后要有地方存放，这样才能保证生产连续进行。例如，服装厂生产服装需要储备一定数量的布料、扣子、拉链才能保证生产不间断，当把原材料加工为成衣后，需要及时将成品从生产线上移走并存放到成品库中，才能保证生产线顺利加工下一批产品。因此，仓储是保障生产顺利进行的必要手段。

（二）保障销售和订单履行

在流通领域，为了能够及时满足客户的需求，批发商或零售商需要储存一定量的商品以保证市场供应，这就形成了批发商仓储和零售商仓储，它们的作用就是保障销售。在电子商务时代，电商平台卖家需要事先在仓储配送中心备货，以便客户下单后能快速交付商品。由此可见，仓储的作用之一就是保障订单履行。

（三）调节生产和消费、供应与需求

仓储可以调节生产和消费之间的时间差异。许多商品的生产和消费存在时间差异，例如，空调的消费具有季节性，然而在销售旺季突击生产大批量的空调是不大可能的，也是不经济的，空调厂家只有安排全年性的均匀生产，将产品通过仓库储存下来，在销售旺季供应市场，才能达到经济生产的目标。小麦是季节性生产，人们对小麦的消费则是全年性的均匀消费，这同样需要利用仓储调节生产和消费之间的时间差异。

仓储还可用来调节市场供求关系，维持市场稳定：当供大于求时，可将商品储存起来；当商品供不应求时，再将储存的商品投向市场。

（四）衔接运输、平衡产能

仓储可以衔接不同运输方式，例如，衔接水路运输和公路运输，解决船舶和汽车运力不平衡的矛盾。仓储作为中间在制品的储存场所，可以平衡上下游工序的生产，保证生产物流畅通。

（五）运输整合和货物配载

由于运输具有规模效益特性，运输的批量越大，单位运输成本就越低。运输整合是指

将多种货物通过配载(轻重搭配、大小搭配等)达到充分利用运输工具载重量和容积的目的,或者将众多供应商所提供的产品整合成一票运输,需要通过仓储来实现,如图 3-3 所示。

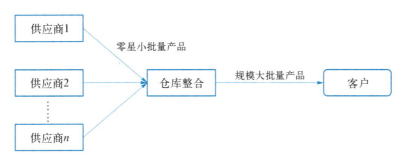

图 3-3 仓库的运输整合和货物配载作用

（六）承载物品的分拣和转运

物流过程中,往往需要根据客户订单或物品的流向对物品进行分拣、配货、打包,然后将其配载到不同的运输工具中并送往各地的客户手中。在实际运作中,许多时候,物品是不能从甲地直达丙地的,往往需要由甲地经过乙地中转再运往丙地,这就是运输中的"转运"。物品的分拣和转运都离不开仓储,如图 3-4 所示。

图 3-4 物品的分拣与转运

（七）提供流通加工等增值服务

在物流过程中,可以在仓储阶段进行流通加工,这既不影响商品的流通速度,同时又能更好地满足客户的需要,提高物流企业的效益。例如,在手机配送仓库内,根据客户需要写入特定的小游戏软件,就是利用仓储提供增值服务的例子。

（八）作为市场信息的传感器

仓储是市场信息的传感器。生产者可以根据物品的库存信息,调整生产计划;经销商、批发商、零售商等流通者可以根据物品的库存信息,制订订货计划;终端消费者可以根据物品的存量信息,做出购买决策。

总之,仓储在社会生产活动中,不但起着对货物进行储存和保管的作用,而且还起着保障生产顺利进行、提高经济活动效益、协调物流系统运行、提供物流增值服务等作用。

三、仓储的功能

仓储主要是对流通中的商品进行检验、保管、加工、集散和转换运输方式,并为解决供需之间和不同运输方式之间的矛盾,提供场所价值和时间效益,使商品的所有权和使用价值得到保护,加速商品流转,提高物流效率和质量,促进社会效益的提高。概括起来,仓储的功能可以分为如下几个方面。

(一) 调节功能

仓储在物流中起着"蓄水池"的作用。一方面仓储可以调节生产与消费的矛盾,如销售与消费的矛盾,使它们在时间上和空间上得到协调,保证社会再生产的顺利进行。另一方面,它还可以实现对运输的调节。因为产品从生产地向销售地流转,主要依靠运输完成,但不同的运输方式在流向、运程、运量及运输线路和运输时间上存在着差距,一般说来,很多商品从产地向销售地流转过程中,需要在中途改变运输方式、运输线路、运输规模、运输方法和运输工具,以及为协调运输时间和完成产品倒装、转运、分装、集装等物流作业,这就需要在产品运输的中途停留储存,即仓储。

(二) 检验功能

在物流过程中,为了保障商品的数量和质量准确无误,明确事故责任,维护各方面的经济利益,要求必须对商品及有关事项进行严格的检验,以满足生产、运输、销售以及用户的要求,而物流过程中的检验,一般安排在仓库进货、储存或出货作业环节,仓储活动为组织检验提供了场地和条件。

(三) 集散功能

物流仓储把各生产企业的产品汇集起来,形成规模,然后根据需要分散发送到各消费地去。通过一集一散,衔接产需,均衡运输,提高了物流速度、物流效率与效益。

(四) 配送功能

仓储的配送功能是根据用户的需要,对商品进行分拣、组配、包装和配送等作业,并将配好的商品送货上门。也可以这样说,仓储配送功能是仓储保管功能的外延,它提高了仓储的社会服务效能。要使仓储的配送功能较好地实现,首先要求确保仓储商品的安全,最大限度地保持商品在仓储中的使用价值,减少保管损失。其次是合理仓储,要保证货畅其流,要以不间断满足市场供应为依据,以此确定恰当的仓储定额和商品品种结构,实现仓储的合理化。否则仓储过多,就会造成商品的积压,增加占用资金,使仓储保管费用增加,造成商品在库损失,形成巨大的浪费。如果仓储过少,又会造成市场脱销,影响社会消费,最终也会影响国民经济的发展。因此,仓储的合理化具有很重要的意义。

四、仓储的种类

虽然说仓储的本质都为物品的储藏和保管,但由于经营主体的不同、仓储处理方式的不同、保管条件的不同、仓储功能的不同,从而使得不同的仓储活动具有不同的特性。

（一）按仓储经营主体划分

1. 企业自营仓储

企业自营仓储包括生产企业和流通企业的自营仓储。生产企业自营仓储是指生产企业使用自有的仓库设施，对生产使用的原材料、半成品和最终产品实施储存保管的行为。生产企业自营仓储的对象一般来说品种较少，基本上是以满足生产需要为原则。流通企业自营仓储则是流通企业自身以其拥有的仓储设施对其经营的商品进行仓储保管的行为。流通企业自营仓储中的对象种类较多，其目的为支持销售。企业自营的仓储行为具有从属性和服务性特征，即从属于企业，服务于企业，所以，相对来说规模较小、数量众多、专用性强、仓储专业化程度低、一般很少对外开展商业性仓储经营。

2. 营业仓储

营业仓储是仓库所有者以其拥有的仓储设施，向社会提供商业性仓储服务的仓储行为。仓储经营者与存货人通过订立仓储合同的方式建立仓储关系，并且依据合同约定提供服务和收取仓储费。营业仓储的目的是为了在仓储活动中获得经济回报，追求目标是经营利润最大化。其经营内容包括提供货物仓储服务、提供场地服务、提供仓储信息服务等。

3. 公共仓储

公共仓储是公用事业的配套服务设施，为车站、码头提供仓储配套服务。其主要目的是对车站、码头的货物作业和运输流畅起支撑和保证作用，具有内部服务的性质，处于从属地位。但对于存货人而言，公共仓储也适用营业仓储的关系，只是不独立订立仓储合同，而是将仓储关系列在作业合同、运输合同之中。

4. 战略储备仓储

战略储备仓储是国家根据国防安全、社会稳定的需要，对战略物资实行战略储备而形成的仓储。战略储备由国家政府进行控制，通过立法、行政命令的方式进行，由执行战略物资储备的政府部门或机构进行运作。战略储备特别重视储备品的安全性，且储备时间较长。战略储备物质主要有粮食、油料、能源、有色金属、淡水等。

（二）按仓储功能划分

1. 储存仓储

储存仓储是指物资较长时期存放的仓储。储存仓储一般设在较为偏远但具备较好交通运输条件的地区。存储费用低廉，储存仓储的物资品种少但存量大。由于物资存期长，储存仓储需要特别注重两个方面：一是仓储费用尽可能低，二是对物资的质量保管和养护。

2. 物流中心仓储

物流中心仓储是指以物流管理为目的的仓储活动，是为了有效实现物流的空间与时间价值，对物流的过程、数量、方向进行调节和控制的重要环节。一般设置在位于一定经济地区中心、交通便利、储存成本较低的口岸。物流中心的仓储品种并不一定很多，但每个品种基本上都有较大批量进货、进库和一定批量的分批出库,整体吞吐能力强,故对机械化、信息化、自动化水平的要求较高。

3. 配送仓储

配送仓储也称配送中心仓储,是指商品在配送交付消费者之前所进行的短期仓储,是商品在销售或者供生产使用前的最后储存,并在该环节进行销售或使用前的简单加工与包装等前期处理。配送仓储一般通过选点,设置在商品的消费经济区间内,要求能迅速地送达销售和消费。配送仓储物品品类繁多、但每个品种进库批量并不大,需要进货、验货、制单、分批少量拣货出库等操作,往往需要进行拆包、分拣、组配等作业,主要目的是为了支持销售和消费。配送仓储特别需要注重两个方面:一是配送作业的时效性与经济合理性,二是对物品存量的有效控制。基于此,配送中心仓储十分强调物流管理信息系统的建设与完善。

4. 运输转换仓储

运输转换仓储是指衔接铁路、公路、水路等不同运输方式的仓储,一般设置在不同运输方式的相接处,如港口、车站库场所进行的仓储。它的目的是为了保证不同运输方式的高效衔接,减少运输工具的装卸和停留时间。运输转换仓储具有大进大出以及货物存期短的特性,十分注重货物的作业效率和货物周转率。基于此,运输转换仓储活动需要高度机械化作业来支撑。

5. 保税仓储

保税仓储是指使用海关核准的保税仓库存放保税货物的仓储行为。保税仓储一般设置在进出境口岸附近。保税仓储受到海关的直接监控,虽然说货物也是由存货人委托保管,但保管人要对海关负责,入库或者出库单据均需要由海关签署。

(三)按仓储物的处理方式划分

1. 保管式仓储

保管式仓储是指存货人将特定的物品交由仓储保管人代为保管,物品保管到期,保管人将代管物品交还存货人所进行的仓储方式。保管式仓储也称纯仓储。仓储要求方面,保管物除了发生自然损耗和自然减量外,数量、质量、件数不应发生变化。保管式仓储又可分为物品独立保管仓储和物品混合在一起保管的混藏式仓储。

2. 加工式仓储

加工式仓储是指仓储保管人在物品仓储期间根据存货人的合同要求,对保管物进行合同规定的外观、形状、成分构成、尺度等方面的加工或包装,使仓储物品满足委托人所要求达到的变化的仓储方式。

3. 消费式仓储

消费式仓储是指仓库保管人在接受保管物时,同时接受保管物的所有权,仓库保管人在仓储期间有权对仓储物行使所有权,待仓储期满,保管人将相同种类、品种和数量的替代物交还委托人所进行的仓储。消费式仓储特别适合于保管期较短的商品储存,如储存期较短的肉禽蛋类、蔬菜瓜果类农产品的储存。消费式仓储也适合一定时期内价格波动较大的商品的投机性存储,是仓储经营人利用仓储物品开展投机经营的增值活动,具有一定的商品保值和增值功能,同时又具有较大的仓储风险,是仓储经营的一个重要发展方向。

(四) 按仓储的保管条件划分

1. 常温仓储

常温仓储是指利用常温仓库开展对物品进行入库、储存、出库活动。

2. 冷链仓储

冷链仓储是指利用冷藏库等开展对物品的入库、储存、出库活动。

五、仓库

仓库(warehouse)是保管、存储物品的建筑物和场所的总称。

(一) 仓库的功能

仓库的功能主要有以下几方面。

(1) 储存和保管的功能。

(2) 调节供需功能。

(3) 调节货物运输能力。

(4) 流通配送加工的功能。

(5) 信息传递功能。

(6) 产品生命周期的支持功能。

仓库的布局是指一个仓库的各个组成部分,如库房、货棚、货场、辅助建筑物、铁路专运线、库内道路、附属固定设备等。在规定的范围内,进行平面和立体的全面合理安排。

(二) 仓库总平面布置的要求

库总平面布置要适应仓储企业生产流程,有利于仓储企业生产正常进行。

1. 单一的物流方向

仓库内商品的卸车、验收、存放地点之间的安排,必须适应仓储生产流程,按一个方向流动。

2. 最短的运距

应尽量减少迂回运输,专运线的布置应在库区中部,并根据作业方式、仓储商品品种、地理条件等,合理安排库房、专运线与主干道的相对位置。

3. 最少的装卸环节

减少在库商品的装卸搬运次数和环节,商品的卸车、验收、堆码作业最好一次完成。

4. 最大地利用空间

仓库总平面布置采用立体设计,应有利于商品的合理储存和充分利用库容。

(三)仓库的总体构成

一个仓库通常由生产作业区、辅助生产区和行政生活区三大部分组成。

1. 生产作业区

生产作业区是仓库的主体部分,是商品的储运活动场所。主要包括储货区、铁路专运线、道路、装卸台等。储货区是储存保管的场所,具体分为库房、货棚、货场。货场不仅仅可存放商品,同时还起着货位的周转和调剂、作业作用。铁路专运线、道路是库内外商品的运输通道,商品的进出库,库内商品的搬运,都通过这些运输线路。专运线应与库内其他道路相通,保证通畅。装卸站台是供火车或汽车装卸商品的平台,有单独站台和库边站台两种,其高度和宽度应根据运输工具和作业方式而定。

2. 辅助生产区

辅助生产区是为商品储运保管工作服务的辅助车间或服务站,包括车库、变电室、油库、维修车间等。

3. 行政生活区

行政生活区是仓库行政管理机构和员工休憩的生活区域。一般设在仓库入口附近,便于业务接洽和管理,行政生活区与生产作业区应分开,并保持一定距离,以保证仓库的安全及行政办公和居民生活的安静。

六、仓储作业的组织原则

仓储作业过程主要由入库、保管、出库三个阶段组成,每个阶段可细分为若干个相互联系,又相对独立的作业环节。仓储作业量在不同时间段具有不均衡性,作业过程具有非连续性,从仓储技术作业过程的作业对象和作业范围看,又具有复杂性特征,这给仓储作业过程组织带来了一定困难。要实现仓储组织的目标,在组织仓储作业过程时,就应该在综合全面地考虑各作业环节特征及其影响因素的同时,注意以下原则。

(一)保证仓储作业过程的连续性

连续性是指仓储物资在仓储作业过程中的流动,在时间上是紧密衔接的、连续的。仓储物资在库期间经常处在运动之中,从物资到库后的卸车、验收、库内搬运、堆码,到出库时的备料、复核、装车等,都是一环紧扣一环、互相衔接的。因此,在组织仓储作业过程中,要求仓储物资在各个环节或工序间的流动在时间上尽可能衔接起来,不发生或少发生各种不必要的停顿或等待。

保持作业过程的连续性,可以缩短物资在各个环节的停留时间,加快物资周转和提高劳动生产率。特别是在现代化大生产条件下,对作业过程的连续性有越来越高的要求。因此,要能够满足现代化大生产的客观要求,必须从技术上和组织上采取措施,保证仓储作业过程的连续性。同时,我们知道仓储作业是一个统一的过程,组织仓储作业时,考虑到相互联系的各个环节的作业要求,应该从整个作业过程出发来评价和选择作业方案,进行作业安排。例如,商品出入库的堆放位置和堆码形式,不仅要符合商品入库的堆放位置和堆码形式的要求,而且要考虑到商品出库的装卸作业和搬运路线。因此,在组织作业时应强调系统观点,从整个系统的作业效率来决定商品的堆放位置和堆码形式。

(二)实现仓储作业过程的比例性

比例性,是指仓储作业过程的各个阶段、各个工序之间在人力、物力的配备和时间的安排上必须保持适当的比例关系。例如,验收场地和保管场地之间、运输力量和搬运力量之间、验收人员和保管人员之间、验收时间和收发货时间之间等,都要有一个适当的比例。保持作业过程的比例性,可以充分利用人力和设备,避免和减少物资在各个作业阶段和工序的停滞与等待,从而保证作业过程的连续性。

作业过程的比例性,在很大程度上取决于仓库总平面布置的正确性,特别是各作业环节之间各种设备能力的比例。因此,在进行仓库总平面布置时就应注意这个问题。同时,由于在物资仓储过程中作业技术的改进,以及工人技术熟练程度的提高和仓储物资品种、规格、数量发生变化,作业过程各环节间的比例可能会变得不协调。因此,在组织作业过程中,应充分考虑仓储作业具有不均衡性的特点,要经常了解和掌握各个环节的作业情况。根据具体情况,事先做好各项准备和安排,采取措施,及时调整设备和作业人员,建立新的比例关系,避免某些环节由于缺少人力、设备而延长作业时间,同时却又在另外一些环节上由于作业的停顿和等待造成人员和设备空闲的不均衡状态。

七、仓储管理的现代化

仓储管理的现代化是根据我国仓储企业实际和客观需要,综合运用科学的思想、组织、方法和手段对仓储企业生产经营进行有效的管理,使之趋向世界先进水平,以创造最佳的经济效益。它要求在仓储管理中应用切合实际的现代管理理论、方法,并广泛采用运筹学、电子计算机、现代通信以及其他先进技术手段和方法。实现仓储管理现代化对我国具有重要的现实意义,仓储管理现代化是提高仓储企业素质和经济效益的重要途径,又是迎接世界新技术革命挑战、加速仓储技术进步的迫切要求。

仓储管理现代化与仓储技术现代化处于同等重要地位。仓储技术现代化包括仓储标准化,仓储作业机械化、自动化,仓储信息化等。仓储管理现代化与仓储技术现代化必须相互促进才能加快仓储现代化的进程。仓储管理现代化主要包括以下内容。

(一)仓储管理思想的现代化

仓储管理思想的现代化是仓储管理现代化体系的灵魂。要彻底摆脱传统的经验管理思想的束缚,树立起具有中国特色社会主义的、现代化的经营管理思想,包括市场经济观念、用户观念、竞争观念、创新观念、效益观念、信息和时间是企业的重要资源等观念,使企业具有充沛的活力。

(二)仓储管理组织的现代化

这是仓储企业管理现代化的基础和先决条件。根据仓储企业具体情况,从提高仓储企业的生产经营效率出发,按照职责分工明确,指挥灵活统一、信息灵敏准确和精兵简政的要求,合理设置组织机构、合理配置高素质人员,并建立健全严格的规章制度,保证仓储生产经营活动有条不紊地进行。

(三) 仓储管理方法的现代化

仓储管理要从传统的经验管理上升到科学的现代化的管理阶段,必然要求管理方法现代化,也就需要引入现代管理科学的理论和方法,应用系统科学方法、运筹学方法、数理统计方法、计算机模拟方法等,从数量上明确物与物之间各方面的制约关系及其影响的程度,从数量对比的基础上选择出最优方案,做出科学合理的决策。要运用数学模型进行预测,从过去的统计资料中科学地找出事物的发展规律,推断未来,为决策提供依据。例如预测仓储物资的质量变化规律,以便合理安排物资库存等。

(四) 仓储管理手段的现代化

随着仓储规模扩大,储存物资品种增多,管理信息量增大,管理越来越复杂,管理信息量大与管理手段落后的矛盾日益尖锐突出。仓储管理的复杂化也使得管理决策更加困难,这就迫切需要仓储活动更加快速化和科学化的管理手段。同时,自第二次世界大战以来,科学技术的迅猛发展,电子计算机及其软件技术的开发与应用,通信手段的日益先进,使仓储管理手段的变革成为可能。目前,很多企业为了提高仓储作业效率和降低仓储作业人员劳动强度,普遍开展了仓储设备的更新。计算机及其软件在仓储管理中的应用已相当普遍,建立仓储管理信息处理系统,提高指挥决策的科学性、协调控制能力,已经成为仓储管理发展的必然趋势。

(五) 仓储管理人员的现代化

仓储管理人员的现代化是实现仓储管理现代化的保证和条件。随着社会生产力的提高,仓储物质品种日益增多和复杂,仓储设备设施日益现代化,仓储管理日益复杂,要求有一支素质高、结构合理、具有广博知识、精通业务、熟练掌握技能、具有经济管理专业知识和仓储技术专业知识的人才队伍。为了适应仓储管理现代化的需要,应当加强对仓储管理人才的培养,注重提高仓储管理人才的综合素质,使其具有相应的管理技术能力、指挥能力、协调能力。

八、影响仓储未来发展的九大趋势

最近几年,由于JIT、快速反应及ECR等经营理念的出现和直拨、不间断供货等经营模式的实践,使一些人在匆忙间作出预言:仓储业将消亡。然而,实际的情况是,仓储依然联系着供应商与顾客,并且在实现供应链协同运作的过程中,市场的力量促使仓库不断地改进,因此仓库依然保持有重要的作用。但同时我们一定要留心在新形势下影响企业成功与否的涉及仓储的若干个发展趋势。

(一) 以顾客为中心

成功的企业愿意和他们的客户保持交流并倾听他们的意见,因为他们知道仓库的作业必须通过在适当的时间以适当的方式存储或发送适当的产品,在满足客户需要的基础上实现产品的增值。另一方面,成功的企业将和供应商与顾客发展真正的合作伙伴关系,从而从共享的信息、互相商定的计划和双赢的协议中受益。运作高效、反应迅速的仓储是实现这一目标的关键。

(二) 减少作业,压缩时间

今后,仓储中心在数量上将减少,但在每个中心的商品数量将增加。因此,以后的分销中心一方面规模会变得更大,另一方面日常所要处理的订单也会变得更多。这意味着装运频次的加快和收货、放置、拣货及装运作业的增加。这一趋势将对物料处理系统提出更高的要求,对叉车和传送带等设备产生重大影响。

(三) 仓库作业的自动化

为适应仓储业作业的急速膨胀,仓储业需要大大提高自动化程度。比方说,我们需要使用更多的传送带来长距离的运送小件物品,同时设定适当数量的重新包装站和装卸作业平台。另外如果我们使用更多的自动分拣设备,我们就能在不建造额外场所的情况下提高整体工作能力。因此,在诸如货物搬运这类增值很少甚至无增值的作业方面,自动化设备将继续替代劳力。

(四) 订单批量趋小

目前的物流业现状体现出订单批量趋小、频次趋高的走势。造成这一趋势的原因包括有:信息更易获得、技术进步、VMI 计划的执行和某些地点的批发仓库的取消,尤其是"直接面向商店"(direct-to-store)和"直接面向客户"(direct-to-customer)计划的实施,使得大批量装运的日子一去而不复返。在将来,为任何规模的订单服务对企业来说将不仅仅是意味着挑战,更意味着机遇。

(五) 连续供货

这也就是要求产品在供应链系统中同步化顺畅运作,避免巨大的库存。以前的仓储中心,有可能每个月甚至每个季度才发一次货,但现在却是每礼拜一次甚至是每礼拜两次。因此信息的流动也需要加速,以和物流保持协调一致。在线或即时信息系统将替换原先的滞后系统。在信息时代,仓储业在数据处理方面将会有巨大的变化和改进。

(六) 直拨

直拨也就是物品在物流环节中,不经过中间仓库或者站点,直接从一个运输工具换载到另一个运输工具的物流衔接方式。分销商在将商品存入仓库之前,常常将收到的货物以直拨方式满足被延期交付的订单。在将来,每个仓库需要处理的订单会更多,这一趋势将使大多数的分销中心希望能通过运用直拨方式来提高效率。这对参与方之间的紧密合作和即时的信息交换有较高的要求。

(七) 运作信息化

仓库管理者将把货物从仓库的进进出出(包括收货、放货、分拣和装运)的作业看作他们工作中的最关键部分。但他们在执行这些工作时遇到了一个很大的困难——难以及时获取精确的信息。实施仓库工作的无纸化可以改变这一现状。从原则上讲,无纸化仓库意味着所有的物流运动的电子化操作,从而减少甚至消除在产品鉴别、地点确认、数据输入和准确分拣方面可能产生的传统错误。同时,电子控制系统其次还能避免数据输入的延误、即时更新库存、随时找到所需的货物。

(八) 第三方仓储

近年来,一些公司认识到了培育、巩固核心竞争力的重要性,从而不愿再为高库存专门设立存储场所,而是将这一部分业务外包,这在一定程度上促进了第三方仓储的发展。在将来,会有越来越多的中小型企业借助第三方仓储来减少资本的投入,提高服务水平。从长期来看,第三方仓储因其众多的优点,而会成为未来的市场主体。但仍然有一些产品和企业并不适合采用第三方仓储。

(九) 优质人力资源

仓库作业的自动化和电子化要求工人必须不断提高他们的技能,尤其是计算机技能。为了提高雇员的素质和教育水平,公司必须雇佣和留住最好的雇员,并训练他们掌握基本的机械操作,熟悉所有的仓储作业。同时,仓库管理的成功还要依赖于领导者的素质,我们需要的是一个有鼓舞力和判断力的领导,能够找到企业的发展方向并知道该如何去做。

问题思考

你所在(或熟悉的)企业如果想要实现零库存,你觉得需要从哪些方面做出努力?

课后练习

选择题,选项四个的为单选题,选项五个的为多选题

1. 仓储可以衔接不同运输方式,例如,衔接水路运输和公路运输,解决船舶和汽车运力不平衡的矛盾。这体现了仓储( )的作用。

    A. 保障销售和订单履行　　　　　　B. 货物配载
    C. 运输整合　　　　　　　　　　　D. 衔接运输、平衡产能

2. 生产者可以根据物品的库存信息,调整生产计划;经销商、批发商、零售商等流通者可以根据物品的库存信息,制订订货计划;终端消费者可以根据物品的存量信息,做出购买决策。这体现了仓储( )的作用。

    A. 作为市场信息的传感器　　　　　B. 货物配载
    C. 运输整合　　　　　　　　　　　D. 衔接运输、平衡产能

3. 按仓储功能划分,仓储的种类有( )。

    A. 储存仓储　　B. 配送仓储　　C. 物流中心仓储　　D. 运输转换仓储
    E. 保管式仓储

4. 一个仓库通常由( )三大部分组成。

　　A. 维修区　　　　B. 生产作业区　　　C. 公众休息区　　　D. 辅助生产区

　　E. 行政生活区

5. 仓储管理现代化包括( )。

　　A. 仓储管理思想的现代化　　　　B. 仓储管理方法的现代化

　　C. 仓储管理组织的现代化　　　　D. 仓储管理手段的现代化

　　E. 仓储管理人员的现代化

6. 以下哪些属于影响仓储未来发展的趋势( )。

　　A. 以顾客为中心　　　　　　　　B. 仓库作业的自动化

　　C. 减少作业,压缩时间　　　　　 D. 连续供货

　　E. 直拨

7. ( )是指仓储作业过程的各个阶段、各个工序之间在人力、物力的配备和时间的安排上必须保持适当的比例关系。

　　A. 一致性　　　　B. 连续性　　　　C. 比例性　　　　D. 及时性

第五节　流通加工

一、流通加工的定义

中华人民共和国国家标准《物流术语》(GB/T18354—2021)给出的流通加工(distribution processing)的定义为:"根据顾客的需要,在流通过程中对产品实施的简单加工作业活动的总称。"[①]

流通加工是物品从生产领域向消费领域流动的过程中,厂商为了促进销售、维护产品质量和提高物流效率而进行的加工。流通加工处于生产和流通的区间领域,并不改变商品的基本形态和功能,只是完善物品的使用功能,提高商品的附加价值,同时提高物流系统的效率。随着人们消费的个性化、多样化,流通加工在物流领域的作用越来越重要。从一定意义而言,流通加工是生产加工在流通领域的延伸。

相对于生产加工,流通加工在加工对象、加工方法、加工组织和加工目的方面都有自己的一些特点。

(一) 加工对象

流通加工的对象是流通领域的商品,具有商品性质;而生产过程的加工对象一般是某种最终产品形成过程中的原材料、零部件、半成品。

---

① 注:简单加工业活动包括包装、分割、计量、分拣、刷标志、拴标签、组装、组配等。

(二）加工方法

流通加工一般属于简单加工，如板材裁剪等；而生产加工一般都是深加工。但是，现在的流通加工有向深加工发展的趋势。

(三）加工组织

流通加工的负责人是从事销售和商品流通的经营者，他对消费者负责；而生产加工主要是为了提高产品设计和加工技术。

(四）加工目的

生产加工创造商品价值和使用价值；流通加工完善物资的使用价值。

二、流通加工的类型

根据不同的目的，流通加工具有不同的类型。

(一）为适应多样化需要的流通加工

生产部门为了实现高效率、大批量的生产，其产品往往不能完全满足用户的要求。这种情况下，为了满足用户对产品多样化的需要，同时又要保证高效率的大生产，可将生产出来的单一化、标准化的产品进行多样化的改制加工。例如，对钢材卷板的舒展、剪切加工；平板玻璃按需要规格的开片加工；木材改制成枕木、板材、方材等加工。

(二）为方便消费、省力的流通加工

根据下游生产的需要将商品加工成生产直接可用的状态。例如，根据需要将钢材定尺、定型，按要求下料；将木材制成可直接投入使用的各种型材；将水泥制成混凝土拌和料，使用时只需稍加搅拌即可使用等。

(三）为保护产品所进行的流通加工

在物流过程中，为了保护商品的使用价值，延长商品在生产和使用期间的寿命，防止商品在运输、储存、装卸搬运、包装等过程中遭受损失，可以采取稳固、改装、保鲜、冷冻、涂油等方式。例如，水产品、肉类、蛋类的保鲜、保质的冷冻加工、防腐加工等；丝、麻、棉织品的防虫、防霉加工等。还有，如为防止金属材料的锈蚀而进行的喷漆、涂防锈油等措施，运用手工、机械或化学方法除锈；木材的防腐朽、防干裂加工；煤炭的防高温自燃加工；水泥的防潮、防湿加工等。

(四）为弥补生产领域加工不足的流通加工

由于受到各种因素的限制，许多产品在生产领域的加工只能到一定程度，而不能完全实现终极的加工。例如，木材如果在产地完成成材加工或制成木制品的话，就会给运输带来极大的困难，所以，在生产领域只能加工到圆木、板、方材这个程度，进一步的下料、切裁、处理等加工则由流通加工完成；钢铁厂大规模的生产只能按规格生产，以使产品有较强的通用性，从而使生产能有较高的效率，取得较好的效益。

(五）为促进销售的流通加工

流通加工也可以起到促进销售的作用。例如，将过大包装或散装物分装成适合依次

销售的小包装的分装加工；将以保护商品为主的运输包装改换成以促进销售为主的销售包装，以起到吸引消费者、促进销售的作用；将蔬菜、肉类洗净切块以满足消费者要求等。

（六）为提高加工效率的流通加工

许多生产企业的初级加工由于数量有限，加工效率不高。而流通加工以集中加工的形式，解决了单个企业加工效率不高的弊病。它以一家流通加工企业的集中加工代替了若干家生产企业的初级加工，促使生产水平有一定的提高。

（七）为提高物流效率、降低物流损失的流通加工

有些商品本身的形态使之难以进行物流操作，而且商品在运输、装卸搬运过程中也极易受损，因此需要进行适当的流通加工加以弥补，从而使物流各环节易于操作，提高物流效率，降低物流损失。例如，造纸用的木材磨成木屑的流通加工，可以极大提高运输工具的装载效率；自行车在消费地区的装配加工可以提高运输效率，降低损失；石油气的液化加工，可使很难输送的气态物转变为容易输送的液态物，也可以提高物流效率。

（八）为衔接不同运输方式、使物流更加合理的流通加工

在干线运输和支线运输的节点设置流通加工环节，可以有效解决大批量、低成本、长距离的干线运输与多品种、少批量、多批次的末端运输和集货运输之间的衔接问题。在流通加工点与大生产企业间形成大批量、定点运输的渠道，以流通加工中心为核心，组织对多个用户的配送，也可以在流通加工点将运输包装转换为销售包装，从而有效衔接不同目的的运输方式。例如，散装水泥中转仓库把散装水泥装袋、将大规模散装水泥转化为小规模散装水泥的流通加工，就衔接了水泥厂大批量运输和工地小批量装运的需要。

（九）为实施配送进行的流通加工

这种流通加工形式是配送中心为了实现配送活动，满足客户需要而对物资进行的加工。例如，混凝土搅拌车可以根据客户的要求，把沙子、水泥、石子、水等各种不同材料按比例要求装入可旋转的罐中。在配送路途中，汽车边行驶边搅拌，到达施工现场后，混凝土已经均匀搅拌好，可以直接投入使用。

三、流通加工的地位与作用

流通加工虽然不是物流的主要功能要素，但是流通加工同样具有不可轻视的作用，它能起到补充、完善、提高与增强的作用，进而提高物流水平，促进流通向现代化发展。流通加工的作用可以归纳为以下几个方面。

（一）有利于生产者提高生产效率、产品质量和经济效益

流通加工一般采用集中加工的方式，其加工效率，即加工的劳动率比分散加工要高得多，因而具有规模经济效应。例如，建筑企业完成的安装玻璃的开片加工，往往在施工场地针对某一工程进行。而流通企业的流通加工的开片，可满足若干个建筑工地的需求，其加工效率更高，劳动生产率也更高。而且加工设备在分散加工的情况下，由于受生产周期和生产节奏的限制，设备利用时紧时松，甚至会长时间停滞，这种表现为加工过程的不均

衡,从而导致加工设备的加工能力不能得以充分发挥,设备利用率低。

加工企业受益于大批量、成规模的加工,可以采用先进的技术、设备和工具,不但提高了加工质量,而且提高了加工设备使用率和加工效率。集中进行加工还可以将生产企业生产的简单规格产品,按照客户的不同要求,进行集中下料,做到量材使用,合理套裁,减少剩余料。同时,可以对剩余料进行综合利用,提高原材料的利用率,使资源得到充分合理的利用,提高产品质量的同时,增加企业的经济效益。

此外,流通加工是专业化很强的加工,专业化加工单纯,有利于加工人员掌握作业技术,提高作业的熟练程度,从而提高加工质量。从流通加工中心的加工设备的水平来看,他们往往要高于分散加工,因此产品的加工质量也会高于分散加工。同样产品,不同的加工质量,无疑质量高的经济效益高于质量低的。

(二)可以满足客户需求,提高物流效率与服务质量

现代经济中,生产和消费在质量上的分离日益扩大和复杂。流通企业利用靠近消费者,信息灵活的优势,从事加工活动,可以提高产品满足客户个性化、多样化需求,使物流功能得以完善和提高。

(三)可以提高各种运输手段的运用效率

产品在形态、尺寸、重量等方面存在很大差异,如过大、过重的产品不进行适当分解就无法装卸运输;生鲜食品不经过冷冻、保鲜处理,在物流过程中就容易变质腐烂等。对这些产品进行适当加工,可以方便装卸搬运、储存、运输和配送,从而提高物流效率。流通加工使生产到流通中的运输和流通到消费中的运输,均能发挥相适应的运输工具、装卸设备作用,从而加快产品运输效率,节省运输费用。

(四)可以完善产品功能,提高产品竞争力

通过流通加工可以改变一些产品的功能,使其有更广的适应面,可以提高商品销售量和销售额。例如,将运输包装改换成销售包装,进行包装加工,改变商品形象以吸引消费者;将蔬菜、肉类洗净切块分包以满足消费者的要求;对初级产品和原材料进行加工以满足客户的需要,赢得客户信赖,增强营销竞争力。

随着世界经济一体化的深入,现代物流要领的内涵逐渐扩大,"大物流"是现代物流发展的趋势,服务化和信息化是世界性产业结构高速发展的方向,现代物流业是信息化的产物,现代物流的特征是提供高效、便捷的产品增值服务。欧美许多运输与仓储公司已演变成了广泛物流服务的供应商,多数国家通过改造综合物流服务公司,使服务增加价值,形成进入门槛较高的细分市场,以保证与客户的长期合作。大型物流公司提供的增值物流服务有运输、车辆维护、存储、托盘化、分装、包装/重新包装、集运、贴标签、订单分拣、质量控制、产品试验、存货控制、客户化、分拣包装、售后服务、货物跟踪、咨询服务。其中,流通加工是大环节。在我国,随着市场经济体制的建立,传统的物资供销体系被打破,多元化经营使港口企业的经营活动向主业之外延伸,包括从事包装、仓储、流通加工、信息等活动。港口作为综合运输网络的枢纽,其功能正在不断拓宽,朝着提供全方位的增值服务方

向发展是企业谋求自身利益最大化的必然选择。

总之,流通加工有效地完善了流通。流通加工是提高物流水平、促进流通向现代化发展的不可或缺的形态。流通加工既是物流中的重要利润源,也在国民经济中具有重要的作用,对推动国民经济的发展和完善国民经济的产业结构和生产分工有一定的意义。

四、流通加工作业

在社会实践中,流通加工发挥着提高原材料的利用率,进行初级加工、方便用户,提高加工效率及设备利用率,弥补生产加工不足,强化产品保存,衔接干线运输,方便配送,提高商品附加价值等作用。

实践中的流通加工作业主要包括袋装、定量化小包装、挂牌子、贴标签、配货、拣选、分类、混装、刷标记等内容。

以下对常见作业进行介绍。

(一)输送水泥的熟料、在使用地磨制水泥的流通加工作业

在需要长途调入水泥的地区,变调入成品水泥为调进熟料这种半成品,在该地区的流通加工据点(粉碎工厂)粉碎,并根据当地资源和需要掺入混合材料及外加剂,制成不同品种及标号的水泥,供应当地用户,这是水泥流通加工的重要形式之一。在国外,采用这种物流形式已有一定的比重。

(二)水泥的流通加工作业

水泥的运输与使用,以往习惯上以粉状水泥供给用户,由用户在建筑工地现制现拌混凝土使用。而现在将粉状水泥输送到使用地区的流通加工据点(集中搅拌混凝土工厂或称生混凝土工厂),在那里搅拌成生混凝土,然后供给各个工地或小型构件厂使用。这是水泥流通加工的另一种重要方式。它具有很好的技术经济效果,因此,受到许多工业发达国家的重视。

(三)钢板剪板及下料加工作业

热连轧钢板和钢带、热厚钢板等板材最大交货长度常可达7—12米,有的是成卷交货,对于使用钢板的用户来说,大、中型企业由于消耗量大,可设专门的剪板及下料加工设备,按生产需要剪板、下料。但对于使用量不大的企业和多数中、小型企业来讲,单独设置剪板、下料的设备,设备闲置时间长、人员浪费大、不容易采用先进方法。钢板的剪板及下料加工可以有效地解决上述弊病。

剪板加工是在固定地点设置剪板机,下料加工是设置各种切割设备,将大规格钢板裁小,或切裁成毛坯,便利用户。

(四)木材的流通加工作业

1. 磨制木屑压缩输送

这是一种为了提高流通(运输)效益的加工方法。木材容量小,往往使车船满装不能满载,同时,装车、捆扎也比较困难。从林区外送的原木中,有相当一部分是造纸材料,美

国采取在林木生产地就地将原木磨成木屑,然后采取压缩方法,使之成为容重较大、容易装运的形状,然后运至靠近消费地的造纸厂,取得了较好的效果。采取这种办法比直接运送原木节约一半的运费。

2. 集中开木下料

在流通加工点将原木锯裁成各种规格的锯材,同时将碎木、碎屑集中加工成各种规格板,甚至还可进行打眼、凿孔等初级加工。用户直接使用原木,不但加工复杂、加工场地大、设备多,更严重的是资源浪费大,木材平均利用率不到50%,平均出材率不到40%。实行集中下料,按用户要求供应规格下料,可以使原木利用率提高到95%,出材率提高到72%左右,有相当大的经济效果。

(五) 煤炭及其他燃料的流通加工作业

1. 除矸加工

除矸加工是以提高煤炭纯度为目的的加工形式。矸石有一定发热量,煤炭混入一些矸石是允许的,也是较经济的。但在运力十分紧张的地区,要求充分利用运力,多运"纯物质",少运矸石,在这种情况下,可以采用除矸的流通加工排除矸石。

2. 为管道输送煤浆进行的加工

煤炭的运输方法主要采用容器载运方法,运输中损失浪费较大,又容易发生火灾。采用管道运输,是近代兴起的一种先进技术,目前,某些发达国家已开始投入运行。有些企业内部也采用这一方法进行燃料输送。

在流通的起始环节将煤炭磨成细粉,再用水调和成浆状,使之具备了流动性。可以像其他液体一样进行管道输送。这种方式输送连续、稳定而且快速,是一种经济的运输方法。

3. 配煤加工

在使用地区设置集中加工点,将各种煤及一些其他发热物质,按不同配方进行掺配加工,生产出各种不同发热量的燃料,称作配煤加工。这种加工方式可以按需要发热量生产和供应燃料,防止热能浪费或者发热量过小的情况出现。工业用煤经过配煤加工,还可以起到便于计量控制、稳定生产过程的作用,在经济及技术上都有价值。

4. 天然气、石油气的液化加工

由于气体输送、保存都比较困难,天然气及石油气往往只好就地使用,如果有过剩往往就地燃烧掉,造成浪费和污染。天然气、石油气的输送可以采用管道,但因投资大、输送距离有限,也受到制约。在产出地将天然气或石油气压缩到临界压力之上,使之由气体变成液体,可以用容器装运,使用时机动性也较强。这是目前采用较多的形式。

(六) 平板玻璃的流通加工作业

平板玻璃的"集中套裁,开片供应"是重要的流通加工方式。这种方式是在城镇中设立若干个玻璃套裁中心,按用户提供的图纸,统一开片,供应用户成品。在此基础上,可以逐渐形成从工厂到套裁中心的稳定、高效率、大规模的平板玻璃"干线输送",以及从套裁中心到用户的小批量、多户头的"二次输送"的现代物流模式。

(七) 生鲜食品的流通加工作业

1. 冷冻加工

为解决鲜肉、鲜鱼在流通中保鲜及搬运装卸的问题,采取低温冻结方式的加工。这种方式也用于某些液体商品、药品等。

2. 分选加工

农副产品离散情况较大,为获得一定规格的产品,采取人工或机械分选的方式加工,称为分选加工。广泛用于果类、瓜类、谷物、棉毛原料等。

3. 精制加工

用于农、牧、副、渔等产品。精制加工是在产地或销售地设置加工点,去除无用部分,甚至可以进行切分、洗净、分装等加工。这种加工不但大大方便了购买者,而且,还可对加工的淘汰物进行综合利用。例如,鱼类的精制加工所剔除的内脏可以制成某些药物或饲料、鱼鳞可以制高级黏合剂、头尾可以制成鱼粉等,蔬菜的加工剩余物可以制饲料、肥料等。

4. 分装加工

许多生鲜食品零售起点量较小,而为保证高效输送,出厂包装可较大,也有一些是采用集装运输方式运达销售地区。这样,为了便于销售,在销售地区按所要求的零售起点量进行新的包装,即大包装改小、散装改小包装、运输包装改销售包装,这种方式称为分装加工。

(八) 机械产品及零配件的流通加工作业

1. 组装加工

自行车及机电设备储运困难较大,主要是不易进行包装,如进行防护包装,包装成本过大,并且运输装载困难、装载效率低、流通损失严重、但其装配较简单、装配技术要求不高、主要功能已在生产中形成、装配后不需进行复杂检测及调试,所以,为解决储运问题、降低储运费用,以半成品(部件)高容量包装出厂;在消费地拆箱组装。组装一般由流通部门进行,组装之后随即进行销售。这种流通加工方式近年来已在我国广泛采用。

2. 石棉橡胶板的开张成型加工

石棉橡胶板是机械装备、热力装备、化工装备中经常使用的一种密封材料,单张厚度3毫米左右,单张尺寸有的达4米,在储运过程中极易发生折角等损失。此外,许多用户所需的垫塞圈,规格比较单一,不可能安排不同尺寸垫圈的套裁,利用率也很低。石棉橡胶板开张成型加工,是按用户所需垫塞物体尺寸裁制,不但方便用户使用及储运,而且可以安排套裁,提高利用率,减少边角余料损失,降低成本。这种流通加工套裁的地点一般设在使用地区,由供应部门组织。

五、流通加工合理化

(一) 不合理的流通加工

流通加工具有很多好的作用,但是如果利用不当,也会产生很多负面作用。流通加工合理化就是实现流通加工的最优配置,使流通加工环节的厂商对是否设置流通加工环节、在什么地方设置、选择什么类型的加工、采用什么样的技术装备等做出正确抉择。为了能做到避免各种不合理的流通加工形式,下面先了解不合理的流通加工有哪些表现形式。

1. 流通加工地点设置的不合理

流通加工地点的设置是决定整个流通加工是否有效的重要因素。一般来说,为满足单品种大批量生产与多样化需求的流通加工,加工地点应设置在需求地区,这样方能凸显大批量的干线运输与多品种末端配送的物流优势。如果将流通加工地设置在生产地区,一方面,为了满足用户多样化的需求,会出现多品种、小批量的产品由产地向需求地的长距离的运输;另一方面,在生产地增加了一个加工环节,同时也会增加近距离运输、保管、装卸等一系列物流活动。

即使是产地或需求地设置流通加工的选择是正确的,还有流通加工在小地域范围内的正确选址问题。如果处理不善,仍然会出现不合理状况。例如,交通不便,流通加工与生产企业或用户之间距离较远,加工点周围的社会环境条件不好等。

2. 流通加工方式选择不当

流通加工方式包括流通加工对象、流通加工工艺、流通加工技术、流通加工程度等。流通加工方式的确定实际上是与生产加工的合理分工。若分工不合理,把本来应由生产加工完成的作业错误地交给流通加工来完成,或者把本来应由流通加工完成的作业错误地交给生产过程去完成,都会造成不合理。

流通加工不是对生产加工的代替,而是一种补充和完善。所以,一般来说,产品如果工艺复杂,技术装备要求较高,或加工可以由生产过程延续或轻易解决的,都不宜再设置流通加工。如果流通加工方式选择不当,就可能会出现与生产争利的恶果。

3. 流通加工作用不大,形成多余环节

有的流通加工过于简单,或者对提升商品附加值和促进消费的作用都不大,甚至有时由于流通加工的盲目性,不但未能解决品种、规格、包装等问题,而且却增加了作业环节。

4. 流通加工成本过高,效益不好

流通加工的一个重要优势就是它有较大的投入产出比,因而能有效地起到补充、完善的作用。如果流通加工成本过高,则不能实现以较低投入获得更高使用价值的目的,势必会影响它的经济效益。

(二) 实现流通加工合理化的途径

要实现流通加工的合理化,主要应从以下几个方面加以考虑。

1. 加工和配送结合

将流通加工设置在配送点中,一方面,企业可以按配送的需要进行加工,另一方面,因为加工又是配送作业流程中分货、拣货、配货的重要一环,如果加工后的产品直接投入配货作业,那么这就无须单独设置一个加工的中间环节,从而使流通加工与中转流通巧妙地结合在一起。同时,配送之前必要的加工,可以使配送服务水平大大提高,是当前使流通加工合理化的重要形式,在煤炭、水泥等产品的流通中已经表现出较大的优势。

2. 加工和配套结合

"配套"是指将使用上有联系的商品集合成套地供应给用户使用。例如,方便食品的配套。方便食品中的方便面、盘菜、汤料等不能由某个生产企业全部完成,这样,在物流企业进行适当的流通加工可以有效地促成配套,大大提高流通作为供需桥梁与纽带的作用。

3. 加工和合理运输结合

我们知道,流通加工能有效衔接干线运输和支线运输,促进两种运输形式的合理化。利用流通加工,在支线运输转干线运输或干线运输转支线运输等这些必须停顿的环节,不进行一般的支转干或干转支,而是按干线或支线运输合理的要求进行适当加工,从而大大提高运输及运输转载水平。

4. 加工和合理商流结合

流通加工也能起到促进销售的作用,从而使商流合理化,这也是流通加工合理化的方向之一。例如,通过简单的流通加工,改变包装规格,形成方便购买的量,或者通过组装加工解除用户使用前进行组装、调试的难处,都是有效促进商流很好的例证。

5. 加工和节约结合

节约能源、节约设备、节约人力、减少耗费是流通加工合理化重点考虑的因素,也是目前我国设置流通加工并考虑其是否合理化的较普遍形式。对于流通加工合理化的最终判断,是看其是否能提升社会的效益和企业的效益,而且是否取得了最优效益。流通企业如果只是追求企业的局部效益,不适当地进行加工,甚至与生产企业争利,这就有违流通加工的初衷,或者其本身已不属于流通加工的范畴。

6. 流通加工绿色化

绿色流通加工是绿色物流的范畴之一。流通加工的途径主要分为两个方面:一是变消费者分散加工为专业集中加工,以规模作业方式提高资源利用效率,减少环境污染;二是集中处理消费品加工中产生的边角废料,以减少消费者分散加工所造成的废弃物污染。

问题思考

你在工作和生活中见到过哪些流通加工作业?请简述它的作业过程及效用。

课后练习

选择题,选项四个的为单选题,选项五个的为多选题

1. 流通加工的对象通常是(　　)。
   A. 半成品　　　　B. 原材料　　　　C. 零部件　　　　D. 流通领域的商品

2. 以下(　　)属于流通加工的类型。
   A. 为方便消费、省力的流通加工　　　B. 为保护产品所进行的流通加工
   C. 为了省钱的流通加工　　　　　　　D. 为促进销售的流通加工
   E. 为提高加工效率的流通加工

3. 水产品、肉类、蛋类的保鲜、保质的冷冻加工、防腐加工等;丝、麻、棉织品的防虫、防霉加工等属于(　　)。
   A. 为方便消费、省力的流通加工　　　B. 为保护产品所进行的流通加工
   C. 为促进销售的流通加工　　　　　　D. 为提高加工效率的流通加工

4. 将运输包装改换成销售包装,进行包装加工,改变商品形象以吸引消费者;将蔬菜、肉类洗净切块分包以满足消费者的要求等,属于流通加工的(　　)作用。
   A. 有利于生产者提高生产效率、产品质量和经济效益
   B. 可以满足客户需求,提高物流效率与服务质量
   C. 可以提高各种运输手段的运用效率
   D. 可以完善产品功能,提高产品竞争力

5. 木材的流通加工作业包括(　　)。
   A. 整根原木运输　　　　　　　B. 切割成统一大小
   C. 磨制木屑压缩输送　　　　　D. 切除无效部分
   E. 集中开木下料

6. 生鲜食品的流通加工作业包括(　　)。
   A. 冷冻加工　　　B. 分装加工　　　C. 分选加工　　　D. 清洗污物
   E. 精制加工

7. 不合理的流通加工包括(　　)。
   A. 流通加工地点设置的不合理　　　B. 流通加工方式选择不当
   C. 流通加工作用不大　　　　　　　D. 流通加工形成多余环节
   E. 流通加工成本过高,效益不好

8. 要实现流通加工的合理化,主要应从以下几个方面加以考虑(　　)。
   A. 加工和配送结合　　　　　　B. 加工和配套结合
   C. 加工和合理运输结合　　　　D. 加工和合理商流结合
   E. 加工和节约结合

第六节 配　　送

一、配送概述

(一) 配送的概念

现代商品流通既包括商品所有权转移的商流活动又包括商品实体物理位置转移的物流活动。物流活动是物品从供应地向接受地的实体流动过程。根据实际需要,将运输、装卸、搬运、包装、流通加工、配送、信息处理等基本功能实施有机地结合。在物流过程中,人们通常把面向城市内和区域范围内需求者的运输,称为"配送"。这是对物流的一种广义上的认识。对于配送,目前尚无一个统一的概念解释,各种文献中的说法也不尽一致,有的强调配送货,有的强调运送范围。配送的概念也在随着经济的发展、市场的变化而不断地变化。

我国是从 20 世纪 80 年代开始使用配送的概念的,按照我国物流学界对"配送"一词的理解,配送包含两个层次:一是配,二是送,是"配"和"送"的有机结合,因此物流学界对配送的定义为:按照客户的订货要求和时间计划,在物流据点(含仓库、商店、货运站、物流中心、配送中心等)进行分拣、加工和配货等作业后,再将配置好的货物以最合理的方式交送用户的一种经济活动,称为配送。

概括来说,配送包括了以下几层意思。

1. 配送是接近客户资源配置的全过程

配送的实质是送货,而且包括为了送货而必需的准备过程和环节,是所含内容丰富的高级送货形式。配送是一种中转形式。

2. 配送是从物流节点至客户的一种特殊送货形式

从送货功能看,其特殊性表现为:从事送货的是流通企业,而不是生产企业;一般送货是生产什么送什么,而配送是客户需要什么就送什么。

3. 配送是"配"和"送"的有机结合

配送既要求有拣选、分割等配货作业,也要有按时送货上门的要求,是一个综合业务。

4. 配送从客户的要求出发

配送强调的是按客户的要求,明确客户的主导地位,配送本身就是一种派生需求。

(二) 配送的作用

配送作为配货和送货的有机结合,在以下几个方面有着重要作用。

1. 完善和优化物流系统

第二次世界大战之后,由于大吨位、高效率运输力量的出现,使干线运输无论在铁路、公路还是海运等方面都达到了较高水平,长距离、大批量的运输实现了低成本化。但是,在所有的干线运输之后,往往还要有支线运输以及零星搬运,而这些支线运输和零星搬运是物流过程的薄弱环节。这个薄弱环节有不同于干线运输的许多特点,如要求灵活性、适应性、服务性,导致诸如运力利用不合理、成本高、效率低等问题。而采用配送方式,把支线运输和小型搬运结合起来,使输送过程得以优化和完善。

2. 提高末端物流的效益

采用配送模式,通过增大批量来达到经济送货的目的,又可以通过将各种商品客户集中起来进行一次发货、送货,代替供应商向不同客户送货,从而使末端物流提高效率。

3. 实现低库存或者零库存

实现高水平的配送之后,尤其是采取准时配送方式之后,生产企业可以完全依赖配送中心的准时配送而不需要保持自己的库存。或者生产企业只需要保留较低的库存水平而不必持有经常储备。这样可以实现企业零库存的目标,降低存储成本、存货成本以及价值损失的风险。同时,多个企业把配送业务外包,可以实现规模经济,存货成本和配送成本都降低了,提高了全社会的福利水平。

4. 简化事物,方便客户

采用配送方式,客户只需要向一处订购,或者与一个供应单位联系订购就可以得到以往需要去许多地方才能得到的货物,这样只需组织对一个配送单位就地接货就可以代替现有的高频次的接货,大大减少了客户的工作量,节省了开支。

5. 提高供应的可靠性

生产企业如果自己保持库存、自己安排送货等活动,受制于企业自身的资源、能力等因素,很难保证配送的及时以及成本的最优化,可靠性也会降低。而采用配送方式,配送中心可以实现专业化配送服务,把生产企业附带的任务变成自身的专业工作,具有更大的存储量,更专业的存储水平和能力,产生供应中断的风险就会减小,可靠性得以提高。

二、配送的分类

按照不同的标准,配送可以划分为不同的类型。其中,以时间和数量分类,可以划分为以下五种形式。

1. 定时配送

定时配送是按照事先约定的时间间隔进行配送,每次配送的品种数量可预先计划,也可以根据客户的需求进行随机调整。这种方式由于时间固定,双方均易于安排作业计划,但也可能由于配送品种和数量的临时性变化,增加管理和作业的难度。

2. 定量配送

定量配送是按规定的批量在一个指定的实际范围内进行配送。定量配送由于数量和品种相对固定,备货工作相对简单,而且时间没有严格限制,所以可以将不同客户所需的商品拼凑整车,并且对配送线路进行合理优化,以节约运力、降低成本。

3. 定时定量配送

定时定量配送是按照规定的时间、规定的商品品种和数量进行的配送。这种方式兼具有定时配送和定量配送两种方式的特点,对配送企业的服务要求比较严格,管理和作业的难度也较大。由于其配送的计划性强,准确度较高,所以相对而言比较适合生产和销售稳定、产品批量较大的生产制造企业和大型的超市、商场等流通企业。

4. 及时配送

及时配送是根据客户提出的时间要求和商品品种、数量要求及时地将产品送达指定地点。及时配送可以满足用户的临时性急需,对配送速度、时间要求严格,因此通常只有配送设施完备、具有较高管理和服务水平及作业能力和应变能力的专业化配送机构才能较广泛地开展及时配送业务。完善而稳定的及时配送服务可以使客户保持较低的库存水平,真正实现"准时制"生产和经营。

5. 定时定路线配送

定时定路线配送是通过对客户分布状况的分析,设计出合理的配送运输路线,根据运输路线安排到达站点的时刻表,按照时刻表沿着规定的路线进行配送。这种配送方式一般有客户事先提出商品需求计划,然后按规定的时间和地点接收商品,易于有计划地安排运送和接货工作,比较适用于客户集中的地区。

三、配送的环节与流程

配送是要实现货物从起点到客户手中的过程,因此配送包含了备货、配货、流通加工以及运送等基本环节,如图3-5所示。

图 3-5　配送的基本环节

1. 备货

备货是配送机构根据客户的要求或者自身经营的需要从供应商处集中商品、储存商品的过程,是商品配送的前提和基础。备货工作通常包括制订进货计划、组织货源、进货验收、储存保管等基本业务。

2. 分拣配货

配送不同于一般送货的特点之一是配送具有拣货、分类,按客户要求配货的过程,即根据客户的配货要求,将其所需尽可能快地从仓储区域中拣取出来,然后按一定的方式集中,等待配送。

3. 流通加工

在配货活动中,为便利流通和消费,改善商品质量,促进商品销售,有时需要根据客户需求或配送对象的具体情况,对商品进行套裁、打孔、简单组装等加工活动。这种在流通过程中作为生产加工的补充形式,称为流通加工。

4. 配送运输

配送运输是配送活动的核心,是将根据客户订单进行分拣、加工、包装好的商品经过科学配装、选择合理的运输工具、设计合理的路线最终交付客户的过程。配送运输要从运输方式、运输路线、运输工具三个方面来计划、选择,以求经济、合理、安全地将商品送达客户手中。配送的功能最终必须通过具体的工艺流程来实现。配送的基本工艺流程如图3-6所示。

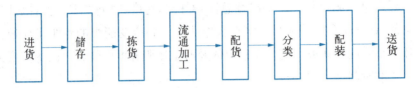

图 3-6 配送的基本工艺流程

四、配送的模式

配送模式是企业对配送活动采取的基本战略和方法。根据国内外发展的经验和实践,配送主要有以下几种模式。

1. 自营配送模式

自营配送是指企业配送的各个环节由企业自身筹建并组织管理,实现对企业内部及外部货物配送的模式。这种模式有利于企业供应、生产和销售的一体化作业,系统化程度相对较高,既可满足企业内部原材料、半成品以及成品的配送需要,又可以满足企业对外部市场拓展的要求。一般而言,采用自营配送的都是规模和实力比较强的大公司。

2. 共同配送模式

共同配送是企业之间为了提高配送效率以及实行配送合理化所建立的一种功能互补的配送联合体。共同配送的优势在于有利于实现配送资源的有效配置,弥补配送企业功能的不足,促使企业配送能力和配送规模的扩大,更好地满足客户需求,提高配送效率,降低配送成本。

需要注意的是,在开展共同配送的过程中,配送共同体的组建联合要更多依靠市场的力量,减少外部干预,通过互利互惠、平等自愿、协商一致来实现功能互补。

3. 互用配送模式

互用配送模式是几个企业为了各自利益,以契约的方式达成某种协议,互用对方配送系统而进行配送的模式。互用配送对于单个企业来说不用投入较大的资金和人力,就可以扩大自己的配送规模和范围,但这对企业的协调能力以及管理水平有较高的要求。

4. 第三方配送模式

第三方配送模式是指交易双方把自己需要完成的配送任务交给第三方企业来完成的

一种配送模式。第三方企业把物流配送作为自身的专业化业务。随着物流产业的不断发展以及第三方配送体系的不断完善,第三方配送模式已经成为工商企业和电商企业的首选。第三方配送的模式如图 3-7 所示。

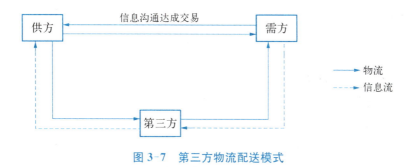

图 3-7　第三方物流配送模式

对于上述四种配送模式,具体企业在选择配送模式时,既要考虑自身的实力,也要综合考虑配送物品的具体特性及第三方服务商的服务水平、服务能力等要素。

五、不合理配送的表现形式

配送决策的优劣很难有一个绝对的简单标准,配送不合理往往是多种因素的综合作用,即便是小小的不合理,也可能是由多种因素造成的。从可能造成配送不合理的因素来讲,主要包括以下几个方面。

1. 资金筹措不合理

利用较大的资金、资源优势实现规模效应,使配送资源的成本低于竞争对手是获取竞争优势非常重要的一环。不合理的资源筹措方式包括仅向少数客户筹措资源,以及资源过多或者过少,配送计划量不准确,在资源筹措时不考虑建立长期合作关系等。

2. 库存决策不合理

配送应该充分考虑利用集中库存总量低于客户分散库存总和的优势,节约社会财富,降低客户实际平均分摊库存负担。不合理的库存决策包括配送企业不依靠科学方法来降低库存总量或者过低的库存导致缺货的问题。

3. 价格不合理

总体来讲,配送的价格应该低于不实行配送时客户的总成本,从而使客户有利可图。有些情况下,由于配送具有较高的服务水平,价格应该相应稍高一些。但是如果配送的价格普遍高于客户自行进货的价格,就是一种不合理。

4. 配送与直达决策不合理

配送是需要增加环节的,但是这个环节的增加可以降低客户的库存水平,从而抵消了这个环节增加的支出。当客户批量很大时,可以直接通过社会物流系统均衡批量进货,比起配送的中转送货,更能节约费用。在这种情况下,不采用直接送货而选择配送就是不合理决策。

5. 运输不合理

运输是配送的重要一环,要考虑路线选择、装载量、车辆和运输方式选择等。不合理的运输包括路线不合理、运输工具和模式选择不合理等。

六、配送合理化

(一) 配送合理化的评判标志

对配送合理化与否的判断,目前国内外尚无统一的技术经济指标体系和判断方法。根据一般认识,以下几项标志应纳入配送合理化的评判范围。

1. 库存评判标志

库存是判断配送合理与否的重要标志,具体可以用库存总量降低、库存周转加快两项指标来说明。在一个配送系统中,库存从分散的各个客户转移至配送中心。因此,配送中心库存量加上各客户在实行配送后的库存量应低于实行配送前各客户库存量之和。由于配送企业的调剂作用,可以以相对较低的库存保证较高的供应能力,从而实现库存周转快于原来各企业库存周转。

2. 资金评判标志

资金评判标志具体包括资金总量、资金周转、资金投向三项指标。若资金总量降低、资金周转加快、资金投向更集中,则说明配送的合理化程度提高。资金总量指用于资源筹措所占用的流动资金总量。随着储备总量的下降及供应方式的改变,资金总量会有一个较大的降幅。由于整个运行节奏加快,同样数量的资金,过去需要较长时期才能满足一定供应的要求,实行配送后,能在较短时期内达此目的。可见,资金周转是否加快,是衡量配送合理与否的标志。资金是分散投入还是集中投入,是资金调控能力的重要反映。实施配送之后,资金应从分散投入改为集中投入,以增加调控作用。因此,资金投向的改变也是衡量配送合理与否的标志。

3. 成本和效益评判标志

从成本和效益角度判断配送合理化的标志有总效益、宏观效益、微观效益、资源筹措成本。不同的配送方式有不同的判断侧重点。例如,配送企业、客户是各自独立的以利润为中心的企业,那么配送合理化不仅要看总效益,还要看对社会的宏观效益和对两个企业的微观效益。又如,当配送是由客户集团自己组织的,配送则主要强调保证能力和服务性,此时配送合理化的评判主要以总效益、宏观效益和客户集团企业的微观效益指标,不必过多顾及配送企业的微观效益。

4. 供应保证评判标志

配送合理化的重要判断标志之一就是必须提高对客户的供应保证能力。供应保证能力主要从以下方面判断:第一,缺货次数。对各客户来说,实行配送后,该到货而未到货以致影响生产经营的次数必须下降才算合理。第二,配送企业集中库存量。对每一个客户来讲,配送企业集中库存量所形成的保证供应能力高于配送前单个企业保证的程度时,配送才算是合理的。第三，即时配送的能力及速度。这是客户出现特殊情况的特殊供应保障方式，这个能力必须高于未实行配送前客户紧急进货的能力才算合理。需要说明的是，若供应保障能力过高，超过了实际的需要，也是不合理的。因此，追求供应保障能力的合理化也是有限度的。

5. 社会运力节约评判标志

运力使用的合理化可以依靠送货运力的规划，整个配送系统的合理流程，与社会运输系统合理衔接来实现。送货运力的规划是配送中心的重点规划内容之一。整个配送系统的合理流程以及与社会运输系统合理衔接，这两个问题也有赖于配送及物流系统的合理化。通过社会运力节约来判断配送的合理性比较复杂，可采用以下标志做简化判断：社会车辆空驶减少为合理；社会车辆总数减少，而承运量增加为合理；一家一户自提自运减少，而社会化运输增加为合理。

6. 物流合理化评判标志

配送必须有利于物流合理，因此，很多物流合理化的标志也可以作为配送合理化的评判指标。例如：物流费用的降低，物流损失的减少，物流速度的加快，物流中转次数减少，发挥了各种物流方式的最优效果，有效衔接了干线运输和末端运输，采用了先进的技术手段等。

（二）配送合理化可采取的措施

1. 推行专业化配送

通过采用专业化的设备、设施及操作程序，以降低配送过程综合化的复杂程度及难度，从而提高配送效果，实现配送合理化。

2. 运用加工配送

通过流通加工与配送的有机结合，实现配送的增值。同时，流通加工借助配送，使加工更具有针对性，与客户的需求相联系，避免盲目配送。

3. 利用共同配送

通过多个企业联合共同配送，不但可以充分利用运输工具的有效容量，提高运输效率，还可以就最近的路程、最低的成本完成配送任务，实现配送合理化。

4. 实现送取结合

配送企业与客户建立稳定的合作关系，不仅可以承担配送的任务，还可能成为完全的第三方物流服务商，包括存储、运输、物流金融等。配送时既能送货，又可以把客户生产的产品给客户的客户配送，实现送取结合，提高效率。

5. 准时配送和即时配送

准时配送强调的是配送的时间要求，按照客户要求的时间，实现准时配送。即时配送则是实时的配送要求，成本较高，适合高价值的、低重量、小体积的贵重物品，满足高层次顾客的要求。

七、配送的发展趋势

在信息化时代,随着网络技术、电子商务、交通运输和管理的现代化,现代商贸物流配送也将在运输网络合理化和销售网络系统化的基础上实现整个物流系统管理的现代化,配送各环节作业的自动化,智能化,下面介绍主要趋势。

1. 配送模式由生产者和销售商自己组织物流配送转变为第三方物流配送为主

随着物流的发展和分工的深化,专业物流企业,即第三方物流企业不断出现,以其专业化配送职能取代了原有的生产者和销售商的自营物流配送,简化了企业交易程序,使企业能够专心于自己所熟悉的业务,将资源配置在核心业务上,进而起到优化资源配置,降低成本,提高效率的作用。另外,随着城市社区服务体系的逐渐完善,由第三方物流企业把不同商品(如报纸、牛奶等)集中综合配送效率更高,可以提高配送网络的利用效率,大大节约交易费用。同时由于第三方物流的不断发展,第三方物流企业能够更好地了解顾客的要求,及时调整经营模式和服务内容,最大限度地缩短订货处理周期,提高物流配送系统的反应速度。

2. 配送呈现共同化,从无序走向有序

配送初期,主要是以单个企业为主体,存在车辆利用率低,不同配送企业之间交错运输、交通紧张等不合理问题,并且强调完全按顾客要求办事,配送企业缺乏合理计划,处于被动服务地位。现代配送的发展已上升到从大范围考虑合理化,致力于在整个城市和区域中推行,提升企业共同配送的高度。在此基础上制订全面周详的计划,从而促进配送的合理化、服务的高效化。

3. 配送运用现代技术和方法,与电子商务发展相融合

随着配送规模的扩大和计算机的微型化,配送普遍运用计算机管理。一是信息传递预处理逐渐采用EDI系统;二是计算机在进货、配货和选址等方面辅助决策逐渐成为趋势;三是计算机与其他自动化装置的操作相结合。同时,物流配送和电子商务发展相融合,充分利用国际互联网、电子商务安全等技术。在构筑物流信息系统、控制系统、电子数据交换系统EDI、卫星导航与定位GPS、移动通信、CD-ROM电子地图方面将会大范围普及。

4. 物流供应链采用先进的系统模式

随着信息高速公路建设和电子信息技术的发展,车载计算机的体积会更小,功能会更强,成本会更低,在物流链管理方面使用高新技术设备将会更加方便,管理功能更加完善。同时,物流经营组织的交流和关系也将走向全球化发展,组织结构也将会从金字塔式的组织结构向网络化方向发展,形成更为科学合理的企业物流系统、区域物流系统、全国物流系统和国际物流系统。物流供应链先进系统模式的采用,全面优化了物流管理,降低了成本,提高了服务质量,增强了竞争能力。

问题思考

教学内容中没有涉及"配送中心",请通过网络等途径了解配送中心对现实的意义和作用。

课后练习

选择题,选项四个的为单选题,选项五个的为多选题

1. 在物流过程中,人们通常把面向城市内和区域范围内需求者的运输,称为"(　　)"。
   A. 装卸　　　　B. 配送　　　　C. 搬运　　　　D. 流通加工

2. 配送作为配货和送货的有机结合,在以下几个方面有着重要作用(　　)。
   A. 完善和优化物流系统　　　　B. 提高末端物流的效益
   C. 实现低库存或者零库存　　　D. 简化事物,方便客户
   E. 提高供应的可靠性

3. 按照事先约定的时间间隔进行配送,每次配送的品种数量可预先计划,也可以根据客户的需求进行随机调整。这种方式是(　　)。
   A. 定量配送　　B. 定时定量配送　　C. 定时配送　　D. 及时配送

4. 根据客户提出的时间要求和商品品种、数量要求及时地将产品送达指定地点,这种配送方式是(　　)。
   A. 定量配送　　B. 定时定量配送　　C. 定时配送　　D. 及时配送

5. 配送是要实现从货物起点到客户手中的过程,因此配送包含了(　　)以及运送等基本环节。
   A. 备货　　　　B. 配货　　　　C. 包装　　　　D. 流通加工
   E. 搬运

6. (　　)是配送活动的核心,是将根据客户订单进行分拣、加工、包装好的商品经过科学配装、选择合理的运输工具、设计合理的路线最终交付客户的过程。
   A. 配送运输　　B. 备货　　　　C. 配货　　　　D. 流通加工

7. 配送模式是企业对配送活动采取的基本战略和方法。根据国内外发展的经验和实践,配送主要有以下几种模式(　　)。
   A. 社会配送模式　　　　　　　B. 自营配送模式
   C. 第三方配送模式　　　　　　D. 互用配送模式
   E. 共同配送模式

8. 配送合理化的评判标志不包括(　　)。
   A. 库存评判标志　　　　　　　B. 成本和效益评判标志

C. 资金评判标志　　　　　　　　D. 推行专业化配送。

9. 配送合理化可采取的措施包括(　　)。

A. 推行专业化配送　　　　　　　B. 运用加工配送

C. 利用共同配送　　　　　　　　D. 实现送取结合

E. 准时配送和即时配送

第七节　物流信息处理

一、物流信息概述

(一) 物流信息定义

物流信息是反映物流各种活动内容的知识、数据、情报、图像、文件的总称。它随着物流活动的产生而产生，与物流过程活动如运输、仓储、装卸、包装以及配送等紧密地结合在一起，是物流活动进行所不可缺少的必要条件。另外，物流信息还包含与其他流通活动有关的信息，如商品交易信息和市场信息等。这些信息在物流供应链中流动，使得供应链能够做到协调控制、快速反应。

现代物流的重要特征是物流的信息化，现代物流也可以看作是货物实体流通与信息流通的结合。在现代物流运作过程中，通过使用计算机、通信、网络等技术手段，大大加快了物流信息的处理和传递速度，从而使物流活动的效率和快速反应能力得到提高。

(二) 物流信息的分类

1. 物流系统内信息

物流系统内信息是指与物流活动(如运输、保管、包装、装卸、配送、流通加工等)有关的信息。它是伴随物流活动而发生的。在物流活动的管理与决策中，如运输工具的选择、运输线路的确定、在途货物的追踪、仓库的有效利用、订单管理等，都需要详细和准确的物流信息，因为物流系统内信息对运输管理、库存管理、订单管理等物流活动具有支持保证的功能。

2. 物流系统外信息

物流系统外信息是在物流活动以外发生的，但提供给物流使用的信息，包括供货人信息、顾客信息、订货合同信息、交通运输信息、市场信息、政策信息，还有来自企业内生产、财务等部门的与物流有关的信息。

(三) 物流信息的特征及作用

物流信息不仅具有信息具有的一般属性，也具有自己独有的特点。

1. 广泛性

由于物流是一个大范围内的活动，物流信息源也分布于一个大范围内，信息源多、信息量大，涉及从生产到消费、从国民经济到财政信贷各个方面。物流信息来源的广泛性决定了它的影响也是广泛的，涉及国民经济各个部门、物流活动各环节等。

2. 联系性

物流活动是多环节、多因素、多角色共同参与的活动，目的就是实现产品从产地到消费地的顺利移动。因此在该活动中所产生的各种物流信息必然存在十分密切的联系，如生产信息、运输信息、储存信息、装卸信息间都是相互关联、相互影响的。这种相互联系的特性是保证物流各子系统、供应链各环节以及物流内部系统与物流外部系统相互协调运作的重要因素。

3. 多样性

物流信息种类繁多，从其作用的范围来看，本系统内部各个环节有不同种类的信息，如流转信息、作业信息、控制信息、管理信息等，物流系统外也存在各种不同种类的信息，如市场信息、政策信息、区域信息等；从其稳定程度来看，又有固定信息、流动信息与偶然信息等；从其加工程度看，又有原始信息与加工信息等；从其发生时间来看，又有滞后信息、实时信息和预测信息等。在进行物流系统的研究时，应根据不同种类的信息进行分类收集和整理。

4. 动态性

多品种、小批量、多频度的配送技术与 POS、EOS、EDI 数据收集技术的不断应用使得各种物流作业频繁发生，加快了物流信息的价值衰减速度，要求物流信息的不断更新。物流信息的及时收集、快速响应、动态处理已成为主宰现代物流经营活动成败的关键。

5. 复杂性

物流信息广泛性、联系性、多样性和动态性带来了物流信息的复杂性。在物流活动中，必须对不同来源、不同种类、不同时间和相互联系的物流信息进行反复研究和处理，才能得到有实际应用价值的信息，去指导物流活动，这是一个非常复杂的过程。

二、物流信息技术

物流信息技术指的是现代信息技术在物流各作业环节中的应用，包括 BarCode（条形码）、EDI（电子数据交换）、GPS（全球定位系统）、GIS（地理信息系统）、IoT（物联网技术）等，是物流现代化的重要标志。

（一）条形码系统

1. 条形码

企业在流通和物流活动中，为了能迅速、准确地识别产品，自动读取有关产品信息，普遍应用条形码技术。由于条形码技术可以及时自动读取信息，因此企业可以及时方便地了解客户的需要，促进产品销售，也有助于物流系统提高效率。同时，条形码技术对提高库存管理效率的作用也是非常明显的，是实现库存管理电子化的重要手段。

条形码是由一组按特定规则排列的条、空及其对应字符组成的表示一定信息的符号。条形码中的条、空分别由深浅不同且满足一定光学对比度要求的两种颜色（通常为黑色和白色)表示。条为深色,空呈浅色。这组条、空和相应的字符代表相同的信息。条、空用于机器识读,字符供人直接识读或通过键盘向计算机中输入。这种用条、空组成的数据编码很容易译成二进制和十进制数。这些条和空可以有不同的组合方法,从而构成不同的图形符号,即各种符号体系,也称码制,适用于不同的场合。

如图 3-8 为 EAN 商品条形码字符结构实例。条形码由若干个黑色的"条"和白色的"空"所组成,其中,黑色条对光的反射率低而白色的空对光的反射率高,再加上条与空的宽度不同,就能使扫描光线产生不同的反射接收效果,在光电转换设备上转换成不同的电脉冲,形成可以传输的电子信息。由于光的运动速度极快,因此能准确无误地对运动中的条形码予以识别。

图 3-8　条形码字符结构实例

2. 物流条形码

(1) 物流条形码的概念。

为了实现以最少的投入获得最大的经济效益,就要使物流过程快速、合理、消耗低,需要综合考虑物流、商流、信息流,发挥物流系统的功能。物流条形码可以更好地实现这一目标。物流条形码是物流过程中用以标识具体实物的一种特殊代码,它是由一组黑白相间的条、空组成的图形,利用识读设备可以实现自动识别、自动数据采集。在商品从生产厂家到运输、交换的整个物流过程中都可以通过物流条形码来实现数据共享,使信息的传递更加方便、快捷、准确,提高整个物流系统的经济效益。

物流条形码包括 25 码、39 码、交叉 25 码、EAN-128 码、Codabar 码、ITF 码等。其中,25 码是一种只有条表示信息的非连续型条形码。每个条形码字符由规则排列的五个条组成,其中有两个条为宽单元,其余的条和空以及字符间隔是窄单元,故称为"25 码"。25 码的字符集为数字字符 0—9。图 3-9 是表示"123458"的 25 码结构。

(2) 物流条形码与通用商品条形码的区别。

当今通用商品条形码的普及使商业管理实现了自动化,而物流条形码却刚刚起步。物流条形码与通用商品条形码相比有许多不同之处,具体可以从以下几个方面加以比较。

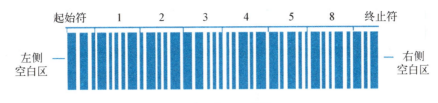

图 3-9　表示"123458"的 25 码

① 标志目标不同。通用商品条形码是最终消费单元的唯一标志,它常常是单种商品的条形码。消费单元是指通过零售渠道,直接销售给最终客户的商品包装单元。物流条形码则是货运单元的唯一标志。货运单元是由若干消费单元组成的稳定的和标准的商品集合,是收发货、运输、装卸、仓储等物流业务所必需的一种商品包装单元,一般是多种商品的集合。

② 应用领域不同。通用商品条形码用于零售业现代化的管理,印在单个商品上,可以实现商品的自动识别、自动寻址、自动结账,实现零售业管理的自动化和信息化。物流条形码用于物流现代化的管理,贯穿于整个物流过程之中。产品从生产出来后,要经过包装、运输、仓储、分拣、配送等众多环节,才能到达零售商店,实现了对产品的跟踪和数据的共享。

③ 采用的码制不同。通用商品条形码采用的是 EAN 码和 UPC 码,条形码的长度固定,信息容量少。物流条形码主要采用 UCC/EAN-128 码(Uniform Code Council Inc,美国统一编码委员会),条形码的长度可变,信息容量多,且条形码精度要求低,易于制作,容易推广。

④ 标准维护不同。通用商品条形码已经实现了国际新标准,维护的要求比较低。物流条形码是可变性条形码,贸易伙伴根据贸易的具体需要增减信息,而且随着国际贸易的发展,物流条形码的内容需要不断补充、丰富,因此对物流条形码的标准维护应该更加重视。

正是因为物流条形码具有以上这些特征,才使其能够区别于通用商品条形码,物流条形码在物流领域的实施才具有可行性。通过对物流条形码信息的收集、传递和反馈,从而提高整个物流系统的经济效益,这是研究物流条形码的最终目的。

(3) 物流条形码的识别。

条形码识别可以采用各种光电扫描设备,它们是:

① 光笔扫描器,似笔形的手持小型扫描器。

② 台式扫描器,固定的扫描装置,手持带有条形码的物品在扫描器上移动。

③ 手持式扫描器,能手持和移动使用的较大的扫描器,用于静态物品扫描。

④ 固定式光电及激光快速扫描器,是现在物流领域应用较多的固定式扫描设备。

各种扫描设备都和后续的光电转换、信息信号放大及与计算机联机形成完整的扫描阅读系统,完成电子信息的采集。

3. 条形码在物流中的应用

由条形码与扫描设备构成的自动识别技术在物流管理中有很多好处。对托运人来说,它能改进订货准备和处理,排除航运差错,减少劳动时间,改进记录保存,减少实际存货时间。对承运人来说,它能保持运费账单信息完整,顾客能存取实时信息,改进顾客装运活动的记录保存,可跟踪装运活动,简化集装箱处理,监督车辆内的不相容产品,减少信息传输时间。对仓储管理来说,它能改进订货准备、处理和装置,提供精确的存货控制,顾客能存取实时信息,考虑安全存取信息,减少劳动成本,入库数精确。对批发商和零售商来说,它能保证单位存货精确、销售点价格精确,减少实际时间,增加系统灵活性。

目前,条形码和扫描技术在物流方面主要有三大应用。

(1) 销售点实时管理系统(POS)。在商品上贴上条形码就能快速、准确地利用计算机进行销售和配送管理。其过程为对销售商品进行结算时,通过光电扫描读取设备将信息输入计算机,然后输进收款机,收款后开出收据,同时,通过计算机处理,掌握进、销、存的数据。

(2) 库存系统。在库存物资上应用条形码技术,尤其是在规格包装、集装、托盘货物上,入库时自动扫描并输入计算机,由计算机处理后形成库存信息,并输出入库区位、货架、货位的指令,出库程序则和POS系统条形码应用一样。

(3) 分货拣选系统。在配送方式和仓库出货时,采用分货、拣选方式,需要快速处理大量的货物,利用条形码技术可自动进行分货和拣选,并实现有效的管理。

(二) 电子数据交换系统

1. EDI 系统的概念

电子数据交换(electronic data interchange,EDI),是指通过电子方式,采用标准化的格式,利用计算机网络进行结构化数据的传输和交换。它是20世纪80年代发展起来的一种新颖的电子化贸易工具,是计算机、通信和现代管理技术相结合的产物。它通过计算机通信网络将贸易、运输、保险、银行和海关等行业信息,用一种国际公认的标准格式,实现各有关部门或企业之间的数据交换与处理,并完成以贸易为中心的全部过程。

国际标准化组织(ISO)将 EDI 描述为"将贸易(商业)或行政事务处理按照一个公认的标准变成结构化的事务处理或信息数据格式,从计算机到计算机的电子传输"。由于使用 EDI 可以减少甚至消除贸易过程中的纸面文件,因此 EDI 又被人们通俗地称为"无纸贸易",被誉为一场"结构性的商业革命"。

2. 物流管理中 EDI 的构成

构成 EDI 系统的三个要素是 EDI 软件和硬件、通信网络以及数据标准化。一个部门或企业若要实现 EDI,首先必须有一套计算机数据处理系统;其次,为使本企业内部数据比较容易地转换为 EDI 标准格式,须采用 EDI 标准;另外,通信环境的优劣也是关系到 EDI 成败的重要因素之一。

EDI 是为了实现商业文件、单证的互通和自动处理,采用的是不同于人机对话方式的交互式处理,而是计算机之间的自动应答和自动处理,因此文件结构、格式、语法规则等方面的标准化是实现 EDI 的关键。世界各国开发 EDI 得出一条重要经验,就是必须把 EDI

标准放在首要位置。EDI 标准主要分为基础标准、代码标准、报文标准、单证标准、管理标准、应用标准、通信标准、安全保密标准几个方面。

3. 物流管理中 EDI 的一般流程

物流管理中 EDI 的一般流程如下。

(1) 发送货物业主(如生产厂家)在接到订货后制订货物运送计划,并把运送货物的清单及运送时间安排等信息通过 EDI 发送给物流运输业主和接收货物业主(如零售商),以便物流运输业主预先制定车辆调配计划和接收货物业主制订货物接收计划。

(2) 发送货物业主依据顾客订货的要求和货物运送计划下达发货指令,分拣配货,打印出物流条形码的货物标签并贴在货物包装箱上,同时把运送货物品种、数量、包装等信息通过 EDI 发送给物流运输业主和接收货物业主,据此请示下达车辆调配指令。

(3) 物流运输业主在向发货货物业主取运货物时,利用车载扫描读数仪读取货物标签的物流条形码,并与先前收到的货物运输数据进行核对,确认运送货物。物流运输业主在物流中心对货物进行整理、集装,做成送货清单并通过 EDI 向收货业主发送发货信息,在货物运送的同时进行货物跟踪管理,并在货物交给收货业主之后,通过 EDI 向发货物业主发送完成运送业务信息和运费请示信息。

(4) 收货业主在货物到达时,利用扫描读数仪读取货物标签的物流条形码,并与先前收到的货物运输数据进行核对确认,开出收货发票,货物入库;同时通过 EDI 向物流运输业主和发送货物业主发送收货确认信息。

经过 20 多年的发展与完善,EDI 作为一种全球性的具有巨大商业价值的电子化贸易手段及工具,具有下列显著特征。

(1) 单证格式化。EDI 传输的是企业之间格式化的数据,如订购单、报价单、发票、货运单、装箱单、报关单等,这些信息都具有固定的格式与行业通用性。而信件、公函等非格式化的文件不属于 EDI 处理的范畴。

(2) 报文标准化。EDI 传输的报文符合国际标准或行业标准,这是计算机能自动处理的前提条件。

(3) 处理自动化。EDI 信息传递的路径是计算机到数据通信网络,再到商业伙伴的计算机,信息的最终用户是计算机应用软件系统,它自动处理传递的信息。因此,这种数据交换是机—机、应用—应用,无须人工干预。

(4) 软件结构化。EDI 功能软件由五个模块组成:用户界面模块、内部 EDP (electronic data processing)接口模块、报文生成与处理模块、标准报文格式转换模块、通信模块。这五个模块功能分明,结构清晰,形成 EDI 较为成熟的商业化软件。

(5) 运作规范化。EDI 以报文的方式交换信息有其深刻的背景。EDI 报文是目前商业化应用中最成熟、最有效、最规范的电子凭证之一,EDI 单证报文具有法律效力已被普遍接受。任何一个成熟、成功的 EDI 系统,均有相应的规范化环境作为基础,如 EDI 存证系统等。

在物流管理中,运用 EDI 系统的优点在于供应链组成各方基于标准化的信息格式和处理方法,通过 EDI 共同分享信息,提高流通效率,降低物流成本。

EDI 的好处已日益明显,运费和海关单据使用 EDI,使承运人、货运代理和跨国的产品流大大受益。在零库存的作业中使用 EDI,使运作效率有了很大的提高,在销售环节中使用 EDI 能减少交易费用并降低存货,这在欧美等一些发达国家尤为明显。目前,EDI 对采购业务有着很重要的影响,它不仅是一种通信用的业务交易工具,也是一种联合设计、计划、交换预测数据等与其他组织协调的方式。

EDI 的竞争优势不仅在于作为通信工具的运用,而且在于它使组织内部和组织之间的竞争结构发生变化。EDI 的交互效用可以分成与供应商有关的、内部的和与客户有关的三个方面。在买方为主导的市场上,EDI 迫使它们整合成较少的客户;而在卖方为主导的市场上,EDI 可以为市场设计一些附加超值服务,例如通过监控客户存货而自动地追加订货,收集即时市场信息为生产计划增加灵活性和反应能力等。

(三) 全球定位系统

1. 全球定位系统概述

全球定位系统(global positioning system,GPS)是一种以空中卫星为基础的高精度无线电导航定位系统。该系统最初是美国国防部主要为满足军事部门对海上、陆地和空中设施进行高精度导航和定位的要求而建立的,从 20 世纪 70 年代初开始设计、研制,渐趋成熟。GPS 作为新一代卫星导航与定位系统,不仅具有全球性、全天候、连续的精密三维导航与定位能力,而且具有良好的抗干扰性和保密性。

2. GPS 系统在物流领域的应用

GPS 主要用于定位导航、授时校频及高精度测量等,特别是在物流领域,可以广泛用于海空导航、实时监控、动态调度、货物跟踪、路线优化和智能运输等。

(1) 海空导航。GPS 系统的出现克服了陆基无线电航海导航系统等的局限性,利用其精度高、可连续导航、有很强的抗干扰能力的特征,可有效开展海洋、内河及湖泊的自主导航、港口管理、进港引导、航路交通管理等。而在航空导航方面,GPS 的精度远优于现有任何航空航路用导航系统,可实现最佳的空域划分和管理、空中交通流量管理及飞行路径管理,为空中运输服务开辟了广阔的应用前景,同时也降低了营运成本,保证了空中交通管制的灵活性。可以说,从航空器进场/着陆、场面监视和管理、航路监视等领域,GPS 都发挥着巨大的作用。

(2) 实时监控。应用GPS 技术,可以建立运输监控系统,在任何时刻查询运输工具所在地理位置和运行状况(经度、纬度、速度等)信息,并在电子地图上显示出来;可以自动将信息传到运输作业的相关单位,如中转站、接车单位、物流中心、加油站等,以便做好相关工作准备,提高运输效率;还可以监控运输工具的运行状态,了解运输工具是否有故障征兆并及时发出警告,是否需要较大的修理并安排修理计划等。

(3) 动态调度。通过应用GPS 技术,调度人员能在任意时刻发出调度指令,并得到确认信息。例如,可进行运输工具待命计划管理,操作人员通过在途信息的反馈,让运输工具未返回车队前即做好待命计划,提前下达运输任务,减少等待时间,加快运输工具周转速度。

(4) 货物跟踪。在运输货物的过程中,可以时刻记录和传送货物位置等数据到控制中心,及时获取货物的信息,如货物品种、数量、货物在途情况、交货期间、发货地和到达地、货物的货主、送货车辆和人员等,可以跟踪查看货物是否按预定路线接送、中间有无停车、在哪里停的车、停了多少次等,是否在规定时间内把货物交到客户手中,防止中间拉私货或怠工等。

(5) 路线优化。根据GPS数据,获取路网状况,如通畅情况、是否有交通事故等,应用运输数学模型和计算机技术,进行路线规划及路线优化,规划设计车辆的优化运行路线、运行区域和运行时段,合理安排车辆运行通路。

(6) 智能运输。智能运输是通过采用先进的电子技术、信息技术、通信技术等高新技术,对传统的交通运输系统及管理体制进行改造,从而形成一种信息化、智能化、社会化的新型现代交通系统。智能运输强调的是运输设备的系统性、信息交流的交互性及服务的广泛性。在智能运输系统中,应用GPS技术可以建立起视觉增强系统、汽车电子系统、车道跟踪/变更/交汇系统、精确停车系统、车牌自动识别系统、实时交通/气象信息服务系统、碰撞报警系统等。

(四) 地理信息系统

1. 地理信息系统概述

地理信息系统(geographical information system, GIS)是指以地理空间数据为基础,采用地理模型分析方法,适时地提供多种空间的和动态的地理信息,是一种为地理研究和地理决策服务的计算机技术系统。

GIS系统是20世纪60年代开始迅速发展起来的地理学研究新成果,是多种学科交叉的产物。其基本功能是将表格型数据(无论它来自数据库、电子表格文件或直接在程序中输入)转换为地理图形显示,然后对显示结果进行浏览、操作和分析。其显示范围可以从洲际地图到非常详细的街区地图,显示对象包括人口、销售情况、运输线路以及其他内容。

2. 地理信息系统的应用

由于GIS的特征在于能够将文字和数据信息转化为地理图形或图像,大到地球、国家、省市,小到村镇、街道乃至地面上的一个点位,GIS都能以直观、方便、互动的可视化方式,实现地理数据信息的快速查询、计算、分析和辅助决策。因此,GIS是构建数字地球、数字中国、数字城市的核心技术,它与无线通信、宽带网络和无线网络日趋融合在一起,为人类社会和生活提供了一种立体的、多层面的、可视化的信息服务体系。在此基础上,可以建立系统化的物流空间数据基准,实现物流数据形式的形象化、标准化和可视化,进行物流供应链的数字化控制和管理,建立精确化的数字物流体系。

GIS 应用于物流分析,主要是指利用 GIS 强大的地理数据功能来完善物流分析技术。国内外公司已经开发出利用 GIS 为物流提供专门分析的工具软件。完整的 GIS 分析软件集成了车辆路线模型、网络物流模型、分配集合模型和设施定位模型等。

(1) 车辆路线模型。用于解决一个起始点、多个终点的货物运输中如何降低物流作业费用,并保证服务质量的问题,包括决定使用多少辆车、每辆车的路线等。

(2) 网络物流模型。用于解决寻求最有效的分配货物路径问题,也就是物流网点布局问题。例如,将货物从 N 个仓库运往到 M 个商店,每个商店都有固定的需求量,因此需要确定由哪个仓库提货送给那个商店,使得运输代价最小。

(3) 分配集合模型。可以根据各个要素的相似点把同一层上的所有或部分要素分为几个组,用以解决确定服务范围和销售市场范围等问题。例如,某一公司要设立 X 个分销点,要求这些分销点要覆盖某一地区,而且要使每个分销点的客户数目大致相等。

(4) 设施定位模型。用于确定一个或多个设施的位置。在物流系统中,仓库和运输线共同组成了物流网络,仓库处于网络的节点上,节点决定着线路。根据供求的实际需要并结合经济效益等原则,在既定区域内设立多少个仓库,每个仓库的位置,每个仓库的规模,以及仓库之间的物流关系等问题,运用此模型就能很容易地得到解决。

(五) 物联网技术

1. 物联网概述

物联网(internet of things,IoT)的概念是由麻省理工学院的专家在 1999 年提出的,它的产生和发展与计算机网络的发展、互联网应用的扩展、计算技术的发展、传感技术的发展、社会需求的驱动及政府的支持都是分不开的。

物联网的定义目前争议比较大,还没有被各界广泛接受的统一定义,各个国家和组织对于物联网都有自己的定义。以下是一些国家或者组织的定义。

(1) 美国的定义:将各种传感设备,如无线射频标识(radio frequency identification,RFID)设备、红外传感器、全球定位系统等与互联网结合起来的而形成的一个巨大的网络,其目的是让所有的物体都与网络连接在一起,方便识别和管理。

(2) 欧盟的定义:将现有互联的计算机网络扩展到互联的物品网络。

(3) 国际电信联盟(International Telecommunication Union,ITU)的定义:任何时间、任何地点,我们都能与任何东西相连。

由物联网的定义,可以从技术和应用两个方面来它进行理解。

① 技术理解。物联网是物体的信息利用感应装置,经过传输网络到达指定的信息处理中心,最终实现物与物、人与物的自动化信息交互与处理的智能网络。

② 应用理解。物联网是把世界上所有的物体都连接到一个网络中,形成"物联网",然后又与现有的互联网相连实现人类社会与物体系统的整合,达到更加精细和动态的方式去管理。

从物联网产生的背景及物联网的定义中可以大概地总结出物联网的几个特征。

① 全面感知。利用 RFID、二维码、传感器等随时随地获取物体的信息。

② 可靠传递。通过无线网络与互联网的融合将物体信息实时准确地传递给用户。

③ 智能处理。利用云计算、数据挖掘以及模糊识别等人工智能,对海量的数据和信息进行分析和处理,对物体实施智能化控制。

2. 物联网中的核心关键技术

核心关键技术主要有 RFID 技术、传感器技术、无线网络技术、人工智能技术、云计算技术等。

(1) RFID 技术。物联网中"让物品开口说话"的关键技术。物联网中 RFID 标签上存着规范而具有互通性的信息,通过无线数据通信网络把它们自动采集到中央信息系统中实现物品的识别。

(2) 传感器技术。在物联网中传感器主要负责接收物品"讲话"的内容。传感器技术是从自然信源获取信息并对获取的信息进行处理、变换、识别的一门多学科交叉的现代科学与工程技术。它涉及传感器、信息处理和识别的规划设计、开发、制造、测试、应用及评价改进活动等内容。

(3) 无线网络技术。物联网中物品要与人无障碍地交流,必然离不开高速、可进行大批量数据传输的无线网络。无线网络既包括允许用户建立远距离无线连接的全球语音和数据网络,也包括近距离的蓝牙技术、红外技术和 Zigbee 技术。

(4) 人工智能技术。人工智能是研究计算机来模拟人的某些思维过程和智能行为(如学习、推理、思考和规划等)的技术。在物联网中人工智能技术主要将物品"讲话"的内容进行分析,从而实现计算机自动处理。

(5) 云计算技术。物联网的发展离不开云计算技术的支持。物联网中的终端的计算和存储能力有限,云计算平台可以作为物联网的大脑,以实现对海量数据的存储和计算。

(六) 无线射频标识技术

1. 无线射频标识概述

无线射频标识(radio frequency identification,RFID)技术又称无线射频辨识技术,最早在第二次世界大战中曾被应用于区别敌机与友机的身份。随后的几十年中,产品标准不统一、价格昂贵的芯片价格等因素限制了 RFID 市场的发展。随着计算机芯片技术的发展以及价格快速下降,到了 20 世纪初,全球最大的零售商沃尔玛开始在其主要供货商中推广使用 RFID 电子标签。随着相关产品标准的建立,RFID 的市场前景变得非常明朗,RFID 技术应用领域越来越多。目前,RFID 的相关产品已普遍应用在日常生活中。

根据 RFID 标签通常是否带有电源,可分为被动式和主动式两种类型。目前,应用比较广泛的是无源标签。RFID 的读取器包含天线、控制单元及处理单元等,利用电磁波传递能量与信号。读写器的辨识速率非常快,可以达到 8bit/ms,而且可采用有线或无线通信方式与应用系统结合使用。而主机系统通过数据库、计算机网络等应用集成,可以为仓库管理等提供实时监控功能。

标签是RFID系统中的电子信息载体,主要用于存储对应于目标物的详细信息。信息采集的功能主要由RFID系统中的读写器完成,读写器从标签中读取信息或向标签中写入目标信息。标签和读写器之间通过非接触的电磁波进行数据和信息的传递。在一般的RFID系统中,读写器发射的能量在一个区域内形成电磁耦合场。标签一旦进入该区域,就会被激活,进而与读写器进行数据通信和交换。读写器感应到进入其感应范围的电子标签后,就会读取其上面的数据,通过解码算法、校验算法等过程确定数据的准确性和有效性,然后通过读写器的输入/输出接口将电子标签上的数据信息传送到计算机应用系统中。

RFID的优点:

(1) RFID标签不像条形码一次记录,难以修改。RFID标签可不限次数地新增、删除、修改其内部储存的数据。

(2) 数据读取非常方便。只要在读写器的无线电波的辐射范围内,RFID标签都可以传递信息和数据,即使具有一定的距离间隔或商品表面脏损,也能及时、快速地辨识。

(3) 信息的存储量大。RFID卷标最大的容量可达到数兆字节,比目前使用的一维和二维码的信息量大很多。

(4) 重复性使用。RFID卷标因为本身数据可更新,因此重复使用。

(5) 数据读取的并行性。一般来说,RFID的读写器可以同时识别并读取多个RFID标签上的数据。

(6) 安全性高。RFID卷标读取都有密码保护,设置有高安全性的保护措施,不容易被伪造及变造。

2. 无线射频标识技术的应用

(1) 在采购环节中,企业可以通过物联网实现及时采购和快速反应采购。企业通过物联网能够实时了解到整个供应链的销售和供应状态,从而更好地把握库存信息、供应和生产需求信息等,及时制定和调整企业的采购计划,并生成有效的采购订单。在物料管理方面,由于物料配送的不协调而影响产品的生产效率,通过RFID技术对采购的生产物料按统一的规则建立编码,从而改变物料供应的无序状态,防止不必要的损失和混乱。对于需要进行跟踪的物料,管理人员要贴上电子标签,以便进行管理。利用RFID技术不仅利于对物料追踪和管理,而且有助于合理准备物料库存,提高生产效率,合理调动企业资金。物联网帮助管理人员及时根据生产进度进行补货,不仅减少了物料库存和库存统计压力,使物料库存信息实时准确,同时也加强了对产品质量的监控和管理,减少了产品召回和维护成本。

(2) 在生产管理方面,产品通过RFID可以实现生产线运作的动化,快速准确地找到所需的零部件,及时将其送上生产线,实现在整个生产线上对材料、零件、产品的识别和跟踪,从而杜绝仿冒部件和不合格产品,降低识别的成本,减少出错率,提高生产效益。通过RFID技术实时监控生产情况和产品状态,提高产品合格率,为管理者提供及时准确的数据,以便根据生产实际情况及时调整作业计划,便利地解决生产中出现的问题,自动管理库存、均衡流水线的负载状况。通过 RFID 技术对各车间生产物料的识别和实时跟踪,可以将企业的管理信息系统与生产过程监控系统融为一体,实现其一体化集成和资源共享,建立综合实时信息库,确保各类数据的一致性和完整性,从而为企业决策者提供动态的监控生产,为企业生产调度、决策提供依据,提高管理效率,延伸企业管理功能,进而为实现 JIT 等先进的管理模式做出保证。

(3) 在仓储环节中,RFID 技术广泛应用于产品的存取、盘点和存量控制。以 RFID 技术为核心的智能托盘系统解决了产品在仓库中堆放、卸载、管理和跟踪的问题,保证了相关信息的准确、可靠。管理人员通过 RFID 技术能够实时了解到产品的存放位置,有效地利用库存空间,不仅提高了工作效率,也降低了库存成本。通过 RFID 技术对产品进行自动识别和数据采集,能够避免数据的重复输入,杜绝由此造成的失误,提高了作业的准确率和速率,因此节省了人工成本,并减少了由于错误所造成的损耗。

(4) 在配送分销环节中,通过 RFID 技术随时了解供应链中的某些特定产品的状态。在直接转装运作过程中使用 RFID 能实现自动送货处理,提高装载准确性,减少产品转移,提高核查点效率,提高运输安全性,并改善运输资产利用率,使交付周转速度更快。配送中心利用 RFID 技术,能够缩短配送作业流程,改善配送作业质量,节省人力成本。

(5) 在零售环节中,RFID 技术主要用于单个产品,在每个产品上以 RFID 标签取代条形码标签,每个 RFID 标签上用产品编号加上序号来识别每个产品,利用这个方式进行盘点、收货以及零售点的付款台作业。由于每个产品具有唯一的 RFID 标签,可将所有产品以最小单位进行管理,对货架上的产品促销、防窃、顾客行为分析等也可以按照单个产品来进行管理。通过 RFID 技术对单个产品的管理,可以实时监控供应链中的物品运送情况,同时提高运营效率与商店的效率,而有效的供应链运营又可以确保消费者在准备进行购买时商品能够及时到货。当产品实现 RFID 标签化以后,开架销售可以提高产品的销售额。

(6) 在售后服务环节中,企业为了提高产品信誉以及售后服务质量,可通过 RFID 技术与管理信息来建立用户信息和产品售后维修档案。通过产品维修点反馈产品售后维修记录,建立售后维修跟踪记录,监督产品维修点和建立产品的售后产品质量,记录统计维修原因,以便企业能够进一步提高产品售后维修服务。从记录的维修原因中,能够及时发现是零部件的原因还是装配的原因,并及时将信息反馈给相关部门,及时解决存在的问题。此外,还可以通过客户的反馈意见,及时了解零部件产品质量,帮助企业择优选择最好的供应商。

(七) 云计算机技术

1. 云计算技术概述

云计算(cloud computing)是一个新概念,2007 年,由美国谷歌和 IBM 公司首先提出。云计算既是一种新的资源共享模式,也是一种新的商业模式的创新。云计算技术将计算资源分布在大量的分布式计算机上或远程服务器中,为达到按需求使用网络资源,实现资源共享。云计算是将资源分配到各种需要的应用之上，根据需求访问计算机和存储系统的网络资源以进行共享利用。

关于什么是云？什么是云计算？存在比较多的定义，国内外比较认可的定义：所谓"云"，是指各种虚拟化的计算资源池，它包括各种用于构造应用程序的基础设施，以及在这些基础设施上的具体云计算应用。

云计算平台是通过对一系列 IT 资源的配置，根据用户的需要来动态地分配资源。用户只要通过简易的 API 程序就能够使用云计算平台提供的服务。云计算平台根据用户角度可以分为公共云平台和私有云平台。公共云一般由第三方组织或机构运行和维护，如国外做得比较成功的亚马逊公司、谷歌公司，国内的华为、百度等，通过互联网为用户提供服务。而私有云一般由企业和组织自己搭建起来，提供适合组织内运营的 IT 基础设施服务。

2. 云计算技术在物流中的应用模式

（1）基于云计算模式的基础设施服务。该模式能够为中小物流企业提供所需的服务器、存储设备及网络等硬件设施，按需响应并按实际使用量来收费。用户可以在虚拟的硬件设施上安装并运行各种软件，性能优异并且价格低廉。

（2）基于云计算模式的业务平台。该模式利用经过分析处理的各类感知数据（包括射频识别、多源传感、定位导航、视频场景等），通过高速可靠的网络为中小物流企业提供丰富的应用服务，包括企业货代管理、报关管理、仓储管理、配送管理、运输管理、安全追溯、商机决策、客户服务等功能。

（3）基于云计算模式的数据存储中心。该模式以业务平台的服务为中心，提供数据存储等。通过海量数字资源管理技术，实现对上层业务的支撑。

3. 物流云计算发展展望

云计算在物流行业的应用，带来的直接效果是大幅度降低物流成本，从而相应地提高物流企业的经济效益和物流行业的社会效益。

在云计算的商业模式下，中小企业只需专心管理物流业务，而无须关注技术细节。同时，物流云还可以通过整合各类零散的物流资源，来实现物流效益的最大化。因此，从长远来看，云计算在物流业将有非常广阔的发展空间。相信，随着互联网的普及尤其是移动互联的发展，物流云计算的应用会融合到未来物流活动的方方面面。

三、物流信息系统

（一）物流信息系统的概念

物流信息系统（logistics information system，LIS），又称物流管理信息系统，是由人员、计算机硬件、软件、网络通信设备及其他办公设备组成的人机交互系统。其主要功能是进行物流信息的收集、存储、传输、加工整理、维护和输出，为物流管理者及其他物流信息系统组织管理人员提供战略、战术及运作决策的支持，以达到组织的战略竞优，提高物流运作的效率与效益。

物流信息系统是以计算机和网络通信设施为基础，以系统思想为主导，把物流和物流信息结合成一个有机的系统。用系统的观点来看，物流信息系统是企业信息系统的一个子系统，它本身又可以分解成一系列子系统。

对一个企业而言，物流信息系统不是独立存在的，而是企业信息系统的一部分，或者说是其中的子系统，即使对一个专门从事物流服务的企业也是如此。例如，一个企业的ERP系统，物流管理信息系统就是其中一个子系统。

物流信息是与物流活动同时发生的，是实现物流功能必不可少的条件。但由于大量的物流是在未来的需求之前发生，因此要求保证信息的准确性。若收到的物流信息不准确，则会产生不准确的判断或预测，从而引起存货短缺或过剩，这些会不同程度地增加物流成本，甚至影响整个物流系统的运作。因此，物流系统对物流信息质量有很高的要求，主要表现在信息充足、信息准确、通信顺畅（及时）等方面。

物流信息系统包括硬件和软件两部分。其中，硬件包括计算机，输入、输出设备和存储媒介；软件包括用于处理交易、管理控制、决策分析和制定战略计划的系统和应用程序。

（二）物流信息系统的类型和作用

1. 物流信息系统的类型

物流信息是伴随企业的物流活动同时发生的。物流信息是完成运输、保管、装卸、配送等各种功能所必不可缺的条件。

按照不同的视角，可将物流信息系统划分为以下不同的类型。

（1）在物流活动中，按照所起的作用不同，可将物流信息系统分为订货信息、库存信息、生产指示信息（采购指示信息）、发货信息和物流管理信息等系统，分别帮助企业科学高效地完成订货、仓储、生产、发货等功能。

（2）按系统结构不同，物流信息系统可分为单功能信息系统和多功能信息系统。单功能信息系统通常只能完成物流的某个单一功能内的信息管理工作，如合同管理系统、物资分配系统等。多功能信息系统能够完成一个部门或一个企业内全部的物流功能所需的信息管理工作，如仓库管理系统、运输管理系统等。

（3）按系统功能不同，物流信息系统可分为操作型信息系统和决策型信息系统。操作型信息系统是按照某个固定模式对数据进行处理和加工的系统，其输入、输出和处理的方式均是不可改变的。决策型信息系统能根据输入数据的不同，运用知识库提供的方法，对数据进行不同方式的加工和处理，并为管理决策提供决策的依据。

（4）按系统配置不同，物流信息系统可分为单机信息系统和网络信息系统。单机信息系统仅能在一台计算机上运行，虽然可以有多个终端，但主机只有一个。网络信息系统使用多台计算机，相互间以通信网络连接起来，使各计算机之间实现资源共享。

2. 物流信息系统的作用

物流信息系统是企业生产运营活动的神经中枢。如果没有先进、发达的信息系统作支持,企业的物品流通的功能就不可能科学、快速、准确地实现。一个典型的物流信息系统对企业的作用体现在以下几个方面。

(1) 通过物流信息系统,企业可以及时地了解产品市场销售和产品的销售渠道,有利于企业开拓市场和收集信息,帮助企业保持库存适量化(压缩库存并防止脱销)。

(2) 通过物流信息系统,企业可以及时掌握产品的库存流通情况,进而达到企业产销平衡。

(3) 物流信息系统的建立能够有效地节约企业的运营成本,提高搬运作业效率,提高运输效率。

(4) 物流信息系统的建立使得物流的服务功能大大拓展。一个完善的物流信息系统使企业能够把物流过程与企业内部管理系统有机地结合起来,如与 ERP 系统结合,可以使企业管理更加有效。

(5) 加快供应链的物流响应速度。通过建立物流信息系统,达到供应链全局库存、订单和运输状态的共享和可见性,缩短从接受订货到发货的时间,降低供应链中的需求订单信息畸变现象。

在竞争日益激励的市场环境下,建立物流信息系统是必要的、不可缺少的。物流信息系统是企业取得竞争优势的重要手段,因此建立物流信息系统越来越具有战略意义。

四、物流信息系统的结构

通常认为,物流信息系统中最主要的子系统包括订单管理系统(order management system, OMS)、仓库管理系统(warehouse management system, WMS)和运输管理系统(transport management system, TMS)。每个子系统包含各种交易信息,也是决策支持的工具,可帮助企业或组织为特定的物流活动制订计划。这些子系统之间相互存在信息交换,整个物流信息系统与其他信息系统之间也相互交换信息,构成了一体化的信息系统。

(一) 订单管理系统

订单管理系统是物流信息系统的前端。客户在需要产品时会下订单,这些信息最早传到订单管理系统。在物流信息系统中,需要通过复杂的应用软件来处理复杂的订单管理环节,如接收订单、整理数据、订单确认、交易处理(包括信用卡结算及赊欠业务处理)等。

1. 接收订单

其作用是接收并确认订单来源。当系统收到一份订单时,会在管理人员的协助下审核订单信息的完整性和准确性,并自动识别该订单的来源以及下订单的方式,统计顾客是通过何种方式(电话、传真、电子邮件等)完成的订单。之后,系统会自动根据库存清单检索订单上的货物目前是否保有存货。

2. 支付处理

系统会自动根据客户提交订单时提供支付信息处理信用卡业务以及赊欠账业务。如果客户填写的支付信息有误,系统将及时通知顾客进行更改或者选择其他合适的支付方式。同时,系统会和企业财务系统相联系审核客户的资信状况。

3. 订单确认与处理

信息系统会在管理人员的参与下判断是否可以按照客户要求的时间配送货物,并为顾客发送订单确认信息。随后,格式化订单会被发送到离客户最近的配送中心或工厂,制订生产计划或扣减库存、安排运输,并准备发票。在整个过程中,订单管理系统同仓库管理系统、企业财务系统等系统之间存在密切的信息交流和互动。例如,顾客通过互联网下订单后,需要物流系统迅速查询库存清单、查看库存状况,而这些信息随后又通过订单确认程序再度回馈给顾客。

(二)仓储管理系统

如上所述,仓储管理系统与订单管理系统联系密切,某些仓储管理系统本身就包括订单管理系统。该信息子系统主要协助管理物流系统中位于存储状态的货物及其相关信息,其主要功能包括收货管理、入库管理、库存管理、拣货管理。

1. 收货管理

这是货物进入仓库管理系统的入口。产品从运载工具上卸下之后,系统自动或借助手动方式利用条形码或无线射频识别系统将货物相关信息输入仓储管理系统。通过比对产品编号、供货商编号,就可以得到所进货物的详细信息。

2. 入库管理

针对需要在仓库中短期存储的货物,系统会根据产品的物理属性、存储要求检索出仓库现有空间和库位信息,根据事先设定的存储规则,指定货物应该存放的地点,以及作业方式。

3. 库存管理

系统将持续对仓库内的存货水平进行监测,随时提供仓库内存货清单,并自动或在管理人员的配合下完成存货补给工作。自动补货系统会利用设定的再订货方法自动生成订单,要求供货商补进存货。

4. 拣货

仓库管理系统会在接收到订单信息后,根据订单内容安排货物的分拣、包装,以及发运任务。在这个阶段,有的仓库还会提供一些增值服务,如根据客户特殊需求对物品进行包装等。因此,需要根据设定的规则生成有效的拣货单、发运单。

(三)运输管理系统

运输管理系统的主要目标包括根据运输需求选择运输方式或指定承运人、制订运输计划、进行货物跟踪、运费单审核和处理投诉等。

1. 选择运输方式或承运人

运输管理系统可以根据每个订单对运输服务的要求、货物自身的特点和承运人的服务能力来选择运输服务质量和成本的最优组合,确定最佳的运输方式,选择报价合理、服务优质的承运人。

2. 制订运输计划

包括将不同批次的货物拼成一批,集中运输以减少运输成本,合理安排运输时间和线路等,根据情况不同将生成发送计划、车辆调度计划等。

3. 货物跟踪

越来越多的承运人可以向货主提供货物跟踪服务,通过条形码、无线射频设备、GPS设备等可以轻易获知货物所在位置,并通过网络或其他通信手段随时通报给客户。

4. 运费单审核和投诉处理

由于承运人的运费计算系统往往十分复杂,计算机控制的运输管理系统可以快速搜索出运输的最低成本,并与运费单进行比较。如果客户针对运费进行投诉,通过系统可以很快地进行处理。

问题思考

日常生活中哪些信息技术是常见的?它们的主要作用是什么?

课后练习

选择题,选项四个的为单选题,选项五个的为多选题

1. (　　)是指与物流活动(如运输、保管、包装、装卸、配送、流通加工等)有关的信息。它是伴随物流活动而发生的。

　　A. 物流系统内信息　　　　　　B. 物流系统外信息
　　C. 物流系统综合信息　　　　　D. 物流系统非加工信息

2. 物流信息不仅具有信息具有的一般属性,也具有自己独有的特点,具体包括(　　)。

　　A. 广泛性　　B. 联系性　　C. 多样性　　D. 动态性
　　E. 复杂性

3. 物流条形码与通用商品条形码的区别可以体现在四个不同上,它们是(　　)。

　　A. 标准维护不同　　　　　　B. 采用的码制不同
　　C. 外观不同　　　　　　　　D. 标志目标不同
　　E. 应用领域不同

4. 条形码和扫描技术在物流方面主要有三大应用,它们是(　　)。

　　A. 运输系统　　　　　　　　B. 库存系统
　　C. 销售点实时管理系统　　　D. 配送系统
　　E. 分货拣选系统

5. 构成EDI系统的三个要素是(　　)。

A. 数据标准化　　　B. 通信网络　　　C. 手持扫描仪　　　D. EDI 软件和硬件

E. POS 机

6. 经过 20 多年的发展与完善,EDI 作为一种全球性的具有巨大商业价值的电子化贸易手段及工具,具有下列显著特征(　　)。

A. 单证格式化　　　B. 报文标准化　　　C. 处理自动化　　　D. 软件结构化

E. 运作规范化

7. GPS 主要用于定位导航、授时校频及高精度测量等,特别是在物流领域,可以广泛用于动态调度、(　　)、智能运输等。

A. 车辆路线规划　　B. 实时监控　　　C. 海空导航　　　D. 路线优化

E. 货物跟踪

8. 物联网中的核心关键技术主要有(　　)等。

A. 人工智能技术　　B. RFID 技术　　　C. 无线网络技术　　D. 传感器技术

E. 云计算技术

9. 配送合理化可采取的措施包括(　　)。

A. 推行专业化配送　　　　　　　B. 运用加工配送

C. 利用共同配送　　　　　　　　D. 实现送取结合

E. 准时配送和即时配送

10. 通常认为,物流信息系统中最主要的子系统包括(　　)。

A. 运输管理系统　　　　　　　　B. 包装管理系统

C. 仓库管理系统　　　　　　　　D. 装卸搬运管理系统

E. 订单管理系统

第四章　传统物流业态

学习目标

- 重点掌握物流系统的概念、模式及制约关系
- 重点掌握第三方物流的概念与模式
- 重点掌握国际物流的概念及基本方式
- 掌握物流系统优化的目标及构成
- 掌握采购相关概念及采购管理的目标及具体模式
- 掌握批发与零售企业物流的相关概念与类型
- 掌握物流外包的原因、第三方企业外包的具体类型
- 掌握第三方物流企业的战略选择
- 掌握国际物流的分类与特点
- 掌握国际贸易与国际物流的关系
- 掌握自由贸易区与保税区的概念与区别
- 了解生产企业物流系统的结构
- 了解我国第三方物流企业的运作现状
- 了解国际物流的发展历史
- 了解国际物流业务、国际物流发展中的问题

【引导案例】

德邦物流三次组织架构转型

德邦物流公司是国家5A级综合服务型物流企业，公司总部设在上海，主营国内公路零担运输业务，创始于1996年。截至2023年7月8日，公司已开设直营网点4 700多家，服务网络遍及全国，自有营运车辆8 800余台，全国转运中心总面积超过97万平方米。德邦物流的品牌合作商有IBM、安永、甲骨文、华夏基石等企业。

德邦的成功有三个关键因素。

1. 高效的网络覆盖

德邦物流在全国范围内建立了完善的物流网络,拥有超过6 000家自营网点,将覆盖率提高到了99%。这使得德邦物流能够为客户提供及时、可靠的物流服务,满足各种货运需求。

2. 强大的技术支持

德邦物流投入大量资源用于技术研发和创新,使其能够提供多种物流解决方案和定制化的服务。例如,公司开发了自己的移动应用程序,使客户能够随时随地追踪其货物的状态,提高了服务的透明度和可信度。

3. 注重人才培养和团队建设

德邦物流致力于提供优质的人力资源和培训计划,通过不断提升员工的专业技能和服务意识,建立了一个高效的团队。这使得德邦物流能够为客户提供高品质的服务,满足客户不断变化的需求。

回顾德邦接近三十年的创业历程,之所以能够业内取得辉煌成就,离不开公司的三次转型。

第一阶段:垂直化架构

时间:1996—2008

优势:强大执行力,确保客户体验,方便网络扩张,标准统一

特点:专业细分,各职能自成系统,封闭、垂直汇报链条

结果:支撑企业初期十年快速发展扩张

劣势:专业分工横向边界,管理层级纵向边界,人才整体实力提升缓慢

原因:KPI导向不同导致横向协同困难,市场与决策脱离,垂直化管理无法形成内外部知识交互

第二阶段:混合式架构

时间:2008—2014

改进:经营与运营合并成为利润中心;总部转型为专业化后台,成为规划中心和服务中心

优势:同一个决策者平衡经营和运营利益,基层拥有一定决策权

特点:向市场化靠拢,保留科层化,建立目标分解、过程监控和结果考核制度

结果:德邦成为行业标杆

劣势:难以适应差异化竞争的需求;纵向、横向边界加大

原因:职能部门在回收战略控制权的同时,日益成为真正的决策中心;一线部门合并了经营、运营职能,成为独立的责任主体,却依然只拥有执行权;总部统一规划、各司其职,无法临时协同

第三阶段(上)：无边界架构(矩阵式架构)

时间：2011—2016

改进：通过"企发办"靠实权建立"网状目标结构"和"项目协作机制"，搭建正式沟通平台

优势：从横向边界上看，任何部门都可以随时发起协作，资源之间可以随时互联；从纵向边界上看，基层既扛指标，又参与决策，呼唤资源补给，责权对等；员工通过学习成为复合型人才

特点：部门目标来自直线上级、其他汇报线的上级，甚至平级

劣势：仍处于无边界组织架构初级阶段

原因：未完全实现资源最优配置与协同

第三阶段(下)：无边界架构

时间：2016.08开始

改进：零担、快运和运营"三合一"；成立流程与IT本部

优势：打破部门围墙，减少沟通成本，强化协同效应

特点：IT是调动和实现资源最优化配置的基础和关键，重视数据与算法

劣势：暂待观察

经历三次转型，可以看到德邦物流公司的组织结构发生了变化，信息的沟通比期初更加顺畅，更加尊重每一个层级部门的意见，这对于人才的培养、建立团队都有重要意义；对业务内容进行了调整，比期初更加丰富和多样化，这有利于实现物流网络的更大范围覆盖；更加重视信息技术的使用，数据和算法成为德邦致胜的王牌。

（案例来源：根据搜狗百科、百度文库资料整理。）

【思考】

1. 德邦物流的组织结构为什么要转型？
2. 期初十余年的组织结构能够适应现在德邦物流的发展吗？为什么？
3. 试对德邦物流的发展进行评述并谈一谈获得的启示。

第一节　生产制造企业物流

一、什么是物流系统

(一)物流系统定义

物流系统是指在一定的时间和空间里，由所需位移的物资、包装设备、装卸搬运机械、

运输工具、仓储设施、人员和通信联系等若干相互制约的动态要素所构成的具有特定功能的有机整体。物流系统是由运输、储存、包装、装卸搬运、配送、流通加工、信息处理等各环节所组成的,这些环节也称为物流的子系统。系统的输入是各个环节(输送、储存、装卸搬运、包装、物流情报、流通加工等)所消耗的劳务、设备、材料等资源,经过处理转化,变成全系统的输出,即物流服务。

特别需要强调的是,单一的功能环节不能称为物流,只有将基本的功能要素组合在一起才能称为物流和物流系统。

(二)物流系统的作用及目的

物流系统的作用是将市场所需要的商品,在必要的时候、按照必要的数量供应给市场。因此,物流系统的目的就是实现物资空间效益和时间效益,在保证社会再生产顺利进行的前提条件下,实现各种物流环节的合理衔接并取得最佳的经济效益。

物流系统的目标可以用5R或7R来概述,7R是在5R的基础上发展起来的,即:恰当的质量、恰当的数量、恰当的价格、恰当的商品、恰当的时间、恰当的场所、恰当的顾客。

(三)物流系统的要素

1. 物流系统的一般要素

一般要素包括:劳动者要素、资金要素、物质要素。

2. 物流系统的功能要素

功能要素包括:采购、运输、储存保管、包装、装卸搬运、流通加工、配送、信息处理等。

3. 物流系统的支撑要素

支撑要素包括:体制、制度、法律、规章、行政命令和标准化系统。

4. 物流系统的物质要素

物质要素包括:物流设施,如物流站/场/港、物流中心、仓储、物流线路等;物流装备,如仓库货架、进出口设备、加工设备、运输设备、装卸机械等;物流工具,如包装工具、维护保养工具、办公设备等;信息设施,如通信设备及线路、计算机及网络等;物流系统的系统化要素,如信息和信息技术、标准化等;物流系统的结构要素,如物流平台、物流运作企业等。

5. 物流系统的分类

物流系统可以从以下几个角度进行分类。

(1) 按物流服务的范围可分为城市物流系统、区域物流系统、国际物流系统等。

(2) 按载体的类型可分为港口物流系统、航空物流系统、铁路物流系统、公路物流系统、管道物流系统等。

(3) 按可操作性(处理对象分类)可分为物流作业系统和物流信息系统。

物流作业系统包括运输系统、储存系统、包装与装卸搬运系统、流通加工子系统。而各子系统又可以划分下一级的子系统,如运输子系统可划分为铁路运输系统、公路运输系统、航空运输系统、水运系统和管道运输系统等。

物流信息系统包括市场信息系统、订单处理系统、管理系统、信息服务系统等子系统。物流系统在保证订货、进货、库存、出货、配送等环节信息畅通的基础上，使通信据点、通信线路、通信手段网络化，以提高物流作业系统的效率。

二、物流系统的一般模式

物流系统是由"输入、处理、输出"三要素组成的。其中，根据物流系统的性质不同，输入、处理（转化）、输出、限制（制约）、反馈的具体内容会有所不同。物流系统的一般模式如图 4-1 所示。

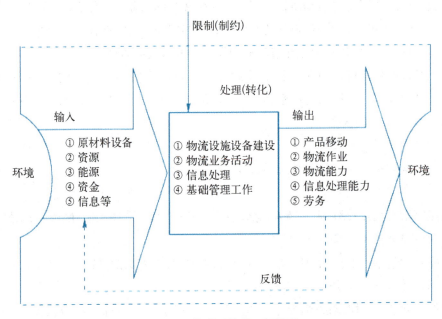

图 4-1　物流系统的一般模式

（一）输入

通过提供原材料设备、资源、能源、资金、信息等手段对系统发生作用。

（二）处理（转化）

从输入到输出之间所进行的生产、供应、销售、服务等活动中的物流业务活动称为物流系统的处理或转化，包括：物流设施设备建设；物流业务活动，如运输、仓储、装卸搬运、包装、流通加工；信息处理；基础管理工作等。

（三）输出

物流系统对环境的输入进行各种处理与转化后所提供的物流服务称为系统的输出，具体内容有：产品位置与场所的转移；物流作业；物流能力的体现；信息处理能力；各种劳务，如合同的履行及其他服务等。

（四）限制（制约）

外部环境对物流系统施加的约束称为外部环境对物流系统的限制和制约，具体有：

资源条件限制、能源限制、资金与生产能力的限制；价格影响需求变化；仓库容量；装卸与运输的能力；政策的变化等。

（五）反馈

物流系统在把输入转化为输出的过程中，由于受系统各种因素的限制不能按原计划实现，需要把输出结果返回给输入端并进行调整；即使按原计划实现，也要把信息返回，以对工作做出评价，这称为信息反馈。

三、物流系统的基本特征

物流系统既具有一般系统共有的性质，即整体性、层次性、相关性、目的性和环境适应性，又具有以下特征。

（一）物流系统是一个动态的系统

物流活动受社会生产和社会需求的广泛制约，连接着多个生产企业和顾客。需求、供应、价格、渠道的变动随时影响着物流，所以物流系统是一个稳定性较差而动态性较强的系统。为使物流系统能良好运行以适应不断变化的社会环境，必须对系统进行不断的完善和调整，有时甚至需要重新设计整个系统。

（二）物流系统具有可分性

在整个社会再生产中，物流系统是流通系统的一个子系统，受社会经济系统、流通系统的制约。物流系统本身又可以分成若干相互联系的子系统，系统与子系统之间，以及各子系统之间都存在着相互联系。

（三）物流系统的复杂性特征

物流系统构成要素的复杂性带来了物流系统的复杂化。例如，物流系统的作用对象——物，品种繁多、数量庞大；物流系统的主体——人，是一支有数百万人数的庞大队伍；此外，物流系统要素间的复杂关系，都增加了物流系统的复杂性。

（四）物流系统是一个大跨度的系统

物流系统所涉及的地域和时间跨度大，即时空跨度大。随着企业间的国际交流越来越频繁，物资供应方式也向全球化转变，因此，提供时空大跨度的物流活动成为物流企业的主要任务。

四、物流系统中的制约关系

物流系统的功能要素之间存在着"效益背反"现象。效益背反又称二律背反，是指物流系统某一功能要素获得优化和利益的同时，必然会存在另一个或几个功能要素的利益损失，反之也如此。各要素之间虽有冲突，但物流系统是个整体，不能将各要素当作简单的独立个体，不能为了完成某个要素的功能目标而不顾系统的整体利益。这就要求我们研究系统总体效益，以成本为核心，调节各个分系统、各要素之间的矛盾，使之有机联系起来，实现物流系统的总体最佳效益。

在物流系统中,"效益背反"现象可以有以下几个方面。

(一) 物流服务和物流成本间存在制约关系

要提高物流系统的服务水平,物流成本往往也会增加。例如,采用小批量即时运货制,能提高送货效率但必然会增加运输费用;要提高供货及时率、降低缺货率,必然需要增加库存,这也使得库存保管费用增加,如图 4-2 所示。

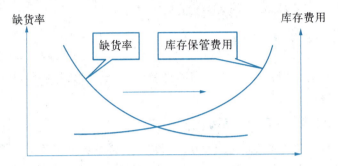

图 4-2 物流服务和物流成本间的制约关系

(二) 构成物流系统的子系统之间存在制约关系

各子系统的能力如果不均衡,物流系统的整体能力将受到影响。例如,装卸搬运能力很强,但运输力量不足,会产生设备和人力的浪费;反之,如果装卸搬运环节薄弱,车、船到达车站、港口后不能及时卸货,也会造成巨大的经济损失。

(三) 构成物流成本的各个环节费用之间存在制约关系

例如,为了降低库存、减少仓储费用而采取小批量订货策略,将导致运输次数增加,也就是说运输费用将增多,因此运输费和保管费之间存在相互制约的关系,如图 4-3 所示。

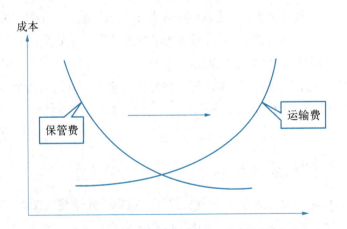

图 4-3 物流成本相关环节费用的制约关系

(四) 各子系统的功能和所耗费用之间存在制约关系

任何子系统功能的增加和完善必须投入资金。例如,信息系统的增加,需要购置硬件和开发计算机软件;增加仓库的容量并提高货物进出库速度,就要建设更大的库房且实现机械化、自动化。所以,在改善物流系统功能的项目中,在投资额确定后,我们就要对各个子系统的投入进行合理分配。

如上所述的制约关系不胜枚举,这种制约关系也称为二律背反原理。因此,在物流合理化过程中必须要有系统观念,要对这些相互制约的关系予以注意。

五、物流系统优化的目标

(一) 物流系统优化的概念

物流系统优化是指确定物流系统的发展目标,并制定达到该目标的策略以及行动的过程。它依据一定的方法、程度和原则,对与物流系统相关的因素进行优化组合,从而更好地实现物流系统发展的目标。

(二) 物流系统优化的目标

1. 服务性

在为用户服务方面,物流系统要求将用户的订货按照预定的时间送达,做到缺货率低、货物损失小、无货物丢失等,且把物流成本控制在一定水平。另外,能够提供在线查询,让货主实时了解货物的在途情况。

2. 快捷性

物流系统要求工作人员将货物按照用户要求的时间迅速送到指定的地点。因此,可以把配送中心建在客户所在地区附近,以缩短运输距离,或者利用有效的运输工具和合理的配送计划等手段缩短配送时间。

3. 有效利用面积和空间

物流系统对存储方案进行优化,发展立体化存储设施和存取设备,以获得面积和空间的高效利用。

4. 规模适当化

物流系统应该考虑物流结点集中与分散的问题是否适当,机械化与自动化程度如何合理利用等,以获得规模适当化。

5. 库存控制

必要的库存是为了保证需求、减少缺货风险,但库存过多则需要占用更多的保管场所,而且会产生库存资金的积压,造成浪费。因此,物流系统必须按照生产和流通的需求变化对库存进行控制。

6. 安全性、环保性

物流系统尽量保证货物在运输途中的安全,在装卸、搬运过程中的安全和仓储阶段的安全;尽可能地减少客户订货缺货的风险;尽量减少废气、噪声、振动等影响,以符合环境保护的要求。

7. 总成本最低

物流系统是一个多环节、多因素的复杂系统。物流系统管理的目标是通过各个环节的配合与协调,使各个物流环节价值增值最大化,实现总成本最低。

六、物流系统构成

(一) 采购子系统

采购物流包括原材料等一切生产物资的采购、进货运输、仓储、库存管理、用料管理和供应管理,也称为原材料采购物流。它是生产物流系统中独立性相对较强的子系统,并且和生产系统、财务系统等生产企业各部门以及企业外部的资源市场、运输部门有密切的联系。在过去研究物流领域时,采购物流往往被忽视。实际上,在物流系统的功能要素中,如运输、仓储、包装、装卸搬运、流通加工、配送、信息处理等,离开了采购环节,物流系统运行就失去了一个前提和基础。因为无论从生产企业的角度,还是从商贸流通企业的角度分析,采购物流都是企业物流过程的开始。

(二) 运输子系统

运输是指通过设备或工具将物品从一地向另一地运送的物流活动。运输是物流的主要功能要素之一。

首先,运输的作用体现在它是社会物质生产的必要条件,没有运输,许多生产过程将无法完成,只有通过运输将物品送到需要的地方,物品才能实现其使用价值;其次,运输具有扩大市场、稳定价格的作用,它对发展经济、提高国民生活水平有着十分巨大的影响;再次,运输是"第三利润源"的主要构成,据分析计算,在整个社会的物流总成本中,运输费用占到近50%,所占比例最大。因而,合理组织运输活动、节约运输成本,是降低物流成本的重要内容。

(三) 仓储子系统

仓储是指利用仓库对物资进行暂时存放和保管的活动过程。一般来说,商品的生产和消费不可能是完全同步的,为了缓解这种不同步所带来的矛盾,我们就需要用仓储来平衡供需之间的差异。例如,市场对大米的需求是均衡和连续的,而大米的生产却集中在每年秋季,这就需要利用仓储解决集中供给与均衡需求之间的矛盾。

随着现代物流的发展,仓储作为物流系统的重要子系统越来越受到重视,在物流过程中也发挥着越来越重要的作用。除了利用仓储调节供需之间的时间矛盾之外,我们还可利用仓储平抑商品市场的价格波动、降低运输成本、缩短交货时间、提高客户满意度等。

(四) 装卸搬运子系统

装卸搬运是指在一定地域范围内进行的,以改变货物存放状态和空间位置为主要内容的物流活动。装卸搬运是各生产阶段和各物流环节(如运输、保管等)之间相互转换的桥梁。装卸搬运将物资运动的各个阶段联结为连续的"流",把各种运输方式连接起来,从而实现网络化运输。因此,装卸搬运是物流系统的重要环节之一,它贯穿于物流活动的全过程,是物流各项活动中最基础、最频繁的作业环节,起着衔接和桥梁的重要作用。

因为物流过程的很多环节都是靠装卸搬运联系在一起的,所以,装卸搬运的合理化对缩短物流周期、降低物流费用等起着重要的作用。比如,改善装卸搬运作业效率,可以加速车、船的周转,充分发挥港、站、库的功能,从而加快物流速度,提升物流系统整体效率和服务水平。

(五) 包装子系统

包装具有保护商品、便于储运和促进销售的作用。保护商品是包装的首要功能,只有实施有效的包装,才能使商品在储运过程中不受损害,得以顺利地完成流通过程。通过合理包装以方便储存和运输也是包装的作用之一,货物的形态有固体、液体、气体之分,体积有大小之分,形状有规则与不规则之分,质地有硬软之分等,而装卸搬运、运输和储存的工具式样则要少得多。为了便于物流作业,必须对货物进行包装。大多数情况下,我们采用对货物成组化或集装化包装,如装到箱子里、笼车里等。最后,包装能起到促进销售的效果,良好的包装往往能为广大消费者所瞩目,从而激发其购买欲望。

进行物流包装,既要做到降低包装成本,又必须保证包装能起到保护货物、便于物流作业的作用,同时,要注意包装尺寸标准化、包装作业机械化和绿色包装等问题,这些都是包装合理化的主要内容。

(六) 流通加工子系统

流通加工是指在物品从生产领域到消费领域流动的过程中,为促进销售、维护商品质量和提高物流效率,对其施加包装、切割、剪裁、分拣、计量、刷标志、拴标签、组装等简单作业的总称。在流通过程中对商品进一步的辅助性加工,可以弥补企业、物资部门、商业部门在生产过程中加工程度的不足,从而更有效地满足用户的需求。

例如,利用流通加工环节将生产企业直接运来的简单规格产品,按用户的要求进行下料,可以提高原材料利用率;利用流通加工环节进行初级加工,可使用户省去进行初级加工的投资、设备及人力,同时也方便了用户。

流通加工业务是现代物流企业提供的增值服务,它会提高流通商品的附加价值,提升物流企业的经济效益,也能给用户带来方便,所以流通加工具有良好的发展前景。

(七) 配送子系统

配送是在经济合理区域内,根据顾客的要求,对物品进行拣选、加工、包装、分割、组配等作业,并按时送达指定地点的物流活动。配送是现代社会市场激烈竞争环境下的产物,卖方只有通过提高配送服务水平才能取得竞争优势。

从物流的角度看,配送几乎包括了所有的物流功能要素,是物流的一个缩影。一般配送集装卸、包装、保管、运输于一体,通过这一系列活动将货物送达目的地。从商品流通角度看,配送本身就是一种商业形式,虽然具体实施配送时也有商物分离的形式,但从发展趋势看,商流与物流结合得越来越紧密。

(八) 信息处理子系统

发展物流的关键是实现物流的信息化,真正做到以客户为中心,实现物流、信息流、资金流的高度统一。物流与信息的关系非常密切,物流从一般活动成为系统活动有赖于信息的作用,如果没有信息,物流只是一个单向活动。有了信息的反馈,才能使物流成为一个有反馈作用的现代系统。

随着商品经济的发展,现代物流业务要面对变化万千的市场信息,而这些都要借助于物流信息手段进行处理,它也是前述各种物流功能要素发挥作用的必要前提。总之,物流信息在现代物流管理中的地位越来越重要。通过使用计算机、通信网络、商务平台等技术手段而建立起来的物流信息系统,对现代企业实现迅速、准确、及时、全面的物流管理具有重大的战略意义。

物流信息是反映物流各种活动内容的知识、资料、图像、数据和文件的总称。物流信息包括物流各个环节生成的信息,是整个物流活动顺利进行不可或缺的物流资源。在物流范畴内,建立具有信息收集、整理、加工、存储、输出功能的系统称为物流信息系统。

现代物流的重要特征是物流的信息化,建立和完善物流信息系统是开展现代物流活动的一项重要工作内容。物流信息系统对其他物流子系统的运行起着支持和保障作用,并为物流管理人员及其他企业管理人员提供战略及运作决策支持。物流信息系统是提高物流运作效率、降低物流总成本的重要基础设施,也是实现物流信息化管理的最重要的基础设施。物流信息系统在掌握物流系统运行现状、接受订货、指示发货及补货、反馈及结算,以及与系统外衔接等方面,都起到了重要的作用。

七、生产企业物流系统的结构

根据物流活动发生的先后顺序,可将生产企业物流系统用水平结构进行构建,划分为供应物流、生产物流、销售物流、回收与废弃物物流四部分。在竖直方向,生产企业物流系统通过管理层、控制层和作业层三个层次的协调配合来实现总功能。

关于供应物流、生产物流、销售物流、回收与废弃物物流在第二章已经进行过讲解,本章仅对采购物流进行详细介绍。

(一)采购的概念

一般来说,采购是指单位或个人基于生产、销售、消费等目的购买商品或劳务的交易行为。根据人们取得商品的方式与途径的不同,采购可以从狭义与广义两方面来理解。狭义的采购是指企业根据需求提出采购计划、审核计划,选好供应商,经过商务谈判确定商品价格、交货条件,最终签订合同并按要求收货付款的全过程。这种以货币换取物品的方式,就是"购买"。可以说"购买"是最普遍的采购途径。不论是个人还是企业单位,要满足消费或者生产需求都是以"购买"的方式来进行的。

广义的采购是指除了以购买的方式获取物品之外,还可以通过下列途径取得物品的使用权,以达到满足需求的目的。

1. 租赁

租赁是一方以支付租金的方式取得物品的使用权,使用完毕或租期满后将物品归还给物主的一种非永久性的行为。企业在生产经营中经常租赁的物品有:厂房、车辆、生产设备、仪器、办公用品等。

2. 交换

所谓交换，就是通过以物易物的方式取得商品的所有权及使用权，但是并没有直接支付商品的全部价款。换言之，当双方交换的货物价值相等时，不需要以金钱补偿对方；当双方交换的货物价值不相等时，仅由一方补贴差额给对方。例如，生产物料的交换、机器设备的交换等。这种交换方式不仅可以取得自己想要的东西，亦可盘活自己闲置或多余的东西，可谓一举两得。

3. 外包

外包是指企业将一些与核心业务关联性不强的业务外包给别的专业公司，以取得专业优势，从而降低成本的一种新型采购方式。这种方式的优势非常明显，能有效地降低资金的占用率，化解投入大量资金建设生产线而引起的高额投资风险；可以大大缩短产品获利周期，有利于提高企业的核心竞争力。TCL、创维公司都是外包这种形式的先行者。

综上所述，采购就是指单位或个人为了满足某种特定的需求，以购买、租赁、交换、外包等途径，取得商品及劳务使用权的活动过程。在日常经营活动中，我们所讲的采购主要是以购买方式为主的采购活动，即狭义的采购。

（二）采购的作用

越来越多的企业意识到采购是降低成本、提高企业效益的重要途径和保证。采购对企业的作用体现在以下几个方面。

1. 保证供应

很显然，物资供应是生产的前提条件，生产所需要的原材料、设备和工具都要由采购来提供。没有采购就没有物资供应，没有物资供应就不可能进行生产。

2. 保证产品质量

采购供应的物料质量的好坏直接决定企业生产产品质量的好坏。能不能生产出合格的产品，取决于采购所提供的原材料以及设备工具的质量好坏。

3. 降低企业成本

采购成本构成了生产成本的主体部分，其中包括采购费用、进货费用、仓储费用、流动资金占用费用以及管理费用等。在同等价位下，降低的采购成本能直接转化为企业利润；而在企业利润保持不变的情况下，采购成本的下降相当于降低了产品市场价格，提高了企业的市场竞争力。

4. 提供资源市场信息

采购人员直接和资源市场打交道，而资源市场和销售市场是交融混杂在一起的，都处在大市场之中。所以，采购人员容易获得市场信息，是企业的信息接口，可以为企业提供各种各样的信息，让企业进行管理决策。

（三）采购的分类

采购从不同的角度有不同的分类。

1. **按采购的输出结果分为有形采购和无形采购**

有形采购是采购具有实物形态的物品。例如,原料、辅助材料、机械设备、仪器仪表、工具燃料等。物流企业采购的叉车、托盘、货架、办公用品等属于有形采购。

无形采购是相对于有形采购而言的,其采购结果是不具有实物形态的技术和服务,包括服务、软件、技术、保险及工程发包等。例如,物流企业在运输中经常需要整合社会承运商,这就是采购承运商的服务,属于无形采购。另外,无形采购有时也伴随有形采购同时进行,如采购设备时附带的维护、保险、培训等服务。

2. **按采购价格的决定方式分为招标采购、询价采购、比价采购、议价采购、定价和公开市场采购**

(1) 招标采购。招标方将物料采购的所有条件(如物料名称、规格、品质要求、数量、交货期、付款条件,处罚规则,投票押金、投标资格等)详细列明,刊登公告,投标厂商依照公告在规定时间内参加投标,然后招标方组织开标、评标、决标,最后与中标者签订合同。按规定进行招标采购,必须有三家以上厂商从事报价投标,方得开标。开标后,原则上报价最低的厂商得标,但得标的报价仍高过标底时,采购人员有权宣布废标,或征得监办人员的同意,以议价方式办理。

(2) 询价采购。采购人员选取信用可靠的厂商将采购条件讲明,并询问价格或寄以询价单并促请对方报价,经比较后现价采购。

(3) 比价采购。指采购人员请数家厂商提供价格,从中加以比价之后,决定厂商并进行采购事项。

(4) 议价采购。是指基于专利或特定条件,与个别供应商进行洽谈的采购。因为不是公开或当众进行竞标,而是买卖双方面对面讨价还价,所以称为议价。议价采购有助于企业节省费用和时间,但是缺乏公开性,存在信息不对称的问题,容易出现徇私舞弊的情况。一般来说,询价、比价或议价是结合使用的,较少单独进行。

(5) 定价收购。是指购买的物料数量巨大,非一两家厂商所能全部提供的,如纺织厂采购棉花、糖厂订购甘蔗、铁路建设项目购买枕木等,或当市面上该项物料匮乏时,则可定价以现款收购。

(6) 公开市场采购。是指采购人员在公开交易或拍卖时随时机动的采购。该方法适合价格变动频繁的大宗物料的采购。

3. **按采购权限分为集中采购和分散采购**

集中采购是企业在核心管理层建立专门的采购机构,统一组织企业所需物品的采购业务。例如,某大型物流企业为降低成本,对于金额较大的公用设备或耗材,由总部进行集中采购。集中采购有利于企业获得采购规模效益,规范采购行为、降低采购成本,提高采购质量、推进采购的标准化,但同时也会带来一定的负面影响,如难以满足部分采购项目在时间和质量标准方面的个性化需求,协调工作量大,采购过程较长等。因此,集中采购一般适用于企业集团或跨国公司中,能够形成一定规模优势的大宗、批量且标准化程度较高、价值较高的同类货物和服务。

分散采购是由企业下属各单位、各子公司、分厂、车间或分店实施的,满足自身生产经营需要的采购,这是集团将权利下放的采购活动。例如,某物流企业分公司根据自身业务需要采购叉车、托盘等。分散采购具有流程较短、手续简化、灵活方便、主动性强等特点,主要适用于零星采购、应急采购,或者价值较低、开支小的物品采购。但分散采购不利于企业控制采购成本和采购质量,易受采购人员人为因素的影响,不利于供应商的培养和实现供应链的优化。

4. 按交割时间分为现货采购与远期合同采购

现货采购是指采购方与物品或资源持有者协商后,即时交割的采购方式。此方式主要适合于采购临时需要、生产辅料、低值易耗品、标准件及常备资源。

远期合同采购是供需双方为稳定供需关系,实现物品均衡供应,而签订远期采购合同的采购方式。它通过合同约定,实现物品的供应和资金的结算,并通过法律和供需双方的信誉与能力来保证约定交割的实现。远期合同采购适合于国家战略收购、大宗农副产品收购、国防需要及储备等。

(四) 采购作业流程

采购作业流程是采购管理中最重要的部分之一,是实施采购工作的具体过程,是采购活动具体执行的标准。采购作业流程会因采购的来源——国内采购、国外采购,采购的价格决定方式——议价、比价、招标,以及采购的对象——物料、工程发包等不同而在作业细节上有所差异,但其基本流程都大同小异。现将一般采购作业流程的基本步骤叙述如下。

1. 制订采购需求计划

采购之前,采购人员应先确定购买哪些物料、购买多少、何时购买、由谁决定购买等。确认需求之后,对需求的细节(如品质、包装、售后服务、运输及验收方式等)应加以明确说明,使供应来源选择及价格谈判等作业能顺利进行,并根据确定的需求制订采购计划。

2. 搜寻供应商

根据需求说明及采购计划,进行采购调查,掌握采购信息,了解供应市场中供应商情况,对供应商的规模、实力、质量、信誉、成本、管理水平、技术能力、送货服务、售后等情况进行调查,也可在原有供应商中选择业绩良好的厂商,通知其参与招标或以刊登公告等方式公开招标。

3. 确定价格

决定了可能的供应商后,要进行价格谈判。采购方可通过询价、竞争性报价或谈判的方式确定合适的价格。

4. 签订合同

采购人员从价格、规模、实力、质量、信誉、成本、管理水平、技术能力、送货服务、售后服务等方面对供应商进行比较分析,确定供应商并与其签订合同。

5. 拟定并发出订单

价格谈妥后，双方应办理订货签约手续。订单和合约均属于具有法律效力的书面文件，对买卖双方的要求、权利及义务必须予以说明。

6. 订单追踪与稽核

签约订货之后，为保证销售厂商的如期、如质、如量交货，采购人员应依据规定，督促厂商按合约交货。

7. 验货和接收

货物到货后，要严格检验，合格后方能入库。采购人员要清点货物数量，核对品名、规格型号，对外包装、条码等进行质量检验等。凡厂商所交货物与合约规定不符或验收不合格者，应依据合同规定退货。

8. 开票支付货款

厂商交货验收合格后，应及时开票、及时付款。财务部门在接到付款请求后，应先经采购部门核对，经确认无误后再办理付款手续。

9. 结案

不管是验收合格已经入库付款的物品，还是验收不合格已经退货的物品，采购企业均需整理各项书面资料以报高层管理者或权责部门核阅批示，予以结案。凡经结案批示后的采购案，应分类编号登记入档，并妥善保管，以备参阅或事后查考。上述采购作业流程可以用一个简单的图形来表示，如图4-4所示。

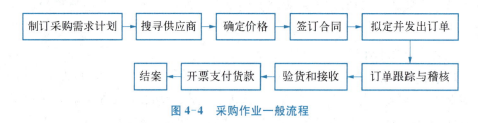

图4-4　采购作业一般流程

八、采购管理的具体目标

1. 保障供应

采购管理最首要的目标，就是要做好保障供应。而所谓保障供应又有两个基本要求。一是保证不缺货。采购管理是企业根据总体经营目标，科学制定采购战略和采购计划，安排好各项采购活动，保证所需物资按时采购，及时供应到生产经营中，保障生产的顺利进行。二是保证质量。保证质量就是要保证采购的货物达到企业生产所需的质量标准。保证质量也要做到适度：质量太低，当然不行；但是质量太高，一是没有必要，二是成本提高。所以采购要在保证质量的前提下尽量采购价格低廉的物品。

2. 节省费用

采购管理的一个重要目标就是降低成本，使得总费用最低。采购成本包括直接采购成本和间接采购成本。直接采购成本的减少是指对原材料、零部件等的采购价格的控制和降低。间接采购成本则可以通过缩短供应周期、增加送货频次、减少原材料库存、实施来料免检、循环使用原材料包装、合理利用相关的政策、避免汇率风险、供应商参与产品开发和过程开发等方法来降低。采购管理要做到追求总费用最低，需要树立系统观念。企业要把采购管理看成一个系统工程，统筹优化协调各个环节的各种费用，以追求整个采购过程的总费用最低为目的。

3. 做好供应链管理

供应链是消费者、生产商、分销商和供应商等经济主体之间，通过相互联结、依存、渗透和互动，形成的合作式的网络系统。企业建立稳定的采购供应链是保障供应、提高采购质量、节约采购成本的关键。因此，采购管理的一个很重要的职责就是建立企业采购供应链系统，保证采购过程中各个环节之间的信息畅通，提高工作效率。同时，通过信息共享，合理地利用和分配资源，为企业带来最大的效益。

4. 提供信息支持

采购管理部门还要能够及时掌握市场资源信息，并反馈给企业管理层，从而制定并实施采购方针、策略、目标及改进计划。同时，进行供应商绩效衡量，建立供应商审核、认可、考核及评估体系，开展采购体系的自我评估，不断提高整体采购水平，建立起稳定且有创造性的专业采购队伍。信息管理有助于供应链企业间实现信息共享，为供应链的顺利运行提供信息支持。

九、采购模式

采购模式是采购主体获取资源或物品、工程、服务的途径、形式与方法。采购模式的选择主要取决于企业制度、资源状况、环境优劣、专业水准、资金状况、储运水平等。随着对采购成本的认识加深，现代人对采购投以越来越多关注的目光，采购模式也正在经历着由传统模式向现代模式的转变。所谓现代的采购模式就是融入了现代管理思想，充分利用现代的信息科技、工程技术等工具，以更低的成本、更高的工作效率、更快的市场响应速度所进行的采购工作。这是采购模式发展的必然趋势。

（一）传统采购模式

传统采购的一般模式是：每个月月末，企业各个单位报下个月的采购申请单及下个月需要采购货物的品种、数量，交采购部门汇总。采购部门制订出统一的采购计划，并于下个月实施采购。采购回来的货物存储于企业的仓库中，满足下个月对各个单位的货物供应。这种采购，以各个单位的采购申请单为依据，以填充库存为目的，管理比较简单、粗糙，市场响应不灵敏，库存量大，资金积压多，库存风险大。

在这种传统的采购模式下，采供双方都不进行有效的信息沟通，供应链上的各级企业都无法共享需求、库存信息，供应商与需求企业之间是一种简单的买卖关系，竞争多于合作，即使合作也是临时性的，或者短时间的，在采购过程中各种抱怨和扯皮的事情比较多。

因此,缺乏对采购计划的长期性预测与计划协作性,供应商对采购部门的要求也不能做出实时响应。

随着社会的发展和企业规模的壮大,这种传统采购模式逐渐被现代采购模式所淘汰。但仍然有一些规模较小的企业还在沿用这种模式,这主要是考虑到企业的成本和规模等问题。相对于那些较先进的模式,采用这种传统模式能够给这些企业带来利大于弊的效果。

(二) 现代采购模式

现代采购是指运用现代科学的采购技术和方法,通过计算机网络实现信息收集、供应商选择、采购、运输、库存,全过程使用信息化、网络化,最大限度地满足生产需要,降低采购物流成本,实现采购目标的过程。科学的采购技术和方法主要有:订货点采购、MRP(material requirement planning,物料需求计划)采购;JIT(just in time,准时化)采购;VMI(vendor managed inventory,供应商管理库存)采购;电子商务采购等。

1. 订货点采购

订货点就是仓库必须发出订货的警戒点。到了订货点,就必须发出订货的请求,否则就会出现缺货现象。因此,订货点也就是订货的启动控制点,是仓库发出订货信息的点。订货点采购就是通过控制订货点和订货批量两个参数来进行有控制的订货进货。当需求量或完成周期存在不确定性的时候,须使用合适的安全库存来缓冲或补偿不确定因素。订货点=采购提前期消耗量+安全库存=平均每日需求量×订货提前期+安全库存。订货批量一般参考经济订购批量而计算确定,也可根据企业实际进行调整。订货点采购模型如图4-5所示。

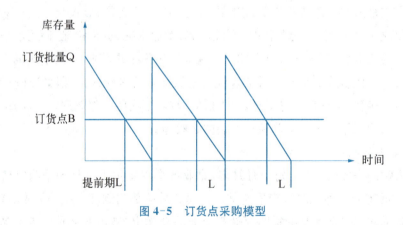

图4-5 订货点采购模型

适用订货点采购模式的前提是物料消耗率与采购提前期不变。物料消耗率指的是生产过程中物料的消耗;采购提前期指的是每个物料从下订单到收入仓库所需要的周期。这种采购模式以需求分析为依据,以填充库存为目的,采用一些科学方法,兼顾满足需求和库存成本控制,操作比较简单。但是由于市场的随机因素多,使得该方法同样具有库存量大、市场响应不灵敏的缺陷。

2. MRP 采购

MRP 采购主要应用于生产企业。MRP 采购的原理是根据主产品的生产计划、主产品的结构、主产品及其零部件的库存量,逐步计算出主产品各个零部件、原材料所需的投产时间、投产数量,或者订货时间、订货数量,也就是制订所有零部件、原材料的生产计划和采购计划,然后按照这个采购计划进行采购。其原理逻辑如图 4-6 所示。

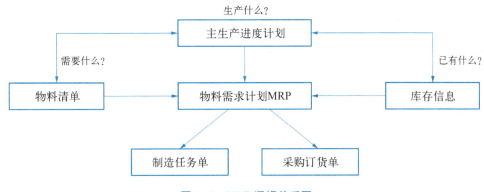

图 4-6 MRP 逻辑关系图

MRP 采购也是以需求分析为依据、以满足库存为目的。由于计划比较精细、严格,所以它的市场响应灵敏度及库存水平都比订货点采购有所进步。

MRP 采购适用于具有相关性需求物资的采购,这种采购需求不但和需求品种、需求数量、需求时间相关,而且和生产计划也密切相关。

3. JIT 采购

JIT 是日本在 20 世纪 50—60 年代研究并开始实施的一种生产管理方式,是一种有效利用各种资源、降低成本的准则。它的含义是准时化生产,即在需要的时间和地点,生产必要数量和完美质量的产品及零部件,以杜绝超量生产,消除无效劳动和浪费,达到用最少的投入实现最大产出的目的。

JIT 采购也叫准时化采购,是一种完全以满足需求为依据的采购方法。它的基本思想是在恰当的时间、恰当的地点,以恰当的数量、恰当的质量提供恰当的物品。需求方根据自己的需要,对供应商下达供货指令,要求供应商在指定的时间将指定的品种、指定的数量送到指定的地点。JIT 采购做到了灵敏的响应需求,满足用户需求的同时又使得用户的库存量最小。由于用户不需要设库存,所以实现了零库存生产。

4. VMI 采购

VMI 采购,其基本思想是在供应链机制下,采购不再由采购者操作,而是由供应商操作。用户只需要把自己的需求信息向供应商连续及时传递,由供应商自己根据用户的需求信息,预测用户未来的需求量,并根据这个预测结果制订自己的生产计划和送货计划。供应商主动小批量、多频次地向用户补充货物库存,用户库存量的大小由供应商自主决策,既保证用户需要,又使货品库存量最小、浪费较少。它是一种科学的、理想的采购模式。在这种采购模式下,供应商能够及时掌握市场需求信息,灵敏地响应市场需求变化,减少库存风险,提高经济效益。但是这种模式对企业信息系统、供应商的业务动作要求较高。

5. 电子商务采购

电子商务采购是在电子商务环境下的采购模式,也就是网上采购。它的基本原理是采购人通过建立电子商务交易平台,发布采购信息,或主动在网上寻找供应商、寻找产品,然后通过网上洽谈、比价、竞价实现网上订货,甚至在网上支付货款,最后通过网下的物流过程进行货物的配送,完成整个交易过程。电子商务采购能够冲破地理和语言的羁绊,为采购提供了一个全天候、全透明、超时空的采购环境,即 365×24 小时的采购环境。该方式实现了采购信息的公开化,扩大了采购市场的范围,缩短了供需距离,避免了人为因素的干扰,简化了采购流程,缩短了采购时间,降低了采购成本,提高了采购效率,大大降低了库存压力,使采购交易双方易于形成战略伙伴关系。从某种角度来说,电子商务采购是企业的战略管理创新,是政府遏制腐败的一剂良药。我国现在已经有不少企业和政府采购采用这种方式。

以上介绍的几种采购模式,各有各的优缺点和适用范围,谁也不能完全取代谁。企业应当根据自身的条件和采购的需求来选择最适合自己的采购模式。

问题思考

JIT 采购是一种先进的采购模式,实现 JIT 对你所在的企业来说有难度吗?有什么是企业必须做出的改变?

课后练习

选择题,选项四个的为单选题,选项五个的为多选题

1. 物流系统的目标可以用 5R 或 7R 来概述,7R 是在 5R 的基础上发展起来的,即:恰当的质量,(   ),恰当的顾客。

A. 恰当的数量　　　B. 恰当的价格　　　C. 恰当的商品　　　D. 恰当的场所

E. 恰当的时间

2. 物流系统的一般要素包括(   )。

A. 物的要素　　　B. 流通加工　　　C. 劳动者要素　　　D. 资金要素

E. 装卸搬运

3. 物流系统的功能要素不包括(   )。

A. 采购　　　B. 运输　　　C. 信息设施　　　D. 储存保管

4. 物流系统是由(   )"三要素"组成的。

A. 处理　　　B. 加工　　　C. 输入　　　D. 限流

E. 输出

5. 广义的采购是指除了以购买的方式获取物品之外,还可以通过下列途径(　　)取得物品的使用权,以达到满足需求的目的。

A. 购买　　　　　B. 租赁　　　　　C. 加工　　　　　D. 外包

E. 交换

6. 按采购权限,采购可分为(　　)。

A. 招标采购　　　B. 询价采购　　　C. 比价采购　　　D. 分散采购

E. 集中采购

7. 采购管理的具体目标包括(　　)。

A. 管理供应商　　　　　　　　　　B. 节省费用

C. 做好供应链管理　　　　　　　　D. 提供信息支持

E. 保障供应

第二节　流通企业物流

一、批发企业物流管理

(一)批发商的概念与作用

1. 批发商的概念与类型

批发商是指向制造商购进产品,然后转售给零售商、产业用户或各种非营利组织,不直接服务于个人消费者的商业机构。包括普通商品批发商、大类商品批发商和专业批发商等类型。普通商品批发商经营的商品范围较广、种类较多,批发对象主要是中小零售企业,在产业市场上则主要面对产业用户。大类商品批发商专营某大类商品,经营的品牌、品种、规格、花色齐全。通常按行业划分商品类别,如酒类批发商、服装批发商、汽车配件批发商等。专业批发商的专业化程度高,专营某类商品中的某个品牌商品,虽然经营范围窄,但市场覆盖面较广,一般是全国性的,如粮食批发商、食品油批发商、木材批发商、化工原料批发商等。

2. 批发商的作用

批发商具有调节供求、沟通产需、稳定市场等作用。具体体现在以下几个方面。

(1)减少交易次数,降低交易费用。由于批发商的存在,可以减少制造商与零售商或消费者之间的交易次数,从而降低交易费用。

(2)有效集散商品。一方面,批发商与多家制造商有业务联系;另一方面,批发商又拥有比较成熟的渠道资源,能够高效率地采购、配置多种产品,为零售商或产业用户提供储存保障,并提供快速供货服务。

(3)提供融资服务。多数批发商的资金雄厚,能够向客户赊销商品,从而减轻中小零售商的融资压力。

(4) 承担市场风险。批发商购进商品后,承担了一定的市场风险,如供求及价格变动带来的经济风险、储运风险,预购和赊销带来的财务风险等。

(5) 其他作用。例如,向供应商和客户提供竞争者的产品、服务及价格变化等信息,帮助零售商改进经营管理(如培训销售人员、帮助建立会计和库存控制系统等)。

(二) 批发商面临的压力与挑战

目前,我国批发业萎缩,工业品的自销比例逐渐上升,批发商面临着严峻的挑战。

1. 顾客越来越挑剔

随着市场转型,消费者不仅感受到自选商品的乐趣,也对经营者的商品、价格、服务等提出了更高的要求。"出厂价""特价""无中间环节"等更多地迎合了顾客的求廉心理,经营者需要对消费者的需求做出快速反应。

2. 零售业态及商业组织形式不断创新

一方面,各种仓储式商场、购物中心、超级市场、大型综合超市、专卖店、便利店等零售业态不断涌现,迅速分割了传统百货商场主导的零售市场;另一方面,零售商业组织形式也在悄然发生变革,一些实力雄厚的零售企业实施"后向一体化战略",依托众多的连锁门店,实行批零一体、连锁经营,从厂家集中采购,逐步形成了自身的批零网络,部分取代了传统批发商的功能。

3. 制造商参与零售终端的竞争

制造商受传统流通体制下丰厚利益的驱使,纷纷实施"前向一体化战略",开展自销业务,不仅从事产品批发,有的还实施选择性分销,发展专卖店零售,甚至开展网上或上门直销业务。特别地,一些实力雄厚的厂商直接与零售集团建立起战略伙伴关系,直接供应产品,并实行片区管理,重构分销渠道,形成了一体化的销售服务体系。

4. 外资加剧竞争

由于批发业关系到商品流通乃至国民经济的控制力问题,我国政府一度限制外资进入批发领域。然而,一些跨国公司却绕开种种限制,采取各种手段和方式,已经涉足我国批发市场,并取得了不菲的业绩。

上述几种力量使批发商面临着严峻的挑战。但在一些与人们生活紧密相关的产品(如农产品和服装等轻工业品)市场上,批发商仍然具有独特的优势。

(三) 批发企业物流运作的基本特点

批发企业物流是指以批发据点为核心,由批发经营活动所派生的物流活动。一般而言,批发商从事专业批发业务,其物流作业具有大进大出、快进快出的特点。它强调的是批量采购、大量储存、大量运输的能力。大型的批发商还需要具备大型的仓储设施、运输设备。另外,分销商属于中间商,需要与上下游企业进行频繁的信息交换,因此,需要具备高效的信息网络。

(四) 批发企业的物流管理策略

在新形势下,批发企业应弱化流通中介功能,强化物流服务和信息服务功能,只有为零售企业或产业用户提供更优质的服务乃至增值服务,才能在激烈的市场竞争中求得生存和发展。

1. 构筑完善的物流系统

实践证明,消费品制造商和一些规模不大的零售终端仍然比较依赖批发商。批发企业的物流系统要有确保库存、整合运输,以实现商品流通的快进快出,并在一吞一吐之间实现产销联盟的功能。从本质上讲,它完成了从制造商到零售商的物流控制,实现了分销渠道的整合。特别是面对多品种、小批量的买方市场,批发商要实现订单处理的及时化、商品包装的快速化、物流配送的准时化,要为客户提供增值物流服务,而这些都要有完善的物流系统作为保障。

2. 备货多样化,配送快速化

批发商能够部分代替中小零售企业进行物流作业,承担备货、分拣等物流职能,通过商品进货的广泛性和多样化来加快零售商的补货速度,满足其多样化的产品需求,同时缩减相关经营运作费用。特别是随着便民连锁店的发展,零售商往往要求供应商能够实现店铺直送。而对于多数中小型制造企业来说,或者是因为物流能力不足,或者是因为难以实现规模经济,店铺直送几乎无法实现。这无疑给批发商提供了契机。批发商可以通过扩大备货的范围,备齐相关产品的品类、规格和花色,为零售商提供多频次、小批量的准时配送服务。满足在地域上相对分散的零售店铺的配送需求,是批发商未来发展的一个方向。

3. 构筑物流联盟,实行共同配送

批发商要对中小零售企业提供服务支持,成为零售支持型服务提供商,就需要打破产业界限,加强不同产业批发商之间的合作,实行共同配送。为此,需要对不同产业的批发商和零售商的信息系统实施集成,确保批发商对零售商的POS数据和库存信息实时共享,在需求信息的驱动下,为零售商提供快速、高效的物流配送服务,最大限度地提高客户的满意度,提升产业联盟的竞争力。

二、零售企业物流管理

(一) 零售商的概念与类型

1. 零售商的概念

零售商是指将商品直接销售给最终消费者的中间商。零售商的基本任务是直接为消费者服务,其职能包括购、销、调、存、加工、拆零、分包、传递信息、提供销售服务等。它是联结制造商、批发商和消费者的桥梁,在分销渠道中具有重要作用。

2. 零售企业的类型

零售企业包括百货商店、专卖店、超级市场、便利店、折扣商店、仓储式商店等多种

类型。

（1）百货商店是经营日用百货的零售商店，经营的商品品种较齐全。

（2）专卖店是经营某一类商品或某类商品中某一品牌商品的零售商店，突出"专卖"的特点，如品牌服装专卖店、家用电器专卖店、酒类专卖店等。

（3）超级市场是以主、副食品及家用商品为主要经营对象，实行敞开式售货，顾客自我服务的零售商店。其特点是：薄利多销，商品周转快；商品包装规格化、条码化，并标注有商品的质量和重量等信息，即明码标价。

（4）便利店是位于居民生活区附近的小型商店。其特点是：以经营方便品、应急品等周转快的商品为主；营业时间较长，并提供优质服务（如送货上门）；商品品种有限，价格较高。但因方便，仍受消费者欢迎。

（5）折扣商店是以薄利多销的方式销售商品，给顾客提供折扣的商店。其特点是：经营的商品品种齐全，多为知名度较高的品牌商品；设施投资少；实行自助式售货；提供的服务少。

（6）仓储式商店是20世纪90年代后期在我国出现的一种折扣商店。其特点是：卖场装修简单，货仓面积较大（一般不低于1万平方米）；以零售的方式运作批发业务，又称量贩店。

（二）零售企业物流运作的特点与管理策略

零售企业物流是以零售商业据点为核心而组织的物流活动，具有订货频率高、商品需拆零、退换货频繁、对商品保质期的管理严格等特点。

对于一般的零售企业，其供应物流多由供应商（制造商或批发商）承担，抑或是从批发市场进货，委托第三方承运人（或闲散社会运力）完成。其对所销售的大件商品多提供送货及其他售后服务，小件商品的物流活动则由用户自己来完成。

对于连锁零售企业，需要建立配送中心以支持企业的经营活动，需要配送中心提供订单处理、采购、分拣、配送、包装、加工、退货等全方位服务，要求配送中心具有健全的配送功能。

直销企业的物流活动主要集中于销售物流领域，目前这类企业经营的品种还比较少。对于大型制造商（如海尔），其直销业务可借助公司先进、完善的物流系统来完成，公司可提供及时、优质的配送服务。对未构筑完善销售物流系统的生产企业，其直销业务一般借助物流企业来完成。

近年来，电子商务发展迅猛，电商企业对电子物流的需求越来越大。物流业务是电子商务企业的核心业务与关键成功要素（KSF/CSF），物流服务水平和物流成本关系到"电商"企业的兴衰。实力雄厚的电子商务企业（如京东商城等）一般会构筑先进的企业物流系统，为客户提供高效率、低成本的物流服务，并以此为企业创造核心竞争优势。而中小型电子商务企业，由于实力所限，无法构筑完善的企业物流系统，一般借助快递公司完成货物递送。目前国内第三方物流发展日趋成熟，配送成本、效率、服务水平等基本可以达到消费者的期望，中小型电子商务企业的发展也因此有了较好的保障。

问题思考

电子商务对于传统零售企业的冲击很大,请你结合实际谈一谈电子商务背景下的零售物流与传统零售企业物流的区别。

课后练习

选择题,选项四个的为单选题,选项五个的为多选题

1. 批发商的作用不包括(　　)。
   A. 减少交易次数　　　　　　　　B. 有效集散商品
   C. 降低价格　　　　　　　　　　D. 提供融资服务
2. 零售企业的类型包括(　　)。
   A. 专卖店　　　B. 超级市场　　　C. 便利店　　　D. 折扣商店
   E. 百货商店
3. 批发企业的物流管理策略包括(　　)。
   A. 实行共同配送　　　　　　　　B. 构筑完善的物流系统
   C. 备货多样化　　　　　　　　　D. 配送快速化
   E. 构筑物流联盟

第三节　第三方物流

一、物流外包

企业物流运作模式是指一个企业应该采用何种方式来运作其所需要的物流活动。企业物流运作模式分为三种形式:市场采购、物流自营和物流外包。

(一) 市场采购

市场采购是指在市场上通过讨价还价的形式,采购公共物流服务。例如,在公共市场上采购一般货物的运输或储存就属于市场采购。

(二) 物流自营

物流自营是指企业自建物流系统,成立自己的物流部门,由其完成从原材料采购到产品销售的一系列运输、储存、装卸、搬运、包装、流通加工、配送、信息处理等环节的物流模式。

(三) 物流外包

物流外包是介于市场采购和物流自营中间的形式。物流外包又可进一步分为内部外包和外部外包。企业将业务交由集团公司的独立利润中心（在公司之间，市场因素起着作用），或组建独立公司的横向协作体，或采用一般服务公司（合资企业），甚至资本投资等形式运作物流都属于内部外包。

企业将物流业务以合同的形式较长时期地交给第三方物流企业，属于外部外包。外部外包既不同于单个的、自由的市场交易，又不同于内部一体化。物流外包的高级形式是战略联盟，合作双方不需要签署正式的合同。物流需求方采用非正式合同的形式、以相互信任为基础，将物流业务外包给第三方物流企业，旨在维持合作关系。

在不同的背景下，企业选择的物流模式不同。随着科学技术的发展，工业型社会正在向信息型社会转变，企业的经营方式由垂直一体化经营转向虚拟经营，企业之间的焦点主要集中在知识、信息和创造力上，选择并形成企业自身的核心竞争力是企业的最终选择。物流业务外包正是这个背景下的产物。

二、物流外包模式

企业有无必要实施物流外包？如何实施物流外包？选择什么样的外包策略与模式？这是在实施物流外包业务前企业就应着重考虑的重大问题。选择物流外包的策略与模式，既要考虑企业自身的实际、面临的内外部环境等因素及其变化趋势，又要考虑实施物流外包的必要性，以及实施的外部环境等诸多因素。一般来说，企业实施物流外包的模式主要有以下几种。

(一) 部分业务外包模式，或称专项业务外包模式

即将一项完整的物流管理职能工作的一部分外包给企业外部的物流服务机构，其他部分继续由企业自身物流部门负责。例如，将物流规划和设计工作外包给物流专家，而企业的物流信息、运输、仓储等业务的实施和管理仍由自己负责。这种外包模式有利于企业根据自己在物流业务中的优劣势采取适宜的外包模式，且容易把握并达到外包目的。

(二) 整体业务外包模式，或称一条龙外包模式

即将一项完整的物流管理职能工作全部外包给企业外部的物流服务机构，企业自身物流部门不再履行此项职能，只是作为联络者、协调者和企业代表。例如，将企业物流规划、物流设计、物流信息管理、物流运作等相关工作整体外包。这种外包模式有利于打破企业内部原有的管理格局，尽可能减少非企业核心业务的影响，以提高企业核心竞争力。但这种模式的选择需要良好的外部环境，需要对外部的物流服务机构进行深入的调研方可作抉择。

(三) 复合业务外包模式，或称综合业务外包模式

即将多项物流管理职能工作外包给企业外部的物流服务机构。既可将多项外包业务

交给同一物流服务机构,也可将某些职能管理的部分业务外包。这种模式需要社会上有健全的物流服务提供机构,完善的管理制度和服务体系,且能够大大减轻企业物流管理的各种压力和矛盾,使企业有更充足的时间关注自身战略性发展、核心竞争力、前瞻性和宏观管理等方面的一些重大问题的研究和决策。

三、企业物流外包的原因和容易出现的问题

(一)企业实施物流业务外包的原因

1. 集中精力发展核心业务

在企业资源有限的情况下,为取得竞争中的优势地位,企业只掌握核心功能,即把对知识和技术依赖性强的高增值部分掌握在企业自己手里,而把其他低增值部门虚拟化。通过借助外部力量进行组合,其目的就是在竞争中最大效率地利用企业资源。如耐克、可口可乐等企业就是这样经营的,它们没有自己的工厂,把一些劳动密集型部门虚拟化。

2. 分担风险

企业可以通过外向资源配置分散由政府、经济、市场、财务等因素产生的风险。因为企业本身的资源是有限的,通过资源外向配置,与外部合作伙伴分担风险,企业可以变得更有柔性,更能适应外部变化的环境。

3. 加速企业重组

企业重组需要花费很长的时间,而且获得效益也需要很长的时间,通过外包可以加速企业重组的过程。

4. 辅助业务运行效率不高、难以管理或已经失控

当企业出现一些运行效率不高、难以管理或已经失控的辅助业务时,需要进行业务外包。值得注意的是,这种方法并不能彻底解决企业的问题,相反这些业务职能在企业外部可能更加难以控制。在这种时候,企业必须花时间找出问题的症结所在。

5. 使用企业没有的资源

如果企业没有有效完成业务所需的资源,而且不能盈利时,企业也会将业务外包。这是企业业务临时外包的原因之一,但是企业必须同时进行成本/利润分析,确认在长期情况下这种外包是否有利,由此决定是否应该继续采取外包策略。

6. 实现规模效益

外部资源配置服务提供者拥有比本企业更有效、更便宜地完成业务的技术和知识,因而他们可以实现规模效益,并且愿意通过这种方式获利。企业可以通过外向资源配置,避免在设备、技术、研究开发上的大额投资。

(二)物流外包容易出现的问题

成功的物流业务外包可以提高企业的劳动生产率,使企业集中精力做好自己的核心业务,但是业务外包的发展速度并不是很快,特别在我国,企业"大而全、小而全"的管理模

式还普遍存在。

首先,业务外包一般可以减少企业对业务的监控,但它同时可能增加企业责任外移的可能性。企业必须不断监控外部企业的行为并与之建立稳定、长期的联系。

其次,对于企业员工来说,随着更多业务的外包,他们会担心失去工作。如果他们知道自己的工作被外包只是时间问题的话,就可能使这些职工的职业道德和业绩下降,因为他们会失去对企业的信心、失去努力工作的动力,导致更低的业绩水平和生产率。另一个关于员工的问题是,企业可能希望获得较低的劳动力成本。越来越多的企业将部分业务转移到不发达国家,以获得廉价劳动力来降低成本。企业必须确认自己在这些地方并没有与当地水平偏差太大,并且必须确认企业的招聘工作在当地能够顺利进行。的反应对于企业的业务、成本、销售有很大影响。

企业业务的任何环节都不应该成为弱项,企业把物流外包给第三方物流商不是简单地只专注于核心业务,而是转变为对合作方的控制和管理。现在许多人都在谈论企业物流外包,认为企业只要专注于生产,把运输、仓储业务交给物流公司是最好的选择。其实事情并非这么简单。有一点必须明确说明,外包是企业间互相交换各自善于解决的问题。外包方善于业务的操作,而出包方要建立和完善对外包方的管理。

成熟的外包业务具有两方面的条件。第一个条件是,企业自己的业务理得较顺、模块化较强。如果企业业务模块化做得好,企业应将注意力全部放在核心业务模块上,则物流业务可以外包。第二个条件是,企业只有相信物流公司能比自己做得好时才会考虑外包。外包有时是一个经济理性问题,但有时需要在理性之上。理性的企业会考虑其对外包部分的控制能力。

企业在选择物流外包时,首先应考虑物流是否是企业的核心竞争力,物流对企业的战略重要性如何,然后再考虑成本因素。

四、第三方物流产生的背景与原因

(一) 第三方物流产生的背景

第三方物流(third-party logistics,TPL 或 3PL)的概念源于外包(out-sourcing)理论,外包是指企业动态地配置自身和其他企业的功能和服务,利用外部的资源为企业内部的生产经营服务。第三方物流实际上就是外包理论在物流领域的体现。

第三方物流的出现可以追溯到 20 世纪 60 年代。当时,在美国已经出现了合同仓库(contract warehouse)、配载运输(consolidation transport)等形式的物流服务,这是第三方物流的雏形。直到 20 世纪 80 年代,美国的各大公司将重组和重构作为经营合理化的手段,对经营内容、资源的配置进行了重新调整,提出了以核心业务为主、非主营业务外包的经营模式。这种业务外包产生的背景可总结为下列几个方面。

1. 环境方面

经济的低速增长;企业收益水平下降;信息技术的发展;业务的多样化、专业化。

2. 外包企业方面

具有很强的资金能力;核心竞争力明确;具有现代信息系统;人才与顾问能力强;拥有弹性的系统。

3. 委托企业方面

具备较强的管理能力;企业自身某些方面存在不足;具备现代的信息系统。

(二)第三方物流产生的原因

1. 社会化分工更细的结果

随着外包等新型管理理念的出现,各企业为增强市场竞争力,将企业有限的资源投入到其核心业务上去,寻求社会化分工协作带来的效率和效益的最大化。社会化分工的结果导致许多非核心业务从企业生产经营活动中分离出来,其中包括物流业,由此逐渐形成专业化的物流企业。

2. 新型管理方法的出现导致对物流服务更高的要求

进入20世纪90年代后,信息技术的高速发展与社会分工的进一步细化,推动着管理技术和思想的迅速更新,由此产生了供应链、虚拟企业等一系列强调外部协调和合作的新型管理理念。这些新型管理理念既增加了物流活动的复杂性,也对物流活动提出了零库存、准时制、快速反应、有效的客户响应等更高的要求,这使一般企业很难承担此类业务,由此产生了对专业化物流服务的需求。

3. 改善物流与强化竞争力相结合的产物

物流研究与实践经历了成本导向、利润导向、竞争力导向等几个阶段。将物流改善与竞争力提高的目标相结合是物流理论与技术成熟的标志。

4. 物流领域的竞争激化导致综合物流业务的发展

随着经济自由化和全球化的发展,物流领域的政策和管制不断放宽,促成了物流企业之间竞争的激化。为获得市场上的竞争优势,物流企业不断地拓展其服务范围,从而导致传统物流企业向第三方物流转变。

五、第三方物流的含义与特征

(一)第三方物流的含义

第三方物流是指生产经营企业为集中精力搞好主业,把原来属于自己经营的物流活动,以合同方式委托给专业物流服务企业,同时生产企业通过信息系统与物流服务企业保持密切联系,以达到对物流全程的管理和控制的一种物流运作与管理方式。第三方物流服务商是为货主企业提供全方位物流服务的企业,或是在合同期间,提供若干或全部物流服务的企业。由于第三方物流的服务方式一般是与企业签订一定期限的服务合同,所以第三方物流也被称为合同物流(contract logistics)。

第三方物流既不属于第一方,也不属于第二方,一般来讲,第三方物流不拥有商品,不参与商品的买卖,而是为客户提供以合同为约束、以结盟为基础的、系列化、个性化、信息化的物流代理服务。最常见的服务包括物流系统设计、EDI能力、报表管理、货物集运、选择承运人、货运代理、报关代理、信息管理、仓储、咨询、运费支付、运费谈判等。

在我国《中华人民共和国国家标准：物流术语》(GB/T 18354—2021)中给出的第三方物流的定义为："由独立于物流服务供需双方之外且以物流服务为主营业务的组织提供物流服务的模式。"第三方就是指提供物流交易双方的部分或全部物流功能的外部服务提供者。

(二) 第三方物流的特征

从发达国家物流业发展的状况来看，第三方物流在发展中逐渐形成了一些鲜明特征，突出表现在以下三点。

1. 合同化的关系

第三方物流根据契约规定的要求，提供多功能直至全方位一体化的物流服务，并以契约来管理所有提供的物流服务活动及其过程。另外，第三方物流发展物流联盟也是通过契约的形式来明确各物流联盟参与者之间的责权关系的。

2. 个性化服务

首先，第三方物流需要根据不同客户在企业形象、业务流程、产品特征、客户需求特征、竞争需要等方面的不同要求，提供针对性强的个性化物流服务和增值服务。其次，从事第三方物流的物流经营者也因为市场竞争、物流资源、物流能力的影响需要形成自己的核心业务，不断强化所提供物流服务的特色，增强市场竞争力。

3. 系统化及网络化的管理

第三方物流需要建立现代管理系统及信息系统才能满足运行和发展的基本要求，第三方物流应具有系统化的物流功能。在物流服务过程中，信息技术的发展实现了信息的实时共享，促进了物流管理的科学化。

(三) 第三方物流的优势

第三方物流具有以下几个方面的优势。

1. 使企业能够实现资源的优化配置

使用第三方物流能使企业将有限的人力、财力集中于核心业务，进行重点研究，发展基本技术，开发出新产品参与市场竞争。

2. 节省费用，减少库存

专业的第三方物流提供者利用规模生产的专业优势和成本优势，通过提高各环节的利用率来实现费用节省，使企业能从分离费用结构中获益。

3. 提升企业形象

真正的第三方物流提供者与客户之间应是战略伙伴关系。第三方物流提供者通过"量体裁衣"式的设计，制定出以客户需求为导向、低成本、高效率的物流方案，使客户在同行中脱颖而出，为企业在竞争中取胜创造了有利条件。

4. 帮助企业克服管理上的真空

第三方物流企业对生产流通企业的物流部门负责，为各地的销售部门提供物流服务，这样的制约关系有利于克服生产流通企业在管理上存在的缺陷。由于第三方物流企业有严格的作业流程,可以确保账货相符的实现。

5. 充当供应链管理的角色

在供应链中,各环节分属于不同的利益主体和指挥者,很容易出现目标上的冲突,不易沟通和协调。要想让供应链上的每个成员都可以用最少的库存为客户提供最好的服务,供应链的管理者除了应具备足够的硬件条件(如专业设施、现代化电子信息管理手段、专业物流技术)和软件条件(如专业的经营管理理念、管理方法),更重要的是必须具有第三方(非本位主义)的立场。无疑,第三方物流正好具有以上特征。

六、第三方物流企业类型

(一) 按服务内容的层次分类

1. 传统外包型

在这种运作模式下,第三方物流企业承包一家或多家生产商或销售商的部分或全部物流业务。这种模式以生产商或销售商为中心,第三方物流企业几乎不需添置设备和进行业务训练,只完成承包服务,不介入企业生产和销售计划的制订。

2. 战略联盟型

在这种模式下,多个具有不同物流功能的第三方物流以契约形式结成战略联盟,相互间协作,通过信息平台实现信息共享。各成员在联盟内部优化资源,同时信息平台可作为交易系统,完成产销双方的订单和对第三方物流服务的预订购买。

3. 综合物流型

第三种模式是组建综合物流公司或集团。综合物流公司集成物流的多种功能,如仓储、运输、配送、信息处理等。综合第三方物流扩展了物流服务范围,对上游生产商可提供产品代理、管理服务和原材料供应服务,对下游销售商可提供配货送货服务,同时可完成商流、信息流、资金流、物流的传递。

(二) 按整合资源的方式分类

1. 资产型

资产型第三方物流一般自行投资建设网点和购买装备,除此之外,通过兼并重组或建立战略联盟的方式获得资源。虽然投入巨大,但由于拥有自己的物流网络与装备,因此可以更好地控制服务过程,整体服务质量也有保证。雄厚的资产还能展示一个公司的实力,有利于同客户建立信任关系。

2. 非资产型

非资产型第三方物流主要通过整合社会上的物流资源来提供物流服务,基本上不进行大规模的固定资产投资,仅拥有少数必要的设备设施。这种方式在国外比较常见,很多国外的第三方物流企业并没有任何固定资产却仍能提供较高水平的物流服务,这是因为底层的物流市场已经很成熟,社会资源获取容易而且选择余地较大。

(三) 按服务的范围分类

1. 狭窄型

这类第三方服务范围相对较窄、集中,仅为单一或少数行业提供服务。

2. 宽广型

这类第三方物流服务范围广泛,可以为多个行业提供服务。

七、企业选择第三方物流的程序

(一) 成立多功能的工作团队

企业应该组建一支由企业内部各个部门的重要成员组成的多功能团队。团队需要由一个或一个以上的成员直接向企业高层领导汇报工作情况,以获得高层的支持。工作组也可以借助外部顾问的援助,从而使物流外购更加容易和顺利。

(二) 树立双赢目标

当合作中由于市场环境变化或其他因素引起某一方的利益受损时,合作双方应秉着公平与灵活的原则进行适当的变更,确保共赢目标的实现。

(三) 明确自己的需求和目标

企业应该确定外购的目的和期望,即让自己的需求概念化。例如,到底需要什么样的物流服务,服务的水平要达到什么程度等。

(四) 制定第三方物流服务商的选择标准

选择标准应该非常具体,如第三方物流的财务实力、信息系统的兼容性、操作和定价上的弹性、专业管理技术的深度和文化差异等,同时挑选的标准必须准确地反映出企业的目标和目的。

(五) 建立第三方物流的候选名单

一旦确立了挑选标准,就可以建立一个第三方物流候选名单。这些候选人应被专业机构、企业厂商和客户所认可。

(六) 候选人的征询和招标

审核候选人的资格后,可向对合作计划表现出兴趣的第三方物流供应商进行征询,然后复查和评定最后入围的第三方物流供应商的财务稳定性、策略的吻合性、管理哲学及企业文化等方面的资料。

(七) 双方签订合同

一旦工作团队完成了对供应商的最后选择,就可以草拟一份合同协议书。

(八) 建立具体的绩效考核指标

具体执行物流合作方案时,必须在明确合作各方工作任务的基础上,根据合作目标制定完成各项任务的规则和要求,按照相应标准对工作绩效进行定期评估。

(九) 建立交流机制

众多合作失败案例的主要原因在于没有及时进行交流或交流的程度不够。作为物流服务的使用方也需建立开放式交流机制。

（十）合作协议中明确终止条款

合作协议对于合作关系的稳定、合作责任及义务的明确等方面起着重要作用，与第三方物流合作的终止和变更非常常见，所以合作协议中还应明确合作的终止条款。

八、第三方物流企业的业务运作

第三方物流作为外部组织利用现代技术基础、经济关系和管理手段，为用户或最终消费者提供全部或部分物流服务。内容主要包括：开发物流策略系统，EDI能力，报表管理，货物集运，选择承运人、货运人、海关代理，信息管理，仓储，咨询，运费支付和运费谈判等。

按照物流企业完成的物流业务范围的大小和所承担的物流功能，可将物流企业分为综合性物流企业（能够完成和承担多项甚至所有的物流功能）和功能性物流企业（承担和完成某一项或几项物流功能），功能性物流企业按照主要从事的物流功能可将其进一步分为运输企业、仓储企业、流通加工企业等。

按照物流企业是自行完成和承担物流业务还是委托他人进行操作，可将物流企业分为物流自理企业和物流代理企业。物流代理企业可进一步按照业务范围，分成综合性物流代理企业和功能性物流代理企业。功能性物流代理企业，包括运输代理企业（即货代公司）、仓储代理企业（仓代公司）和流通加工代理企业等。

九、第三方物流企业的战略选择

归纳国外几种最新的物流理论，并结合当前国外第三方物流发展实践，第三方物流企业的战略选择可以有以下三种。

（一）精益物流战略

20世纪90年代初，由于物流理论和实践的滞后，我国大部分第三方物流企业还是粗放式经营，还不能准确定位自己的物流服务。如果不尽快扭转这一局面，会对我国第三方物流业的发展产生制约作用。而精益物流理论的产生，为我国的第三方物流企业提供了一种新的发展思路，为这些企业在新经济中生存和发展提供了机遇。

精益物流起源于精益制造的概念。它产生于日本丰田汽车公司在20世纪70年代所独例的"丰田生产系统"，后经美国麻省理工学院教授研究和总结，正式发表在1990年出版的《改变世界的机器》一书中。精益思想是指运用多种现代管理方法和手段，以社会需求为依据，以充分发挥人的作用为根本，有效配置和合理使用企业资源，最大限度地为企业谋求经济效益的一种新型的经营管理理念。精益物流则是精益思想在物流管理中的应用，是物流发展中的必然反映。所谓精益物流是指：通过消除生产和供应过程中的非增值的浪费，以减少备货时间，提高客户满意度。

精益物流的目标在于根据顾客需求，提供顾客满意的物流服务，同时追求把提供物流服务过程中的浪费和延迟降至最低程度，不断提高物流服务过程的增值效益。

精益物流系统的特点在于它是高质量、低成本、不断完善且由顾客需求拉动型的物流系统。它要求树立顾客第一的思想,准时、准确、快速地传递物流和信息流。

总之,精益物流作为一种全新的管理思想,对我国的第三方物流企业产生了深远的影响,它的出现改变了第三方物流企业的粗放式的管理观念,形成第三方物流企业的核心竞争力。

(二)建立中小型第三方物流企业的价值链联盟

由于本身不能独立提供全程一站式物流服务,且资产规模小、服务地域较窄,中小型第三方物流企业在我国物流业中处于劣势。

因此对于中小型第三方物流企业来说,从企业自身资源出发,构建各自的核心竞争力才是关键。由于中小型第三方物流企业功能的单一与不完备,因此在各自的核心竞争力基础上建立的物流业务合作是一种有效弥补企业能力缺陷、形成物流竞争优势的可行方法。价值链采用系统方法来考察企业所有活动及其相互作用,以及分析获得企业竞争优势的各种资源。企业的价值活动分为两大类:基本活动和辅助活动。基本活动是涉及产品的物质创造及销售、转移给买方和售后服务的各种活动。辅助活动是辅助基本活动并通过提供外购收入、技术、人力资源和各种职能来相互支持的活动。

运用价值链理论来分析考察第三方物流企业的价值链构成可以发现,在辅助活动方面,第三方物流企业与一般企业并没有什么不同,而在基本活动方面第三方物流企业有其特点。第三方物流企业一般不存在商品生产过程,只有流通环节的再加工过程,不占主要环节,广泛的第三方物流企业的基本作业活动变成存储、运输、包装、配送、客户服务及市场等环节。由于企业自身资源和能力有限,基本作业活动不可能在每一个环节中都占有优势,这种在某些价值链环节方面的不足,造成了企业整体物流机能的不完备,缺乏相应的竞争力,使某些具有相对优势的价值链环节也因整体的不足而发挥不出应有的功效。所以物流产业内的中小型第三方物流企业联盟应该是建立在彼此价值链基础上的互补性合作,充分利用专业性物流公司的专业化物流机能和物流代理企业的组织协调的柔性化综合物流能力进行互补。对于中小型第三方物流企业来说,应该从企业价值链的优势环节入手,发掘并形成企业的核心竞争力,通过价值链的重构来扬长避短。

(三)大型第三方物流企业的虚拟化战略

在IT和互联网飞速发展的时代,企业不能单打独拼,而必须在竞争中求协作,在协作中求发展。因此,产生于现代条件下的现代大型第三方物流的虚拟化发展有很强的必要性。大型第三方物流企业的虚拟化是指物流经营者将他人的资源为己"所有",通过网络,把他人变成自己物流的一部分,借助他人的力量突破有形界限、延伸、实现自身的各种功能,进而扩展自己的能力、增强自己的实力。所以,物流的虚拟化是以信息技术为连接和协调手段的临时性、动态联盟形式的虚拟物流。现代综合物流的虚拟化以电子通信技术为手段,以客户为中心,以机会为基础,以参与成员的核心能力为条件,以协议目标和任务为共同追求,把不同国家、地区的现有资源迅速组合成为一种没有围墙、超越空间约束、靠电子网络手段联系、统一指挥的虚拟经营实体,以最快的速度推出高质量、低成本的物流服务。

现代大型第三方物流的虚拟化包括功能、组织、地域三个方面的虚拟化。功能虚拟化是第三方物流企业借助IT技术将分布在不同地点、不同企业内承担不同职能的物流资源(信息、人力、物质等资源)组织起来去完成特定的任务,实现社会资源的优化。组织虚拟化是指物流组织的结构始终是动态调整的,不是固定不变的,而且具有分散化、柔性化,是自主管理、扁平的网络结构,自己可根据目标和环境的变化进行再组合,及时反映市场动态。地域虚拟化是指第三方物流企业通过互联网络将全球物流资源连接起来,消除障碍和国家壁垒,使生产管理实现"天涯若比邻"。

十、我国第三方物流企业的运作现状

我国较早的第三方物流企业是从传统仓储和运输企业转型而来的,从第三方物流企业的形成结构看,大体分有四个途径。

(1) 传统仓储、运输企业经过改造转型而成的物流公司,这部分企业占市场较大比重。例如中远国际货运公司、中国对外贸易运输集团总公司(中外运)、中国储运总公司等,凭借其原有的物流业务基础和在市场、经营网络、设施、企业规模等方面的优势,不断拓展和延伸其他物流服务,向现代物流企业逐步转化。

(2) 新创办的国有或国有控股的新型物流企业。它们是现代企业改革的产物,管理机制比较完善,发展比较快。例如,中海物流公司于成立起,从仓储开始发展物流业务,现已成为国际大型知名跨国公司,提供包括仓储、运输、配送、报关等多功能物流服务的第三方物流企业。

(3) 外资物流企业。它们一方面为原有客户——跨国公司进入中国市场提供延伸服务,另一方面通过它们的经营理念、经营模式和优质服务吸引中国企业,逐渐向中国物流市场渗透。例如,丹麦有利物流公司主要为马士基船运公司及其货主企业提供物流服务,深圳的日本近铁物流公司主要为日本在华的企业服务。

(4) 民营物流企业。这部分企业由于机制灵活、管理成本低等特点,近年来发展迅速,是我国物流行业中最具朝气的新兴第三方物流企业。

从提供的服务范围和功能来看,我国的第三方物流企业仍以运输、仓储等基本物流业务为主,加工、配送、定制服务等增值服务功能仍处在发展完善阶段。如宝供、中海这样功能完善的第三方物流企业目前为数不多,规模也不是很大。中远集团、中外运集团、中国储运总公司这样大型的运输、仓储企业虽已向第三方物流企业转化,但它们的传统运输、仓储业务仍占主要部分,第三方物流的功能还不完善。中国仓储协会的调查也说明生产企业和商业企业的外包物流主要集中在市内配送、单纯仓储和干线运输。生产企业和商业企业外包物流主要以"分包"为主,即将不同功能的业务分别委托给不同的企业。这从物流供给的角度看,第三方物流企业为用户提供一揽子服务的比重仍然不大。

目前,我国第三方物流的服务对象主要集中在外资企业,其次是民营企业和少数改制后的国有企业。如中海物流的客户主要有 IBM、美能达、三洋、三星、华为、联想等企业；宝供物流公司服务的对象有宝洁、飞利浦、雀巢、沃尔玛、联想等。随着物流热的兴起，第三方物流得到长足发展，既有量的增加，涌现出许多物流企业，又有质的提高，物流服务功能显著改善，出现诸如中远集团、中外运集团那样既有规模又有效益的物流企业。但从整体上看，企业规模不大，服务水平依然有待提高，第三方物流还只停留在某一个层面或某一个环节上，没有实现从原材料供给到商品销售整个供应链的全程服务，还没有形成真正意义上的网络服务。

总的来说，我国第三方物流企业的发展仍存在四个方面的不足。

1. 缺乏全球性的物流企业

目前，我国的第三方物流市场主要由国内企业占据，缺乏全球性的物流企业。这在一定程度上影响了我国企业在国际物流市场上的竞争力。

2. 物流效率有待提升

与发达国家相比，我国的物流效率还有很大的提升空间。物流成本高、运输时间长、中转次数多等都是造成物流效率低的原因。

3. 信息化水平较低

信息化水平是第三方物流的重要基础。目前，我国第三方物流企业的信息化水平相对较低，企业对信息技术的应用和运用还有待加强。

4. 风险管理和质量管理问题

在第三方物流市场上，风险管理和质量管理是企业需要考虑的问题。但是目前还是有不少企业对此问题没有足够重视，对风险规避和质量提高工作的落实不到位。

问题思考

什么是第三方物流？将它与传统物流企业作比较。

课后练习

选择题，选项四个的为单选题，选项五个的为多选题

1. 企业物流运作模式是指一个企业应该采用何种方式来运作其所需要的物流活动。企业物流运作模式分为三种形式（　　）。

    A. 市场采购　　　　B. 租赁　　　　C. 物流自营　　　　D. 外包

    E. 国家统筹

2. 部分业务外包模式，又称（　　）。

    A. 一条龙外包模式　　　　　　　　　　B. 综合业务外包模式

    C. 复合业务外包模式　　　　　　　　　D. 专项业务外包模式

3. 企业实施物流业务外包的原因包括( )。

　　A. 集中精力发展核心业务　　　　B. 分担风险

　　C. 加速企业重组　　　　　　　　D. 使用企业不拥有的资源

　　E. 实现规模效益

4. 20 世纪 80 年代,美国的各大公司将重组和重构作为经营合理化的手段,提出了以核心业务为主,非主营业务外包的经营模式。这种业务外包产生的背景可总结为下列几个方面( )。

　　A. 文化背景方面　　　　　　　　B. 技术水平方面

　　C. 委托企业方面　　　　　　　　D. 外包企业方面

　　E. 环境方面

5. 第三方物流产生的原因包括( )。

　　A. 社会化分工更细的结果　　　　B. 自营物流成本太高

　　C. 新型管理方法的出现　　　　　D. 改善物流与强化竞争力相结合的产物

　　E. 物流领域的竞争激化

6. 第三方物流在发展中已逐渐形成了一些鲜明的特征,突出表现在以下三点( )。

　　A. 专业支持　　　　　　　　　　B. 合同化的关系

　　C. 个性化服务　　　　　　　　　D. 系统化及网络化的管理

　　E. 技术环境支持

7. 第三方物流企业的类型,按服务内容的层次分类,可分为( )。

　　A. 战略联盟型　　　　　　　　　B. 综合物流型

　　C. 传统外包型　　　　　　　　　D. 资产型

　　E. 非资产型

第四节　国　际　物　流

一、国际物流

(一) 国际物流的概念

国际物流是指组织货物在国际上的合理流动,也就是发生在不同国家之间的物流。国际物流的实质是按国际分工协作的原则,依照国际惯例,利用国际化的物流网络、物流设施和物流技术,实现货物在国际上的流动与交换,以促进区域经济的发展和世界资源优化配置。

广义的国际物流研究范围包括国际贸易物流、非贸易国际物流、国际物流合作、国际物流投资、国际物流交流等领域。

狭义的国际物流(international logistics,IL)是指当生产和消费分别在两个或两个以上的国家(或地区)独立进行时,为了克服生产和消费之间的空间和时间不匹配,对物质(商品)进行物理性移动的一项国际性商品贸易或交流活动,最终实现国际商品交易的目的。本书所阐述的国际物流主要是指国际贸易方面的物流,即狭义的国际物流。

同样,物流管理(logistics management)则是从管理学角度进行分析,是指在社会生产过程中,根据物质资料实体流动的规律,应用管理的基本原理和科学方法,对物流活动进行计划、组织、指挥、协调、控制和监督,使各项物流活动实现最佳的协调与配合,以降低物流成本,提高物流效率和经济效益的活动。国际物流学既包含了国际贸易实务方面的知识,又包含了现代物流管理方面的内容。

(二) 国际物流的发展过程

各国之间的相互贸易最终都将通过国际物流来实现,伴随着国际贸易和跨国经营的发展,国际物流的发展经历了以下几个阶段。

第一阶段,20世纪50年代至20世纪80年代初。这一阶段物流设施和物流技术得到了极大的发展,建立了配送中心,广泛地运用计算机进行管理,出现了立体无人仓库,一些国家建立了本国的物流标准化体系。物流系统的改善促进了国际贸易的发展,国际物流初露头角,但国际化趋势还没有得到人们的重视。

第二阶段,20世纪80年代初至20世纪90年代初。这一阶段国际物流的突出特点是在物流量不断扩大的情况下出现了"精细物流",物流的机械化、自动化水平有所提高。随着经济技术的发展和国际经济往来的扩大,物流国际化趋势开始成为世界性的共同问题,同时伴随着新时代消费者需求观念的变化,国际物流着力于解决"小批量、高频度、多品种"的物流,基本覆盖了大量货物、集装杂货等所有的物流对象。

第三阶段,20世纪90年代初至今。这一阶段国际物流得到各国政府和外贸部门的普遍接受。贸易伙伴遍布全球,必然要求物流国际化,即在物流设施、物流技术、物流服务、货物运输、包装和流通加工等各方面的国际化。世界各国广泛开展国际物流的理论和实践方面的研究与探索,人们已经形成共识:只有广泛开展国际物流合作,才能促进世界经济繁荣,由于物流全球化发展趋势明显,因此物流无国界。

随着国际贸易和跨国经营的迅速发展,国际物流活动日渐频繁,国际物流从单一形式向网络发展。在经济全球化、跨国企业兴起、科学技术迅猛发展的基础上,国际物流趋于网络系统化,它与城市物流、区域物流相互叠加、相互联系、相互作用,形成一个全球一体化的物流网络系统。

二、国际物流的特点、分类、基本方式与业务

国际物流虽是国内物流的延伸,理论基础也源于国内物流,但却与国内物流有许多不同之处。美国著名的物流学家亨利格彻恰如其分地指出:国际物流就像一条章鱼,它涉及很多方面,也受很多方面的影响和制约。

(一)国际物流的特点

1. 国际物流的经营环境与国内物流存在差异

国际物流的一个非常重要的特点是各国物流环境的差异,尤其是物流软环境的差异。不同国家的不同法律,使国际物流的复杂性远高于一国的国内物流,甚至会阻断国际物流。鉴于不同国家的不同经济和科技发展水平,使国际物流处在不同科技条件的支撑下,甚至有些地区根本无法应用某些技术继而造成国际物流整个系统水平下降。不同国家使用不同的物流技术标准和不同的物流操作规程,也会造成国际物流"接轨"的困难。不同国家的风俗文化也使国际物流受到很大局限,因而使国际物流系统难以建立。由于物流环境的差异,使得国际物流需要在多个不同法律、人文、习俗、语言、科技、设施的环境下运行,无疑会大大增加国际物流的难度和系统的复杂性。

2. 国际物流的范围广泛,存在较高的风险性

物流本身的功能要素、系统与外界的沟通已经很复杂,国际物流再在这复杂系统上增加了不同国家的要素,这不仅是辐射地域和空间的扩展,而且所涉及的内外因素更多,操作过程中的难度和风险更大,所需的时间更长,带来的直接后果是难度和复杂性的增加以及风险的增大。正因为如此,国际物流一旦融入现代化系统技术,其效果会十分显著。例如,开通某个"大陆桥"之后,国际物流速度会成倍提高,效益显著增加。此外,国际物流标准化也可以有效降低物流过程的复杂性,降低风险,而且将大幅提高物流系统的效益,但是,国际物流标准的制定和执行难度也非同一般。

国际物流的风险主要包括政治风险、经济风险和自然风险等。政治风险主要指所经过国家的政局动荡,如罢工、战争等原因造成货物可能受到损坏或灭失;经济风险指汇率和利率的波动造成一国进出口规模和国际物流量的可能涨落;自然风险主要指物流过程中可能因自然因素(如台风、暴雨等)而导致的货物损坏或灭失。例如,国际物流的经营者在收费时不仅有本国货币,而且还有其他币种,由于汇率的变化,会导致国际物流的金融风险增加;由于运输距离的扩大,延长了运输时间,增加了货物在中途转运的装卸次数,这也增加了货物灭失或短缺的风险。

3. 国际物流运输方式多样,并由多种运输方式组合而成

在国内物流中,运输的路线相对于国际物流较短,运输的频率也较高,因此,一般国内物流都采用铁路运输和公路运输。但在国际物流中,货物的运输路线长、环节多,各国的地理环境和气候也不一样,对货物运输过程中的保管和存放要求就更高,因此,国际物流的运输方式有远洋运输、铁路运输、航空运输、公路运输和国际多式联运等,这就使国际物流的运输可以有多种组合方式,所以其运输方式具有多样性。

运输方式的选择和组合不仅关系到国际物流活动周期的长短,而且还关系到国际物流成本的大小。海运是国际物流运输中最普遍的方式,特别是远洋运输。远洋运输效率的提高不仅能够降低运输成本,而且也能使该企业在国际物流运输中占有优势地位。在国际物流活动中,"门到门"运输方式越来越受货主的欢迎,使得能够满足这种需求的国际

复合运输方式得到快速发展。

4. 国际物流必须有国际化信息系统的支持

国际化信息系统是国际物流非常重要的支持手段。先进的信息网络系统已经成为发展现代国际物流的关键,国际上的物流中心城市本身就是一个发达的信息枢纽港。在国际物流领域中,信息电子化传输不仅极大地便利了贸易,提高了物流速度,而且在强大的国际货运需求面前,增加了对运输方式、运输线路、运输时间等的优化选择,提高了商流、物流和资金流的速度。

由于物流环境存在差异,没有国际化信息系统的支持和统一标准,国际物流难以顺利进行。目前,电子数据交换、集装箱统一规格、条码技术、视频结合数据系统等的应用使物流信息处理加快、费用降低。但是,国际物流信息系统的建立存在一定困难:一是管理困难,二是投资巨大。而且,由于世界上有些地区的物流信息技术水平较高,有些地区则较低,所以会出现信息化水平不均衡的情况,这使得信息系统的建立更为困难。当前,建立国际物流信息系统一个较好的办法是和各国海关的公共信息系统联网,及时掌握有关各港口、机场和联运线路、站场的实际情况,进而为物流决策提供信息支持。

5. 国际物流的标准化要求较高

国际物流标准化不仅可以有效地降低物流过程的复杂性、风险性,而且将对国际物流的畅通、提高物流系统的效益产生直接的影响。要使国际物流畅通起来,统一标准是非常重要的。目前,美国、欧洲基本实现了物流工具和物流设施的统一标准,如托盘统一采用 1 000 mm×1 200 mm,集装箱的几种统一规格及条码技术等,这大大降低了物流费用和转运难度。在物流信息传递技术方面,欧洲各国不仅实现了企业内部的标准化,而且实现了企业之间及欧洲统一市场的标准化,这就使欧洲各国之间的交流比其与亚洲、非洲等国家的交流更简单、更有效。

(二) 国际物流的分类

信息革命和电子商务的兴起,加快了世界经济一体化进程,促进了世界经济的发展,使国际物流也得到了极大发展。目前,跨国公司及其分支机构遍布世界,跨国公司的产值已占到发达国家总产值的 40%,正向围绕总体战略协同经营一体化的方向发展,从而对国际物流提出更高的要求。我国的大型企业要跻身于世界企业强手之林,也必须提高国际物流的支持能力。国际物流在其发展的过程中分为以下几类。

1. 进口物流和出口物流

根据商品在国与国之间的流向分类,国际物流可以分为进口物流和出口物流。当国际物流服务于一国的货物进口时,即可称为进口物流;而当国际物流服务于一国的货物出口时,则可称为出口物流。由于各国在物流进出口政策、海关管理制度、外贸体制上的差异,进口物流和出口物流相比,既有交叉的业务环节,又存在不同的业务环节,需加以区别。

2. 国家间物流和经济区域间物流

根据商品流的关税区域分类,国际物流可以分为不同国家之间的物流和不同经济区域之间的物流。这两种类型的物流在形式和具体环节上存在较大差异。区域经济的发展是当今世界经济发展的一大特征。如欧盟国家属于同一关税区,其成员国之间的物流运作与欧盟国家和其他国家或经济区域间的物流运作在方式上和环节上都有较大的差异。

3. 国际商品物流及其他物品的物流

根据跨国运送的商品特性分类,可以将国际物流分为国际商品物流、国际邮品物流、国际捐助或救助物资物流、国际展品物流和废弃物物流等。

(三) 国际物流的基本方式

国际物流就是国家与国家、地区与地区之间的货物运输、保管、装卸搬运、包装、流通加工、配送以及伴随其发生的信息传递,主体活动是国际货物运输,其基本方式如下。

1. 大陆桥运输

大陆桥运输是连接两段海运的陆地运输,主要指国际铁路运输和海洋运输。经过中国陆地运输的大陆桥目前有两个。一个是新亚欧大陆桥,在中国境内长达 4 131 千米,于 1990 年贯通。该大陆桥东起连云港,西至荷兰鹿特丹港,横跨亚洲、欧洲,与太平洋、大西洋相连,全长 1.08 万千米,途经中国中部的几个省份。另一个是西伯利亚大陆桥,也称亚欧大陆桥。该大陆桥全长 9 300 千米,是从远东地区经过西伯利亚大铁路,一直到达欧洲的大陆桥。它的全程共分为三条运输线,第一条以西伯利亚铁路运输为主,伊朗和欧洲的铁路运输为辅;第二条是经西伯利亚铁路和苏联的西部港口,到达西北欧的铁路和海运;第三条是从西伯利亚铁路起,经欧洲公路,到达瑞士、德国、法国和意大利的铁路和卡车运输。该大陆桥在中国的满洲里和二连浩特均有接口。

大陆桥运输的特点主要有:① 可以实现"门到门"的运输方式,由运输业者承担运输全程责任;② 运输速度快,运输里程短;③ 节约运输、保管和装卸费用;④ 保证物流作业质量,满足货主要求。

2. 国际多式联运

国际多式联运也称国际一贯化运输,是国际多种运输方式的联合运输。这种运输由一个承运人负责,使用一份国际多式联运合同,组织多种运输手段进行跨国联合运输。1980 年公布的《联合国国际货物多式联运公约》对多式联运定义如下:"国际多式联运是按照多式联运合同,以至少两种不同的运输方式,由多式联运经营人将货物从一国境内接受货物地点,运至另一国境内指定交付货物的地点。"

国际多式联运由于是由一个承运人总负责,手续简便,各个运输环节衔接紧密,贯通一气,能做到跨国"门到门"的物流。所以,与大陆桥运输一样,国际多式联运也具有速度快、费用省、质量好的特点。

除了以上介绍的两种国际物流方式外,国际物流还有远洋运输、国际航空运输、国际货运代理、国际铁路联运等方式。

(四)国际物流业务

1. 商品检验

实施商品检验的范围有多种划分。

按照商品检验的时间和地点可分为在出口国检验、在进口国检验、在出口国检验进口国复验三种。

按照检验机构可分为官方机构,非官方机构,企业或用户单位设立的化验室、检验室。

按检验证书可分为品质证明书、重量证明书、卫生证明书。

2. 报关业务

所谓报关,是指商品在进出境时,由进出口商品的收、发货人或其代理人,按照海关规定的格式填报《进出口商品报关单》,随附海关规定应交验的单证,请求海关办理商品进出口手续。

报关单证和报关期限,进出口商品报关程序,关税及其他税费的计算征收,都是报关业务中需要掌握的内容。

3. 国际货运代理

国际货运代理人是接受货主委托,办理有关货物报关、交接、仓储、调拨、检验、包装、转运、租船和订舱等业务的人。其身份是货主的代理人并按代理业务项目和提供的劳务向货主收取劳务费。

其业务范围包括:租船订舱代理;货物报关代理;转运及理货代理;储存代理;集装箱代理;多式联运代理。

4. 理货业务

理货是指船方或货主根据运输合同在装运港和卸货港收受和交付货物时,委托港口的理货机构代理完成的在港口对货物进行计数、检查货物残损、指导装舱积载、制作有关单证等工作。

理货工作的内容包括:理货单证;分票和理数;理残;绘制实际货物积载图;签证和批注;复查和查询。

三、影响国际物流发展的问题

与国内物流相比,国际物流市场具有以下特点:广阔性、全球性、复杂性、高风险性。国际物流以远洋运输为主,多种运输方式组成当代国际物流发展趋势,物流企业以兼并与合作、战略联盟的形式向协同化方向发展;市场竞争方式在竞争范围扩大、竞争模式改变、竞争手段创新等方面呈现出从粗放式向集约化发展的趋势;推行绿色物流,发达国家政府针对污染发生源、交通量、交通流三个方面制定相关政策倡导绿色物流并进行约束。

当前,国际物流的发展在宏观层面存在以下几个主要问题。

(一)当代国际物流的环境越来越复杂

传统的国际物流范围很小,大都由少数国家的少数企业所垄断。现在国与国之间、地区与地区之间、国家与地区之间直接通商越来越多，各国的物流环境迥异，从事国际物流需要在不同的法律、人文、语言、科技、设施等条件下运作，从而使国际物流的执行难度与复杂性越来越大。

（二）国际物流的地域广、空间大、环节多、时间长、风险大

国际物流大都远涉重洋，货物从始发地至目的地需时较长，期间货物需要承受政治、经济和自然条件等诸多风险。

（三）国际物流信息化发展不平衡

传统的国际物流大都依靠信件、电报、电传和传真来传递信息，这些通信手段将会逐渐被以计算机联网为基础的信息系统所取代。不过当前世界各国的信息技术水平很不平衡，相互之间的差距很大，因此，建立全面的现代化信息系统还存在相当大的困难。

（四）国际物流的标准化有待进一步推广

物流标准化是以物流作为一个大系统，制定系统内部设施、机械设备、专用工具等各个分系统的技术标准；制定系统内各个分领域中技术标准与工作标准的配合性，统一整个物流系统的标准；研究物流系统与其他相关系统的配合性，进一步谋求物流大系统的标准统一。国际物流标准化是降低物流成本、增加物流效益的有效措施。实现国际物流标准统一化，能够打破各国或地区标准不统一的技术贸易壁垒，从而加速国际贸易的物流过程。

（五）各种妨碍贸易自由化的保护主义措施有待世界贸易组织（WTO）努力解决

当今经济发达国家和发展中国家为了保护本国的利益，大都在不同程度上采取了各式各样的保护性措施，诸如商品配额、外汇管制、关税壁垒、技术壁垒、绿色壁垒等。这些措施都妨碍了国际贸易和国际物流的正常发展，因此，世界贸易组织必须积极努力，争取逐步打破壁垒，解决这些问题。

在WTO现有的分类中，物流不是一个单独的领域，相关的物流活动分别包含在运输、商业、分销、通信等几个领域中，但物流服务贸易会受WTO服务贸易规则的约束。在WTO贸易谈判当中，多式联运和物流作为新内容在服务贸易谈判中渐受关注，国际物流的发展需要各成员对物流服务活动及相关服务作出进一步的承诺。

四、国际贸易与国际物流

我国"一带一路"倡议的实施，使国际贸易和国际物流迎来了发展的新机遇。"一带一路"倡议的实施和自贸区的运行，最终都要由国际贸易与国际物流的协同发展来落实。要增强国际贸易的核心竞争力，实现国际贸易的长足发展，必须要有创新的思维和理念，大力推进经济转型升级及国际贸易与国际物流的协同发展。

（一）国际贸易的定义和分类

1. 国际贸易的定义

国际贸易亦称"世界贸易"，是指世界各个国家（或地区）在商品和劳务（或货物、知识

和服务)等方面进行的交换活动,它由各国各地区对外贸易构成,是世界各国对外贸易的总和。国际贸易反映了世界各国各地区在经济上的相互依存,是各国各地区之间分工的表现。

2. 国际贸易的主要分类

(1) 按商品流向进行划分。

① 出口贸易(export trade)。出口贸易指将本国生产或加工的商品运往他国市场销售。一国出口收入的全部金额为出口总额。

② 进口贸易(import trade)。进口贸易指将外国商品输入本国市场销售。一国进口所支出的全部金额为进口总额。

③ 过境贸易(transit trade)。凡 A 国经过 C 国向 B 国运送商品,对 C 国来说就是过境贸易,包括直接过境贸易和间接过境贸易。直接过境贸易是指外国货物到达本国口岸后,在海关直接监管下,通过国内运输线从其他口岸离境,有时直接过境甚至不需卸货和转换运输工具。承办过境的国家一般要收取一定的费用。间接过境贸易是指外国货物到达本国口岸后先存入海关保税仓库,没有经过任何加工改造,再从海关保税仓库运出国境的活动。过境地的特点通常是地理位置重要、资本市场发达、商业氛围浓,如中国香港、新加坡等。

(2) 按商品的形态进行划分。

① 有形贸易。有形贸易指有实物形态的商品的进出口。例如,机器、设备、家具等都是有实物形态的商品,这些商品的进出口称为有形贸易。

② 无形贸易。无形贸易指没有实物形态的技术和服务的进出口。例如,专利使用权的转让、旅游、金融保险企业跨国提供服务等都是没有实物形态的商品,其进出口称为无形贸易。

(二) 国际贸易与国际物流的关系

1. 国际贸易对国际物流的促进作用

(1) 国际贸易促进国际物流的产生与发展。

随着国际贸易的不断发展,世界经济全球化得到了快速发展,全球贸易一体化促使国际物流不断向现代化的国际物流转变。随着越来越多的跨国公司在全球实行集中研发、采购、生产的策略,国际物流已经由原来简单地将货物在不同国家间运输的单一物流功能转变为集仓储、包装、运输、信息处理等功能于一身的综合国际物流。专业的第三方物流和第四方物流公司也应运而生。由此可以说,国际贸易的不断发展促进了国际物流朝着现代化物流的方向不断发展。

(2) 国际贸易促进国际物流系统的不断完善。

国际贸易的不断发展,对于国际物流的需求日益增多,国际物流也就逐渐成为一个多行业集成的有机系统。随着国际分工日益细化,很多生产和销售型企业将物流的相关服务不断外包,也使国际物流的服务不断向上和向下延伸,物流咨询、订单处理、库存控制与分析、代收账款和物流培训教育等服务不断被扩充到现代化国际物流的范畴中。

随着国际贸易竞争的日趋激烈,各企业能否很好地控制物流成本已经对国际贸易的成败起到了越来越关键的作用。对物流成本的关注促使生产企业不断地进行部门整合。越来越多的企业选择物流外包,也促使物流企业不断优化,降低成本、提高效率,竞争使国际物流系统不断得到完善。

(3) 国际贸易的发展对国际物流不断提出新的需求。

世界经济一体化对国际物流提出了物流无国界的需求。近年来,国际物流在运输上实现了集装箱化的革命性变革,同时也大力推进了集装箱多式联运。物流全球一体化的无国界需求必将促使相对落后的发展中国家在物流硬件设施的建设上做出更大的努力。随着国际贸易的发展,物流信息网络化,物流全程可视化等需求已经日益体现出来,这些新需求将推动国际物流不断向前发展。

总之,国际贸易的发展必将推动国际物流在各个方面取得新的进展和突破。当今世界,各国间的联系越来越紧密,全球的贸易量也在不断上升,这必将给国际物流提供更大的发展空间,也会给国际物流的发展带来更大的推动力。

2. 国际物流对国际贸易的发展具有反向带动作用

(1) 国际物流成本的改变对国际贸易产生影响。

国际物流成本是指为了实现国际贸易,货物自生产完毕到投入销售,为国际贸易需要的物流过程所支付的成本总和。国际物流成本包括出口国、国际运输和进口国三个环节为了实现进出口贸易所涉及的所有物流成本,与产品的生产研发成本等一样,是实现国际贸易的重要成本之一。

国际贸易因地区间不同的比较优势而产生。当国际物流成本发生变化时,在需求差异不大的消费市场间,贸易方向会因为物流成本的变动而发生变动,产品销售会更倾向于物流成本较低的市场。当跨国公司在为工厂以及采购中心选址时,物流成本已经被认为是比较重要的考虑因素。因此,如果要吸引外资、扩大出口,有效降低国际物流成本已经成为一个关键点。

(2) 现代国际物流促进国际贸易的发展。

国际物流是伴随国际贸易的产生而产生的,但从诞生之日起,国际物流就没有停止过其自身的独立发展,并且还在不断地发展壮大。国际物流的现代化发展对国际贸易的发展起到了重要的促进作用。随着现代国际物流一体化的不断推进,国际化的专业物流公司不断涌现,为其他跨国公司的物流外包和降低物流成本提供了很多选择。高效专业的全球供应链体系,使这些跨国公司可以更加自如地整合全球资源。特别是对于我国来说,现代物流对于我国扩大出口规模和提升物流产业结构起到了非常积极的推动作用。

(3) 高效的国际物流是国际贸易发展的保证。

为了实现贸易成本的最低,很多跨国公司都会在全球范围内原材料成本最低的国家进行集中采购,然后选择生产成本最低的国家开设工厂集中生产,最后销往世界各地。在贸易环境日益激烈、产品生命周期日益缩短的情况下,企业不可能孤军奋战,总是通过与供应商、生产商、贸易商、代理商的紧密合作,才能不断跟上瞬息万变的市场需求,在竞争中立于不败之地。而这些,都需要有一个高效全面的物流和供应链系统作为支撑。

在全球供应链的管理中,利用电子商务技术优化供应链管理,首先要完成企业内部业务流程一体化,然后再向企业外的合作伙伴延伸,达到生产、采购、库存、销售以及财务和人力资源管理的全面整合,使物流、信息流、资金流发挥最大效能,把理想的供应链运作变为现实。供应链中的全部物流管理可通过供应链所有成员之间的信息沟通、责任分配和相互合作来协调,这样就可以减少链上每个成员的不确定性,减少每个成员的运营成本。企业可以用较少的设备完成库存的周转、减少资金占用量、削减管理费用,从而降低成本,并提高运输、包装、标识和文书处理等活动的效率。

由此可见,国际物流已成为影响和制约国际贸易进一步发展的重要因素。国际物流的发展极大地改善了国际贸易的环境,为国际贸易提供了各种便利条件,世界贸易的飞速增长与国际物流的发展是分不开的。

五、自由贸易区与保税区

(一) 自由贸易区与保税区概念

自由贸易区指一国境内、受海关保护的、无贸易限制的关税豁免区域,是世界经济自由区中开放程度最高的一种形式。其基本特征可以概括为:国家行为、境内关外、功能突出、高度自由。自由贸易区是一个关税、进出口许可证和配额的突破口,以及适用特殊海关管理的区域,实际上是采取自由港政策的关税隔离区。

保税区是海关监管的实行境内关外管理的特定区域,保税区的货物可以在区内企业之间转让、转移,出口他国(地)完全自由,进入国内市场要按进口征收关税和增值税。内地货物进入保税区按正常出口管理,转口货物和在保税区内仓储的货物按照保税货物管理。在保税区内关税全免,国境之外的人员、货物、资金进出保税区自由。但是,非保税区的产品进入保税区则视同出口,而保税区的产品进入非保税区也视同进口。保税区实行全封闭隔离管理,并设置完善的隔离设施。

(二) 自由贸易区与保税区的区别

国际上对自由贸易区的区域特性都认定为"境内关外",即指一国的部分领土,在这部分领土内运入的任何货物就进口税及其他各税而言,被认为在关境以外,并免予实施惯常的海关监管制度。但是,中国目前的保税区却在很大程度上被当成"境内关内"的区域。尽管保税区与自由贸易区都起到类似自由港的作用,但在开放程度、功能设计以及监督管理等方面还存在着较大区别。

一是保税区在海关的特殊监管范围内,货物入区前须在海关登记,保税区货物进出境内、境外或区内流动有不同的税收限制;而自由贸易区是在海关辖区以外的、无贸易限制的关税豁免地区。

二是保税区的货物存储有时间限定,一般为2—5年;而在自由贸易区内,货物存储期限不受限制。

三是由于保税区内的货物是"暂不征税",对货物采用账册管理方式;而在自由贸易区,主要考虑货畅其流为基本条件,多数自由贸易区采取门岗管理方式,运作手续更为简化,交易成本更低。

四是目前许多保税区的功能相对单一,主要是起中转存放的作用,对周边经济的带动作用有限;而自由贸易区一般是物流集散中心,大进大出,加工贸易比较发达,对周边地区具有强大的辐射作用,能带动区域经济的发展。

(三) 中国(上海)自由贸易试验区

中国(上海)自由贸易试验区,简称上海自由贸易区或上海自贸区,是上海市的一项正在推进发展的自由贸易区项目,是党中央、国务院作出的重大决策,是深入贯彻党的十八大精神,在新形势下推进改革开放的重大举措。2013年8月,国务院正式批准设立中国(上海)自由贸易试验区。该试验区成立时,以上海外高桥保税区为核心,辅之以机场保税区和洋山港临港新城,成为中国经济新的试验田,并大力推动上海市转口、离岸业务的发展。2013年9月29日,上海自由贸易区正式挂牌成立。上海市委常委、副市长艾宝俊出任第一任中国(上海)自由贸易试验区管委会主任。

上海自由贸易试验区是中国大陆政府批准设立的首个自由贸易园区。自由贸易区不同于实行普通贸易优惠政策的"加工出口区",而是贸易伙伴之间通过签署协定,互相之间开放市场,逐步取消绝大部分货物的关税和非关税壁垒,并允许船舶自由进出,在服务业领域改善市场准入条件,实现贸易和投资的自由化。自由贸易区有货物进出自由、投资自由、金融自由和成员经济体之间无共同对外关税四个特点。设立自贸区可以促进地区进出口贸易和增加外汇,提高该地区在国际贸易中的地位,并增加就业,促进地区整体经济发展。

依据国务院通过的《中国(上海)自由贸易试验区总体方案》提出以下规划与政策:先行试点人民币资本项目开放及逐步实现货币可自由兑换等金融措施,并采用循序渐进的开放政策,优先开放企业法人的人民币自由兑换;上海自贸区试点有望成为中国加入"跨太平洋伙伴关系协议(TPP)"的首个对外开放窗口,为中国加入该协议发挥重要作用。该方案最终将可能落实到金融、贸易、航运等领域的开放政策,以及管理、税收、法规等方面的改革措施。

此外,在金融领域,上海自贸区还试点利率市场化、汇率自由汇兑、金融业的对外开放、产品创新等,也涉及一些离岸业务;在贸易领域,上海自贸区试点实现"国境线放开""国内市场分界线安全高效管住""区内货物自由流动"的监管服务新模式,这是上海自贸区与上海综合保税区的主要区别。同时,上海自贸区将紧紧围绕面向世界、服务全国的战略要求和上海"四个中心"建设的战略任务,按照先行先试、风险可控、分步推进、逐步完善的方式,把扩大开放与体制改革相结合、把培育功能与政策创新相结合,形成与国际投资、贸易通行规则相衔接的基本制度框架。

问题思考

保税区和自由贸易区对于我国经济发展有什么重要意义?

课后练习

选择题,选项四个的为单选题,选项五个的为多选题

1. 国际物流发展的第二阶段,这一阶段国际物流的突出特点是在物流量不断扩大的情况下出现了"(　　)"。
   A. JIT 物流　　　　B. 精细物流　　　　C. 无国界物流　　　　D. 物流外包

2. 国际物流的风险主要包括(　　)等。
   A. 政治风险　　　　B. 合同风险　　　　C. 经济风险　　　　D. 自然风险
   E. 文化冲突风险

3. 国际物流的运输方式有(　　)运输方式等。
   A. 远洋运输　　　　B. 铁路运输　　　　C. 航空运输　　　　D. 公路运输
   E. 国际多式联运

4. 根据商品在国与国之间的流向分类,国际物流可以分为(　　)。
   A. 国际商品物流　　　　　　　　B. 国家间物流
   C. 经济区域间物流　　　　　　　D. 进口物流
   E. 出口物流

5. 根据商品流的关税区域分类,国际物流可以分为(　　)。
   A. 国际商品物流　　　　　　　　B. 国家间物流
   C. 经济区域间物流　　　　　　　D. 进口物流
   E. 出口物流

6. 国际物流的基本方式主要包括(　　)。
   A. 航空运输　　　　B. 大陆桥运输　　　　C. 海运　　　　D. 集装箱运输
   E. 国际多式联运

7. 国际物流业务包括(　　)。
   A. 理货业务　　　　B. 国际货运代理　　　　C. 报关业务　　　　D. 税务缴纳
   E. 商品检验

8. 按商品流向进行划分,国际贸易可分为(　　)。
   A. 进口贸易　　　　B. 出口贸易　　　　C. 过境贸易　　　　D. 有形贸易
   E. 无形贸易

第五章　新经济形势下的物流业态

学习目标

- 重点掌握电子商务的概念及对物流的影响
- 重点掌握冷链物流的概念和基本环节
- 重点掌握应急物流的概念
- 重点掌握逆向物流的概念
- 掌握电子商务下物流的特点及管理模式
- 掌握应急物流的特点
- 掌握逆向物流的特点
- 掌握绿色物流的理念及特征
- 掌握物流金融的概念和模式
- 了解电子商务下物流的主要问题及发展趋势
- 了解冷链物流的发展历史、冷链设备、发展趋势
- 了解应急物流的组织结构和保障机制
- 了解逆向物流的成因及对策
- 了解绿色物流的具体措施
- 了解物流金融的成因、效用、职能

【引导案例】

FedEx——全球减排增速的践行者

世界快递巨头联邦快递(FedEx)在发展自身业务的同时,致力于节能和环保事业,在多个国家和地区获得了诸多环保奖项。FedEx在节能和环保领域的探索,在为其节约大量成本的同时,也树立了FedEx为公众利益负责的良好企业形象。

当前,FedEx每天向世界220多个国家和地区发送850多万个包裹,飞行里程约50万千米,行驶近120万英里。假设在这一过程中忽略了节能和环保,那么这一

系列的高强度物流活动将会对气候和环境造成严重的污染和破坏。

FedEx在节能和环保领域进行的积极探索,取得了一系列令人瞩目的成果,如大规模采用高效飞机、提倡建立轻型车辆运输系统,增加对电力的使用,减少对石油的依赖;开发新技术,使系统、交通工具和线路更有效率等,这些贡献既体现了FedEx在保护环境、提高人类生存质量方面的社会责任,更在行业内树立了标杆,为其他企业在此方面做出表率。

大规模采用高效飞机

自2011年以来,FedEx注意到现代飞机技术发展日新月异、新型飞机层出不穷、飞机燃油效率不断提高的现实和趋势,开始引入一些新机型,如波音777F和波音757。新机型拥有更高的燃油效率和更大的载货量,能够显著降低货运燃料消耗。如波音777F就比先前的MD-11载货更多、耗油更省、飞行更远,大幅减少了每一运输单位的成本和废气排放。经计算,777F可直飞5 800多海里,比MD-11多1 900海里的范围;能运载17.8万磅的货物,比MD-11多1.4万磅的载货量。但777F消耗的染料却要比MD-11减少了18%,同时每吨货物减少18%的废气排放量。

鉴于777F的巨大优势,FedEx添置了6架777F型飞机,使波音777F的架数增至12架,并借此开通了孟菲斯至韩国和中国东南部地区的777F直达航班。在大量购置777F的同时,FedEx也提高了用新型飞机替换原有飞机的数额,如开始使用757替换727,进而使每磅载货量的燃料消耗减低了47%,并减少了维护费用。在飞机更换一项上,就为FedEx节约了大量的燃油,减少了大笔经营成本。

使用电动汽车

电动汽车是指以车载电源为动力,用电机驱动车轮行驶的车辆。混合动力电动汽车是指车上装有两个以上动力源,且包含有电机驱动的汽车。车载动力源有多种:蓄电池、燃料电池、太阳能电池、内燃机车的发电机组等。这两种汽车能显著降低汽油的使用,进而减少碳排放,经过FedEx的计算,365辆混合动力车或者43辆电动汽车的二氧化碳的排放量与10辆燃油卡车相当。

正因为如此,FedEx在过去的几年中加大了对电动汽车和混合动力电动汽车的购置力度,新能源汽车在车队中的比重不断提高。对比其他的亚太区市场,FedEx在中国拥有着最大规模的电动化取派件车队。从2018年起,在中国多个城市投入应用纯电动车,至2022年已投入应用近250辆电动车。在这当中,FedEx已经在北京投入应用了超过155辆纯电动车,如今在五环道路内行驶的均是纯电动车。

降低燃油消耗

尽管FedEx大量采用了电动汽车和混合动力电动汽车,但是在FedEx车队当中仍有大量的燃油汽车。针对这种情况,FedEx致力于汽车燃油效率的提高,通过新技术来改善燃油效率。Fedex目前在全球有超过9万台车辆,其目标是以2005年为基准,到2025年提升50%的车辆燃油效率,并且这一目标在2017财年已实现37.9%。除了提高汽车燃油效率,FedEx还从细节入手来减少燃油消耗。就如何使用送货车来说,FedEx通过试验和经验积累,清楚地知道驾驶时有三种情况会影响能源消耗:开什么车、到哪里去、由谁开。因此,FedEx每年都会选用一批更高效的车辆上路;每天都会根据交通情况的变化通过技术改变线路;此外,FedEx还会不断向团队成员传授最优驾驶方法。

FedEx在亚太地区推行一项名为节能驾驶(Eco-Driving)的项目,这个项目旨在通过改变日常驾驶习惯,减少对环境的影响。一位日本的FedEx代理商就是该项目数百名团队成员之一,当时他作为速递员加入公司,现在为所有日本驾驶员管理燃料消耗。这位代理商清楚地知道驾驶对环境的影响,因此他一直致力于降低燃油消耗。他每天总是先浏览东京街道的堵塞情况之后再去上班,从而为送货车提供最佳的行车路线。其他为数众多的FedEx成员也在为改善环境质量而不懈努力。

FedEx还与五十铃汽车公司合作制定了节能驾驶方法。五十铃对日本的速递员的驾驶情况进行了详细的统计,发现日本的速递员有大约70%的时间呆在车里,每天驾驶大约60英里,停车30次。根据五十铃的调查结果,FedEx团队发现了二十种行为可以减少车辆废气排放,其中包括缓慢加速、匀速、提前加速、慎用空调和减少空转时间等。FedEx认为,减少废气排放的责任首先落在驾驶员身上,若向驾驶员传授新的驾驶习惯并予以落实,那计划必定成功。因此,FedEx将节能驾驶提示放在车内突出位置;而驾驶员用的钥匙链上也标记着节能驾驶五项原则。结果卓有成效,自这一计划开始实施18个月后,在日本拥有150条线路的最大操作站的燃油效率提高了14%。

目前,FedEx还在社区内指导节能驾驶,为所有有条件实施计划的操作站里的团队成员举办节能驾驶讲座,并邀请社区人士参与,为整个地区的节能降耗做出了贡献。

(资料来源:根据网络资料整理改写,https://wenku.baidu.com/view/0bfa7a497b3e0912a21614791711cc7930b77851.html。)

【思考】

1. FedEx为什么重视节能减排?
2. 你所熟悉的物流企业在节能减排方面有哪些是可以向FedEx学习的?

第一节　电子商务物流

一、电子商务的概念

电子商务(electronic commerce,EC)是利用计算机技术和网络通信技术进行的商务活动,其关键是依靠电子设备和网络技术运行的商业模式,但是,电子商务不等同于商务电子化。

随着电子商务的高速发展,它已不仅包括购物这一主要内涵,而且还包括物流配送等附带服务。

电子商务可以划分为狭义的电子商务和广义的电子商务。

从狭义上讲,电子商务是指通过使用互联网等电子工具(包括电报、电话、广播、电视、传真、计算机、计算机网络、移动通信等)在全球范围内进行的商务贸易活动。是以计算机网络为基础所进行的各种商务活动,包括商品和服务的提供者、广告商、消费者、中介商等有关各方行为的总和。人们一般理解的电子商务是指狭义的电子商务。

从广义上讲,电子商务一词源自 electronic business,就是通过电子手段进行的商业事务活动。通过使用互联网等工具,使企业内部、供应商、客户和合作伙伴之间,利用电子业务共享信息,实现企业间业务流程的电子化,配合企业内部的电子化生产管理系统,提高企业的生产、库存、流通和资金等各个环节的效率。

联合国国际贸易程序简化工作组对电子商务的定义是:采用电子形式开展商务活动,它包括在供应商、客户、政府及其他参与方之间通过任何电子工具(如 EDI、Web 技术、电子邮件等)共享非结构化商务信息,并管理和完成在商务活动、管理活动和消费活动中的各种交易。

总结各处电子商务的定义,电子商务定义一般可概括为以下三种。

(1)电子商务是利用计算机技术、网络技术和远程通信技术,实现电子化、数字化和网络化、商务化的整个商务过程。

(2)电子商务是以商务活动为主体,以计算机网络为基础,以电子化方式为手段,在法律许可范围内所进行的商务活动交易过程。

(3)电子商务是运用数字信息技术,对企业的各项活动进行持续优化的过程。

二、电子商务与物流

(一)物流在电子商务中的地位

首先,物流是电子商务的重要组成部分。随着互联网在全世界的飞速发展,电子商务作为在互联网中最大的应用领域已经引起世界各国政府的广泛重视和支持。随着电子商务的进一步推广与应用,物流在电子商务活动中的重要性和所产生的影响就变得日益明显。

电子商务的任何一笔网上交易都必须涉及信息流、商流、资金流和物流这几种基本的流,而物流作为整个交易的最后一个流程,其执行结果的好坏对电子交易的成败起着十分重要的作用。从根本上来说,物流电子化应是电子商务概念的组成部分,缺少了现代化的物流过程,电子商务过程就不完整了。

其次,物流是实现电子商务的保证。物流的发展是电子商务产生的基础条件之一,这也符合传统的企业产生理论。换句话说,电子商务的产生是以强大的现代化物流作为后盾,是电子商务与现代化物流的自然对接。

(二) 电子商务与物流的关系

随着电子商务的进一步推广与应用,物流能力的滞后对其发展的制约越来越明显,物流的重要性及其对电子商务活动的影响受到越来越多人的关注。物流对电子商务的实现很重要,而电子商务对物流的影响也极为巨大。物流的发展离不开电子商务的影响。物流本身的矛盾促使其发展,而电子商务恰恰提供了解决这种矛盾的手段;反过来,电子商务本身矛盾的解决,也需要物流来提供手段。

1. 现代物流是电子商务运作的重要组成部分

电子商务=网上信息传递+网上交易+网上结算+物流配送=鼠标+车轮。电子商务的整个运作过程是信息流、商流、资金流和物流的统一,其优势体现在信息资源的共享和运作方式的高效快捷上。电子商务的网上交易,毕竟是"虚拟"经济过程,最终的资源配置还需要通过商品的实体转移来实现。物流实际上是以商流的后续者和服务者的姿态出现的,物流配送效率也就成为客户评价电子商务满意度的重要指标。

2. 现代物流是电子商务实现"以顾客为中心"理念的最终保证,是增强企业竞争力的有效途径

电子商务使消费者只要坐在家里,在互联网上搜索、查看、挑选、订购、支付等,就可以完成整个购物过程。缺少了现代物流,电子商务给消费者带来的购物便捷就等于零,消费者必然会转向其他购物方式。因此,现代物流的好坏,直接决定了企业在价格、交货期、服务质量等各方面的竞争力。

3. 电子商务推进了现代物流的发展

作为最早提出电子商务概念的美国,其物流管理技术已相当完善,EDI 的运行过程简化了烦琐、耗时的订单处理作业,加快了物流的速度,提高了物流资源的利用率。电子商务的出现,不仅提高了信息和资金的流通速度,而且也提高了现代物流的流通速度。

4. 电子商务的发展保证了物流企业的利润

以网络为平台的信息流,极大地加快了现代物流信息的传递速度,为客户赢得了宝贵的时间,使货物运输环节和运输方式更加科学。以快节奏的商流和信息流为基础的现代物流,能够有效地减少流动资金的占压,加速资金的周转,充分发挥了资本的增值功能,是

继企业节约原材料、降低物耗、提高劳动生产率之后的又一利润增长点,是物流企业利润增长的基础。

三、电子商务对物流的影响

(一) 电子商务对物流业的影响

1. 电子商务是一次高科技和信息化的革命,使物流业的地位大大提高

电子商务把商务、广告、订货、购买、支付、认证等实物和事务处理虚拟化、信息化,使它们变成脱离实体而能在计算机网络上处理的信息,又将信息处理电子化,强化了信息处理,弱化了实体处理。这必然导致产业大重组。产业重组的结果使得社会上的产业只剩下两类:一类是实业,包括制造业和物流业;一类是信息业,包括服务业、金融业、信息处理业等。在实业中,物流企业会逐渐强化,主要是因为其在电子商务环境中必须要承担更重要的任务。它既是生产企业的仓库,又是用户的实物供应者,它成为代表所有生产企业及供应商对用户的唯一最集中、最广泛的实物供应者。物流业成为社会生产链条的领导者和协调者,为社会提供全方位的物流服务。由此可见,电子商务把物流业提升到了前所未有的高度,为其提供了空前的发展机遇。

2. 供应链管理的变化——电子商务缩短了生产企业与最终用户之间供应链上的距离,改变了传统市场的结构

企业可以通过自己的网站与客户直接沟通,这样降低了流通成本,缩短了流通时间,使物流径路缩短。在电子商务环境下,供应链实现了一体化,供应商与零售商、消费者通过互联网连在了一起,供应商可以及时准确地掌握产品的销售信息与顾客信息。此时,存货管理采用反应方法,按所获信息组织产品生产并向零售商供货,存货的流动变成"拉动式",实现销售方面的"零库存"。

3. 第三方物流成为物流业的主要组织形式

第三方物流是指由物流劳务的供方、需方之外的第三方去完成物流服务的物流运作方式。第三方物流在电子商务环境下得到了极大发展,因为电子商务的跨时域性与跨区域性,要求物流活动也具有跨区域或国际化特征。网上商店一般都是新建的企业,不可能投资建设自己的全球配送网络,甚至都无法建成全国配送网站,所以它们对第三方物流有迫切的需求。同时,在电子商务时代,物流业的地位大大提高,第三方物流发展成为整个社会生产企业和消费者的"第三方"。

(二) 电子商务对物流各作业环节的影响

1. 采购

传统的采购极其复杂,而在电子商务环境下,企业的采购过程会变得简单、顺畅,还可以进一步降低采购成本。大型企业能从互联网的更低传输成本中获得更多收益。通过互联网采购,企业可以接触到更多的供应厂商,因而也就产生了更为激烈的竞争,又从另一方面降低了采购成本。

2. 配送

配送在其发展初期,主要通过促销手段来发挥作用。而在电子商务时代,没有配送,电子商务物流就无法实现,电子商务也就无法实现,电子商务的命运与配送业联系在了一起。同时,电子商务使制造业与零售业得以实现"零库存"实际上是把库存转移给了配送中心。因此,配送中心成为整个社会的仓库,配送业的地位也因此大大提高了。从某种程度上来说,电子商务时代的物流方式就是配送方式。

(三) 电子商务对物流各功能环节的影响

1. 物流网络的变化

(1) 物流网络信息化。这是物流信息化的必然后果,是电子商务环境下物流活动的主要特征之一。物流网络信息化主要包括两种情况:一种是物流配送系统的计算机通信网络,如配送中心与供应商或制造商的联系要通过计算机网络,与下游客户之间的联系也要通过计算机网络通信;另一种是组织的网络。当然,物流网络的基础是信息和计算机网络。

(2) 实体物流网络的变化。第一,仓库的数量将减少,库存集中化,配送中心的库存将取代社会上的零散库存。第二,将来物流节点的主要形式是配送中心,在电子商务环境下,物流管理以时间为基础,货物流转更快,制造业都实现"零库存",仓库又由第三方物流企业所经营,这些决定了"保管仓库"将减少,"流通仓库"将发展为配送中心。第三,综合物流中心将与大型配送中心合二为一。在实践中,城市综合物流中心的筹建已经开始,它是上述变化的一个具体体现。

2. 运输的变化

(1) 运输分为一次运输与二次运输。在电子商务环境下,库存会集中起来,而库存集中必然导致运输集中。随着城市综合物流中心的建成,公路货站、铁路货站、铁路编组站被集约在一起,物流中心的物流量达到足够大,可以实现大规模的城市之间的铁路直达运输,运输也就被划分为一次运输与二次运输。一次运输是指综合物流中心之间的运输,主要运用铁路运输,运输费率低,而直达方式又使速度大大提高了;二次运输是指物流中心辐射范围内的运输,用来完成配送任务,由当地的运输组织完成。

(2) 多式联运大发展。因为电子商务的本质特征之一就是简化交易过程、提高交易效率,所以,在电子商务环境下,多式联运与其说是一种运输方式,不如说是一种组织方式或服务方式。它很可能成为运输所提供的首选服务方式。

3. 信息的变化

(1) 信息流由闭环变为开环。现在和未来的物流企业更加注重供应链管理。以客户服务为中心,它通过加强企业间合作,把产品生产、采购、库存、运输配送、产品销售等环节集成起来,将生产企业、配送中心(物流中心)、分销商网络等经营过程的各方面纳入一个紧密的供应链中。此时,信息就不是只在物流企业内闭环流动,信息的快速流动、交换和共享成为信息管理的新特征。

(2) 信息诸模块功能的变化。电子商务环境下的现代物流技术的应用,使得传统物流管理信息系统中某些模块的功能发生了变化。例如,在电子商务环境下,采购的范围扩大到全世界,人们可以利用网上产品目录和供应商供货清单生成需求订单和购货需求文档。同时采用 GPS(global positioning sytem)等技术,使运输流程更合理,路线更短,载货更多,交易过程无纸化等。

总之,电子商务这一新生事物作为划时代的产物在各行各业展现出了强大的生命力,对传统物流组织也产生了极大的影响,并为其发展提供了更大的机遇。相信随着网络技术的不断发展和改进,电子商务所带来的效益将全面展现出来。

四、电子商务环境下的物流管理

电子商务是世界经济发展的重要推动力。在电子商务环境下,现代物流的出现使物流向信息化、网络化、智能化的趋势发展,对传统物流产生了巨大影响。

(一) 电子商务环境下物流管理的特点

1. 信息化

物流管理信息化是电子商务时代的必然要求。在供应链管理方面,物流企业需要沟通上下游企业,与上下游企业之间进行频繁的信息交换,实现整条供应链各个部分之间的平滑对接。在与供销商的交易中,将以往以贸易单据(文件)流转为主体的交易方式,转变成为采用数字化电子方式进行数据交换的商务活动。在库存管理方面,零库存的实现、运转周期的缩短都必须依赖于信息的灵敏传送。

2. 网络化

物流管理的网络化是物流管理信息化的必然趋势。当今世界,互联网提供的全球网络资源及网络技术的普及为物流的网络化提供了良好的外部环境。如果离开了网络,物流信息就只能在企业内部流转,信息传输与共享变得不可实现,整条供应链各个环节之间的沟通也将难以进行。

3. 智能化

智能化是建立在物流管理信息化、网络化之上的一种高层次应用。物流作业过程中大量的运筹和决策都需要借助计算机精确的运算和智能安排才能得以解决。只有实现物流管理的智能化,才能使物流的效率得到提高,整条供应链能够根据客户需求而灵活地安排供销,减少"牛鞭效应",真正实现低库存、高效率。

(二) 三种典型的物流管理模式

1. 电子商务企业自建物流体系

在电子商务企业自建物流体系中,企业在各地的网民密集地区设置自己的配送点,在获得消费者的购物信息后,马上将相关的信息送往离消费者最近的配送点,再由配送点的人员将商品送货上门。在电子商务的发展过程中,凭借原有的庞大连锁分销渠道和发达的零售网络,一些大型企业集团开始利用电子商务技术构建自身的物流体系,进行物流配送服务。自建物流体系增强了这些企业的竞争优势,使其物流配送管理更加有效。

但这种模式也存在不少问题。首先,配送点的选址、人员的配备数量、商品库存的确定等很难合理地安排。其次,由于要满足客户的即时需求,对配送时效有严格的要求。大多数的电子商务网站都很难在提高配送时效和控制配送成本之间寻找到一个平衡点,花费巨资建立的物流体系也可能会成为企业沉重的负担。电子商务企业自建物流体系如图 5-1 所示。

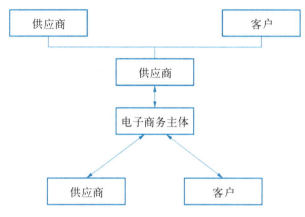

图 5-1　电子商务企业自建物流体系

2. 第三方物流管理模式

第三方物流(third-party logistics,3PL)通常又称契约物流,是指从生产到销售的整个流通过程中进行服务的第三方。它本身不拥有商品,而是通过合作协议或结成合作联盟,在特定的时间段内按照特定的价格为客户提供个性化的物流代理服务。由于技术先进,配送体系较为完备,第三方物流凭借配送速度快、效率高成为电子商务物流配送的理想方案之一。除了有实力自建物流体系的大企业之外,更多的中小企业倾向于采用这种"外包"方式。实践证明,第三方物流的高效服务既满足了客户复杂多变的物流服务要求,同时又减轻了电子商务企业的负担,从而推进了社会化分工。第三方物流管理模式如图 5-2 所示。

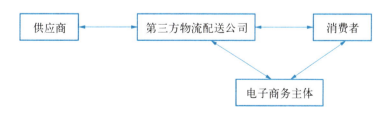

图 5-2　第三方物流管理模式

3. 第四方物流联盟

第四方物流的概念是由埃森哲咨询公司首先提出并注册的,它将第四方物流定义为:

"所谓第四方物流,是一个供应链的整合者以及协调者,调配与管理组织本身与其他互补性服务所有的资源、能力和技术来提供综合的供应链解决方案。"

作为一个全新的概念,第四方物流联盟的提出融合了诸多现代管理思想。从本质上来讲,"第四方物流供应商"是一个供应链的集成商,它充分利用包括第三方物流、信息技术供应商、合同物流供应商、呼叫中心、电信增值服务商、客户以及自身等多方面的能力,对企业内部和具有互补性的服务供应商所拥有的不同资源、能力和技术进行整合和管理,提供一整套供应链解决方案。除此之外,第四方物流还要对第三方物流资源进行整合,统一规划为企业客户服务。

总的来说,第四方物流服务供应商可以通过物流运作的流程再造,使整个物流系统的流程更合理、各个环节的合作更紧密,从而在提高效率的同时,使整个物流系统所产生的利益在各个环节之间进行均衡,使各个环节的利益都得到保障。电子商务环境下的第四方物流联盟模型如图 5-3 所示,第三方物流提供物流规划、咨询及物流信息系统、供应链管理等,不直接参与到物流的具体运作中。

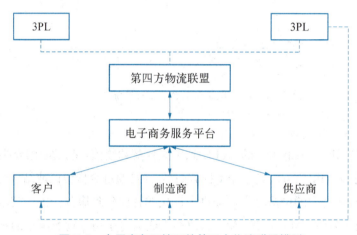

图 5-3 电子商务环境下的第四方物流联盟模型

五、当前电子商务环境下物流管理的主要问题

(一)缺少综合性物流服务

目前我国的多数物流企业是在传统体制下、物资流通企业的基础上发展而来的,企业服务内容多数仍停留在仓储、运输、搬运上,很少有物流企业能够做到提供综合性的物流服务,现代物流服务这一功能模块尚不能有比较明显的体现,与电子商务要求提供的高效率、低成本的现代物流服务还有较大的差距。在信息收集、加工、处理、运用方面的能力,物流的专门知识,物流的统筹策划和精细化组织与管理方面的能力都明显不足。

(二)与物流发展相关的制度和政策法规尚未完善

我国现代物流的相关制度和法规有待完善,融资制度、产权转让制度、用人制度、社会保障制度等方面的改革还不能完全适应企业发展的需要。企业在改善自身物流效率时，必然要在企业内外重新配置物流资源，而制度和法规的不完备阻碍了企业对物流资源的再分配。

（三）物流业经营管理缺乏规模效应

我国企业物流经营分散，组织化程度低，横向联合薄弱，物流管理手段落后，没有充分发挥城市的规模效应和整体协同效应。

（四）物流企业遭遇人才瓶颈

近年来物流行业的逐渐火爆，也在一定程度上使物流人才市场出现了人才供给与企业需求的矛盾。有人看中物流行业的前景，希望进入物流企业，而对于物流企业来说，尽管有大量的人才可供选择，但究竟哪些是企业真正需要的却难以选择，尤其"来之能战"的更是凤毛麟角。众多国内物流企业正日益遭遇人才"瓶颈"的煎熬。同时，企业在成长过程中苦心培养的核心员工频频出走，人才难留，更是造成企业用人的双重困境。

（五）我国中小型物流企业作业水平与技术水平普遍较低

我国物流企业数量虽具有一定的规模，但能适应现代电子商务发展的物流企业数量仍很少，且在数量众多的中小型物流企业中尤为明显，它们普遍规模小，作业水平、技术水平低，服务意识和服务质量都不尽如人意。

六、电子商务环境下物流管理的发展对策

（一）加强物流基础设施的建设和规划是其发展的前提条件

我国应继续加强在物流基础设施方面的投资力度，并做好总体的物流发展战略规划，以达到我国物流发展的合理化和物流整体效益的最优化，改变目前我国物流业各部门互不协调、重复建设的现状，同时改变地区政府各自为政的现象，减少地区之间设置的物流壁垒，促进全国物流一体化建设。

与此同时，将大中城市的地理优势和经济优势充分发挥出来，建立一些大型的物流中心和配送中心，形成一个比较完整的全国性物流体系网络，推动物流业向集团化、规模化、规范化方向发展，为发展电子商务奠定良好的基础。

（二）政府对物流业发展的有力支持是其发展的必要保证

从发达国家物流发展历程来看，政府在物流业的发展中具有决定性的作用，在制约我国物流业发展的各种因素中，体制性障碍是关键因素。物流管理要通过信息网络系统把物流资源加以整合，而这些资源还是由各自为政的政府部门掌握，并没有完全实现资源信息的共享。政府必须建立协调机制，成立物流统筹领导机构，专门负责研究、制定相关政策，协调各部门关系，推动物流资源的整合。

我国近几年陆续出台了一些物流方面的法律法规，首先在法律层面上对物流业的发展给予了适当的引导。例如，2022年5月颁布的《"十四五"现代物流发展规划》，2015年4月颁布的《中华人民共和国铁路法》，2023年7月颁布的《中华人民共和国国际海运条

例》,2020 年 2 月颁布的《国内水路运输管理规定》等。

(三) 人工智能是其发展的技术支持

近年来,随着计算机技术的不断改进和互联网的普及,人工智能技术在各个领域中得到了越来越广泛的应用。作为新兴的经济领域,电子商务也不断迎来变革和创新,与人工智能技术的融合发展成为了当前电子商务领域的一个重要趋势。

1. 个性化推荐

个性化推荐是通过分析用户的历史行为、偏好等信息,利用机器学习、数据挖掘等技术为用户提供个性化的商品推荐服务。例如,当用户在购物网站上浏览一些商品后,系统会根据用户的浏览历史和偏好向其推荐相关的商品,提高用户的购买转化率。

2. 智能客服

智能客服是指利用人工智能技术实现的客服服务,可以通过自然语言处理、机器学习等技术为用户提供智能化的服务和问题解决方案。例如,用户在电商平台上遇到问题可以通过智能客服快速得到答案和解决方案,提高用户体验和满意度。

3. 数据分析

数据分析是利用人工智能技术对电子商务平台上的大量数据进行分析和处理,以提高经营效率和决策水平。例如,通过数据分析可以了解用户的购买行为、商品热度、库存情况等,为电商企业提供精准的市场营销和运营管理策略。

(四) 培养高素质的物流人才是发展物流业的重要保障

可以通过深入研究电子商务物流配送模式,对以前学者的研究作系统分析,形成一套完整的理论体系,以适合我国的物流发展。除此之外,物流管理方面的教育和研究的普及也相当重要。我国可以通过借鉴国外的物流理念和物流技术,加强国际交流和合作,培养物流方面的专业人才;可以通过在高校开设物流专业、确立电子商务物流研究方向和交流生的方式来培养现代物流专门人才;可以通过物流行业协会来开展物流职业教育和传播物流知识;可以通过从业资格认证的方式来激励人们投身于物流行业,提高物流从业人员的整体素质。

问题思考

在电子商务大环境下物流管理应该如何进行?

课后练习

选择题,选项四个的为单选题,选项五个的为多选题

1. 电子商务环境下对运输的变化体现在(　　)。

   A. 运输次数减少　　　　　　　　　　B. 运输分为一次运输与二次运输

C. 运输成本降低 D. 综合运输出现

E. 多式联运大发展

2. 电子商务环境下物流管理的特点包括( )。

A. 信息化　　　B. 网络化　　　C. 智能化　　　D. 技术化

E. 文国际化

3. 电子商务下三种典型的物流管理模式是( )。

A. 电子商务企业自建物流体系　　B. 租赁物流模式

C. 合作物流联盟　　D. 第三方物流管理模式

E. 第四方物流联盟

4. 当前电子商务环境下物流管理的主要问题包括( )。

A. 物流基础设施欠缺　　B. 遭遇人才瓶颈

C. 政府重视程度较低　　D. 经营管理缺乏规模效应

E. 物流配送成本过高

第二节　冷链物流

一、冷链物流的概念

根据《中华人民共和国国家标准：物流术语》(GB/T 18354—2021)，冷链是指根据物品特性，从生产到消费的过程中使物品始终处于保持其品质所需温度环境的物流技术与组织系统。

冷链物流有时候也被称为低温物流。冷链物流是以冷冻工艺学为基础，以人工制冷技术为手段，以生产流通为衔接，以保持冷链物流商品质量完好与安全为目的的一个系统工程，包括低温加工、低温运输与配送、低温储存、低温销售等各个方面，其各个环节始终处于商品所必需的低温环境下，各作业环节必须紧密配合，在设备数量上相互协调，在质量管理标准上一致，形成一个完整的"冷藏链"，保证商品的品质和安全，减少损耗，防止污染。

它所适用的范围主要包括以下几种商品。

（1）初级农产品，如蔬菜、水果、肉、禽、蛋、花卉产品等。

（2）加工食品，如速冻食品，禽、肉、水产等品类的包装熟食，冰激凌和乳制品，快餐原料等。

（3）特殊商品，如药品等。

本书对冷链物流的研究以食品冷链物流为主。

二、冷链物流的发展特征

(一) 冷链物流规模持续扩大

2022年,我国蔬菜产量约7.91亿吨,位居全球第一;水果产量3.01亿吨;肉类产量9 328.44万吨,占全球肉类总产量的四分之一;水产品产量6 869万吨。公路铁路运输是中国冷链运输的主要市场。中国冷藏车辆近年来增长迅速,2017年冷藏车保有量超过11万,2017年冷藏车产量达到4万辆,较2016年增长29.6%,冷链物流的公路运输能力增长迅速。铁路运输方面,2018年上半年,完成货运量19.6亿吨,同比增长7.7%,至2022年,铁路货运量为49.84亿吨。中国作为世界高铁里程最多的国家,高铁的不断铺设将进一步提升铁路货运能力,物流运输成本进一步降低。

航空货运也对冷链物流的发展起到了很大的推动作用。2021年,全行业完成货邮运输量731.84万吨,比上年增长8.2%。同时,顺丰、圆通等物流巨头也积极布局航空运输,顺丰在湖北鄂州建立全球第四大、亚洲最大的航空货运枢纽。根据规划,鄂州花湖机场2025年货邮吞吐量将达245万吨、旅客吞吐量100万人次,2030年货邮吞吐量将达330万吨、旅客吞吐量150万人次。圆通将在嘉兴建设一个全球性航空物流枢纽设施,中国航空货运呈现持续增长势头。

(二) 冷链物流服务稳步发展

为了推动低能耗、低成本的冷链处理技术的广泛推广,以水产品和反季节果蔬为代表的高价值量农产品产业链迅速兴起,进一步促进冷链物流企业的不断涌现。中外运、安得等企业通过强化与上下游企业的战略合作与资源整合,积极拓展冷链物流业务;光明乳业、双汇等食品生产企业,均加快了物流业务与资产的重组,组建独立核算的冷链物流公司,积极完善冷链网络,逐步向成熟的第三方冷链物流企业转变,成为冷链行业的主力军;大型连锁商业企业完善终端销售环节的冷链管理,加快发展生鲜食品配送,在做好企业内部配送的基础上逐步发展成为社会提供公共服务的第三方冷链物流中心。

冷链物流企业呈现出网络化、标准化、规模化、集团化的发展态势。根据冷链食品生产、流通、消费的格局,为了提高冷链效率和满足不同用户的需求,冷链物流企业由传统的仓储型企业向流通型企业转变。

随着社会和企业对冷链物流认识的增强,对冷链物流服务质量的要求也越来越高,冷链行业竞争压力不断加强,冷链物流企业为保持其竞争优势,必须通过不断创新物流服务模式、整合资源等全面提升自身服务质量和水平,冷链服务由单一的仓储、运输等向跨行业、跨区域的一体化服务转变,专业化的冷链服务稳步发展。

(三) 城市冷链共同配送取得进展

高水平的商贸流通产业体系以及居民多元化消费方式,为城市冷链物流配送带来巨大潜力。完善的冷链物流配送节点设施和配送网络,使城市冷链物流配送快速发展,冷链配送能力得以提升。物流行业是一个存在显著规模经济效应的行业,只有通过不断整合各种资源,实现高度集约化才能降低企业和社会的成本。共同配送是实现高度集约化的首选,也是城市冷链物流配送发展的最高阶段。

目前,政府积极推进城市冷链配送,鼓励企业以多种形式搭建共同配送平台,整合商贸企业物流需求和社会物流资源,优化共同配送管理运行模式,提高冷链食品配送的社会化、集约化水平。例如,北京市依托新发地农产品中心批发市场,建设了占地面积约20万平方米的北京城市鲜活农产品物流共同配送示范园区,建设了场内智能配货系统,购置了500辆小型绿色环保电动运输车,实现了市场内货物的调配,规范了场内运输秩序。

从微观角度看,实现冷链物流的多温共配,能够提高冷链物流运作的效率,降低企业运营成本,可以节省大量资金、设备、土地、人力等。企业可以集中精力经营核心业务,促进企业的成长与扩散,扩大市场范围,消除有封闭性的销售网络,共建共存共享的环境。

从整个社会角度来讲,实现冷链物流的多温共配可以减少社会冷藏车的总量,减少因卸货妨碍城市交通的现象,改善交通运输状况;通过冷链物流集中化处理,有效提高冷链车辆的装载率,节省冷链物流处理空间和人力资源,提升冷链商业物流环境,进而改善整个社会生活品质。

(四) 冷链物流运营网络化

近年来,我国各级政府对农产品物流业的发展给予充分的重视与支持,重点加强了我国农产品物流网络的建设。我国已基本建成全国农产品流通"五纵二横绿色通道"网络、贯穿全国的"绿色通道"框架,为农产品运输提供了快速便捷的通道以及低成本的运输网络,加快了冷链物流在我国的发展。

以蔬菜为例,从全国范围来看,我国已基本形成华南、黄淮海与环渤海等八大蔬菜重点生产区域。季节性蔬菜运销基本可以概括为"五圈""两基地",其中"五圈"是以"天津—北京"为中心的山东、河北、辽宁、内蒙古蔬菜供应圈;以"沈阳—大连"为中心的辽宁、河北、内蒙古、山东蔬菜供应圈;以"上海—杭州—南京"为中心的河南、安徽、山东、江苏、浙江蔬菜供应圈;以"香港—广东—深圳"为中心的湖南、湖北、广东、广西蔬菜供应圈;西安、成都在内陆的运销圈中处于中心地位,围绕这两大中心形成了内陆蔬菜供应圈。"两基地"是山东蔬菜集散基地和"河北—北京"蔬菜集散基地。这两大基地依靠强大的吞吐能力,对其他运销圈发挥调剂作用。

生鲜食品供应的地域性、远距离运销、反季节性的特点,对冷链物流服务的规模和效率提出了更高的要求,特别是跨地区冷链干线运输和网络化的城市冷链配送服务。冷链物流区域性网络化运作体系已逐渐成熟:一是实现全程冷链的高价值特色果蔬跨区域、跨国家长途调运的一体化冷链物流体系;二是实现苹果、香梨、热带水果等特色水果产地冷藏,有计划地冷藏运输至销地的区域性冷链物流体系;三是实现蒜薹、芦笋等反季节蔬菜和特色蔬菜的南菜北运、东菜西输的网络化冷链物流体系。

(五)冷链物流设备技术转向高效节能

1. 冷链物流设备技术不断升级

鲜活农产品冷链物流涉及原材料采购、加工、运输、贮藏直至销售等多个环节。当前,各个环节均形成较为完善的技术体系,为冷链物流发展提供保障。采购环节的绿色养殖、栽培技术和有害物质检测技术,从源头上保证冷链物流质量;信息控制环节的 GPS(全球定位系统)、GIS(地理信息系统)、EDI(电子数据交换)、条码、MIS(管理信息系统)、温湿度红外遥感技术,实现全程控制;产地加工环节的真空预冷技术——冰温预冷技术,提高产品质量,延长保鲜期;贮藏环节的自动化冷库、气调库、多温冷库等技术,有效延长储存保鲜期;运输环节的冷藏集装箱、"三段式"冷藏运输车等技术,实现"门对门"服务。

2. 冷链技术设备注重节能环保

在鲜活农产品冷链物流基础设施不断升级、日趋完善的同时,冷链技术设备逐渐转向高效、节能、环保。目前,适应现代都市节能环保要求的低能耗、低成本的冷链处理技术被广泛推广,生鲜食品加工配送企业、龙头生产企业、专业冷链物流企业以及批发市场和连锁超市等,在技术改造和充分利用现有低温贮藏设施的基础上,加大了先进、节能环保、高效适用的冷藏设施设备的投资力度。另外,国内外各种新型传导材料和冷链物流技术的研发成果得到有效转化,促使经济适用的预冷设施、移动式冷却装置、节能环保的冷链运输工具、冷冻陈列销售货柜等冷链设施设备不断推陈出新。

例如,为了实现低碳环保的绿色经济,以节电、节水为主要特点的蒸发式冷凝器正在逐步推广应用;随着食品结构和包装形式的变革,尤其是小包装冷冻食品业的快速发展,食品冻结技术有了快速的进步,其主要采用快速、连续式冻结装置,加快了冻结速度,并提高了冻品的质量;另外,供液方式和制冷系统逐步趋于多样化发展。

(六)冷链物流运作模式多元化

鲜活农产品由生产企业产出后,经批发企业和零售企业最终到达消费者,各环节均可能有冷链物流企业或生鲜加工配送企业参与。鲜活农产品的不同流通模式决定了冷链环节的数量,而不同运作主体主导的流通模式在冷链发展水平上存在很大的差异,需要视产品的品质定位决定是否采取冷链措施。

冷链在批发环节主要通过批发市场建设配送冷库发挥作用,服务进驻商家的临时产品存储;在零售环节主要通过冷藏货柜和超市生鲜配送中心发挥作用,保证产品质量和品质,减少损耗;在流通加工环节主要通过蔬菜、水果等产品的加工配送中心发挥作用;在城市末端配送环节主要通过冷链物流城市配送企业进行冷藏储存和冷藏配送,冷链是企业实现专业化服务的必备手段。

鲜活农产品冷链物流的运作模式大体可分为以下四类:一是以农副产品批发市场为主导的冷链物流模式;二是以大型连锁超市为主导的冷链物流模式;三是以生鲜加工配送企业为主导的冷链物流模式;四是以第三方冷链物流企业为主导的冷链物流模式。目前,以农副产品批发市场为主导的冷链物流模式所占比重较大,并且在未来的一定时间内,该模式仍占主导地位。但随着农业产业化的不断发展、国家对农超对接政策的支持,以大型连锁超市为主导的冷链物流模式的比重将不断增加。

三、食品冷链物流的基本环节

食品冷链由低温加工、低温储藏、低温运输与配送、低温销售四个方面构成。

(一) 低温加工

低温加工包括肉禽类、蛋类和鱼类的冷却与冻结,以及它们在低温状态下的加工作业过程;同时也包括果蔬的预冷与速冻,各种速冻食品和乳制品的低温加工等。低温加工环节主要涉及的冷链装备包括冷却装置和冻结装置。

(二) 低温储藏

低温储藏包括食品的冷藏和冻藏,以及水果、蔬菜的气调储藏。低温储藏能保证食品在储存和加工过程中处于低温保鲜环境。低温储藏环节主要涉及的冷链装备包括各类冷库、冷藏柜、冻结柜及家用冰箱等。

(三) 低温运输与配送

低温运输须保证食品的中、长途运输及短途配送等物流环节的低温状态。温度波动是在低温运输过程中引起食品品质下降的主要原因之一,所以在低温运输过程中要注意保持规定的温度,运输工具也要保持良好的性能。低温运输环节主要涉及的冷链装备包括铁路冷藏车、冷藏船、冷藏汽车、冷藏集装箱等低温运输工具。

(四) 低温销售

低温销售包括冷冻食品的批发及零售等,由生产厂家、批发商和零售商共同完成。早期,冷冻食品的销售主要由零售商的零售车及零售门店承担。近年来,城市中的超市大量涌现,已成为冷冻食品的主要销售渠道。超市中的冷冻陈列销售柜,既有冷藏功能又有销售功能。

四、食品冷链物流的相关设备

(一) 低温加工设备

食品的低温加工设备的种类很多,每种装置都有各自的特性。我国常用的低温加工装置包括:① 强烈吹风式冻结装置;② 搁架式冻结装置;③ 隧道式冻结装置;④ 螺旋传送带式冻结装置;⑤ 液氮喷淋冻结装置。

(二) 低温储藏设备

所谓低温储藏设备,一般是指一些可以通过人为控制来进行制冷以及维持稳定温度的设备。食品低温储藏设备包括各类食品用制冷设备,如冷柜、饮料冷藏柜、生鲜柜、超市风幕柜、商用食品冰箱、酒店厨房工作台等,可以广泛地应用于食品的各类生产储存。

(三) 低温运输设备

1. 冷藏车

冷藏车是用来运输冷冻或冷藏货物的封闭式厢式运输车,是装有制冷装置和聚氨酯隔热厢的冷藏专用运输车,常用于运输冷冻食品(冷冻车)、乳制品(乳品运输车)、蔬菜水果(鲜货运输车)、疫苗药品(疫苗运输车)等。

根据制冷方式,冷藏车通常可分为机械制冷冷藏车、液氮制冷冷藏车、干冰制冷冷藏车及蓄冷板制冷冷藏车等。

2. 铁路冷藏车

铁路冷藏车通常使用加冰冷藏、机械制冷、干冰制冷等几种方式。

(1) 加冰冷藏车。如果食品可以与冰、水直接接触,则可用加冰冷藏车来运输。将冰放在车内以降低车厢温度,其缺点是冰的融化速度过快及融化成水后会带来不便。

(2) 机械制冷冷藏车。机械制冷冷藏车包括有柴油发动机和没有柴油发动机两种,前者可以与一般货物列车编组运行,后者不能单独与一般货物列车编组运行。

(3) 干冰制冷冷藏车。如果食品不能与冰、水直接接触,可用干冰替代,可将干冰悬挂在车厢顶部或直接将干冰放在食品包装上。用干冰冷藏运输新鲜食品时,空气中的水蒸气会在干冰容器表面上结霜,干冰升华后,容器表面的霜会融化成水滴落到食品上。

3. 冷藏船

冷藏船上装有制冷设备,船舱隔热保温。冷藏船分为三种:冷冻母船、冷冻运输船、冷冻渔船。冷藏船主要用于渔业,尤其是远洋渔业。远洋渔业的作业时间很长,有的长达半年以上,必须用冷藏船将捕捞物及时冷冻加工并冷藏。此外,经由海路运输易腐食品也须使用冷藏船。

4. 冷藏集装箱

冷藏集装箱是专为满足冷藏运输要求或运输某些须保持一定温度的冷冻货、低温货而设计的集装箱。冷藏集装箱具有钢质轻型骨架,内外贴有钢板或轻金属板,两板之间充填隔热材料。集装箱内部应容易清洗,且不会因水洗而降低隔热层的隔热性能。底面须设排水孔,能防止内外串气,保持气密性。冷藏集装箱造价较高,营运费用较高,使用时应注意冷冻装置的技术状态及箱内货物所需的温度。

(四) 低温销售设备

食品低温销售设备(如冷冻陈列销售柜)要求具有制冷设备,能保证冷冻食品处于适宜的温度下,能很好地展示食品的外观,便于顾客选购,同时还须具有一定的储藏容积,日常运转与维修方便,具有安全、卫生、无噪声、动力消耗少的特点。

根据冷冻陈列销售柜的结构形式,可分为敞开式和封闭式,而敞开式又包括卧式敞开式和立式多层敞开式,封闭式又包括卧式封闭式和立式多层封闭式。

1. 卧式敞开式冷冻陈列销售柜

卧式敞开式冷冻陈列销售柜上部敞开,开口处有循环冷空气形成的空气幕,这样可以防止外界热量侵入柜内。由围护结构传入的热流也会被循环冷空气吸收,以避免其对食品产生直接影响。卧式敞开式冷冻陈列销售柜中的冷空气较重,因而不易逸出柜外。

2. 立式多层敞开式冷冻陈列销售柜

立式多层敞开式冷冻陈列销售柜的单位占地面积小、内容积大,商品放置高度与人体高度相近,便于顾客选购。立式多层敞开式冷冻陈列销售柜易使密度较大的冷空气逸出柜外。

3. 卧式封闭式冷冻陈列销售柜

卧式封闭式冷冻陈列销售柜的开口处设有2层或3层玻璃构成的滑动盖,玻璃夹层中的空气起隔热作用。通过围护结构传入的热流被冷却排管吸收;通过滑动盖传入柜内的热量(包括辐射热量和取货时侵入柜内的空气带入的热量)通过食品由上而下地传递至箱体内壁,再由箱体内壁传给冷却排管。

4. 立式多层封闭式冷冻陈列销售柜

立式多层封闭式冷冻陈列销售柜柜体后壁有冷空气循环用风道,冷空气在风机作用下强制地在柜内循环。玻璃夹层中的空气具有隔热作用,由于玻璃对红外线的透过率低,传入的辐射热并不多,直接被食品吸收的辐射热就更少。

六、冷链物流的发展趋势

为了使冷链物流体系更完善,冷链基础设施更健全,不断实现农产品冷链物流的规模化、标准化,国家发展和改革委员会、财政部、商务部、交通运输部等陆续出台相关政策助推冷链物流产业新发展,上海、北京、福建、云南等地区也先后出台相关政策,加速当地冷链物流发展。同时,从产业层面来看,果蔬、肉类、水产品等需要冷链物流服务的相关产业在迅速增长,规模化趋势明显,冷链物流需求激增;从资本层面来看,越来越多的产业基金项目相继成立,外部资本进入冷链市场,积极推动了冷链物流,特别是第三方冷链物流市场的整合。冷链物流呈现以下发展趋势。

(一)行业整合加速

政府监管力度的加大、竞争的加剧、资本的大量投入,加快了行业的整合。未来没有核心竞争力和差异化服务的中小企业生存将更加困难。冷链行业竞争还处在"小组赛"阶段,全国性、综合性的冷链龙头企业还没有出现。企业要想脱颖而出,进入"半决赛"甚至"决赛"的竞争,加速整合势在必行。

(二)网络化扩张

物流是规模经济,健全的网络是物流企业降本增效、升级转型的基础前提。只具备单点或区域服务能力的企业,越来越无法满足客户扩张的需求,价值将会越来越小。

(三)国际化发展

食品进出口贸易、食品跨境电商的爆发,是冷链国际化发展的主因。有能力的冷链企业逐步在"走出去","一带一路"沿线国家和地区将是企业未来布局的重点,比如广西计划发展成为东盟冷链物流中心。未来将会有更多国外冷链企业涌入国内市场。

(四)集约化发展

提高资产的运营效率是未来的方向,集约化是很好的方式,在一定区域或范围内,把个别的、零碎的、分散而同质的客户集中起来形成规模优势,是冷链物流企业需要思考的方向。

(五)向多元化和个性化发展

冷链物流专业化程度高、前期投入大、回报周期长,决定了它进入门槛高、经营难度大的特点。但一旦做好,其关联好的网点布局、上下游渠道、客户资源、设施设备等优势便体现出来,同时可以另辟蹊径,拓展贸易、快递、医药物流等新的领域。

(六)冷链物流人才需求增长

随着冷链市场竞争的日益激烈,无论是一线的驾驶员、操作工、搬运工,或是中层的车辆主管、仓库主管等管理人员,还是负责整体运营管理的高级人才,对于专业人才的需求会越来越大,人才的流动性也会越来越大,企业必须建立自己的冷链人才培养梯队,完善留住人才的激励制度。

总之,在我国经济发展新常态背景下,伴随着供给侧结构性改革政策的提出,冷链行业发展问题受到越来越多的关注。要想探究冷链物流在发展过程中的供需结构矛盾,在新形势下实现冷链物流行业"换挡升级"和"弯道超车"的改革目标,必须从冷链物流业态创新中寻求答案。

问题思考

在我国"一带一路"倡议下,我国冷链物流发展加快,但与国外相比仍有很多不足之处。我们国内冷链物流行业有哪些方面需要进一步优化完善?

课后练习

选择题,选项四个的为单选题,选项五个的为多选题

1. 冷链物流所适用的范围包括(　　)。

   A. 花卉产品　　B. 初级农产品　　C. 电子元件　　D. 加工食品

   E. 药品

2. 食品冷链由(　　)四个方面构成。

   A. 冷冻销售　　B. 冷冻加工　　C. 冷冻贮藏　　D. 冷藏运输及配送

   E. 冷冻装卸

3. 食品冷链物流的基本环节包括(　　)。

   A. 低温加工　　　　　　　　B. 低温运输与配送

   C. 低温流通　　　　　　　　D. 低温销售

   E. 低温储藏

4. 食品低温储藏设备,包括各类食品用制冷设备,如冷柜、(　　)、酒店厨房工作台等,可以广泛地适用于食品的各类生产储存。

　　A. 超市风幕柜　　　B. 生鲜柜　　　　C. 商用食品冰箱　　D. 饮料冷藏柜
　　E. 冰袋

5. 冷链物流的发展趋势包括(　　)、冷链物流人才需求增长等。

　　A. 网络化扩张　　　　　　　　　　B. 国际化发展
　　C. 集约化发展　　　　　　　　　　D. 向多元化和个性化发展
　　E. 行业整合加速

第三节　应急物流

一、应急物流的概念

　　当今世界科技发展日新月异,对自然灾害的预报能力已发展到相当水平,但局部的、区域性的,甚至是国家或全球范围的自然灾害、公共卫生突发性事件以及大规模恐怖袭击活动时有发生,这些都给社会造成重大打击,对人类的生存和社会的发展构成了重大的威胁。如1923年日本关东大地震、1976年中国唐山大地震,都给人类带来过惨痛经历,在这两次地震中死亡人数就高达33.9万人,失踪4.34万人,重伤26.4万人,两座城市遭到毁灭性破坏。

　　突发性公共事件造成如此巨大的人员伤亡和财产损失,必然需要大量的应急物资,以解决或处理死者安葬、伤者救助、卫生防疫、灾后重建、恢复生产、恢复秩序等问题,否则受灾面积、人员损失将会扩大,灾害有可能会演化为灾难。

　　对于某些自然灾害,人类已经有能力预报它发生的地域、强度及季节或时间等,如洪水、台风等,但更多的突发性自然灾害、公共卫生事件及恐怖袭击活动,如地震、火山爆发、山洪、泥石流、大面积食物中毒、矿井安全事故、突发性传染病等都难以预测和预报。有些灾害即使可以预报,但因预报时间和发生时间相隔太短,赈灾的应急物资难以实现其时间效应和空间效应,即难以实现其物流过程。

　　我们所面对的现实是严峻的,而对应急物流系统的研究尚处于起步阶段。为尽可能降低突发性自然灾害和公共卫生事件造成的损失,急需对应急物流系统的内涵、规律、保障机制、实现途径等进行系统的研究,进而建立一套适合我国国情的应急物流系统。

　　所谓应急物流是指为了满足突发的物流需求,非正常性地组织物品从供应地到接收地的实体流动过程。根据需要,它包括物品获得、运输、储存、装卸、搬运、包装、配送以及信息处理等功能性活动。

二、应急物流的特点

应急物流是在各类突发事件中对物资、人员、资金的需求进行紧急保障的一种特殊物流活动。它具有以下特点。

(一) 突发性

顾名思义,由突发事件所引起的应急物流,其最明显的特征就是突然性和不可预知性,这也是应急物流区别于一般物流的一个最明显的特征。由于应急物流对时效性的要求非常高,必须在最短的时间内,以最快捷的流程和最安全的方式来进行应急物流保障,这就使得运用平时的那套物流运行机制已经不能满足应急情况下的物流需要,必须要有一套应急的物流机制来组织和实现物流活动。

(二) 不确定性

应急物流的不确定性,主要是由于突发事件的不确定性,人们无法准确地估计突发事件的持续时间、影响范围、强度大小等各种不可预期的因素,使应急物流的内容随之变得具有不确定性。例如,在 2003 年上半年对 SARS 的战斗开始阶段,人们对各类防护和医疗用品的种类、规格和数量都无法有一个确定的把握,各种防护服的规格和质量要求都是随着人们对疫情的不断了解而确定的。其他应急物流活动中,许多意料之外的变数可能会导致额外的物流需求,甚至会使应急物流的主要任务和目标发生重大变化,如在抗洪应急物流行动中,可能会爆发大范围的疫情,使应急物流的内容发生根本性变化,由最初的对麻袋、救生器材、衣物、食物等物资的需求,变成对医疗药品等物资的需求。

(三) 弱经济性

应急物流的最大特点就是一个"急"字,如果运用许多平时的物流理念,按部就班地进行就会无法满足应对紧急的物流需求。在一些重大险情或事故中,平时对物流的经济效益的考量将不再作为一个物流活动的中心目标加,因此,应急物流目标具有明显的弱经济性。

(四) 非常规性

应急物流本着特事特办的原则,许多平时物流过程的中间环节将被省略,整个物流流程将表现得更加紧凑,物流机构更加精干,物流行为表现出很浓的非常规色彩。例如,在军事应急物流中,在以"一切为了前线、一切为了打赢"的大前提下,必然要有一个组织精干、权责集中的机构来统一组织指挥物流行动,以确保物流活动的协调一致和准确及时。同样,在地方进行的应急物流的组织指挥中,也带有明显的行政性或强制性色彩,如在 1998 年的抗洪抢险战斗中,庐山站作为九江地区抗洪最前沿的卸载站,承担了 324 个列车的卸载任务,列车卸载最短时间仅为 20 分钟,超过该站卸载能力的一倍。当然,这种行政性和强制性与普通意义上的行政干预是不同的,前者是由专业化的物流组织机构组织的,是应急物流目标实现的一个重要保证;而后者可能会取得适得其反的结果。

(五) 应急物流需求的事后选择性

由于应急物流的突发性和随机性,决定了应急物流的供给不可能像一般的企业内部物流或供应链物流,根据客户的订单或需求提供产品或服务。应急物流供给是在物流需求产生后,在极短的时间内在全社会调集所需的应急物资。

(六) 流量的不均衡性

应急物流的突发性决定了应急物流系统必须能够将大量的应急物资在极短的时间内进行快速的运送。

(七) 时间约束的紧迫性

应急物资多是为抢险救灾之用,事关生命,事关全局。因此,应急物流速度的快慢直接决定了突发事件所造成的危害的强弱。

(八) 应急物流的社会公益性

在应急物流中社会公共事业物流多于企业物流,因此经济效益的重要性位于社会效益之后。

三、应急物流系统的结构

为了加快信息的交换速度,提高工作效能,将"减少组织层次,明确部门职能"作为应急物流系统部门设置的基本思想。应急物流系统可分为两部分:一是系统本部;二是加盟的物流中心、物流企业,应急物流系统组织结构如图 5-4 所示。

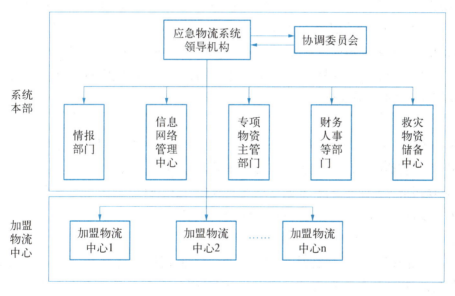

图 5-4　应急物流系统组织结构图

(一) 系统本部

这是整个系统的枢纽,平时的业务指导机构和灾时的指挥协调机构,自身并不进行物资采购、储存、运输配送等具体的业务。它的主要工作是通过各业务部门指导各加盟物流中心完善好必要的应急软、硬件设备、设施,指挥下属的物流中心、物流企业和救灾物资储备中心采购什么、储备什么、输送什么、何时送、送到哪、发给谁等。使整个应急物流系统

"有序、高效、实时、精确"。

（二）各加盟物流中心、物流企业

他们是应急物流系统物资保障的具体执行机构。根据应急物流系统分配的任务，利用自身的业务优势、技术优势去筹集、储备、配送救灾物资，以最快的速度保质、保量地将救灾物资送到灾区、灾民手中。

四、应急物流系统的主要组成部分及职能

（一）应急物流系统领导机构

应急物流系统领导机构负责应急物流系统平时和救灾时期的组织领导工作。对上向主管的政府部门和该地区政府领导负责并汇报工作，对下负责整个应急物流系统的组织管理工作，保证系统在平时及灾时的正常运转。

（二）协调委员会

协调委员会是应急物流系统平时、灾时工作的协调机构，也可起智囊团的作用，协助系统领导机构保持应急系统的高效运转。协调委员会成员由两部分组成：一是政府相关部门领导成员。其职责是给系统提供各种有用信息，对系统工作进行协调，在必要时利用行政职权支持系统工作，保证系统平时和灾时的各项工作能顺利进行。二是各加盟物流中心、物流企业的领导人员。这些人对物流行业非常了解，是物流行业中的权威和专家。其职责是协助系统领导层进行决策，对各种应急方案进行审议，协助系统设计合理的运作流程，在救灾时期协助物资应急保障的协调工作。为了保证各加盟商业物流中心对系统工作的绝对支持和救灾时期物资应急保障的可靠性，各加盟物流中心、物流企业的领导必须是协调委员会的主要成员。

（三）情报部门

情报部门主要负责灾前、灾中、灾后的情报收集处理工作。长期与地震、气象、卫生防疫、环保等灾害监测部门保持密切、广泛的联系，及时掌握各种自然灾害、公共卫生、生产事故、环境污染等方面的情报，并做出准确的分析判断，将信息提供给系统的信息管理中心和专项物资主管部门，以便提前做好物资保障准备。

（四）信息网络管理中心

负责信息管理、网络系统的构建维护工作。信息、网络系统是应急物流系统的基础设施，是系统工作的基本平台，是应急物流系统高效率、灵活性、可靠性的保证。应急物流系统通过该套网络系统与系统的各个部门、各个加盟的物流中心网络、信息系统进行连接，以便系统各专项物资管理部门了解各个物流公司的设备情况、人员情况、运营情况、运输能力、库房容量、主要业务等。在平时与公司间建立密切的联系，掌握公司动向，指导其完善应急设施等。在应急情况下根据各物流企业的特点，合理安排好救灾物资的筹集、采购、流通、配送等各项工作。应急物流系统的网络管理系统的建设工作是系统工作的重点，系统能否在突发性的自然灾害和公共事件中发挥应有的作用，全在于该系统的灵活性

与可靠性。因此,网络管理系统的建设不仅仅是指软、硬件或网络的建设,更重要的是信息获取、处理的能力和通过信息对业务的调控等能力。例如,能够根据地震、气象、卫生等部门提供的信息预测救灾物资的种类和数量情况的能力,掌握自身资源的信息以及形成优化解决方案的能力,监控流程的动态信息以进行实时调整的控制能力等。网络信息系统的优劣应该以以上能力为标准,以解决实际问题为标准。

(五) 专项物资主管部门

专项物资主管部门主要负责单项物资的预算、预测和筹备工作,可分为医药类、食品类,被装类等主管部门。在收到情报部门或者其他可靠的灾情信息之后,指导相应的医药、食品、被装等物流中心预先做好物资的筹备、采购工作,以保证在灾情爆发或进入扩大阶段以前,便已有充分的物资准备,可以在最短的时间内将应急物资送到灾区、灾民手中。

(六) 各加盟物流中心、物流企业

各加盟物流中心、物流企业是应急物流系统得以成功运作的基础,是应急物流系统各项保障业务的具体执行机构。平时各自自主经营进行正常的商业活动,在应急物流中心的指导下,完善应急设施,制定应急方案,并根据情况做好救灾物资的在库管理;灾害发生后,在应急物流系统的领导指挥下做好应急物资保障工作。

(七) 救灾物资储备中心

为了加强对自然灾害和重大事故的救助能力,许多省市都建有救灾物资储备中心,专门用于储备救灾物资。救灾物资储备中心的建立,对于提高对重特大自然灾害和事故提供救灾物资紧急援助的能力,提高抗灾救灾水平,保障灾民的基本生活,维护社会的稳定意义重大。作为一个综合性的应急物流系统,建立这样一个直属的物资储备中心是很重要也是很必要的。救灾物资储备中心的主要职能包括三方面:一是负责本地区(或上级代储)救灾物资采购、储存、调拨、使用、回收、维修、报废等环节管理工作;二是保障本地区紧急救助物资按质按量供应;三是围绕救灾物资的储备功能,开展综合经营业务。根据这些职能,物资的储备具体包括三个层次:一是救灾物资的存储管理;二是协同应急物流中心做好救灾物资的调拨;三是救灾物资的使用和回收。

五、应急物流系统的保障机制

建立应急物流保障机制的目的在于使应急物流的流体充裕、载体畅通、流向正确、流量理想、流程简洁、流速快捷,使应急物资能快速、及时、准确地到达事发地。

(一) 政府协调机制

紧急状态下处理突发性自然灾害和突发性公共事件的关键在于政府对各种国际资源、国家资源、地区资源、地区周边资源的有效协调、动员和调用;及时提出解决应急事件的处理意见、措施或指示;组织筹措、调拨应急物资和应急救灾款项;根据需要,紧急动员相关生产单位生产应急抢险救灾物资;采取一切措施和办法,协调、疏导或消除不利于灾害处理的人为因素和非人为障碍。

政府协调机制可通过"突发性自然灾害和公共事件协调处理机构"来实施,国家可以通过法律、法规等形式给这些机构特定的权力和资源,并建立从中央政府到地方政府相应的专门机构、人员和运作系统。

(二) 全民动员机制

动员是一项民众广泛参与,依靠民众自己的力量,实现特定社会发展目标的群众性运动。它以民众的需求为基础,以社会参与为原则,以自我完善为手段。应急物流中的全民动员机制可通过传媒通信等技术手段告知民众受灾时间、地点,受灾种类、范围,赈灾的困难与进展,民众参与赈灾的方式、途径等。

(三) 法律保障机制

从世界范围来看,在应对突发性灾害的时候,国家相关法律法规起着重要的作用。一方面,相关法律可以保障在特殊时期、特殊地点、特殊人群的秩序和公正;另一方面,可以规范普通民众和特殊人群在非常时期的权利与义务,明确可为与不可为。应急物流中的法律机制实际上是一种强制性的动员机制,也是一种强制性的保障机制。例如,在发生突发性自然灾害或公共卫生事件时,政府有权有偿或无偿征用民用建筑、工厂、交通运输线、车辆、物资等,以解救灾和赈灾急时之需。许多国家都制定了上述功能的法律法规,如美国的《国家紧急状态法》,俄罗斯的《联邦公民卫生流行病防疫法》,韩国的《传染病预防法》等。

(四) "绿色通道"机制

在重大灾害发生及救灾赈灾时期,建立地区间的、国家间的"绿色通道"机制,即建立并开通一条或者多条应急保障专用通道或程序,可有效简化作业周期和提高速度,以方便快捷的方式通过海关、机场、边防检查站、地区间检查站等,让应急物资、抢险救灾人员及时、准确到达受灾地区,从而提高应急物流效率,缩短应急物流时间,最大限度地减少生命财产损失。"绿色通道"机制可通过国际组织,如国际红十字会,也可通过相关政府或地区政府协议实现,也可通过与此相关的国际法、国家或地区制定的法律法规对"绿色通道"的实施办法、实施步骤、实施时间、实施范围进行法律约束。

问题思考

应急物流对我们的生产、生活有什么重要意义?

课后练习

选择题,选项四个的为单选题,选项五个的为多选题

1. 应急物流的特点包括(　　)、应急物流需求的事后选择性等。

   A. 非常规性　　　　　　　　　　B. 突发性

C. 流量的不均衡性 D. 不确定性
E. 弱经济性

2. 应急物流系统由（　　）构成。
A. 政府机构 B. 各加盟物流中心
C. 系统本部 D. 物流企业
E. 运输车队

3. 应急物流系统的主要组成部分包括（　　）、专项物资主管部门等。
A. 协调委员会 B. 应急物流系统领导机构
C. 社会运输体系 D. 信息网络管理中心
E. 情报部门

4. 应急物流系统的保障机制包括的内容是（　　）。
A. 法律保障机制 B. 全民动员机制
C. 政府协调机制 D. "绿色通道"机制
E. 随机参与机制

第四节 逆向物流

一、逆向物流的概念

经济的高速增长使得世界各国越发密切关注环境保护和可持续发展问题，相应地，废旧物品的重新利用和处理等问题也越来越多地受到各方的重视。废旧物品的重新利用和处理产生了一种从消费者回到生产商的新型物流，这种与传统物流方向相反的活动就是近年来受到广泛关注的逆向物流。

逆向物流这个名词最早是在1992年斯托克（Stock）给美国物流管理协会（Council of Logistics Management，CLM）的一份研究报告中出现的，他在报告中写道："逆向物流为一种包含了产品退回、物料替代、物品再利用、废弃处理、再处理、维修与再制造等流程的物流活动。"

1999年，美国逆向物流执行委员会主席Rogers博士和Tibben-Lembke博士在其出版的著作《Going Backwards: Reverse Logistic Trends and Practices》中提出，逆向物流是指物品从消费地向上一级来源地的流动过程，流动的目的在于补救物品的缺陷、恢复物品价值或使其得到正确处理。美国物流管理协会对逆向物流的正式定义是："计划、实施和控制原料、半成品库存、制成品和相关信息，高效和成本经济地从消费点到起点的过程，从而达到回收价值和适当处置的目的。"

近些年来，世界各国的知名企业，如IBM、通用汽车、海尔等，都纷纷通过实施一系列的控制措施,开始着手在逆向物流方面进行强有力的控制和管理。对于逆向物流的关注,不但为它们带来了直接的积极结果,而且,它们还获得了客户满意度的提高、企业成本的下降、环境保护的加强等多方面的间接经济效益和社会效益。企业对逆向物流的强烈需求,也推动了逆向物流理论研究的发展。

《中华人民共和国国家标准:物流术语》(GB/T 18354—2021)将逆向物流定义为:

为恢复物品价值、循环利用或合理处置,对原材料、零部件、在制品及产成品从供应链下游节点向上游节点反向流动,或按特定的渠道或方式归集到指定地点所进行的物流活动。

二、逆向物流形成的原因

逆向物流产生和发展的主要因素如下。

(一)法规因素环境

法律的规定是逆向物流产生和发展的重要因素之一。近年来,各国环境保护意识逐渐提高,制定了关于产品回收的环境政策。如欧美一些国家甚至通过颁布环境保护法规来实现环境保护的目的。同时,由于垃圾填埋厂地的不足和焚烧厂能力的限制,垃圾减量化越来越引起全世界的关注,各国都从自身可持续发展的目标出发,对破坏环境的商品及商品包装制定相关法律,要求企业回收处理所生产的产品或包装物品等。这些立法的主体思想都是强制生产者对产品的整个生命周期负责,让生产者在其商品被使用后负责回收。

例如,德国在1991年通过了关于包装材料的处理条例——《包装废品废除法令》,根据针对生产者和商家的"产品寿命责任"原则,要求生产者和商家回收所售物品的包装材料,对包装材料设定了一个重复利用的最小比率,对其进行收集、分类、循环使用;自1995年1月1日开始,根据丹麦政府法令,汽车生产商有责任拖回用旧的废车;1995年,欧盟发布了一条包装法令,要求其所有成员国到2001年最少要再生利用25%的包装品;其他欧洲国家如奥地利、荷兰也采取同样的措施来制定或修正它们的法律;1997年,英国制定的《垃圾掩埋税收法案》使得处理固体废品的成本比以前更加昂贵,如对于年产包装材料为50吨、年营业额达到500万英镑的企业,政府强制要求他们登记并证实在1998年以前完成了物资的再生和回收工作。

我国于2009年颁布了《废弃电器电子产品回收处理管理条例》,该条例于2019年进行了修订,规范了废弃电器电子产品的回收处理活动,鼓励电器电子产品生产者自行回收废弃电器电子产品。法律的保障在一定程度上刺激了产品的回流,从而驱动了生产商来建立相应的逆向物流网络。

(二)经济因素

与使用新的原材料相比较,企业通过废旧物品的回收再利用,可以挖掘废旧物品中残留的价值,减少物料的消耗,从而降低生产成本,产生直接的经济效益。同时,循环利用废旧物品也相应减少了废弃物处理的成本,如填埋废弃物所利用的土地的减少等,这样一来就降低了企业的费用。

要进行回收再利用,必要条件是废旧物品依然存在价值,同时还有一个必须考虑的因素,即废旧物品的挑选以及重新加工所需要的费用。如果节省的费用大于新旧物品之间的费用差额,则这样的逆向物流是经济的;反之,这样的逆向物流不具备经济价值。当然,随着技术的发展,废旧物品回收再利用的效率会不断提高,成本也会不断降低,所以经济利益驱动产生的逆向物流的应用前景将会十分乐观。

(三) 社会效益

企业回收利用所生产的产品或处理废弃物,体现了节约资源、保护生态环境的社会责任意识,从而有利于企业在社会中树立良好的公众形象。在激烈的竞争环境中,企业社会形象的提升,有助于改善企业与消费者的关系,提高企业的社会效益。

三、逆向物流的分类

为了对企业逆向物流管理进行科学有效的分析,以下从回流物品的渠道、逆向物流材料的物理属性、逆向物流的成因、途径和处置方式及其产业形态等方面对其进行不同的分类。

(一) 按照回流物品的渠道划分

按照回流物品的渠道,企业逆向物流管理可分为退货逆向物流管理和回收逆向物流管理两部分。退货逆向物流是指下游顾客将不符合订单要求的产品沿供应链逆向退回给上游供应商,其流程与常规产品流向正好相反。回收逆向物流是指将最终顾客所持有的废旧物品回收到供应链上各节点企业。两类逆向物流的流程如图5-5所示。

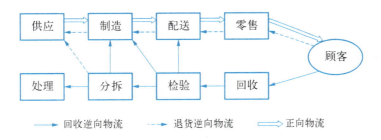

图 5-5 两类逆向物流的流程

(二) 按照逆向物流材料的物理属性划分

按照逆向物流材料的物理属性可分为以下六大类别。

1. 金属材料逆向物流

金属材料主要包括黑色金属和有色金属。黑色金属包括板材(主要是薄钢板、镀锌板、钢板、马口铁等)、带材(钢带、铁丝、圆钉);有色金属包括铝材、合金铝板、铝箔、合金铝箔。金属材料有良好的延伸性,不易破碎,容易加工,易于再生使用。

2. 橡胶材料逆向物流

橡胶材料主要包括天然橡胶和合成橡胶。

3. 木材材料逆向物流

木材材料主要包括天然木材和人造木材。天然木材包括红松、落叶松、白松、马尾松、冷杉等软质木材和杨木、桦木、榆木、柞木等硬质木材；人造木材即纤维板、刨花板、木丝板和三夹板、五夹板等。木材易于吸收水分，容易变形开裂、易腐败，易受白蚁蛀蚀，还常有异味。木材是一种天然材料，因树种不同、生长环境不同、树干部位不同而在性质上产生很大差异，因此在处理时应有所区别。

4. 玻璃材料逆向物流

玻璃材料主要有钠、钙硅酸盐玻璃、中性玻璃、石英玻璃、微晶玻璃，着色玻璃、玻璃钢等。玻璃化学程度性高、耐风化、不变形，耐热/耐酸、耐磨，无毒、无气味，易于加工、易于复用，易于回收，便于洗刷、消毒、灭菌，能保持良好的清洁状态。

5. 纸材料逆向物流

纸材料主要包括纸和纸板。纸材料折叠性优良，容易达到卫生要求，本身重量轻，质地细腻、均匀、耐摩擦、耐冲击，容易黏合，不受温度影响，无毒、无味、易于加工，废弃物容易处理，可回收复用和再生。

6. 塑料材料逆向物流

塑料材料主要包括塑料和复合塑料。塑料有一定强度、弹性，耐折叠、耐摩擦、耐酸碱、耐化学试剂、耐油脂、防锈蚀、无毒，加工简单，回收利用性强，可经过吹塑、挤压、铸塑等环节再利用。

（三）按成因、途径和处置方式及其产业形态划分

作为企业价值链活动的一个特殊组成部分，逆向物流按成因、途径和处置方式的不同，根据不同产业形态，划分为六大类别：① 投诉退货；② 终端使用退货；③ 商业退货；④ 维修退回；⑤ 生产报废和副品；⑥ 包装。各类逆向物流的分类及特点如表5-1所示。

表 5-1 逆向物流分类及特点

类 别	周 期	驱动因素	处 理 方 式	例 证
投诉退货 （运输差错、偷盗、质量问题等）	短期	市场营销 客户满意服务	确认、检查、退换货、补货	手机、数码产品等电子消费品
终端使用退货 （经完全使用须处理的产品）	长期	经济 市场营销	再生产、再循环	地毯循环、电子设备的再生产
		法规条例	再循环、处理	白色、黑色家用电器
		资产恢复	再生产、再循环	计算机元件

续 表

类　别	周　期	驱动因素	处理方式	例　证
商业退货 （未使用商品退货还款）	中短期	市场营销	再使用、再生产、再循环、处理	时装、化妆品、零售商积压库存
维修退回 （缺陷或损坏产品）	中期	市场营销 法规条例	维修、处理	有缺陷的家用电器、零部件、手机
生产报废和副品 （生产过程的废品和副品）	较短期	经济 法规条例	再循环、再生产	药品行业、钢铁业
包装 （包装材料和产品载体）	短期	经济	检验、清洗、修复、再使用	托盘、条板箱、器皿
		法规条例	再循环	包装袋

四、逆向物流的特点

逆向物流形成的原因有多种，而这些原因决定了它至少有以下几个特点。

（一）逆返性

逆返性指产品或报废产品通过逆向物流渠道从消费者流向经销商或生产商。

（二）对于退货或召回产品，具有价值递减性

产品从消费者流向经销商或生产商，其中产生的一系列运输、仓储、处理等费用都会冲减回流产品的价值。

（三）对于已报废产品，具有价值递增性

报废产品对于消费者而言，没有什么价值，随着逆向回流，报废产品在生产商终端可以实现价值再造。

（四）信息传递失真性递增

产品从客户流回企业的过程中，退货原因的多级传递会造成信息扭曲失真，产生"长鞭"效应。

问题思考

逆向物流对于保护环境有重要作用，上海的垃圾分类就是很好的实践。请你谈一谈垃圾分类的好处。

课后练习

选择题，选项四个的为单选题，选项五个的为多选题

1. 逆向物流形成的原因可以从三个方面进行理解（　　）。

A. 政治因素　　　　B. 经济因素　　　　C. 技术因素　　　　D. 法律因素环境
   E. 社会效益
2. 按照回流物品的渠道,企业逆向物流管理可分为(　　　)两部分。
   A. 废弃逆向物流管理　　　　　　　B. 退货逆向物流管理
   C. 维修逆向物流管理　　　　　　　D. 返工逆向物流管理
   E. 回收逆向物流管理
3. 按照逆向物流材料的物理属性可分为以下六大类别,它们是:(　　　)、塑料材料逆向物流。
   A. 金属材料逆向物流　　　　　　　B. 橡胶材料逆向物流
   C. 木材材料逆向物流　　　　　　　D. 纸材料逆向物流
   E. 玻璃材料逆向物流
4. 逆向物流按成因、途径和处置方式的不同,根据不同产业形态,划分为六大类别。它们是:(　　　)、投诉退货。
   A. 终端使用退回　　　　　　　　　B. 维修退回
   C. 商业退回　　　　　　　　　　　D. 生产报废和副品
   E. 包装

第五节　绿色物流

一、可持续发展的含义及本质

可持续发展越来越受到世界各国的重视,但是迄今为止,关于可持续发展尚未有一个统一的定义,不同学者和组织、机构从不同的角度进行了界定。

可持续发展是一个涉及经济、社会、文化、技术及自然环境等的综合性概念分析,研究可持续发展不能把经济、社会、文化和生态因素割裂开,因为与物质资料增长相关的定量因素同确保长期经济活动和结构活动以及结构变化的生态、社会与文化等定性因素是相互作用、不可分割的。

二、绿色物流的产生

自20世纪90年代初起,西方国家的企业界及物流学术界的学者们就提出绿色物流(green logistics)的概念,绿色物流很快得到了政府、学术界和企业界的高度重视。多数国家的政府部门通过立法限制物流过程中的环境影响。例如,欧盟国家、美国和日本等都制定了严格的法规限制机动车尾气排放和废弃物污染;很多跨国公司如施乐、美辛、惠普等都实施了可利用废弃物的回收项目,且收益显著。归纳绿色物流产生的原因,主要包括下述四个方面。

（一）环境问题广受关注

自20世纪70年代始，环境问题受到越来越多的关注，几乎融入社会经济的每一个领域，这其中也包括环境问题对物流行业的影响，绿色物流应运而生。绿色物流可以追溯到20世纪90年代初人们对运输引起环境退化的关注：道路、码头和机场等交通基础设施的建设占用了大量的土地；汽车等交通工具尾气排放成为城市空气的主要污染源之一。

因此，一些专家学者建议把环境问题作为物流规划的一个影响因素，这成为绿色物流的雏形。此后，绿色物流从运输逐渐扩展到包装、仓储等活动中，逐渐形成一个比较完整的概念和体系。同时，绿色消费运动在世界各国兴起，消费者不仅关心自身的安全和健康，还关心地球环境的改善，拒绝接受不利于环境保护的产品、服务及相应的消费方式，进而促进绿色物流的发展。

（二）物流市场的不断拓展

从传统物流到现代物流，物流市场在不断地扩张和发展。传统物流只是关注从生产到消费的流通过程，现代物流则将这一过程延伸至从消费到再生产的流通。逆向物流由此诞生。它包括废旧商品的循环流通和废弃物的处理、处置、运输、管理。逆向物流可以减少资源消耗，控制有害废弃物的污染，因此也属于绿色物流的范畴。

（三）经济全球化潮流的推动

随着经济全球化的发展，一些传统的关税和非关税壁垒逐渐淡化，环境壁垒逐渐兴起。为此，ISO 14000成为众多企业进入国际市场的通行证。ISO 14000的两个基本思想是预防污染和持续改进，它要求建立环境管理体系，使企业经营活动、产品和服务的每一个环节对环境的影响最小化。ISO 14000不仅适合于第一产业、第二产业，也适合于第三产业，尤其适合于物流行业。物流企业要想在国际市场上占有一席之地，发展绿色物流是其理性选择。

（四）各国政府和国际组织的倡导

绿色物流的发展与政府行为密切相关。凡是绿色物流发展比较快的国家，都得益于政府的积极倡导。各国政府在推动绿色物流发展方面所起的作用主要表现在：① 追加投入以促进环保事业的发展；② 组织力量监督环保工作的开展；③ 制定专门的政策和法律引导企业的环保行为。联合国环境署、WTO环境委员会等国际组织举行了许多环保方面的国际会议，签订了许多环保方面的国际公约与协定，这在一定程度上为绿色物流的发展铺平了道路。

三、绿色物流的概念、内涵及内容

（一）绿色物流的概念

绿色物流是20世纪90年代中期才被提出的一个新概念，目前还没有统一的定义，国外一些学者对绿色物流的概念有不同的描述，本书以可持续发展的原则为指导，再根据现代物流的内涵给出"绿色物流"的定义：绿色物流是指以降低污染物排放，减少资源消耗为目标，通过先进的物流技术和面向环境管理的理念，进行物流系统的规划、控制、管理和实施的过程。

(二) 绿色物流的内涵

虽然社会各界的学者对于绿色物流的定义有着不同的表述,但其本质和内涵是基本相似的。

首先,绿色物流的最终目标是可持续发展。

按照绿色物流的最终目标,企业无论在战略管理还是战术管理中,都必须从促进经济可持续发展这个基本原则出发,在创造产品的时间效益和空间效益以满足消费者需求的同时,注重生态环境的要求,保持自然生态平衡和保护自然资源,为子孙后代留下生存和发展的权利,实际上绿色物流是可持续发展原则与现代物流理念相结合的一种现代物流观念。

其次,绿色物流的活动范围覆盖产品的全生命周期。

生命周期不同阶段的物流活动不同,其绿色化方法也不同。从生命周期的不同阶段看,绿色物流活动分别表现为绿色供应物流、绿色生产物流、绿色分销物流、废弃物物流和逆向物流。从物流活动的作业环节来看,一般包括绿色运输、绿色包装、绿色流通加工、绿色仓储等。

最后,绿色物流的行为主体包括公众、政府及供应链上的全体成员。

公众是环境污染的最终受害者,公众的环保意识能促进绿色物流战略的实施,并对绿色物流的实施起到监督的作用,因而是绿色物流不可缺少的重要行为主体。

(三) 绿色物流的内容

绿色物流是一个多层次的概念,既包括企业的绿色物流活动,又包括社会对绿色物流活动的管理、规范和控制。从环保物流活动的范围来看,它既包括各个单项的绿色物流作业(如绿色运输、绿色包装、绿色流通加工等),还包括为实现资源再利用而进行的废弃物循环物流,是物流操作和管理全程的绿色化。

绿色物流作为当今经济可持续发展的重要组成部分,对经济的发展和人民生活质量的改善具有重要的意义,无论政府有关部门还是企业界,都应强化物流管理,共同构筑绿色物流发展的框架。

1. 政府部门绿色物流的内容

(1) 对发生源的管理。它主要是对物流过程中产生环境问题的来源进行管理。由于物流活动的日益增加和配送服务的发展,在途运输车辆随之增加,这必然导致大气污染的加重。为此可以采取以下措施对发生源进行控制:① 制定相应的环境法规,对废气排放量、噪声及车种进行限制;② 采取措施促进使用符合限制条件的物流运输工具;③ 普及使用低公害物流运输工具等。我国自 20 世纪 90 年代末开始不断强化对污染源的控制,如北京市为治理大气污染发布两阶段治理目标,不仅对新生产的车辆制定了严格的排污标准,而且对在用车辆进行治理改造;在鼓励更新车辆的同时,采取限制行驶路线、增加车辆检测频次、按排污量收取排污费等措施;经过治理的车辆,污染物排放量大为降低。

(2) 对交通量的管理。它主要包括:① 发挥政府的指导作用,推动企业从自用车运输向第三方物流运输转化;② 促进企业选择合理的运输方式,发展共同配送;③ 政府统筹物流中心的建设；④ 建设现代化的物流管理信息网络等。通过这些措施来减少货流,可有效消除对流运输,缓解交通拥挤状况,从而最终实现物流效益化,提高货物运输效率。

(3) 对交通流的管理。它主要包括：① 政府投入相应的资金,建立都市中心环状道路,制定有关道路停车的管理规定,采取措施实现交通管制系统的现代化；② 促进公路与铁路的立体交叉发展,从而减少交通堵塞,提高配送的效率,达到环保的目的。

(4) 对物流包装的管理。它指对物品的包装制定相关政策,采取行政措施,限制包装污染,尤其是"白色污染"。为此应鼓励采用可回收利用的包装(如啤酒瓶等),并对产生污染包装的企业采取严厉的惩罚措施,以减少因包装产生的对环境的压力,减少资源的浪费,形成资源的可持续发展。

2. 企业绿色物流的内容

(1) 绿色运输。

① 开展共同配送。共同配送指由多个企业联合组织实施的配送活动。几个中小型配送中心联合起来,分工合作对某一地区的客户进行配送,主要适用于某一地区的客户所需要物品数量较少,造成使用车辆不满载、配送车辆利用率不高等情况。从货主的角度来说,通过共同配送可以提高物流效率,如中小批发商如果各自配送难以满足零售商多批次、小批量的配送要求,而若采取共同配送,送货者可以实现批量配送,收货方可以进行统一验货,从而达到提高物流服务水平的目的。从物流企业的角度来说,特别是一些中小物流企业,由于受资金、人才和管理等方面的制约,运量少、效率低、使用车辆多、独自承揽业务,难以实现物流合理化和提高物流效率；如果分工合作,开展共同配送,则可以筹集资金运输大宗货物,通过信息网络提高车辆利用率。因此,共同配送可以最大限度地提高人力、物资、资金等资源的利用效率,使经济效益最大化,同时可以避免多余的交错运输,并取得缓解交通、保护环境等社会效益。

② 采取复合一贯制运输方式。复合一贯制运输是指吸取铁路、汽车、船舶和飞机等基本运输方式的长处,把它们有机结合起来,实行多环节、多区段、多运输工具相互衔接进行商品运输的一种方式。这种运输方式以集装箱作为连接各种工具的通用媒介,因而要求装载工具及包装尺寸都要做到标准化。采取复合一贯制运输方式的优势在于：一方面,克服了单个运输方式固有的缺陷,在整体上保证了运输过程的最优化和效率化；另一方面,从物流渠道来看,有效地解决了由于地理、气候、基础设施建设等各种市场环境差异造成的商品在产销空间、时间上的分离,促进了产销之间的紧密结合,以及企业生产经营的有效运转。

③ 大力发展第三方物流。第三方物流是由供方和需方以外的物流企业提供物流服务的业务方式。由专门从事物流业务的企业为供方和需方提供物流服务,可以从更高、更广泛的层面考虑物流合理化问题,通过简化配送环节,进行合理运输,有利于在更广泛的范围内对物流资源进行合理利用和配置,避免自有物流带来的资金占用、运输效率低、配送环节烦琐、城市污染加剧等问题。除此之外,企业对各种运输工具还应选用节约能源、减少污染环境的原料作为动力,如使用液化气、太阳能作为城市运输工具的动力；响应政

府的号召,加快运输工具的更新换代等。

(2) 绿色包装。

绿色包装指节约资源、保护环境的包装。绿色包装管理的内容有:促使生产部门采用尽量简化的、由可降解材料制成的包装;在流通过程中,应采取措施实现包装的合理化与现代化。其实现途径主要有以下四种。

① 包装模数化。确定包装基础尺寸的标准,即包装模数化。包装模数标准确定后,各种进入流通领域的产品便需要按模数规定的尺寸包装。包装模数化有利于小包装的集合,利用集装箱及托盘装箱、装盘。包装模数如能与仓库设施、运输设施尺寸模数统一,也有利于运输和保管,从而实现物流系统的合理化。

② 包装大型化和集装化。包装大型化和集装化有利于物流系统在装卸、搬迁、保管和运输等过程中的机械化,提高这些环节的作业速度,减少单位包装,节约包装材料和包装费用,保护货体。

③ 包装多次反复使用和废弃包装的处理。采用通用包装,不用专门安排返回使用;采用周转包装,可多次反复使用,如饮料盒、啤酒瓶等;梯级利用,即一次使用后的包装物,用后转作他用或简单处理后转作他用;对废弃包装物经再生处理,转化为其他用途或制作新材料。

④ 开发新的包装材料和包装器具。其发展趋势是包装物的高功能化,用较少的材料实现多种包装功能。

(3) 绿色流通加工。

流通加工指物品在从产地到使用地的过程中,根据需要施加包装、分割、计量、分拣、组装、价格贴付、标签贴付和商品检验等简单作业的总称。绿色流通加工主要包括两方面的措施:一是变消费者分散加工为专业集中加工,以规模作业的方式提高资源利用率,减少环境污染,如餐饮服务业对食品进行集中加工,以减少家庭分散烹调所带来的能源和空气污染;二是集中处理消费品加工过程中产生的边角废料,以减少消费者分散加工所造成的废弃物污染,如流通部门对蔬菜进行集中加工,可减少居民分散加工造成的垃圾丢放问题。

(4) 废弃物物流的管理。

从环境的角度来看,大量生产、大量流通、大量消费的结果必然会导致大量的废弃物产生,尽管已经采取许多措施加速废弃物的处理并控制废弃物物流,但从总体上来看,大量废弃物的出现仍然对社会造成了严重的消极影响,会引发社会资源的枯竭及自然环境的恶化。因此,21世纪的物流活动必须实现资源的有效利用和对地球环境的维护。

废弃物物流指将经济活动中失去原有使用价值的物品,根据实际需要进行搜集、分类、加工、包装、搬运和存储,并分送到专门处理场所时形成的物品实体流动。废弃物物流是指,无视对象物的价值或对象物没有再利用价值时,仅从环境保护出发,将其进行焚化、化学处理或运到特定地点堆放、掩埋。降低废弃物物流,需要实现资源的再使用(回收处理后再使用)、再利用(处理后转化为新的原材料使用),为此应建立一个包括生产、流通和消费的废弃物回收利用系统。要达到上述目标,企业不仅要考虑自身的物流效率,还必须与供应链上其他的关联者协同起来,从整个供应链的视野组织物流,最终在整个社会中建立包括供应商、生产商、批发商、零售商和消费者在内的循环物流系统。

四、绿色物流的特征

除了一般物流所具备的特征外,绿色物流还具有四个特征。

(一)学科交叉性

绿色物流是物流管理与环境科学生态经济学的交叉,由于环境问题的日益突出以及物流活动与环境之间的密切关系,在研究社会物流和企业物流时,必须考虑环境问题和资源问题,又由于生态系统与经济系统之间的相互作用和相互影响,生态系统也必然会对物流这个经济系统的子系统产生作用和影响。因此,结合环境科学和生态经济学的理论方法进行物流系统的管理、控制和决策,正是绿色物流的研究方法。

(二)多目标性

绿色物流的多目标性体现在企业的物流活动要顺应可持续发展的战略目标要求,注重对生态环境的保护和对资源的节约,注重经济与生态的协调发展,即追求企业经济效益、消费者效益、社会效益与生态环境效益四个目标的统一。

(三)多层次性

绿色物流系统是由多个单元或子系统构成的,如绿色运输系统、绿色仓储子系统、绿色包装子系统等,这些子系统又可按空间或时间特征划分为更低层次的子系统。而绿色物流系统还是另一个更大系统的子系统,这个更大的系统就是绿色物流赖以生存与发展的外部环境。

(四)时域性和地域性

时域性是指绿色物流管理活动贯穿了产品的全生命周期,包括从原材料供应,生产内部物流,产成品的分销、包装、运输,直至报废、回收的整个过程。地域性则体现在两个方面:一是指因为经济的全球化和信息化,物流活动早已突破地域限制,形成跨地区、跨国界的发展趋势,相应地,对物流活动绿色化的管理也具有跨地区、跨国界的特性;二是指绿色物流管理策略的实施,需要供应链上所有企业的参与响应,而这些企业很可能分布在不同的城市,甚至不同的国家。

五、发展绿色物流的意义

绿色物流不仅对环境保护和经济的可持续发展具有重要意义,还会给企业带来巨大的经济效益。实践证明,绿色物流是有价值的,这种价值不仅体现在概念层次上,更体现在社会价值和经济价值上。

(一)绿色物流的社会价值

绿色物流首先表现为一种节约资源、保护环境的理念。因此,实施绿色物流管理是一项有利于社会经济可持续发展的战略措施。

对企业而言,实施绿色物流也将给企业带来明显的社会价值,包括良好的企业形象、企业信誉、企业责任等。绿色物流管理给企业带来的社会价值具体表现在两个方面:首先,实施绿色物流管理将企业推向了可持续发展的前沿,这有助于企业树立良好的企业形象,赢得公众信任;其次,实施绿色物流管理的企业更容易获得一些环境标准的认证,如ISO 14000环境管理体系,从而在激烈的市场竞争中占据优势。

(二)绿色物流的经济价值

严格的环境标准,一方面将迫使企业选择更加环保的物流方式;另一方面,也将迫使企业更加有效地利用资源,从而降低成本,增强竞争力。因此,应该认识到,环境方面的改善会给企业带来更多的经济机遇和参与国际竞争的机会,带来巨大的实实在在的经济效益。不少学界和业界的研究及实践表明,一个在环境绩效方面表现良好的企业通常也具有良好的盈利表现。

问题思考

发展绿色物流对于保护生态环境是很有必要的,你所在的企业为绿色物流做出了哪些贡献?

课后练习

选择题,选项四个的为单选题,选项五个的为多选题

1. 绿色物流产生的原因,主要包括下述四个方面(　　)。
   A. 环境问题广受关注　　　　　　B. 各国政府和国际组织的倡导
   C. 经济全球化潮流的推动　　　　D. 物流市场的不断拓展
   E. 企业的积极投入

2. 绿色物流的行为主体包括(　　)。
   A. 有污染物输出的企业　　　　　B. 无污染物输出的企业
   C. 公众　　　　　　　　　　　　D. 供应链上的全体成员
   E. 政府

3. 政府部门绿色物流的内容不包括(　　)。
   A. 对交通量的管理　　　　　　　B. 开展共同配送
   C. 对发生源的管理　　　　　　　D. 对物流包装的管理

4. 绿色运输的内容不包括(　　)。
   A. 开展共同配送　　　　　　　　B. 采取复合一贯制运输方式
   C. 大力发展第三方物流　　　　　D. 对交通量的管理

5. 绿色包装其实现途径主要有以下几种( )。
   A. 包装模数化　　　　　　　　　B. 包装大型化和集装化
   C. 废弃包装的处理　　　　　　　D. 开发新的包装材料和包装器具
   E. 包装多次反复使用
6. 绿色物流的特征主要有( )。
   A. 地域性　　　B. 时域性　　　C. 多层次性　　　D. 多目标性
   E. 学科交叉性

第六节　物　流　金　融

一、物流金融的内涵与产生动因

(一) 物流金融的内涵

物流界普遍认为,物流金融是指物流业与金融业的结合,金融资本与物流商业资本的结合,是物流金融的表现形式,是金融业的一个新的业务领域。

物流是连接企业产与销的中间环节,交易费用巨大,而这些交易费用主要形成运输、仓储、包装、保险、银行等物流供应链活动参与者的收益,由此形成一个价值巨大并加速成长的新兴市场。物流金融实际是要建立起一个基于供应链的互补性企业战略联盟,整合居于产与销之间的中间流通环节和相关者,利用它们在各自领域的比较优势,形成共同服务于生产商和分销商(共同客户)的整体利益增值。

广义的物流金融是物流企业在供应链业务活动中,运用金融工具有效地组织和调剂物流领域中货币资金的运动,使物流产生价值增值的融资活动。这些资金运动包括发生在物流过程中的各种存款、贷款、投资、信托、租赁、抵押、贴现、保险、有价证券发行与交易,以及金融机构所办理的各类涉及物流业的中间业务等。

狭义的物流金融是物流企业在物流业务过程中利用贷款、承兑汇票等多种信用工具为制造商及其下游经销商、上游供应商和最终客户提供集融资、结算、资金汇划、信息查询等为一体的金融产品和服务,这类服务往往需要银行的参与,最终使供应商、制造商、销售商、银行各方都能受益,使资金流在整个供应链中快速有效运转。

从第三方物流企业的角度来分,其主要业务范围包括三个方面:融资与结算服务、保险服务和风险管理服务。我国国内企业目前开展的物流金融服务内容主要表现为融资和结算。

(二) 物流金融的产生动因

物流服务过程需要金融的支持,物流是基础,资金流是保障,最终实现物流与金融的高效配合。如果物流与资金流之间产生滞后和脱节,不仅会降低物流的运作效率,也会增加资金的占用时间和周转成本。因此,现代物流服务要求物流与资金流高度统一、协调运转。在市场竞争日趋激烈的今天,库存是企业的负担,大量的库存意味着流动资金被占用,也会影响企业的其他交易活动。第三方物流企业如能提供涵盖金融增值服务的物流服务,盘活这部分资金,就可以提升整体供应链的竞争力。由于大多数服务环节与传统业务重叠,加之有货物作质押,不会增加太多的成本和风险,既增加了企业利润,又提升了企业竞争力。

中小企业囿于其资产有限、经营规模小、产品市场变化快、财务信息透明度低等特点,信用等级较低,难以获得贷款。各银行为控制贷款风险,实行严格的财产抵押担保制度,而中小企业的固定资产只占总资产很小一部分,流动资金、库存、在制品、原材料等占大部分,因此,融资难已成为制约我国中小企业发展的瓶颈。对于银行来说,由于信息不对称,银行对中小企业的信誉等级无法评估,所以非常需要第三方物流企业提供配套服务。在第三方物流企业的记录中,中小企业的销售、库存记录非常明了,物流企业更加清楚货物的规格、型号、质量、原价和净值、销售区域、承销商、商品销售的网点分布、销量、平均进货周期、结款信誉度等。物流金融业务不仅有利于中小企业融资和银行金融业务的创新,也是提高第三方物流企业竞争力的重要手段,可以说是"多赢"的合作。

物流金融产生的原因还在于,对制造商和销售商而言,商品从制造商到消费者的过程中存在着大量的产品库存,制造商与销售商需要依靠合理的库存满足顾客的需求,应付供货周期与制造周期的不匹配带来的冲击,合理库存带来了好处,同时降低了成本。在解决这个问题的实践上,人们把企业现有的"仓单、存货"等资源盘活。作为企业需要将沉淀的资金盘活,而作为金融机构的银行考虑的是如何控制风险,那么就需要了解抵押物、质物的详细情况,查看权利凭证原件。这些工作超出了金融机构的业务范围,需要第三方物流企业的帮助。第三方物流企业与金融机构联手协作,满足企业对金融服务和第三方物流服务的需求,促进了物流金融的产生与发展。

二、物流金融服务的效用

第三方物流企业开展金融服务,不仅有利于中小企业融资和银行金融服务的创新,而且也提高了第三方物流企业的服务能力,推动其向更高层次发展。可以说,物流金融是一个多赢的合作,从整个社会流通的角度看,极大地提高了全社会生产流通的效率和规模。

(一)有利于中小企业融资

传统的企业向银行贷款,一般是以厂房、机器设备、车辆等固定资产来抵押的,而物流金融能够拿流动资产来抵押。这些流动资产主要包括一些价值稳定、市场畅销的原材料、半成品、产成品,如钢材、有色金属、棉纱、石油类、电器、陶瓷、家具等,只要符合质押品标准的原材料或产品都可以抵押。这对于缺乏固定资产抵押的中小企业来说,无疑是对自身信用能力的整合和再造,原来达不到银行信用标准的中小企业,利用物流银行业务将企业的流动资产进行质押贷款,极大地提高了自身的融资能力。物流金融是企业融资方式的变革,对于破解中小企业的融资瓶颈具有重要的意义。

(二) 有利于企业盘活沉淀

物流金融也可以帮助企业加速资金周转,提高经营能力和利润。利用物流金融融资,企业能够把动产都盘活出来,原来拿来购买原材料的钱,经生产产品并卖出去后才能变成现金,但现在原材料买回来后,通过融资在仓库内就能立刻变成现金,如果把这笔钱现金再拿去做其他的流动用途,能增加现金的流转率,这对企业生产有很大的推动作用。同时,在货物抵押融资方面,厂方发给经销商的货物,在运输过程中整个都被质押了,这样物流企业、厂方、银行、经销商这几方面都有效地结合起来,形成动态的质押方式,等于"流动银行"。

(三) 有利于第三方物流企业拓展新的利润增长点

目前第三方物流企业数量众多,素质参差不齐,众多的企业切分物流蛋糕,致使物流市场竞争异常激烈。据统计,传统的运输仓储和其他物流服务平均利润率下降到只有2%左右,已没有进一步提高的可能性,因此,许多物流企业为了生存和发展,纷纷在物流活动中提供金融服务,以提升竞争力,拓展新的利润增长点。

(四) 给银行带来新的业务和利润空间

当前我国的贷款资产质量不高,呆坏账比例居高不下,如何提高贷款质量、控制贷款风险、发展新的业务成为银行关注的首要问题。中小企业具有巨大的融资潜力,但由于其信用度不高,达不到银行的贷款标准,因此银行贷款不可能满足中小企业的融资需求。物流金融可将企业的流动资产进行抵押,又有第三方物流企业提供相应的担保,切实保证银行资金的安全,降低贷款的风险,物流金融融资业务将成为银行新的利润源泉。

三、物流金融的主体

(一) 物流企业

在物流金融服务中,物流企业是物流金融服务的主要协调和参与者,它一方面为借贷企业提供运输、仓储配送的服务,另一方面为银行金融机构提供质押物储存的场所、物品监管、企业信用评估等服务,在一定程度上降低了银行可能遇到的信用风险。通过与银行金融机构合作,物流企业在开展物流金融服务中,使融资企业不仅得到了物流的支持,更得到了银行资金的支持。物流金融作为第三方物流企业提供的一种高价值的增值服务,也是在物流行业生存发展的有利竞争手段和盈利工具。

(二) 金融机构

在物流金融中,银行是为融资企业提供贷款支持的金融机构。银行通过与第三方物流企业进行合作,弥补了其在质押物的保存、监管、控制各方面的职能缺失问题。银行是物流金融中资金的实际提供者,借贷企业以一定的资产作为抵押,通过第三方物流企业提供货物监管,从而使银行能够给予融资企业一定的资金授信,降低银行的风险。

(三) 融资企业

融资企业往往是广大中小型企业。融资企业是物流金融的实际需求者,它们通过动产质押等方式从金融机构获得贷款。这些中小型企业受到自身规模和管理的限制,自身信用较低,抗风险能力比较差,因此,迫切需要得到物流企业融资服务的支持。在物流金融的服务支持下,才可以尽量去克服资金链短缺的融资难问题,规避自身的一些限制性因素,促进自身的发展壮大。

四、物流金融的职能

(一) 物流融资职能

该项职能体现在物流活动的整个流程中,包括采购、生产、加工、仓储、运输、装卸、配送直至需求方手中。由于物流业务地理范围广阔,需要巨大的基础设施投资,单个企业难以形成规模经济,须要银行、资本市场、政府的大量资金支付。物流融资业务主要包括:商业银行融资,这是物流企业最主要的融资方式;证券市场融资,物流企业可以争取公司股票或债券的发行,也可通过参股、控股上市公司方式实现融资;开拓实物型、技术型融资业务,实物型租赁和技术参股,特别是与物流经营相关的大型耐用设备租赁和关键技术合作,也是物流企业可优先考虑的项目;票据性融资收益,商业票据的贴现可以使物流企业获得必要的资金来源。

(二) 物流结算职能

为物流业服务的金融机构面临大量的结算和支付等中间业务。为了实现 B to B 和 B to C 的流程,物流的发展方向就是满足不同批量、不同规格、不同地区的需求。随着物流业的客户扩展到全国乃至世界范围,金融服务也就随之延伸到全国和世界范围。我国现有的结算方式主要有支票、汇票、托收承付、银行汇票、商业汇票、银行本票和信用卡七种代表性的结算工具。另外,还有多种结算服务可供选择,如信用证、国际保理等。物流企业在异地结算方式的选择:如果是一次性交易,宜采用先收款后发货或一手钱一手货的方式,如现金、信汇、电汇、自带汇票等方式;经常往来的客户,可先发货后收款,采用汇款、异地托收付,委托银行收款等方式。

(三) 物流保险职能

物流保险作为物流金融的重要组成部分,提供一个涵盖物流链条各个环节的完整的保险解决方案,努力帮助物流公司防范风险。针对这个具有巨大潜力的市场,保险公司应整合相关险种,为物流企业量身设计各种新的保险组合。例如,物流综合责任保险,使保险对象可以扩大到物流产业的任何一个环节,如物流公司、货运代理公司、运输公司、承运人、运转场、码头和车站。物流公司的责任较传统运输承运人大得多,服务的内涵和外延远比运输服务要广得多,因此,物流保险作为针对物流企业定制和设计的金融产品,能极大地简化物流业的复杂环境,为物流业的拓展提供保障。

五、物流金融模式

(一)应收账款融资模式——应收类

在商业银行同意向融资企业提供信用贷款前,商业银行仍要对该企业的风险进行评估,只是更多关注的是下游企业的还款能力、交易风险及整个供应链的运作状况,而并非只针对中小企业本身进行评估。应收账款融资使得融资企业可以及时获得商业银行提供的短期信用贷款,不但有利于解决融资企业短期资金的需求,加快中小企业健康稳定地发展和成长,而且有利于整个供应链的持续高效运作,具体流程如图5-6所示。

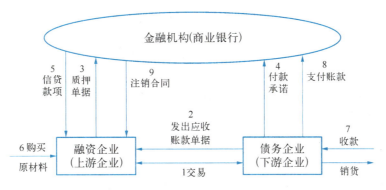

图5-6 应收账款融资模式

(二)融通仓融资模式——存货类

商业银行也可以根据第三方物流企业的规模和运营能力,将一定的授信额度授予物流企业,由物流企业直接负责融资企业贷款的运营和风险管理,这样既可以简化流程,提高融资企业的产销供应链运作效率,又可以转移商业银行的信贷风险,降低经营成本。具体流程如图5-7所示。

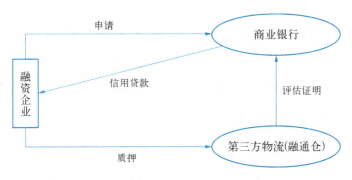

图5-7 融通仓融资模式

基于物流金融的思想,采用融通仓业务融资时,银行应重点考查企业是否有稳定的存货、是否有长期合作的交易对象及整个供应链的综合运作状况,并以此作为授信决策的重要依据。

(三) 保兑仓融资模式——预付类

保兑仓业务是基于上下游和商品提货权的一种物流金融业务。保兑仓业务除了需要处于供应链中的上游供应商、下游制造商(融资企业)和银行参与外,还需要仓储监管方参与,主要负责对质押物品的评估和监管。具体流程如图5-8所示。

图5-8 保兑仓融资模式

保兑仓业务实现了融资企业的杠杆采购和供应商的批量销售,同时给商业银行带来了收益,实现了多赢的目的。

(四) 物流金融其他衍生融资模式

1. 未来货权质押融资

企业采购物资时,凭采购合同向金融机构融资支付货款,然后凭融资机构签发的提货单向买方提取货物的业务,是以企业未来货权质押开证、进口代收项下货权质押授信、进口现货质押授信等方式为进口企业提供覆盖全过程的货权质押授信服务。

2. 出口信用保险项下短期融资

出口商在中国出口信用保险公司投保短期出口信用保险,并在货物出运后,将赔款权益转让给银行,由银行按票面金额扣除相关利息和费用,将净额预先支付给出口商的一种短期融资方式。

3. 打包放款

出口地银行为支持出口商按期履行合同、出运交货,向收到合格信用证的出口商提供的用于采购、生产和装运信用证项下货物的专项贷款。打包放款是一种装船前短期融资,使出口商在自有资金不足的情况下仍然可以办理采购、备料、加工,从而顺利开展贸易。

六、物流金融的风险

物流金融业务是一种新型的具有多赢特性的物流和金融业务品种,但对于每一种业务模式而言,均是风险和收益并存,只有充分认识、理解业务中的风险因素,才能在业务操作中有针对性地采取措施,预防、控制风险,才能使业务健康有序地开展。

风险分析必须从风险产生的源头来进行分析,从物流金融业务风险产生来源看,借款企业是物流金融业务的风险来源。虽然我们从银行参与物流金融服务的程度将物流金融业务分为资产流通模式、资本流通模式和综合模式,但是,从借款企业提供质押物的角度看,物流金融业务的运作模式只有两种,即基于权利质押的物流金融业务模式和基于流动货物质押的物流金融业务模式。因此,本文为了分析上的方便,在分析物流金融业务的风险时,将物流金融业务从质押物的角度重新分为基于权利质押的物流金融业务模式和基于流动货物质押的物流金融业务模式两种。

从实际情况和现有业务模式看,物流金融业务的风险分为两大类:特性风险和共性风险。特性风险主要是指权利质押中的仓单风险和控制存量下限模式中的存量(数量、质量)控制风险。共性风险是指每种业务模式都涉及的风险,分为欺诈类风险和业务操作类风险。欺诈类风险主要包括:客户资信(质物合法性)风险、提单风险、内部欺诈风险;业务操作类风险主要包括:质押品种选取风险、市场变动风险、操作失误风险。

总体来说,以上各种风险都可以通过规范管理制度和采用新的管理工具(主要是指支持物流金融业务的管理信息系统)得到有效控制,使物流金融业务健康发展,使更多的企业从中得到帮助,促进企业的活跃与发展。下面就各种风险以及预防、控制措施做出分析。

(一)共性风险的预防及控制措施

1. 客户资信(质物合法性)风险

客户资信的风险是贷款难的根源。在传统的贷款业务中,由于中小企业资信差,加上信息不对称和没有健全的信用评价体系,银行对于中小企业出现"惜贷"现象,并且门槛很高,手续烦琐。对于物资银行业务而言,由于有实实在在的物品作为担保,所以对客户资信等级、偿债能力的考察相对简单一些,只要侧重考察企业的业务能力(市场销售能力、以往销售情况)即可,而对客户资信的考察重点是质物的合法性,即融资企业应该具有相应的物权,避免有争议的、无法行使质权的或者通过走私等非法途径取得的物品成为质物。

由于物流企业对借款企业有着较长时间的业务合作关系,对企业的了解比较深入,因此对于客户资信的考察就相对有了保障。尤其对于使用了信息管理系统的物流企业,可以通过信息系统了解存货人的历史业务情况、信用情况,及时全面地掌握客户资信信息。

在对借款企业的资信进行考察的基础上,可以要求借款企业提供与质物相关的单据(例如,购销合同、发票等),通过检查相关单据的真实性确认质物的合法性。

2. 提单风险

提单风险是物流企业只要开展业务就会遇到的经常性的风险,防止虚假提单造成损失是物流企业控制风险的重点,因此物流企业对控制此类风险也积累了丰富的经验,形成了一套切实可行的办法。物流企业在办理各种出库业务时要根据预留的印鉴,进行验单、验证、验印,必要时还要与货主联系或者确认提货人身份。对于物流金融业务而言,除了进行上述一般的检验外,还应根据业务要求及时与银行联系,取得银行的确认与许可,同时物流企业还可以利用带密码的提单,在提货时进行密码确认,从而有效地防止假提单的风险。

3. 内部欺诈风险

内部人员作案或者内外串通作案,会给对企业带来很大的损失。防范此类风险除了管理制度、检查制度的完善和有效执行外,企业还应借助有效的管理监督手段,如采取计算机管理系统辅助业务操作,使业务操作流程化、透明化,保证业务活动可追溯,减少人为的随意性。

4. 质押品种选取风险

质押品种选取的恰当与否直接关系到物流金融业务的风险大小。为了控制风险,在确保特定物是动产的大前提下,质押物品的选取主要以好卖、易放、投机小为原则。即物品的市场需求量大而稳定,物品市场流动性好、吞吐量大;物品的质量稳定,容易储藏保管;物品的市场价格涨跌不大,相对稳定。

5. 市场变动风险

市场变动尤其是质物的市场价格下跌,会造成质物价值缩水。为控制此类风险,应在有关物流金融业务操作的协议中约定风险控制的办法。一般应在协议中约定当价格下跌至原价格评估值的一定比例(如90%)或者质物的市场价值总额接近质押金额的一定比例(如130%),要求借款企业及时进行补货或还贷,否则银行将对质物进行处置(如拍卖)。

6. 操作失误风险

物流金融业务涉及物流企业和银行之间的相互协作配合,业务流程相对复杂,其中的操作风险包括物流企业或者银行内部操作失误的风险以及物流企业与银行之间业务衔接操作失误的风险。要防范此类风险就要求企业有健全的管理制度和先进的管理工具。例如,仓储企业根据各业务环节的功能重新设计业务流程,合理划分岗位,使得各岗位之间能够做到既相互衔接配合又相互监督检查;同时,通过先进的计算机业务系统,不但能够保证业务流程顺畅,还可以让各方及时、便捷地了解质物进出库的情况和在库的状态。这样仓储企业凭借丰富的经验、完善的管理制度、优良的信誉和先进的信息系统,就可以减少不必要的失误、损失,控制风险。

(二) 特性风险的预防及其控制措施

1. 仓单风险

虽然仓单的应用已经拓展到现货交易、资金融通领域,但是由于仓单市场在中国刚刚兴起,其运作流通机制,对现货和期货市场以及宏观经济的影响,仓单标准化以及相关法律法规等方面都需要进一步研究和积累实践经验。因此,以仓单出质的物流银行业务中,仓单的风险是最不确定的因素,也是非常值得研究的问题。

仓单是保管人在与存货人签订的仓储合同的基础上,对存货人交付的仓储物进行验收入库而出具的收据。仓单不仅仅是仓储合同的证明和对货物出具的收据,它更是货物所有权的凭证,从这些角度讲,仓单可与海运中的提单作类比。

提单的使用由来已久,早期的提单,无论是内容还是格式,都比较简单,而且其作用也较为单一,仅作为货物的交接凭证,只是表明货物已经装船的收据。随着国际贸易和海上货物运输的逐步发展,为了适应发展要求,提单的性质、作用和内容特别是其中的背面条款都发生了巨大变化。为了促进提单的流转,明确承运人、托运人、收货人、银行、保险等各方的权利义务,国际上制定了统一的国际海上货物运输公约如《海牙规则》《汉堡规则》来明确提单内容。很多国家都加入了公约,有的国家虽未加入,但根据这一公约的基本精神,另行制定了相应的国内法,如我国的《中华人民共和国海商法》。提单的规范使用有效地促进了国际贸易的不断发展。

根据我国《民法典》第九百一十条,仓单是提取仓储物的凭证。存货人或者仓单持有人在仓单上背书并经保管人签名或者盖章的,可以转让提取仓储物的权利。民事主体占有仓单与其对仓储物本身的占有具有同样的法律意义,这是仓单交付的首要效力。

依民法典基本理论,风险自交付时转移,尽管仓单的交付不是货物的直接交付,但具有了法律上交付的意义,所有权的转移得到了实现,风险的转移也随之完成。但仓单毕竟只是低层次的有价证券,它远不及于票据,仓单的交付只对于那些由仓单而发生的权利以及对于仓储物上的权利而具有物权转移的效力,而不涉及其他方面的权利关系,比如票据上的对前手背书人的追索权。同时,在同一仓储物上,不能存在两份或多份内容相同的仓单。这是一物一权主义所决定的,即使在混藏仓储合同的情况下,也只能理解为各仓单持有人为共同所有人。

如果出现两份或多份仓单请求给付,则应当以最先签发的仓单为准。除盗窃、抢夺、拾得遗失物等违背所有权人本意占有他人之物外,只要是基于合法的占有而将物储存、保管于保管人处,则据此取得的仓单同样具有物权效力,即在仓单交付时,被背书人基于仓储物已经交付储存与保管的事实,相信背书人即为仓储物的所有人。在此情形下,被背书人取得仓储物的所有权。

虽然我国《民法典》对仓单上必须记载的内容有诸多规定,但目前我国使用的仓单还是由各家仓库自己设计的,形式很不统一,因此要对仓单进行科学的管理,使用固定的格式,按制定方式印刷;同时派专人对仓单进行管理,严防操作失误和内部人员作案,保证擦仓单的真实性、唯一性和有效性。

2. 存量风险

流动货物质押业务中的控制存量下限的业务模式,需要按规定控制质物的质量、数量。与此同时,货物是流动的,有进库有出库,因此要求物流企业不但要保证质物的名称、规格型号、材质等属性,还要使质物的库存数量保持在规定的额度。否则,如果不能控制物品存量,或者物品进出库时没有避免提好补坏、以次充好的现象发生,将给整个业务带来很大风险,影响物流金融业务的进行。

物流企业开展此类业务时要对仓储物的存量下限进行严格控制,当仓储物的存量达到规定限度时要有应对措施,如警告、冻结等。随着物流金融业务的开展,业务量不断增多,仅仅通过人工的手段控制存量下限难度越来越大,容易出现人为失误。因此,企业应通过具有存量下限控制功能的计算机业务管理信息系统辅助操作人员进行仓储物的管理,同时应保证业务系统的正常使用,保证业务数据的实时反映。同时,物流企业还应通过业务流程优化、岗位职责规划、相关业务制度的完善,保证货物入库验收、出库检验等相关业务的可靠进行。

问题思考

1. 查阅资料,了解国外物流金融发展概况。
2. 物流金融对于物流企业能够起到哪些保障作用?

课后练习

选择题,选项四个的为单选题,选项五个的为多选题

1. 物流金融是一个多赢的合作,从整个社会流通的角度看,极大地提高了全社会生产流通的效率和规模,其效用体现在(   )。

   A. 有利于中小企业融资

   B. 有利于企业降低成本

   C. 有利于企业盘活沉淀

   D. 有利于第三方物流企业拓展新的利润增长点

   E. 给银行带来新的业务和利润空间

2. 物流金融的主体包括(   )。

   A. 金融机构　　　B. 物流企业　　　C. 公众　　　D. 融资企业

   E. 政府

3. 物流金融的职能包括(   )。

   A. 物流理财职能　　B. 物流融资职能　　C. 物流结算职能　　D. 物流保险职能

   E. 物流借贷职能

4. 物流金融模式包括(   )。

   A. 未来货权质押融资　　　　　　B. 保兑仓融资模式

   C. 应收账款融资模式　　　　　　D. 融通仓融资模式

   E. 打包放款

5. 物流金融的共性风险不包括(   )。

   A. 客户资信(质物合法性)风险　　B. 仓单风险

   C. 提单风险　　　　　　　　　　D. 内部欺诈风险

6. 物流金融的特性风险主要有（　　）。

A. 提单风险　　　　　　　　　　B. 客户资信（质物合法性）风险

C. 存量风险　　　　　　　　　　D. 内部欺诈风险

E. 仓单风险

第六章　现代物流管理环境

学习目标

- 重点掌握物流网络基础设施、交通基础设施、仓储基础设施
- 掌握物流法规对企业的影响及现行法规存在的问题
- 了解经济环境对物流的影响
- 了解法律环境对物流的影响
- 了解物联网技术
- 了解物联网与智能物流、现代物流的关系

【引导案例1】

物流法律法规基础知识

2015年9月27日是中秋佳节。8月15日,某食品配送中心通过电子邮件向某月饼生产企业订购月饼,具体内容是:订购贵厂月饼10 000盒,每盒月饼6块,每块250克,每盒价格80元,交货时间是9月15日前,以保证节前连锁店的销售。月饼生产企业接到订单后,同意订购但要求食品配送中心先行支付总价20%的定金。食品配送中心于8月20日向月饼生产企业支付了合同定金。9月18日,食品配送中心未收到货物,申请人又通过电子邮件的方式向月饼生产企业表示解除合同,并要求双倍返还定金和赔偿损失。月饼生产企业不同意,于9月25日将货物发送到食品配送中心。食品配送中心拒绝收货。

作者:九月467

链接:https://wenku.baidu.com/aggs/31530a1614791711cc791744.html

来源:百度文库

【思考】

有法可依,有法必依。任何一个企业都应该以国家法律为基础,对自己的行为进行约束。

根据相关法律的规定,案例中食品配送中心是否有权解除合同?为什么?

参考答案：

食品配送中心有权解除合同。

因为月饼生产企业没有按期交货的行为，使食品配送中心不能实现订立合同的根本目的，已经构成根本违约根据《民法典》的规定，可以解除合同。

【引导案例2】

物流企业的法律问题

甲物流综合服务公司下设六大部门，包括包装部、运输部、装卸部等。2008年6月，该公司运输部在进行运输服务时与某货站取得业务联系，某货站许诺从2008年7月起其所有运输业务都委托给该运输部做，双方签订简单协议，该运输部为确保协议有效，特别使用了其随带的部门印章，某货站也表示同意。但2008年9月，甲公司运输部发现其承接某货站的运输业务只是其中很小的一部分，同时还有另两家货运公司在承做，于是问及某货站，某货站不承认，进而又否认双方协议的效力，于是起了纠纷。

作者：九月467

链接：https://wenku.baidu.com/aggs/31530a1614791711cc791744.html

来源：百度文库

【思考】

运输部与某货站签订的合同是否有效？为什么？

参考答案：

签订的合同无效。因为，甲物流综合服务公司作为一家物流企业，符合法人的条件。其下设的部门只是其组织机构的一个组成部分，本身虽具备法人条件，但不具有法人资格，不具有独立承担责任的能力，所以以某部门的名义签订的合同由于主体不合格而无效。

第一节 经 济 环 境

一、生产环境

生产是人类最基本的经济活动，是社会经济循环的起点。通过技术应用和一定的组织方式,完成物质资料的形态变换,最终生产出满足人们多种消费需要的各种产品。生产的最终目的是消费,而产品必须经过物流体系才能进入消费市场。所以,社会生产力的持续发展,也要求物流体系适应其发展规律并根据市场变化不断创新、变化。具体来说,生产环境在以下几个方面直接影响着物流体系。

(一)生产规模

随着社会生产力的不断发展,生产规模有不断扩大的趋势。生产规模的扩大一方面表现为企业规模的扩大,另一方面表现为社会总生产规模相应扩大,同时也要求物流结构做相应的调整。例如,人类通过产业革命,用机器进行生产,使生产进入大批量、规模生产阶段。与此相适应地,大规模物流组织也随之产生。随着生产力的不断发展,人们的消费水平不断提高,消费需求也趋于多样化。与此需求相适应地,少品种、大批量的大规模生产方式转变为多品种、小批量的生产方式,这就要求物流体系能够适应此变化并不断进行规模和结构的调整。

(二)产业结构

由于社会化大生产,社会分工和生产专业化逐步深化,形成了不同的生产部门,进而形成了不同的产业结构。产业结构不仅反映了生产力发展水平和资源配置情况,同时反映着产品结构。随着社会经济的发展和科学技术的进步,产业结构不断地发生变化。新产业的出现,意味着有新产品出现以及生产专业化得到进一步发展,这就要求物流体系不断加以革新,适应新产业的要求,更好地促进新产业的发展。

(三)生产布局

产业结构的空间配置构成生产布局,这反映了生产的地区分布以及自然资源和技术资源的配置。生产创造供给,生产布局决定了供给的空间配置。生产物是物流体系的投入,消费是物流体系的产出。生产布局是决定物流体系空间结构的重要因素,当地生产与当地消费形成地方物流体系,A区域生产与B区域消费形成区域物流体系,全国各地生产与全国范围消费形成全国物流体系。

二、消费环境

社会经济循环是由生产、流通、消费等过程经过物流体系对其进行时间、空间、体系的产出,继而进入消费领域,实现消费带动生产。在经济循环中,消费是产物,消费作为经济循环的终点同时也能创造生产。由于消费具有多样性以及时刻变化性,并且作为电子商务物流管理的外部环境之一,其对物流业也存在诸多方面的影响。具体来说,消费对物流的影响主要有以下几个方面。

(一)消费结构

收入水平既反映一国的经济发展水平,也反映一国的实际购买力和消费水平。收入水平在很大程度上决定着市场的规模和容量,从而决定了物流的规模与结构。消费结构是指一定时期内人们消费支出的结构和比例。消费结构的变化趋势能反映出人们的生活方式、消费水平和消费行为的状况和变动趋势。

经济学将购买食品的支出占家庭收入的比重称为"恩格尔系数","恩格尔定律"指出：随着家庭收入的增加，用于购买食品的支出占家庭收入的比重呈现下降趋势。一般来说，"恩格尔系数"越高，表明生活水平越低；"恩格尔系数"越低，则表明生活水平越高。随着收入的逐渐增加，消费者用于旅游、耐用消费品、保健、居住等方面支出的比重呈现上升趋势，这种趋势不仅反映出消费者行为的变化，而且改变着物流中商品的结构，并对物流机构的分化和组合产生直接影响。

(二) 人口结构

社会经济活动是由人来进行的，人既是生产者也是消费者，因而，人口是物流体系中不可缺少的环境因素。经过物流过程，到达消费领域的商品，最终是由人来购买和消费的，所以，在收入水平一定的前提下，人口数量是决定市场容量和物流规模的重要因素。

人口结构主要包括年龄结构、家庭结构、文化结构和地理分布结构。从年龄结构来看，不同年龄层次的消费者有不同的消费需求和生活方式，这是市场分割的客观基础，也是物流专业化发展的客观条件。家庭是消费的基本单位，家庭结构在很大程度上影响需求规模和消费行为。不同文化素质的消费者的消费层次不同，因而在很大程度上对物流结构专业化的影响程度也有所不同。人口的地理分布影响商品流向，从而影响物流机构的组织形式和空间配置。

(三) 生活方式

随着社会经济的不断发展，人们的生活水平不断提高，生活方式也不断发生变化，主要体现在消费由趋同化向多样化和个性化转变，同时，生活方式也有较大的变化。随着生活水平的提高和个性化的发展，物流领域从少品种、大库存的物流模式向多品种、少库存、短周期的物流方式转变。消费者在购买频率、时间、价格的选择等购买行为的变化上对物流体系产生直接影响。

三、技术环境

科学技术是第一生产力，科学技术的发展水平决定了经济发展水平。而技术又是物流体系的重要环境因素。一方面，技术进步推动物流体系的发展；另一方面，技术水平也是物流体系重要的制约条件。技术环境对物流体系的影响主要表现在以下几个方面。

(一) 技术进步为物流体系发展创造物质基础

技术进步不断为物流领域创造新的客体。通过将科技成果应用于生产领域，使得产品质量不断提高，不断涌现出更新换代的新产品。同时，技术进步不断为物流领域投入新的要素，不断改变着物流机构中商品的结构。客体的变化在客观上要求主体做出相应调整和变化，从而要求物流体系的业种、业态发展不断调整。

技术进步不断为物流体系的设备投资创造新的物质基础。物流体系的投入除了作用于其客体的商品外，还包括资本、劳动、设备和技术的投入。技术进步不断提高物流产业设备和技术投资的水平，从而提高物流的效率，而且还能改变物流行业的发展进程，如现代冷冻保鲜技术、包装技术、仓储技术、运输手段及装饰照明技术的发展均为物流产业现代化奠定了坚实的物质基础。

(二) 技术是物流产业的组织形式和管理方式创新的条件

技术进步作为改进的手段和方法,不断提高着经济组织进行决策,传递、处理信息,调整内部相互联系,组织经济活动等操作的效率,是推动经济单位的组织形式和管理方式的变革和创新的动力。

20世纪90年代,迅速兴起的电子商务受到世界各国的广泛关注,我国政府和许多企业也十分重视。许多政府部门、科研单位和企业(特别是计算机信息公司)都在致力于开发各种类型的电子商务系统。电子商务通过计算机信息网络实现商品成交后,商品实体还必须通过物流系统才能送到购买者手中。电子商务时代下的物流中心,利用计算机网络接受销售网络传来的供货信息,根据信息对商品进行分类整理,并且制定合理的配送方案,然后装车送货,在尽可能短的时间内将商品送到购买者的手中。

增值网络(VAN)是企业之间信息网络化的有效手段,大型物流企业 VAN 通过信息网络化,改变传统的企业组织结构。行业 VAN 和地区 VAN 使不同企业得以共同利用信息,实现共同订货和共同配送,加强企业之间的交流与联系,使企业之间单纯的竞争关系转化成竞争与合作关系。销售时点管理系统(POS)、电子订货系统(EOS)、电子交换系统(EDI)、增值网络(VAN)、决策信息系统(SIS)、管理信息系统(MIS)、条形码技术等在物流领域的应用,使物流体系从决策、设计、仓储、运输、服务等全过程的管理方式发生根本性的变革。

四、体制环境

经济体制是社会经济关系的制度框架,包括社会经济的所有制结构、组织系统、经营系统和调节系统等。物流体制是经济体制的组成部分,经济体制在总体上决定着物流体制。

(一) 传统计划经济下的物流体制

从中华人民共和国成立到20世纪70年代末,是我国实行传统计划经济体制时期。由于商品资源短缺,国家对各种商品特别是生产资料,实行指令性分配和供应,商品流通企业的主要职责是保证指令性分配计划的实现。在传统计划经济体制下,由于是按行政区划分资源和组织供应,而且运输能力有限,商品的合理调运难以完全实现,存在对流运输、迂回运输、倒流运输等不合理运输方式,导致物流效率低下,物流成本较高。这一时期物流的特点是:商物合流,物流紧跟商流;物流活动的功能主要是创造空间效用和时间效用,保证国家指令性计划分配指标的落实成为物流活动的首要目标,而经济效益目标被置于次要位置;物流环节相互割裂,系统性差。

可见,计划经济条件下的物流体制造成市场封锁、产销脱节、供求失调,既不利于生产的发展,也不能满足消费需求,必须进行改革。

(二) 改革开放后我国物流体制的变革

经过四十多年的改革,我国社会主义市场经济体制在不断完善。在经济体制改革的同时,物流体制改革也得到不断深化。市场主体、市场客体和经济调节机制得到不断的发展和完善。

从市场主体来看,企业成为独立或相对独立的商品生产者和经营者。从市场客体来看,包括生产资料和服务在内的产品都成为商品进入市场流通领域。

从经济调节机制来看,市场机制在国家宏观调控下开始发挥其对资源配置的基础性作用。经济体制改革使物流体系的体制环境发生深刻的变化,物流企业开始面向市场,不断调节经营策略,为追求自身效益不断改善经营管理。同时,企业开始应用新技术,注重人才培养,以求在激烈竞争中立于不败之地。

上述分析的经济环境并非孤立地存在,它们既约束又推进物流体系的发展和变化。在市场经济条件下,经济环境的变化都表现为市场的变化。物流体系中适应市场变化的要素会进一步得到成长和发展,不适应市场变化的要素将走向衰竭并最终被市场所淘汰。因此,适应经济环境的变化,不断开启创新之路,是物流企业生存和发展的基础,也是物流体系发展的动力。

问题思考

请简单介绍某种你熟悉的运用在物流中的信息技术。

课后练习

选择题,选项四个的为单选题,选项五个的为多选题

1. 生产环境在以下几个方面直接影响着物流体系(　　)。

A. 生产布局　　　B. 产业结构　　　C. 分销商　　　D. 生产规模

E. 最终用户

2. 消费对物流的影响主要有以下几个方面(　　)。

A. 消费水平　　　B. 消费结构　　　C. 生活方式　　　D. 人口结构

E. 家庭结构

第二节　法　律　环　境

一、法律对物流业的影响

法律是建立在经济基础之上的上层建筑,是通过国家强制性保证实施的行为规范总和,是物流业发展的重要外部环境之一。法律的逐步建立与完善,可以对物流业高速、有序发展起到保驾护航的作用。

在任何社会制度下,法律都具有调节经济运行的作用。在市场经济条件下,由于经济主体同时也是独立的经济法人,法律对经济行为的规范和制约尤为重要。

(一) 法律规范物流主体的资格和权益

物流主体是从事物流活动的组织和个人,是物流运行动力所在。在市场经济中,现代物流管理主体是追求自身利益的经济主体。物流主体的资格和权益是由法律进行确定和保障的。

首先,作为物流主体,必须符合法律对主体的资格规范,包括作为物流主体的自然人、法人和经济组织,必须具有独立的法律人格,具有完全的意识能力、行为能力和责任能力,能够为自己的行为结果承担责任。

其次,物流主体享有法律规定的权益。物流主体的法律地位完全平等,各自享有自己的财产权,对自己的财产负有完全责任,法律保障物流主体的合法权益不受侵犯。

(二) 法律制定物流活动的行为规范

在市场经济条件下,物流主体从事物流活动是按照自己的意志做出行为决策,作为相互独立、地位平等的主体,从事交易活动的任何一方都不能把自己的意志强加于对方,交易只能在双方同意的条件下才能成立。由于物流活动是在不同主体之间进行,为了保障各主体的正当权益,使主体按统一的原则建立相互关系,法律对物流活动规定统一的规则,作为物流主体的行为规范。对于符合法律规范的物流行为,法律给予保护,对于违反法律规范的物流行为,法律则给予制裁。当物流活动中出现争议纠纷时,法律是调解纠纷的基准。因此,法律是维护良好的物流秩序的根本保障。

(三) 法律保障国家对物流运行的干预和监督

管理和组织经济运行是国家的职能。在市场经济条件下,法律是国家管理经济活动必不可少的手段。法律不仅规定了物流主体的行为规范,同时也规定了国家管理经济活动的规则,使国家管理经济活动有了法律依据,保证政府职能部门依据法律规定的管理权限,按法律规定的管理程序,对物流运行实现干预和监督。

法律作为一种上层建筑,应为适应经济基础的变化而不断做出调整。20世纪90年代电子商务的兴起,对世界范围的经济生活产生了巨大影响。电子商务时代的中国物流业的高速发展有待电子商务法规和法律的进一步完善。

二、电子商务的法律环境

(一) 电子商务活动的法律背景

网络虚拟世界虽与现实物质世界相差甚远,但仍是一个可感知的世界,仍然在国家法律的控制之下。不管是从促进网络发展,还是从制约网络中的不法行为出发,各国都积极介入了对依存于网络的电子商务的管理。

1. 国际上关于电子商务的立法成果

(1) 联合国贸易法委员会电子商务立法成果。1996年6月14日,联合国国际贸易法委员会第29届年会通过了《电子商务示范法》。该法允许贸易双方通过电子手段传递信息、签订买卖合同和进行货物所有权的转让。

(2) 欧盟电子商务立法成果。欧洲议会于1997年提出《关于电子商务的欧洲建议》,1998年又发表了《欧盟电子签字法律框架指南》和《欧盟关于处理个人数据及其自由流动中保护个人的权利的规则》(或称《欧盟隐私保护规则》),2000年5月4日通过了《电子商务指令》,2002年7月通过了《隐私权与电子通信指令》,2004年3月通过了《欧洲网络与信息安全机构设置规则》。

(3) 美国电子商务立法成果。美国是世界上电子商务最发达的国家,其电子商务立法也相对健全。早在20世纪90年代中期,美国就开始了有关电子商务的立法准备工作。1997年美国颁布的《全球电子商务框架》分为三部分,即背景、原则、问题及相应战略。所探讨的范围十分广泛,涵盖了关税、电子支付、法律政策、知识产权、公民隐私和电子商务的安全等方面。2000年6月,美国颁布《电子签名法》;2003年,颁布《禁止垃圾邮件法》;2005年,颁布《个人数据隐私与安全法》。

(4) 其他国家或组织的电子商务立法成果。其他国家或组织在电子商务方面的法律还有1998年经济合作与发展组织(OECD)公布的三个重要文件,即《OECD电子商务行动计划》《有关国际组织和地区组织的报告:电子商务的活动和计划》《工商界全球商务行动计划》,作为OECD发展电子商务的指导性文件。欧盟则于1998年又发表了《欧盟电子签字法律框架指南》和《欧盟关于处理个人数据及其自由流动中保护个人的指令》(或称《欧盟隐私保护指令》)。2000年12月,国际经济合作与发展组织公布了一项关于电子商务经营场所所在地的适用解释,规定未来通过网上进行的电子商务,由该公司经营实际所在地的政府进行征税。2003年6月通过的《经合组织保护消费者防止跨境欺诈和欺骗性商业活动指南》中指出:为了防止那些从事诈骗活动和商业欺诈活动的人侵害广大消费者,OECD成员应该联合起来,共同提出快速而有效的办法来收集与共享信息。

经过十多年的立法实践,世界各国的国际电子商务立法均有明显的进步,部分基本原则得到了广泛共识,在细节的处理上也逐渐成熟,起步较早的国家在完成了针对电子签章和电子交易的相关立法之后,把注意力更多地转移到更具体的问题上,并同时加大推进国家规范的力度。中国在电子商务的立法上起步较晚,还有大量的实际问题和法律技术问题亟待解决,我们应该及时研究跟踪国际电子商务立法的发展进程及特点,掌握国际电子商务立法的趋势,促进中国国内电子商务立法,积极参与国际电子商务立法。

2. 中国电子商务立法现状

电子商务已成为我国经济增长的新动力,为了适应电子商务的发展,我国从1994年起就开始着手解决电子商务的有关法律问题,并出台了一系列网络管理规则,将电子商务初步推上健康的发展轨道。但我国的电子商务立法仍滞后于世界上电子商务发展较快的国家。

(1) 涉及电子商务的法律。

1997年3月,由八届全国人大第五次会议修订的《刑法》,增加了有关计算机犯罪的规定。

1999年3月,我国颁布的新《合同法》,将传统的书面合同形式扩大到了包含"数据、电文"这一新的电子交易形式。

2000年12月通过的《维护互联网安全的决定》,旨在促进我国互联网的健康发展,维护国家安全和社会公共利益,保护个人、法人和其他组织的合法权益。

2001年10月修正并发布的《著作权法》中的"信息网络传播权",明确了作品通过网络传输在著作权中的基本定位。

2004年8月28日第十届全国人民代表大会常务委员会第十一次会议通过了《电子签名法》,自2005年4月1日起施行。该法规范电子签名行为,确立电子签名的法律效力,《电子签名法》的颁布对我国电子商务的发展有很大的推动和保障作用。

2018年8月我国颁布了《中华人民共和国电子商务法》,该法规定了电子商务经营者的权利和义务、电子合同的成立与效力、电子商务监管等内容。此外,该法还设立了电子商务纠纷解决机制,保障了消费者的合法权益。

《中华人民共和国个人信息保护法》于2021年11月正式施行,并对电子商务中个人信息的收集、使用、存储等行为进行了规范。该法要求电子商务经营者必须经过用户同意,合法、公正、必要地收集和使用个人信息,并采取相应的安全措施来保护用户的个人信息。

同时,《消费者权益保护法》对电子商务中的消费者权益进行了明确规定,包括商品和服务质量的保证、虚假宣传的禁止、退换货的规定等。该法为消费者提供了法律保障,促进了电子商务市场的健康发展。

(2) 涉及电子商务的行政法规。

我国近年来发布的涉及电子商务的行政法规主要包括:《电信条例》(2016年)、《互联网信息服务管理办法》(2011年)、《关于加快电子商务发展的若干意见》(2005年)、《信息网络传播权保护条例》(2013年)、《2006—2020年国家信息化发展战略》(2006年)、"十四五"电子商务发展规划》(2021年)、《中华人民共和国国民经济和社会发展第十四个五年规划》(2021年)等。

2011年12月,工业和信息化部第22次部务会议审议通过了《规范互联网信息服务市场秩序若干规定》,2011年商务部又先后出台了《商务部关于"十二五"电子商务信用体系建设的指导意见》以及《商务部关于开展国家电子商务示范基地创建工作的指导意见》等规定。我国电子商务及信息化法律环境中的不足和空白得到了一定程度的弥补,电子商务行为得到规范,电子商务企业和个人的利益得到了进一步保护。

(3) 涉及电子商务的部门规章。

涉及电子商务的一些部门规章主要有《互联网电子邮件服务管理办法》《互联网新闻

信息服务管理规定》《网络著作权行政保护办法》《电子认证服务管理办法》《互联网 IP 地址备案管理办法》《网上银行业务管理暂行办法》《电子支付指引》《网上交易平台服务自律规范》《支付清算组织管理办法》《关于加强银行卡安全管理预防和打击银行卡犯罪的通知》等。

(4) 涉及电子商务的地方性法规。

各地根据本省市的电子商务发展状况也相继颁布了一些地方性法规,最具代表性的是网络普及程度较高、电子商务发展较快的北京市、广东省、上海市制定的相关地方性法规。其中,上海从 2009 年 3 月 1 日起开始实施的《上海市促进电子商务发展规定》,明确了电子商务企业的法律地位,同时对其权利与义务作了明确规定;2009 年 10 月 1 日起施行的《宁夏回族自治区计算机信息系统安全保护条例》是网络安全的地方性法规典范等。

3. 电子商务活动的法律规范

电子商务是传统商务活动在新技术手段支持下的一种发展。调整电子商务活动的法律基本上和调整传统商务活动的法律是一致的。但由于使用了网络这种全新的手段,电子商务活动的内容和性质与传统商务也有许多不同,因此法律也必须针对电子商务的特点进行调整,以建立适用于电子商务的基本行为规则。事实上,我国政府近年来已意识到网络的发展对我国法律体系的挑战,并加强了有关电子网络和信息方面的立法工作。

(1) 关于电子合同的法律。

自加入 WTO 后,我国外贸企业在国际化竞争中便担当着更加重要的角色。加强国际贸易信息化建设进程,提高外贸企业的国际竞争力,是当前我国国际贸易事业的重中之重。但是随着国际电子商务的蓬勃发展,电子邮件被广泛运用,许多不法商人也看到了电子商务的方便之处,通过电子商务欺诈的案例不断增加,这便凸显出我国在电子商务立法上的不足。

现有合同的基本要求对电子合同仍然适用。但电子合同确实存在与传统合同显著不同的特点,因而需要法律做出特殊调整,这主要体现在:

第一,合同有效性的判断。传统合同是以双方当事人意思表示一致,即一方对另一方的进行承诺作为有效性的判断标准。和传统合同一样,电子合同也是通过要约和承诺两阶段而成立。但电子合同的要约、承诺均是合同双方当事人通过电子数据的传递来完成的,合同的签订过程完全是在计算机的操作下完成的,不需要也不存在传统意义上的协商过程,此时当事人的意思表示是否一致难以判断。

第二,书面形式的要求。传统的合同往往用书面形式签订,许多国家法律规定书面形式的合同生效的前提条件,或者规定书面形式是合同被强制执行的前提条件。但电子合同是用电子手段签订的,合同的内容可以完全储存在计算机的内存中或云端数据库中,这些非纸面的合同如何获得有效法律保护是各国立法、司法部门应尽快解决的问题。

(2) 签字的要求。

无论是国内还是国际贸易,传统的合同都要求双方签字(签名或盖章)。正式合同采取电子形式的情况下,代替传统形式签字盖章的是电子签名。电子签名采用的是数据形式,这些数据属于签名人所有,在签署到数据电文上时和数据电文构成一个整体,签署后对签名本身和数据电文的任何改动都能够被发现,从而具备传统形式签字盖章的功能。

2019年4月23日修正实行的《中华人民共和国电子签名法》承认了电子签名的法律效力,明确规定可靠的电子签名与手写签名或者盖章具有同等的法律效力。当事人约定使用电子签名、数据电文的文书,不得仅因为其采用电子签名、数据电文的形式而否定其法律效力。根据该法第13条的规定,同时符合下列条件的电子签名视为可靠的电子签名。

① 电子签名制作数据用于电子签名时,属于电子签名人专有。
② 签署时电子签名制作数据仅由电子签名人控制。
③ 签署后对电子签名的任何改动能够被发现。
④ 签署后对数据电文内容和形式的任何改动能够被发现。

4. 电子商务的税收管理

电子商务交易方式的特点给国家税收管理带来了一定的困难。其主要有三方面:一是网络上的交易缺乏传统有形商品贸易所具有的清晰、确定的交易地理界限;二是如何确定哪个国家或地区拥有对网上交易所得的税收管理权;三是如何划分"数字化信息"的电子商务所得。

以美国为代表的一些国家主张将网络空间变为一个"免税区"。1997年7月美国政府颁布的《全球电子商务纲要》中指出,因特网是真正的全球性媒体,对通过因特网交易并最终递送的商品和服务征收关税可能会妨碍这种便利交易方式的使用,因特网交易应尽可能保持为免税环境,使其成为全球最大的自由贸易区。同年4月,欧洲贸易委员会发布的《欧洲电子商务协议》的基本思路与美国政府的观点基本相吻合。

三、物流法规

中国从20世纪80年代开始了有计划、有步骤的法制建设,显示出中国政府对推进经济市场化和法制化的坚定决心,在企业组织、税收、消费者权益保护等很多领域都出台了一系列相应的重要法规,但作为经济大动脉的物流法规建设却仍显得比较薄弱,因此,国家极有必要加快物流法规体系的建设。

随着经济全球化和信息技术革命的发展,物流业在我国呈现出高速发展的趋势。目前,我国现行的物流立法主要包括相关法律、行政法规、部委规章和国家标准,主要存在物流法律法规之间不协调、物流法律滞后、缺失等问题。只有建立健全合适的社会主义市场经济体制和现代物流产业发展的物流法律法规体系,才能保证我国物流业在不断完善的法律环境中健康快速地发展。

(一)健全我国物流法律法规的必要性

1. 建立健全物流法规,是发展中国物流业的内在要求

随着经济体制改革的不断深入,国家对经济调控的方式由以行政手段为主的直接控

制转向以经济手段、法律手段为主的间接调控。要使这种转变真正落到实处,就必须以市场为中心,建立健全物流法规系统。

2. 建立健全物流法规,是深化经济体制改革的必然要求

中国的经济体制改革已进入整体推进、重点突破的攻坚阶段,改革的广度、深度、难度和力度都是前所未有的,其产生的效果必然影响到物流业的发展,而改革措施要在物流业顺利执行,就有赖于建立一系列完善的物流法规,以巩固和扩大改革成果,加快社会主义市场经济秩序的建立。

3. 建立健全物流法规,是打击物流业经济犯罪的必要条件之一

当前,我国的经济秩序还存在诸多问题,经济违法犯罪活动还比较严重,在一定程度上影响了经济建设的顺利进行,其主要原因是立法滞后、法规不健全,故建立健全物流法规,加强市场执法与加快物流业的发展,是相辅相成、互相促进的,同时也是刻不容缓的。

(二) 我国现行物流法规存在的问题

1. 缺乏系统性

目前,我国实施物流方面的法规,或与物流有关的法规,在形式上散见于各类民事、行业法律法规以及各部门制定的有关规则和管理办法上,但是缺乏物流业系统专门的法律规定。这些立法涉及众多部门,如交通、铁路、航空、外贸、工商等部门,而这些部门之间又缺乏相互协调,在制定相关法规时基本上是各自为政,进而导致整个法规缺乏系统性,甚至出现相互冲突的现象,阻碍了我国物流业的发展。

2. 权威性不够,透明度差

我国执行的有关物流方面的法律法规从内容和行业管理上分散于海陆空运输、消费者保护、企业管理、合同管理以及各部门分别制定的有关规程和管理办法,是在不同时期、不同部门针对不同问题制定的,大多以"办法""条例""通知"等形式存在。这些法规缺乏权威性,法律效率低,在具体运用中缺乏普遍适用性。

立法效力低的另一个结果是导致这些法律法规的透明度差,物流业者在参照或适用物流法规时常常需要花费大量的时间查阅大量的行政法规和规章等资料,并且对颁布已久的规章制度尚存在难以辨别其是否仍有效力的问题。这种局面不利于从宏观上引导物流业的正确发展,也不利于对物流主体行为的制约。

3. 缺乏及时性和全面性

物流立法相对落后,现行的不少物流方面的法规已经不再适应现代物流业的发展,更未能适应我国加入WTO后物流国际化发展的需要。当前物流业的存在和发展所依托的经济体制、管理体制、市场环境等已发生了根本性变化,物流业作为一个新兴的产业,其含义和实际内容也与以前大为不同,但先前制定的法规有相当部分并没有做出及时修订。随着我国经济的国际化进程不断推进,物流业作为服务业正在逐步开放,物流业也逐渐变得国际化。在这种情况下,原有的物流法规存在的问题显得更加突出,并影响着物流业合理、快速地发展。

与此同时,内容上的缺失和空白也是一个日益突出的问题。现代物流业经过充分的发展,其含义与业务已经远远超过了运输仓储这一狭小的范围。对现代物流带来的新业务、新问题,原有的物流法规无法对其进行规范。这就导致了物流业在许多新领域无法可依,出现混乱局面,这些均不利于行业的健康发展。

4. 缺乏协调性和前瞻性

随着物流产品、物流技术、物流服务方式的不断创新,新型物流行为客体不断涌现,现行法之间泾渭分明、条块分割的传统界限已被突破,交叉综合保护变得日益重要。而我国的现行立法在这些领域颇为薄弱。和其他环节相比,物流的法律框架中有关运输部分的法律、法规和公约,其体系相对最为完整,线条也最为清晰,而且规定比较详细。但是,现代物流业的持续发展必然需要以良好的法律制度环境为依托和动力。市场经济是法制经济,如果没有相对完善的法律制度,任何行业或产业都不可能得到健康、持续的发展。特别是在物流业进行结构性升级换代的过程中,政府的政策支持与物流法律制度环境尤为重要。只有健全物流法律制度,同时配合市场机制正常发挥,现代物流业才能得以健康、持续地发展。

问题思考

请结合实际谈一谈物流法律法规对物流行业的影响。

课后练习

选择题,选项四个的为单选题,选项五个的为多选题

1. 以下哪个因素不属于法律对物流业的影响( )。
   A. 保障国家对物流运行的干预和监督　　B. 规范物流主体的资格和权益
   C. 限定物流行业价格　　D. 制定物流活动的行为规范
2. 以下哪些属于欧盟电子商务立法成果( )。
   A.《关于电子商务的欧洲建议》　　B.《欧盟电子签字法律框架指南》
   C.《隐私权与电子通信指令》　　D.《全球电子商务框架》
   E.《电子签名法》
3. 以下哪些属于美国电子商务立法成果( )。
   A.《关于电子商务的欧洲建议》　　B.《欧盟电子签字法律框架指南》
   C.《隐私权与电子通信指令》　　D.《全球电子商务框架》
   E.《电子签名法》
4. 电子合同存在与传统合同显著不同的特点,因而需要法律做出特殊调整,这主要体现在( )。

A. 合同有效性的判断 B. 书面形式的要求
C. 签字的要求 D. 数字化信息
E. 网络免税区

5. 我国现行物流法规存在的问题包括( )。
A. 缺乏系统性 B. 权威性不够
C. 缺乏及时性和全面性 D. 缺乏协调性和前瞻性
E. 透明度差

第三节 物 质 条 件

一、网络基础设施

电子商务是以因特网为基础的商业和其他业务活动,电子商务需要强有力的计算机网络基础设施来支撑。因此,加快网络建设速度和计算机应用的普及,对电子商务在物流业和其他领域的发展至关重要。目前,我国已基本建成覆盖全国大中城市的大容量、高速率光纤传输网络,公共分数据通信网,卫星与微波通信网,图像通信网和多媒体通信网均正在建设中,今后,在网络基础设施建设方面主要应解决以下几个问题。

(1) 以企事业单位或居民小区为主体的局域网建设要进一步普及并达到较高水平。

(2) 在城市进一步完善高效率、宽覆盖的广域网。

(3) 实现互联网和内联网的改造升级,提高速度,降低成本和资费标准,为电子商务发展创造宽松、有利的基础环境。

根据第三方研究机构 QuestMobile 发布的《中国互联网核心趋势年度报告(2023)》报告显示,2023 年,中国移动互联网月活跃用户规模已经突破 12.24 亿,全网月人均使用时长接近 160 小时,同时,各平台小程序(微信、支付宝、抖音、百度)去重后月活跃用户数量达到 9.8 亿,在这种规模效应下,互联网应用生态繁荣度持续提升,内容多为线上、线下结合的方式呈现,应用形式正在快速"聚变",互联网广告市场规模超过 7 100 亿元,同比增长 7.6%,预计到 2024 年,这一数据将突破 7 800 亿元,为发展我国电子商务提供了较好的网络平台和运行环境。

中国网络基础设施建设经过多年的发展,已经取得了非常大的进步,但面对诸多挑战仍需要进一步解决各种问题,其中两个主要问题如下。

1. 网络安全问题

我国的网络安全存在着网络核心关键技术受制于西方的情况,存在着严峻的安全风险问题。随着中国华为等企业在 5G 等领域的崛起,美国担心影响其通信网络技术霸权,特别是近几年美国对我国实施贸易战,对中兴、华为等公司及部分高校进行全面打压实施科技战,以及对中国共产党和我国政治体制等的污名化,使我国的网络安全问题更加突显。当前,我们更要防范可能对我国实施的网络攻击网络战。

2. 农村网络基础设施短板问题

按照党中央、国务院决策部署,工信部联合财政部深入研究,结合我国实际,提出了电信普遍服务补偿机制。自2015年起,连续六年组织实施电信普遍服务试点,先后支持了13万个行政村光纤网络建设和5万个农村4G基站建设,其中三分之一任务部署在贫困地区。在地方各级政府及相关部门鼎力支持下,经过各地通信管理局和基础电信企业共同努力,推动全国行政村通光纤、通4G比例都超过99%,经测试,已通光纤试点村平均下载速率超过100 Mb/s,基本实现农村城市"同网同速",城乡"数字鸿沟"显著缩小。习近平总书记在全国脱贫攻坚总结表彰大会上指出,贫困地区通信难等问题得到历史性解决。

但在"十三五"初期,我国尚有5万个行政村未通宽带,其中包括大量建档立卡贫困村,还有15万个行政村宽带接入能力不足4 Mb/s,城乡存在较大"数字鸿沟"。这些行政村大多位置偏远,建设成本比较高,建设难度比较大,用户分散且消费能力较低,市场机制失灵,是一块块难啃的"硬骨头",亟需创新工作机制,加快补齐农村网络基础设施短板。

2021年11月16日,工业和信息化部发布了《"十四五"信息通信行业发展规划》。其中,在"十四五"时期信息通信行业发展主要指标中明确,到2025年,我国行政村5G通达率将达到80%。在对发展重点的梳理中也提及,要全面部署新一代通信网络基础设施,推进5G网络向乡镇和农村延伸。加快5G异网漫游测试验证和设备升级,实现县级及以下行政区域的5G网络全部具备异网漫游功能。

二、运输基础设施

运输基础设施主要包括海运、陆运、空运等方面的硬件设施,如铁路、公路、港口、机场等。1949—1972年,中国经济基本上处于半自给自足状态,货物流通规模较小,对运输基础设施的投资也较少。"六五"和"七五"计划期间(1981—1990年),铁路投资占到运输设施投资的近一半,政府用于运输方面的投资比例是:铁路建设为44%,公路建设为22%,水运及港口建设为17%,机场建设为7%,管道和仓库建设为10%。在"八五"和"九五"计划期间(1991—2000年),公路建设占运输设施投资的比重大幅度上升,与铁路建设各占1/3左右。"十五"计划期间(2001—2005年),铁路建设投资3 500亿元,公路建设投资19 505亿元,沿海港口建设投资1 313亿元,内河建设投资326亿元,分别是"九五"计划期间的2倍、2.7倍和1.3倍。作为国民经济的运输大动脉,铁路部门在2009年达到大规模建设、运营的高峰,全年完成基本建设投资6 000亿元,超过"九五"和"十五"铁路基本建设投资的总和。

下面分别对我国的运输基础设施进行具体分析。

(一)铁路

铁路运输是运输业中的一种重要运输方式,在中国物流业中具有特殊的地位和作用。中国是一个拥有960万平方千米土地的国家,在幅员辽阔的国土上,铁路运输长期占据主导地位。在铁路、公路、水路、航空及管道五种不同运输方式中,由于铁路运输具有载运量较大,受季节变化影响小,运输速度较快,连续性强,运价较低等优点,因此成为长距离输送大宗货物的最佳运输方式。

1. 铁路在我国运输业的主导地位

(1) 铁路运输业是联系国民经济各部门和各地区的重要纽带。

随着国内现代化大生产的发展,各经济部门之间、各地区之间、企业之间的经济往来越来越密切,需要安全、及时地将原材料、设备等物资不断地从供应地运往生产地,再把制成品运往各地城乡市场和出口口岸,铁路运输始终承担着生产中心之间,主产地和消费城市之间主要货物的运输任务。

(2) 铁路运输的合理布局有利于调整产业结构和生产力布局。

交通运输业是国民经济先行部门,而铁路则是国民经济的大动脉。全国形成合理的铁路运输网,并与其他运输方式相结合,为企业提供便捷而价廉的运输方式和工具,有助于扩大原材料的供应范围和销售市场,有助于发展落后地区的经济以及新资源的开发,最终有利于调整国民经济的产业结构,使生产力布局合理化。

(3) 铁路在国民经济发展中具有重要战略地位。

中国是一个地域辽阔的国家,工业多分布在东南沿海,而原材料又多在西部,西煤东运、南粮北调,铁路运输具有举足轻重的作用。

无论从发展国际经济出发,还是从中国国情出发,都应把铁路作为交通运输的骨干,给予投资倾斜,重点发展。我国在计划经济时期,长期受"重生产、轻流通;重工业、轻交通"的思想观念影响,铁路投资占全国总投资的比重长期偏低,有些年代还呈下降趋势,导致铁路发展严重滞后,铁路运力紧张,铁路等级水平低,严重制约了我国的经济发展。

改革开放以来,铁路建设速度大大加快,以铁路电气化改造和单线变复线为基本手段的铁路现代化建设取得明显成效,运速和货物周转速度迅速提高,压车、压货情况大为减少,基本满足了商品流通的运输需要。

2. 当前我国铁路运输业仍存在的问题

(1) 我国铁路总体规模发展不足,且各地区间发展不平衡。

我国铁路运输业虽然在过去的几十年间有了较快的发展,但随着市场经济改革的进一步纵深和国民经济发展增速,铁路运输行业随之出现了许多问题,这些问题集中表现在铁路总体规模发展不足致使运能短缺。

目前,随着我国国民经济的快速发展,全社会爆发出来的巨大客货运需求一起压向铁路,致使铁路运能与运量的矛盾突出,因铁路运输能力不足造成的后果更加一览无余。在客运方面,特别是在主要运输通道上的运输能力上,旅客买票难、乘车难的问题并没有解决,尤其是春运和重大节假日期间,客运的运输能力不足更加明显,万人排队、一票难求的状况依然如故,客流量剧增,很多车站人满为患,列车几乎趟趟爆满。尽管铁路内部抽调了许多其他部门人员增援客运部门,但仍然是疲于奔命。同时,我国铁路各地区间发展不平衡。东部地区铁路较发达,而中西部地区特别是西部地区铁路比较落后,甚至一些落后地区根本就没有开通铁路交通运输。这种现实状况将不利于各地区间的协调发展,也对国民经济的健康发展产生了不利的影响。

(2) 铁路基层技术人员结构、配置不合理。

我国铁路基层站段的技术人员数量少、学历层次不高,且年龄偏大,每年退休的技术人才多于新进的技术人才,一些基层站段比较优秀的技术人才已屈指可数,且结构不合理,技术人才青黄不接的现象明显存在。人员配置上存在着隐性缺员的情况,技术人才的不足已成为制约铁路运输业快速发展的一个障碍,难以适应当前铁路技术的不断发展。

(3) 铁路沿线小站安全管理上存在着管理滞后、缺乏持续性等弊端。

铁路沿线小站的安全在铁路运输安全中占据着非常重要的地位,不仅影响着铁路运输业本身的生产效率和经济效益,也对社会政治和经济有着重大影响。

(二) 公路

1. 我国公路的分类

(1) 按行政等级划分。

公路按行政等级可以分为国家公路、省公路、县公路和乡公路(简称为国、省、乡道)以及专用公路五个等级。一般把国道和省道称为干线,县道和乡道称为支线。

国道是指具有全国性政治、经济意义的主要干线公路,包括重要的国际公路,国防公路,连接首都与各省、自治区、直辖市首府的公路,连接各大经济中心、港站枢纽、商业生产基地和战略要地的公路。国道中跨省的高速公路由交通部批准的专门机构负责修建、维护和管理。

省道是指具有全省(自治区、直辖市)政治、经济意义,并由省(自治区、直辖市)各主管部门负责修建、养护和管理的公路干线。

县道是指连接各县政府所在地与主要乡镇(村落)的公路,以及连接各乡镇的公路,连接县政府所在地与国道、省道附近的工厂、矿山的公路。县道的建设、养护和管理主要由各县负责,也有一部分由省政府负责。

乡道是由乡进行管理的公路,发挥支线公路的作用。

专用公路是指专供或主要供厂矿、林区、农场、油田、旅游区、军事要地等与外部体系的公路。专用公路由专用单位负责修建、养护和管理,也可委托当地公路部门修建、养护和管理。

(2) 按路网规划、公路功能和适应的交通量划分。

根据我国现行的《公路工程技术标准》(JTG B01—2014),公路分为高速公路、一级公路、二级公路、三级公路和四级公路五个技术等级。

2. 我国公路的建设状况

中华人民共和国成立初期,我国公路通车里程仅为 8.07 万千米,公路等级都在二级以下。到 1978 年,全国公路通车里程达到 89 万千米,是中华人民共和国成立初期的 11

倍,但既无一级公路,更无高速公路,公路交通成为国民经济发展的"瓶颈"。改革开放后,伴随着国民经济的快速发展和对外开放的不断扩大,公路交通步入了快速发展的轨道,尤其是进入21世纪以来,公路基础设施投资大幅增加。"十三五"时期,我国公路交通保持了较为平稳的发展态势,发展水平跃上新的大台阶,全国公路总里程接近520万千米,高速公路通车里程达到16.1万千米,"两通"兜底性目标全面实现,优服务、保安全水平提升,促转型、可持续稳步推进,有力支撑了国家重大战略实施和全面建成小康社会目标如期实现,也为开启全面建设社会主义现代化国家新征程提供了良好基础。

当前和今后一个时期,我国发展仍处于重要战略机遇期,但机遇和挑战都有新的发展变化。我国已开启全面建设社会主义现代化国家新征程,转向高质量发展阶段,但发展不平衡不充分问题仍然突出。国际国内新形势对"十四五"公路交通发展提出了新的更高要求,要立足新发展阶段,完整、准确、全面贯彻新发展理念,构建新发展格局,继续发挥公路交通先行引领和基础保障作用,提高供给有效性和适配性,提升出行服务品质和货运物流效率,更加注重安全保障和绿色发展,加快培育发展新动能,提升行业治理效能,进一步推动公路交通高质量发展。

"十四五"时期,我国公路交通发展呈现五大阶段性特征。

一是从需求规模和结构看,在运输量稳步增长的同时,随着运输结构的调整,公路中长途营业性客运和大运量长距离货运占比将逐步下降,机动、灵活、便利的个性化出行需求和高附加值、轻型化货物运输需求将持续增加。

二是从需求质量看,将由"十三五"时期以"保基本、兜底线"为主向"悦其行、畅其流"转变,即更加关注出行体验和运输效率。

三是从需求类型看,将在全国不同区域呈现出更加多样化、差异化的发展态势,公路主通道和城市群交通集聚效应不断增强,农村地区对外经济交通联系的规模和频率也将明显增长。

四是从发展重点看,基础设施仍需完善,建设任务仍然较重,同时实现提质、增效、升级和高质量发展的需求变得更加迫切。

五是从发展动力看,公路交通发展中资金、劳动力、土地等传统要素投入的拉动作用将进一步减弱,更加突显创新驱动转变。

3. 公路交通运输业存在的问题

虽然公路交通运输业发展很快,但在发展过程中仍存在不少问题和困难,集中表现在以下几个方面。

(1) 从总体上看,有效供给仍显不足。

这主要表现在:全国公路网络及运输站场的总体数量和结构还不能满足运输发展的需要,特别是公路运输站场的发展落后于公路建设;公路运输的车辆、组织和经营结构不够合理;营运车辆空驶率高、能耗高,运输效率和服务水平低;城乡交通一体化的进程缓慢,城乡客运管理体制尚未理顺;公路运输的管理和经营水平、信息化建设有待提高和加强。

(2) 运输站场基础设施建设滞后。

由于种种原因,客货运输站场建设进度缓慢,到目前为止,在部分大中城市、相当数量的县城以及大多数乡镇,客货运输站场基础设施短缺且设备简陋,成为制约道路运输发展的薄弱环节,影响了公路基础设施功能和车辆运输效率的充分发挥。

(3) 运输组织水平和运输效率较低。

在部分地区,由于地方保护主义比较严重,存在地区之间相互排斥、相互封锁的现象,在一定程度上提高了空驶率、降低了运输组织水平,对建立全国统一、开放、竞争、有序的道路运输市场有消极影响。

(4) 运输法制建设滞后。

目前道路运输业执行的很多仍是部门规章,缺乏高层次的管理法规,使全行业的行政执法工作受到影响,运输管理人员素质有待于进一步提高。

4. 公路运输在物流中的重要作用

公路运输是物流中陆路运输的主要方式之一。公路运输在我国物流中扮演着重要角色。在中国公路货运中,绝大部分是短途运输,中长距离运输比重较小。适合公路运输的主要货物以基础物资为主,有煤炭、矿建材料、钢铁、谷物、化肥、农药、水泥、日用工业品、非金属矿石、材料等。公路运输适合于要求迅速发送和装卸服务周到的轻工业产品和农产品。当前,公路运输的平均距离在不断增加,公路运输业的活动范围也在迅速扩大。

(三) 港口

1. 港口发展概况

港口是河运、海运方式的重要基础设施。中华人民共和国成立后,我国港口发展大致可以分为以下五个阶段。

第一个发展阶段是 20 世纪 50 至 70 年代,这一阶段港口的发展主要以技术改造、恢复利用为主;

第二个发展阶段是 20 世纪 70 年代,周恩来同志在 1973 年年初提出了"三年改变港口面貌"的号召,开始了第一次建港高潮;

第三个发展阶段是 20 世纪 70 年代末至 80 年代,"六五"计划(1981—1985 年)将港口列为国民经济建设的重点,港口建设进入第二次高潮;

第四个发展阶段是 20 世纪 80 年代末至 90 年代,中国开始注重泊位深水化、专业化建设,初步形成了一个比较完整的水运营运、管理、建设和科研体系;

第五个发展阶段是 20 世纪 90 年代末至今,为适应中国加入 WTO 后和现代物流发展的需要,在激烈的竞争中立于不败之地,中国各大港口都在积极开展港口发展战略研究,全面提升港口等级。

经过五次大规模的港口建设,目前,在全国初步建成了布局合理、层次分明、功能齐全、河海兼顾、内外开放的港口体系。从总体上看,港口年吞吐能力增长迅速,重建、新建码头泊位速度快。据2021年年底的统计,沿海港口生产用码头泊位5 441个,内河港口生产用码头泊位15 882个,其中万吨级以上泊位2 751个。2022年全国港口完成货物吞吐量156.8亿吨,连续14年居世界第一。目前,吞吐量在亿吨以上的沿海港口有宁波—舟山港、上海港、天津港、广州港、青岛港、秦皇岛港、大连港、深圳港、苏州港、日照港、营口港、南通港、烟台港、南京港、唐山港和连云港。然而,我国港口泊位、吞吐量发展速度虽快,但仍不能完全满足经济发展需要,主要港口的公用码头处于超负荷运转状态,多数港口功能单一,与港口相关的服务配套比较落后。

2. 我国港口分布

到目前为止,我国沿海已初步形成以下五大港口群。

(1) 环渤海地区港口群。

由辽宁、津冀和山东沿海港口组成,服务于我国北方沿海和内陆地区的社会经济发展。

(2) 长江三角洲地区港口群。

依托上海国际航运中心,以上海、宁波、连云港为主,充分发挥舟山、温州、南京、镇江、南通、苏州等沿海和长江下游港口的作用,服务于长江三角洲以及长江沿线地区的经济社会发展。

(3) 东南沿海地区港口群。

以厦门、福州港为主,包括泉州、莆田等港口,服务于福建、江西等省份部分地区的经济社会发展和对台"三通"的需要。

(4) 珠江三角洲地区港口群。

由粤东和珠江三角洲地区港口组成。该区域港口依托香港地区经济、贸易、金融、信息和国际航运中心的优势,在巩固香港地区国际航运中心地位的同时,以广州、深圳、珠海、汕头港为主,相应配合有汕尾、惠州、虎门等港口,服务于华南、西南部分地区的经济建设。

(5) 西南沿海地区港口群。

由粤西、广西沿海和海南省的港口组成。该地区港口布局以湛江、防城、海口港为主,相应发展北海、钦州、三亚等港口,服务于西部地区开发,并为海南省扩大与岛外的物资运输提供保障。

3. 我国港口物流发展中的主要问题

(1) 对现代物流理念的认识有待提高。

物流行业经过八十多年的实践演进,到21世纪已步入第三个发展阶段,形成了较科学的现代物流理念,这是一个从传统物流向现代物流理念发展的漫长过程。目前,有些管理层领导、经营决策者、规划和科研工作者把传统运输视为现代物流,如将码头后方的物流运作区视为物流园区的全部。然而,在港口同一经营管理实体中,将物流运作区与物流作业区分开,也是与现代物流资源整合和现代物流管理一体化理念相悖的。

(2) 物流企业规模小,物流市场不规范。

当前我国港口物流企业存在三个不可忽视的问题:第一,有的企业在形式上已转为现代物流企业,但物流服务功能不健全,对建立物流运输网络平台、物流管理信息网络平台和物流营销网络平台没有足够的重视,从而影响企业发展和物流市场的发育;第二,一些港口物流企业仅是"挂牌"的现代物流企业,实际仍是传统运输企业;第三,一些没有资质的所谓的物流企业从事物流业务经营,造成市场混乱。这些问题存在的原因有三个方面:一是对现代物流理念的认识问题;二是体制问题,包括部门管理体制和地方行政管理体制;三是规范物流市场的政策问题。

(3) 物流基础设施与技术装备不适应、不配套、不完善。

物流基础设施与技术装备是互相依存的,物流园区是企业进行物流运作所需要的场所。目前,港口物流基础设施主要满足传统运输作业的要求,道路、港口、机场、园区、仓库等物流基础设施整合不够,难以形成快捷、畅通、高效的物流基础设施网络。由于运输通道以及通信等技术设备不完善,故不能快速响应供应链管理的要求。

(4) 物流管理信息平台未有效建立和运作。

建立和完善现代物流体系,需要现代管理信息系统作为支撑。目前,我国港口现代物流管理信息化程度还较低,存在的主要问题有三个方面:一是主要信息技术,如虚拟网络技术等尚未很好地应用于现代物流经营管理中;二是信息资源未得到充分利用,信息资源还未完全实现共享,管理信息网(包括监管网)还未全面实现互联互通;三是受有关部门的管理体制限制,我国港口现代物流公共信息平台未全面建立。

(四) 飞机场

空运是物流的主要运输方式之一。航空货物多为急需物资等特殊货物,但随着轻工业的发展和经济的快速增长以及时间价值的提高,航空货物运输也有显著增加。航空货物运输是随着航空旅客运输的发展而发展起来的。随着经济合作的深化,中国的中长距离航空旅行者在迅速增加,长距离铁路旅行者在向利用飞机旅行方面转换,这对于进一步提高铁路系统的效率和促进国内经济交流以及统一运输大市场的形成都大有好处。

改革开放以来,对民用航空的需求大增,机场的运输能力、驾驶员、技术人员、航空管制职员、航空燃料等都不能满足需要。尤其是飞机场的吞吐力成为制约运输能力的主要方面。因此,机场的建设、改造、扩建以及更新设备刻不容缓。机场作为空运的基础设施,从用途上可以分为军用、民用、军民共用三种。截至 2022 年,我国境内共有民用运输机场 254 个。

三、仓储基础设施

仓储是指通过仓库对物资进行储存保护和收存保管,是随着物资储备而产生并逐渐发展起来的。仓储是现代物流运输环境中一个不可或缺的重要环节,也是物流活动的重要支柱。传统意义上的仓储是充当原材料和产成品的储存角色,而随着物流供应链概念的不断发展,仓储在缩短物流周转周期、降低库存、降低成本和改善客户服务方面的作用越来越大,仓储的内涵不断延伸,具有了战略性地位。仓储作为物流系统的一部分兼有多种功能,包括提供存储状态、存储条件等。

(一) 仓库的种类

对仓库分类的目的,在于从不同角度来考察和分析仓库的特点,全面认识仓库所具有的各种属性,以便概括不同货物储运活动的需要,提出建造不同类型的建筑和不同仓库的技术改造方案,配置相应的设备,不断提高仓库的科学管理水平。仓库按不同标准,可以有不同分类。

1. 按经营主体分类

按经营主体不同可以分为以下几种。

(1) 自用仓库。

自用仓库,即生产企业或流通企业为了本企业物流业务的需要而修建的附属仓库,这类仓库只储存本企业的原材料、燃料、商品等,具有规模小、数量多、专业性强等特点,但仓库专业化程度低,设备简陋。一般工厂、企业、商店的仓库以及后勤仓库,大多属于此类。

(2) 商业经营仓库。

商业经营仓库,即专门为了经营储运业务而修建的仓库,是向社会提供商业性仓储服务。仓库经营人与存货人通过订立仓储合同的方式建立仓储关系,并依据合同约定提供服务和收取费用。商业营业仓库的目的是在仓储活动中获得经济回报,实现利润最大化。

(3) 公用仓库。

公用仓库,即公用事业的配套服务设施,为车站、码头提供物流服务。公共仓库的目的是保证车站、码头的货物作业。

2. 按商品流通过程分类

按商品流通过程可以分为以下几个方面。

(1) 购销仓库。

购销仓库一般设置在生产地区,主要机能是保管生产企业的产品和进出商品,规模通常较大,多设置在企业比较集中的大城市、港口地区和交通发达的物资流通要地。

(2) 商业批发仓库。

批发仓库一般设置在市场附近,基本功能是迅速有效地向零售商供应商品。这类仓库设置在商品的需求地,负责保管从购销仓库购入的商品或在当地购买的商品,然后供应给同一地区的中小批发商店及零售商店。

(3) 商业零售仓库。

零售仓库的基本功能是保管短期商品。其职能包括把从批发部门购入的商品入库,进行检查、分类、更换包装。这类仓库归零售行业所属,设在商店内,一般规模较小。

(4) 中转仓库。

中转仓库的基本特征是设置在生产地和消费地之间,负责保管在运输过程中改装的商品。通常设置在铁路货运站、卡车中转站及港口附近,并且在大规模中转库区内建有铁路专用线,以提高装卸、保管、运输的效率。

(5) 战略物资储藏仓库。

战略物资储藏仓库的主要机能是保管国家的战略物资,规模有大有小,一般设置在地点隐蔽、安全可靠的深山地区,保管的商品需要定期进行更换。

(6) 商业加工仓库。

商业加工仓库是商品保管和加工相结合的流通仓库,主要机能是根据市场需要,对商品进行选择、分类、整理、更换等流通加工。

3. 按保管条件分类

商品的物理、化学与生物性质不同,要求的保管场所、保管条件及技术设备也各不相同。为适应商品的保护、保管和仓库作业,应建立不同机能的仓库。按保管条件不同,仓库可以分为以下几类。

(1) 通用仓库。

通用仓库是负责保管那些没有特殊要求的工业产品和农用品。这类仓库备有一般性的保管场所和设施,按通常的货物装卸和搬运方法进行仓库作业。通用仓库在物资流通行业的仓库中所占比重最大。

(2) 专门仓库。

专门仓库是负责保管特定种类的货物。砂糖、酒、烟草等特定商品如受环境等自然条件影响,有可能发生变质或减量,或容易对一起保管的其他商品产生不良影响,因此应建立相应的专用仓库。专用仓库与普通仓库的不同在于,专用仓库配有防火和防虫等设备。

(3) 特殊仓库。

特殊仓库是保管那些具有特殊性能并需要特殊保管的商品。这类仓库在保管商品时必须装有特殊设备,因此在建筑结构、保管、出入库设备等方面都与普通仓库有所不同。这类仓库如用来加工和保管食品、工业原料、生物制品及医药品等的冷冻仓库;用于接受、保管、配给石油和石油产品的石油仓库;负责保管化学工业原料、化学药品、农药及医药的化学危险品仓库等。

4. 按仓库建筑格局分

按仓库建筑物的空间位置和格局可以分为以下几种。

(1) 封闭式仓库。

封闭式仓库,即四周建有墙壁并有屋顶的仓库。这类仓库的目的是保护物品不受外界空气的影响。

(2) 半封闭式仓库。

这类仓库的四周没有墙壁,只用支柱和屋顶提供保护。目的是保护物品不受风雨吹打。

(3) 室外仓库。

室外仓库是露天的保管场所,比一般地面略高,周围建有下水道,主要用来保管基本上不受风雨影响的物质。

(4) 特殊仓库。

特殊仓库是建筑结构或建筑材料比较特殊的仓库,如山洞仓库、地下仓库等。

另外,按仓库作业的自动化程度可以分为人力作业仓库、半机械化仓库、机械化仓库和自动化仓库;按仓库的建筑材料分为土、石、木、轻金属、钢材、混凝土仓库等;按仓库结构可以分为平房仓库、楼房仓库等。

从整体上看,我国仓库水平在近年内有大幅度的提升,但在设施、管理、经营等各个方面仍然未能完全适应经济发展和物资流通量增大的需要。此外,仓库的布局不利于生活和消费,设备结构不适应生产品种。如由于产业和主要生产地的变化,东部仓库过剩,中部仓库则不够用。旧仓库多分布在偏僻的深山里,随着与人民生活相关物资在生产和流通方面的需求量增大,在布局和结构上都不利于有效利用。且由于存在纵向行政体制,仓库也难以得到综合利用。此外,计算机等现代化管理手段也没有充分得到利用。

(二) 仓储业的时代要求

"科学技术是第一生产力"。人类现已进入重视科技应用的知识经济时代,特别是20世纪90年代以来电子商务的蓬勃发展,对储运业在时间、质量、服务水平上提出了越来越高的要求。发展电子商务需要物流的配合,这就要求仓储业朝着现代化、产业化、社会化和国际化的方向发展。

1. 仓储现代化

仓储现代化是流通合理化和社会化的前提,要实现现代化,关键在于科学技术以及人才培养等方面。

(1) 仓储人员的专业化。

由于过去受"重商流,轻物流"思想的影响,社会上存在轻视仓储工作的倾向,致使仓储人员通常素质不高,技术和管理水平普遍偏低。因此,为适应现代化管理的要求,应加强对仓储人员的培养、教育,尽快培养出一支专门从事仓储事业、具有现代科学知识和管理技术、责任心强、素质高的仓储专业人才,充分利用各方面资源,开展物流企业、科研机构和专业院校的教育培训合作。

(2) 仓储技术的现代化。

当前,仓储技术是整个物流技术的薄弱环节,故加强对仓储技术的改造和更新是仓储现代化的重要内容,目前应做好以下几个方面:实现物资出入库和储存保管的机械化和自动化;存储设备多样化;根据中国经济技术水平和劳动力状况,有重点地建设一批自动化仓库,同时注重对老库的技术改造,尽快提高仓库的技术和管理水平,充分发挥仓库的规模效益。

(3) 仓储管理方法科学化和管理手段自动化。

要根据现代化大生产的特点,按仓储客观规律的要求和最新科学技术成就进行仓储管理,实现仓储管理的科学化。与此同时,运用信息系统辅助仓储管理,进行仓储业务管理、库存控制、作业自动化控制及信息处理等,以达到快速、准确、高效的目的。

2. 仓储产业化

仓储活动不同于一般的工农业生产活动,不能脱离保管业务去进行生产加工业务,但仓储活动完全有条件利用自身的优势去发展流通加工业务。国外的经验告诉我们,仓储发展流通加工是很有前景的,许多发达国家和地区的物流中心或仓储经营中都大量存在流通加工业务,而我国恰恰在这方面很薄弱,大多数仓储部门固守传统的仓储业务未有突破。仓储部门储存着大量的商品,同时拥有一定的设备和技术人员,要从事流通加工业务只需增加一些工具和设备即可,因此,仓储发展流通加工业务的潜力巨大。

3. 仓储社会化

(1) 实行仓储市场化、社会化管理。

发挥全行业整体功能的优势。根据社会经济的要求和仓储企业的特点,打破部门、条块分割的行政管理局面,广泛开展部门间仓储企业横向联合,实行仓储全行业、跨部门管理系统。一方面,可以避免由于按条块管理而只顾本部门经济效益,忽视社会经济效益的弊病,有利于全行业整体功能优势的发挥;另一方面,可按专业分工原则,统一规划,合理布局,形成统一储运市场,普及和推广仓储管理的"作业标准化、工作程序化、管理现代化",取得政策与制度的统一,实行高度专业化,有利于提高专业技术水平和管理水平。

(2) 建立多功能综合型仓库。

发展物流技术,促使物流、商流的协调运行与发展。为适应市场经济及电子商务物流发展的需要,仓库应从单纯储存型向综合型发展;从以物资储存保管为中心,转变到以加快物资周转为中心,集储存、加工、配送、信息处理于一体的多功能综合仓库;成为高效率、低费用、快进快出的物流中心,全面提高仓储运输的服务水平和管理水平。

4. 仓储国际化

随着科学技术、交通运输和信息传递日新月异的发展,特别是20世纪90年代以来电子商务的迅速发展,时空距离迅速"变小",各国经济一体化步伐加快,经济全球化成为不可抗拒的历史潮流。随着世界贸易的不断扩大,中国与世界各国的贸易规模越来越大,越来越频繁。要适应国际贸易发展和全球化市场环境需要,中国的仓储业必然要与国际同行接轨,引入国际先进技术和管理经验。越来越多的中国仓储企业也将走上经营国际化的道路,走出国门,走向世界。

问题思考

请结合实际谈一谈,如今哪些物质条件尚不能满足物流行业发展的需要?

课后练习

选择题,选项四个的为单选题,选项五个的为多选题

1. 中国网络基础设施建设经过多年的发展,已经取得了非常大的进步,但面对诸多挑战仍需要进一步解决的问题包括(   )。

   A. 网速问题   B. 关于地址方面
   C. 网络法规   D. 流量的爆炸
   E. 安全问题

2. 在我国运输业中占主导地位的是(   )。

   A. 公路运输   B. 铁路运输   C. 水路运输   D. 航空运输
   E.《电子签名法》

3. 当前我国铁路运输业仍存在的问题包括(   )。

   A. 我国铁路总体规模发展不足   B. 各地区间发展不平衡
   C. 运量太小   D. 技术人员结构配置不合理
   E. 铁路沿线小站管理滞后

4. 公路按行政等级可以分为(   )和乡公路(简称为国、省、乡道)以及专用公路五个等级。

   A. 干线公路   B. 国家公路   C. 省公路   D. 支线公路
   E. 县公路

5. 一般把(   )称为干线公路。

   A. 二级公路   B. 乡道   C. 县道   D. 国道
   E. 省道

6. 到目前为止,我国沿海已初步形成以下五大港口群(   )。

   A. 环渤海地区港口群   B. 东南沿海地区港口群
   C. 珠江三角洲地区港口群   D. 西南沿海地区港口群
   E. 长江三角洲地区港口群

7. 仓库按商品流通过程可以分为以下几类(   )。

   A. 商业批发仓库   B. 商业零售仓库
   C. 中转仓库   D. 战略物资储藏仓库
   E. 购销仓库

第四节 物联网

一、物联网技术

关于物联网概念及其核心关键技术,已在第三章做过讲解,这里不再赘述。

二、物联网的分类与特征

(一)物联网的特征

物联网主要有以下三方面特征。

1. 全面感知

即利用 RFID、传感器、二维码等随时随地获取物体的信息。

2. 可靠传递

通过各种电信网与互联网的融合,将物体的信息实时准确地传递出去。

3. 职能处理

利用云计算、模糊识别等各种处理,利用职能计算技术,对海量的数据和信息进行分匕和处理,对物体实施智能化的控制。

(二)物联网的分类

1. 私有物联网(Private IoT)

一般面向单一机构内部提供服务。

2. 公有物联网(Private IoT)

基于互联网向公众或大型用户群体提供服务。

3. 社区物联网(Community IoT)

向一个关联的"社区"或机构体(如一个城市政府下属的各委办局,如公安局、交通局、式保局、城管局等)提供服务。

4. 混合物联网(Hybrid IoT)

是上述的两种或者两种以上的物联网的组合,但后台设有统一运行维护实体。

三、物联网的作用与用途

物联网用户广泛,遍及智能交通、环境保护、政府工作、公共安全、平安家具、智能与防、工业监测、老人护理、个人健康、花卉栽培、水系监测、食品溯源、敌情侦查和情不搜索等多个领域。

国际电信联盟于 2005 年的一份报告曾描绘"物联网"时代的图景:当司机出现操作失误时汽车会自动报警;公文包会提醒主人忘记带了什么东西;衣服会"告诉"洗衣机

对颜色和水温的要求等。亿博物流咨询生动地介绍了物联网在物流领域内的应用，例如，一家物流公司应用了装有物联网系统的货车，当装载超重时，汽车会自动告诉你超载了，并且超载了多少，如果空间还有剩余，则会告诉你轻重货物应该怎样搭配；当搬运人员卸货时，一只货物包装可能会大叫"你扔疼我了"，或者说"亲爱的，请你不要太野蛮，可以吗？"；当司机在和别人聊天的时候，货车会装作老板的声音怒吼"伙计，该发车了！"。

物联网把新一代IT技术充分运用在各行各业之中，具体来说，就是把感应器嵌入并装备到电网、铁路、桥梁、隧道、公路、建筑、供水系统、大坝、油气管道等各种物体中，然后将"物联网"与现有的互联网整合起来，实现人类社会与物理系统的整合，在这个整合的网络中，存在能力超级强大的中心计算机群，能够对整合网络内的人员、机器、设备和基础设施实施实时的管理和控制。此基础上，人类可以更加精细和动态的方式管理生产和生活，达到"智慧"状态，提高资源利用率和生产力水平，改善人与自然之间的关系。

毫无疑问，如果"物联网"时代来临，人们的日常生活将发生翻天覆地的变化。然而，不谈什么隐私和辐射问题，单从把所有物品都植入识别芯片这一点上，现在看来还不太现实。人们正走向"物联网"时代，但这个过程可能需要很长的时间。

四、物联网与智能物流

（一）物联网与智能物流的关系

在物流领域来看，物联网只是技术手段，目标是物流的智能化。物联网为智能物流提供了技术支持，智能物流又为物联网提供了实现可能。

谈到"智能"二字，我们对智能的认识是一个逐渐深化的过程。早期认为自动化等同于智能。而后随着科技的发展，出现了一些新的智能产品，如傻瓜相机、智能洗衣机等，它们能够从现场获取信息，并代替人作出判断和选择，而不仅仅是流程的自动化，此时的智能是"自动化+信息化"。然而发展到今天，互联网的出现，或者说进入物联网时代，智能的含义又更进了一步。仅仅通过自动采集信息来作出判断和选择已经不够了，还要与网络相连，随时把采集的信息通过网络传输到数据中心，或者是指挥的本部，由指挥中心作出判断，进行实时的调整，这种动态管控和动态的自动选择，才是这个时代的智能。也就是说，智能应该具有三个特征，即自动化、信息化和网络化。

智能物流（intelligent logistics）又称智慧物流，就是物流的智能化，即利用集成智能化技术，在基于物联网的广泛应用基础上，综合运用物联网、计算机、自动控制和智能决策等技术，由自动化设备和信息化系统独立完成订单、运输、仓储、配送等物流作业环节，使物流系统能模仿人的智能，具有思维、感知、学习、推理判断和自行解决物流中某些问题的能力。

智能物流信息系统的四个智能机理分别为：信息的智能获取技术、智能传递技术、智能处理技术、智能运用技术。智能物流信息系统如图6-1所示。

图 6-1　智能物流信息系统

(二) 利用物联网技术发展智能物流的重点领域

1. 智能运输管理系统

综合运用于整个运输管理体系而建立起的一种大范围、全方位、实时、准确、高效的综合运输管理系统,包括交通管理、车辆控制、车辆调度等子系统,如图 6-2 所示。

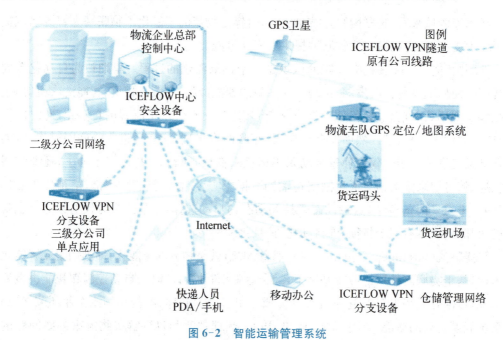

图 6-2　智能运输管理系统

2. 基于 RFID 的智能仓储管理系统

将标签附在被识别物品的表面或内部,当被识别物品进入识别范围内时,RFID 读写器自动无接触读写,如图6-3所示。智能仓储管理系统包含自动出库系统、自动入库系统、自动盘库系统、自动周转子系统等。

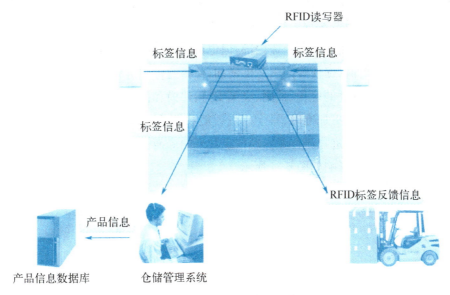

图6-3 智能仓储管理系统

3. 智能配送管理系统

以GIS、GPS和无线网络通信技术为基础,服务于物流配送部门。该系统包括实时监控、双向通信、车辆动态调度、货物实时查询、配送路径规划等子系统。

4. 智能包装系统

利用RFID、材料科学、现代控制技术、计算机技术和人工智能等相关技术,增加物品的信息,以便追踪管理,提高包装效率。

5. 基于RFID物流安全系统

利用互联网、RFID无线数据通信等技术,实现单物品的识别和跟踪,保证商品生产、运输、仓储和销售全过程的安全和时效。

6. 智能质押品监管

融资企业把质押商品存储在第三方物流企业的仓库中,然后向银行申请授信,物联网技术可以使银行随时对质押品信息进行监管。

7. 智能保兑系统

物联网技术的应用可随时掌握从银行承兑到仓单质押各个环节的异常情况,并预警上游生产商可回购质押货物。

(三)智能物流对企业的影响

智能处理技术应用于企业内部决策,可通过对大量物流数据的分析,对物流客户的需求、商品库存、物流智能仿真等作出决策。实现物流管理自动化(获取数据、自动分类等),

使物流作业高效、便捷,将改变中国物流仓储型企业"苦力"公司的形象。

智能物流可降低物流仓储成本。物流智能获取技术使物流从被动走向主动,实现物流过程中的主动获取信息,从而主动监控运输过程与货物,主动分析物流信息,使物流从源头开始即被跟踪与管理,实现信息流快于实物流。

智能传递技术虽应用于物流企业内部,但也可实现外部的物流数据传递功能,以提高服务质量,加快响应时间,促使客户满意度增加,使物流供应链环节整合更紧密。

智能技术在物流管理的优化、预测、决策支持、建模和仿真、全球化物流管理等方面的应用,使物流企业的决策更加准确、科学。借智能物流的"东风",我国物流企业信息化将上一个新台阶,同时也促进物流行业实现信息共享的局面。

智能物流对企业的影响如图 6-4 所示。

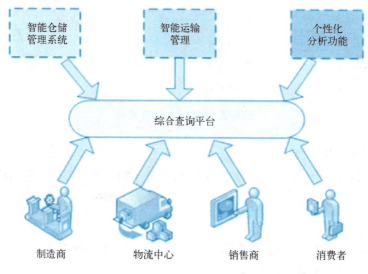

图 6-4　智能物流对企业的影响

问题思考

我们的生活生产距离书中描述的物联网世界还有一定的差距,你觉得哪些技术的发展将对物联网的发展起到促进作用?

课后练习

选择题,选项四个的为单选题,选项五个的为多选题

1. 以下哪一项不属于物联网的特征(　　)。
   A. 职能处理　　　　B. 全面感知　　　　C. 信息共享　　　　D. 可靠传递
2. 物联网的类型包括(　　)。

A. 社区物联网　　　B. 混合物联网　　　C. 个人物联网　　　D. 私有物联网

E. 公有物联网

3. 利用物联网技术发展智能物流的重点领域包括(　　)。

A. 智能运输管理系统　　　　　　　B. 基于RFID的智能仓储管理系统

C. 智能包装系统　　　　　　　　　D. 智能配送管理系统

E. 智能质押品监管

第七章 供应链管理

学习目标

- 重点掌握供应链的概念、供应链物流的概念、供应链管理的概念
- 掌握集成化供应链管理的理念、供应链的构成
- 掌握供应链环境下的库存方法和采购方法
- 掌握基于产品的供应链设计策略
- 了解供应链的特征及分类
- 了解供应链管理的特征及优势
- 了解供应链管理的基本要求
- 了解供应链设计的步骤

【引导案例】

来伊份打造透明供应链　零食全产业链无死角

在上海来伊份大厦5楼有数块电子大屏，它记录着来伊份各个店铺的实时销售数据，以及物流中心的配送情况。这些不断跳动的数字是来伊份实现智能化运营的基础，来伊份想通过打造科技供应链，彻底实现全链条的数字化。2017年4月6日，在合作伙伴高峰论坛上，来伊份宣布启动打造科技供应链计划，该科技供应链将打通来伊份的全渠道，产品从加工到销售的全部环节都可以在系统上进行查询。

打造科技供应链　全渠道数据可查

一些业界人士认为，十年之内，纯电商会很艰难，纯零售也很艰难，而新零售是把两者整合起来一起思考，以后的零售不是卖东西，而是要服务好客户。来伊份作为一家发展近18年的"休闲食品"企业，近几年一直致力于打造"全渠道"销售，不仅在线下拥有近2 300家门店，还自建app，并积极利用淘宝、京东等电商平台，以及O2O平台来拓展线上销售渠道，实现线上和线下深度融合，这与"新零售"不谋而合。但如何彻底打通内部数据，一直是摆在各个企业面前的问题，来伊份不外如是。

来伊份董事长施永雷说:"目前来伊份有47套核心系统,贯穿人、财、物各个方面,来伊份计划打造科技供应链,将供应商、原料和门店的系统连接起来,打通各个环节。"

具体来看,它主要包括品质管理、库存管理、物流管理及采购管理四大部分。也就是说,来伊份将实现从原料到门店的全部流程可视,通过扫描产品"二维码",可以查询产品在供应商、检验、仓库、门店等各个环节的情况。其中,品质管理包括产品生命追溯、品质检测协同、标准发布、生产过程监控等;库存管理包括查询销售库存情况、预测及计划、订单管理、原料及成品库存等;物流管理包括预约管理、运输过程可视、资源整合等;采购管理则包括新品管理、主数据管理、售价及促销管理等。"去年(2016年)10月,来伊份在主板的成功上市,让来伊份有更多资金可以投入到信息化的建设中。未来,来伊份将实现全面信息化,不断满足消费者需求。"来伊份总裁郁瑞芬说。

提前布局信息化　　建立核心壁垒

来伊份能发展到如今的规模,离不开其在数据化方面的前瞻性。

早在2003年,来伊份就开始认识到信息系统对企业管理的重要性,并开启了信息化之路。在当时淘宝也才刚刚成立。

据了解,从2003年开始,来伊份通过与IBM、SAP、思科、海信等知名国内外IT巨头合作,先后引入或量身打造海信系统、SAP、ERP、财务管理系统等来支撑各项业务的发展。2009年,在一片不解声中,来伊份投入巨资率先引入SAP-ERP系统,从前端到门店销售,消费者的每一笔消费在一小时之内就可以全部传到总部,成为精准营销、管理商品开发和会员的数据基础。其中,最有代表性的是来伊份可以通过每家门店的智能电子秤,同步实时的消费数据,来预测各个门店的补货需求,从而实现智能补货。

为了更好地支持销售,来伊份在上海市松江区九亭镇建起了现代化物流与仓储中心,中心占地面积超过58 000平方米,货物日吞吐量可达20万箱,不仅可以满足上海1 000多家门店的订单需求,还可以为江苏、浙江、北京、山东等多个区域性仓库提供供货支持,并满足来伊份电商业务的需求,以及供应商的货物进库管理等。

同时,来伊份与全球知名的自动化物流设备制造商日本大福合作,引进其先进的集运输管理、仓储管理、仓库控制管理、终端信息管理为一体的物流与供应链系统解决方案。"来伊份从创立开始,就注重信息化的发展,当时很多人不明白,一个做休闲食品的企业为什么斥巨资做这件事,现在来看,这些都成了来伊份的核心壁垒。"施永雷说。

(资料来源:http://www.sohu.com/a/133779789_473276)

> 【思考】
> 1. 企业发展，科技先行。来伊份打造的供应链涉及了哪些信息技术？
> 2. 现代企业之间的关系不仅有竞争，更多的是合作。在来伊份打造供应链的过程中，为什么和数量众多的企业取得合作？

第一节　供应链管理概述

一、供应链的概念

(一) 供应链的定义

《中华人民共和国国家标准物流术语》中将供应链定义为"生产及流通过程中，围绕核心企业的核心产品或服务，由所涉及的原材料供应商、制造商、分销商、零售商直到最终用户等形成的网链结构"。

对于供应链的解释在国内外尚有分歧，我们先介绍几种观点。

早期观点认为，供应链是制造企业中的一个内部过程，是指把从企业外部采购的原材料和零部件等，通过生产和销售活动，再传递给零售商、批发商和用户的一个过程。早期供应链的概念仅仅局限于企业内部层面，只注重企业自身资源的利用。

后来有些学者将供应链的概念与其他企业相联系，注意到供应链所处的外部环境，认为它应该是一个"通过链中不同企业的制造、组装、分销、零售等过程，将原材料转换为产品，再到最终用户的转换过程"。

史蒂文斯认为："通过增值过程和分销控制，从供应商的供应商到用户的用户的流通就是供应链，它开始于供应的源点，结束于消费的终点。"

今天，供应链的概念更注重围绕核心企业的网络关系，如核心企业与供应商、供应商的供应商等上游企业的关系；核心企业与用户、用户的用户等下游企业的关系。现在人们对于供应链的认识已经形成一个网络的概念。

我国一些供应链管理专著中，把供应链看作在生产及流通过程中，为了将货物或者服务提供给最终的消费者所涉及的原材料供应商、生产商、批发商、零售商和最终消费者所组成的供需网络，即由物料获取、物料加工并将成品送到用户手中这一过程所涉及的企业和企业部门所组成的一个组织网络。

总之，供应链是社会化大生产的产物，是包含物流系统在内的一个社会再生产系统，是一个重要的流通组织形式和市场营销方式。它以市场组织化程度高、规模化的经营优势，有机地联结生产和消费，对生产和流通有着直接的导向作用。

(二) 供应链的构成

供应链可以说是一个范围更广的企业结构模式,它包含所有加盟的节点企业,从原材料的供应开始,经过链中不同企业的制造加工、组装、分销等过程直到最终用户。它不仅是一条连接供应商到用户的物料链、信息链、资金链,还是一条价值链,物料在供应链上因加工、包装、运输等过程而增加其价值,相关企业都可以获益。

一条完整的供应链中应包括供应商、制造商、分销商、零售商及最终用户等成员。同一企业可能构成这个网络的不同组成节点,但更多的情况下是由不同的企业构成这个网络中的不同节点。例如,在某个供应链中,同一企业可能既在制造商、仓库节点,又在配送中心节点占有位置。分工越细,专业要求越高,供应链中的不同节点越是由不同的企业组成。在供应链各成员间流动的原材料、在产品和产成品等就构成了供应链上的物流。而且,实物流动的同时,必然还有信息流和资金流伴随其中。供应链的构成如图 7-1 所示。

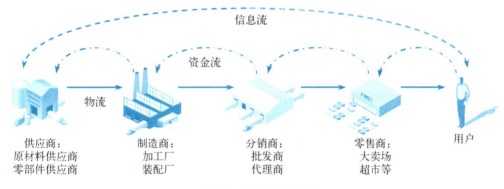

图 7-1 供应链的构成

二、供应链的网链结构模型

供应链有多种结构模型,如静态链状模型、动态链状模型、网状模型和石墨模型等,其中最常见的是网链结构模型(见图 7-2)。

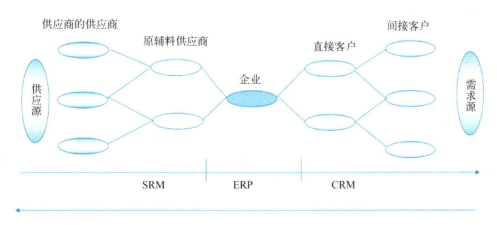

图 7-2 供应链网链结构模型

从供应链的网链结构模型可以看出,供应链由节点组成,节点代表加盟的成员企业。通常,节点具有双重身份,它既是其供应商的客户,又是其客户的供应商。节点企业在需求信息的驱动下,通过供应链的职能分工与合作,以资金流、物流/服务流为媒介实现供应链的增值。

供应链的结构要素主要包括供应链的长度、供应链的宽度(集约度)、节点企业间的关系。一般认为,供应链的长度即满足顾客需求所涉及的环节数,同类企业处于同一层面。供应链的宽度即供应链的集约度,它可以由供应链中同类企业的数量来衡量。

从严格意义上来讲,物流、资金流和信息流都是双向的,但它们都有一个主要流向。通常,物流从上游往下游流动,其表现形态包括原材料、零部件、在制品、产成品等实体的流动,称为正向物流;但当发生退货、回收包装物或其他废旧物品时,物流的流向与正向物流恰恰相反,称为逆向物流或反向物流。在供应链的"三流"中,物流比较外显,最容易观察到。

供应链中的信息主要包括需求信息和供应信息。需求信息主要有客户订单、企业与客户签订的销售合同等,其流向与正向物流相反,当其从下游往上游流动时,即引发正向物流;供应信息通常由需求信息引发。例如,货物发运单、提前装运通知等,其流向与正向物流相同,与需求信息的流向相反。其中,需求信息流的方向是供应链信息流的主要流向。在市场转型的今天,供应链成员企业的经营活动一般是在需求信息的驱动下开展的,因而,辨识并获取客户的需求信息是供应链经营活动的起点。

物流或服务流本质上反映了资金的运动过程。顾客的需求信息引发物流或服务流,与之相伴而生的是资金流。与正向物流相对应,资金流主要从下游往上游流动,与正向物流反向;而当发生逆向物流时,资金流与正向物流同向。总之,物流与资金流是反向的。

三、供应链的特征

(一)需求导向性

供应链的存在、优化与重构,都是基于一定的市场需求。在供应链运营的过程中,用户的需求成为信息流、物流/服务流、资金流的驱动源。因此,及时、准确地获取不断变化的市场需求信息,并快速、高效地满足顾客的需求,成为供应链运营成功的关键。

(二)增值性

供应链是一个高度一体化的提供产品和服务的增值过程。所有成员企业都要创造价值。制造商主要通过对原材料、零部件进行加工转换,生产出具有价值和使用价值的产品来实现增值(形质价值或形式价值);物流商主要通过提供仓储、运输服务来创造时间价值和空间价值,通过提供流通加工服务来创造形质(式)价值;银行等金融机构主要通过为供应链中的企业提供融资服务来创造价值;IT服务商主要通过为工商企业和物流企业提供软件开发、系统维护与升级等服务来创造价值。供应链时代的来临,要求各成员企业分工协调、同步运作,实现供应链的增值。

(三) 交叉性

一家供应商可同时向多家制造商供应原材料等生产资料,一家制造商生产的产品也可以由多个分销商分销,一个零售商可同时销售多家制造商生产的产品,一个第三方物流企业可同时向多条供应链中的工商企业提供物流服务。某条供应链中的节点企业还可以成为其他供应链的成员。众多的供应链错综复杂地交织在一起,大大增加了协调管理的难度。

(四) 动态性

供应链的动态性首先来源于企业经营环境的动态、复杂与多变性。为了适应竞争环境的变化,管理者需要对供应链进行不断优化,从而使其呈现出动态性的特征。此外,供应链的结构与类型因行业而异。即使是同一行业中的企业,其供应链的类型与结构也不可能完全相同。随着企业的发展,供应链的类型与结构也需要动态地更新。

(五) 复杂性

供应链同时具有交叉性和动态性等特征,因而是错综复杂的。供应链的有效运作还需要协调控制物流、资金流、信息流等多种"流",这进一步加大了供应链管理的复杂性。此外,虽然供应链成员企业都有通过满足顾客需求来实现盈利这一共同目标,但毕竟每个成员企业都拥有独立的产权,并在一定程度上存在利益冲突,因而更增加了核心企业协调管理供应链的复杂性。

四、供应链的分类

(一) 根据供应链存在的稳定性划分

根据供应链存在的稳定性,可将其划分为稳定供应链和动态供应链两种类型。

稳定供应链面临的市场需求相对单一、稳定,而动态供应链面临的市场需求相对复杂且变化频繁。在实际运作中,需要根据不同的市场需求特点来构建不同的供应链,且应根据变化的市场需求来修正、优化乃至重构供应链。

(二) 根据供应链的容量与用户需求的关系划分

根据供应链的容量与用户需求的关系,可将其划分为平衡供应链和倾斜供应链两种类型。

平衡供应链是指用户需求不断变化,但供应链的容量能满足用户需求而使之处于相对平衡的状态,即供需能够平衡的供应链。倾斜供应链则是指当市场变化剧烈时,企业不是在最优状态下运作而处于倾斜状态,即供需不平衡的供应链。平衡供应链具有相对稳定的供需平衡能力,而倾斜供应链则会导致库存积压或缺货成本上升,供应链总体拥有成本(total cost of ownership,TCO)增加。

(三) 根据产品类型划分

根据产品生命周期(product life cycle,PLC)、产品边际利润、需求的稳定性和需求预测的准确性等指标,可以将产品划分为功能型产品(functional products)和创新型产品

(innovative products)两种类型。

根据产品类型,可将供应链划分为功能型供应链和创新型供应链两种类型。

1. 功能型供应链

功能型供应链是指以经营功能型产品为主的供应链。因功能型产品的市场需求比较稳定,容易实现供需平衡,故这种供应链运营成功的关键是通过减少供应链的环节来实现简约化和精益化,通过供应链的规模运作(包括采购、生产和物流)来降低运营成本,通过非核心业务外包和设置适量的库存等策略和举措来提高供应链的效率、降低供应链的成本。

2. 创新型供应链

创新型供应链是指以经营创新型产品为主的供应链。因创新型产品的市场需求不太稳定,供求关系不容易保持平衡,故这种供应链运营成功的关键是利用链上的信息来协调成员企业间的活动,以实现供需平衡。为此,供应链成员企业应实时共享信息,联合预测需求,同步协调运作;应增强供应链的系统性和集成性,提升供应链的敏感性和响应性。

(四) 根据供应链的功能模式划分

供应链的功能模式主要有物理功能和市场中介功能两种。根据供应链的功能模式,可将其划分为效率型供应链和响应型供应链两种类型。

效率型供应链也称有效型供应链(efficient supply chain),是指以较低的成本将原材料转化成零部件、半成品、产成品,以及在运输等物流活动中体现物理功能的供应链;响应型供应链也称反应型供应链(responsive supply chain),是指把产品分拨到各目标市场,对不可预知的需求做出快速反应等体现市场中介功能的供应链。

(五) 根据供应链的运作模式划分

根据供应链的运作模式,可将其划分为推式供应链、拉式供应链和推-拉式供应链三种类型。

推式供应链是指企业根据对市场需求的预测进行生产,然后将产品通过分销商逐级推向市场的供应链。这是一种有计划地将产品推销给用户的传统的供应链模式,其本质特点是以预测驱动供应链的运作。拉式供应链则是顾客需求驱动型供应链,体现了现代的供应链运作模式。例如,企业按订单生产(make to order,MTO)就是拉式供应链中常见的需求响应策略。在拉式供应链中,零售商通过POS系统及时准确地获取销售时点信息,并通过EDI将其传递给制造商共享。制造商根据需求信息制订生产计划,采购原料并安排生产,通过上下游企业的实时信息共享,动态地调整生产计划,使供、产、销与市场保持同步,真正做到生产的产品适销对路。

问题思考

请举例说明创新型产品和功能型产品供应的区别。

课后练习

选择题，选项四个的为单选题，选项五个的为多选题

1. 一条完整的供应链中应包括(　　)等成员。

   A. 供应商　　　　B. 制造商　　　　C. 分销商　　　　D. 零售商

   E. 最终用户

2. 供应链有多种结构模型，如静态链状模型、动态链状模型、网状模型和石墨模型等，其中最常见的是(　　)。

   A. 静态链状模型　　B. 网链结构模型　　C. 动态链状模型　　D. 网状模型

3. 供应链的结构要素主要包括(　　)。

   A. 外包企业数量　　　　　　　　　B. 供应链的长度

   C. 供应链的职能　　　　　　　　　D. 供应链的宽度(集约度)

   E. 节点企业间的关系

4. 供应链的特征包括(　　)。

   A. 需求导向性　　B. 增值性　　　　C. 动态性　　　　D. 交叉性

   E. 复杂性

5. 根据供应链存在的稳定性，可将其划分为(　　)两种类型。

   A. 稳定供应链　　B. 动态供应链　　C. 平衡供应链　　D. 倾斜供应链

   E. 功能型供应链

6. 根据供应链的容量与用户需求的关系划分，可将其划分为(　　)两种类型。

   A. 稳定供应链　　B. 动态供应链　　C. 平衡供应链　　D. 倾斜供应链

   E. 功能型供应链

7. 根据供应链的运作模式，可将其划分为(　　)。

   A. 稳定供应链　　B. 推式供应链　　C. 拉式供应链　　D. 推-拉式供应链

   E. 功能型供应链

第二节　供应链管理环境下的物流管理

一、供应链物流的概念和特点

供应链物流管理，是指以供应链核心产品或者核心业务为中心的物流管理体系。前者主要是指以核心产品的制造、分销和原材料供应为体系而组织起来的供应链的物流管理，如汽车制造、分销和原材料的供应链的物流管理，就是以汽车产品为中心的物流管理体系。

供应链物流管理区别于一般物流管理的特点有以下五个。

1. 供应链物流是一种系统物流，而且是一种大系统物流

这个系统涉及供应链这个大系统中的各个企业，而且这些企业是不同类型、不同层次的企业，有上游的原材料供应企业，下游的分销企业和核心企业，有供、产、销等不同类型。这些企业既互相区别，又互相联系，共同构成一个供应链系统。这个大系统物流包括企业之间的物流，但是也可能包括企业内部的物流，直接和企业生产系统相连。

2. 供应链物流是以核心企业为核心的物流

供应链物流是要站在核心企业的立场上，以为核心企业服务的观点来统一组织整个供应链的物流活动，要更紧密地配合核心企业运作，满足核心企业的需要。

3. 供应链物流管理应当在更广泛的范围内进行资源配置

充分利用供应链上各个企业的各种资源，这样可以实现供应链物流更加优化。

4. 企业间关系

供应链上的企业区别于一般企业的特点，就是供应链企业之间是一种相互信任、相互支持、共生共荣、利益相关的紧密伙伴关系。可以在组织物流活动时充分利用这种有利条件，组织更有效的物流活动。

5. 信息共享

供应链本身具有信息共享的特点，供应链企业之间通常都建立计算机信息网络，相互之间进行信息传输，实现销售信息、库存信息等的共享。组织物流活动时可以充分利用这个有利条件，在物流信息化、效率化上有较强的支持作用。

二、供应链环境下的库存控制方法

(一) 供应商管理库存

在传统的库存管理理论中，为了降低缺货风险，各企业不得不持有一定量的库存，这就造成整个供应链的库存成本增加、市场需求扭曲、上下游关系恶化、不利于合作与沟通等问题。供应商管理库存突破了传统的条块分割的库存管理模式，以系统的、集成的管理思想进行库存管理，使供应链系统能够获得同步化的运作。供应商管理库存（vendor managed inventory，VMI）的定义为"按照双方达成的协议，由供应链的上游企业根据下游企业的需求计划、销售信息和库存量，主动对下游企业的库存进行管理和控制的库存管理方式"（GB/T 18354—2021）。

1. VMI 的实施条件

要实现 VMI，关键是对供应商保持库存状态的透明性。供应商必须对其下游企业的库存状况进行实时跟踪和检查，务必做到了如指掌，从而加快供应链上的信息传递和实时处理速度，并对自身的供应（生产）状态做出相应的调整。因此，供应商要想对其用户实施 VMI，必须参照以下四个关键条件进行一些硬件和软件的支持建设。

（1）建立用户情报信息系统。通过建立用户信息库，供应商能够实时掌握需求变化的情况，快速了解市场需求动态和商品的需求信息，以便有针对性地及时进行商品补给，从而有效地管理用户的库存。

（2）建立销售网络管理系统。供应商通过构建完善的销售网络管理系统，保证自己产品的需求信息和物流畅通。只有实现了供应商的产品信息标准化，以及商品储存和运输过程中的有效识别，才能在加快用户需求响应速度的同时，降低用户的库存水平。

（3）建立供应商与用户的合作框架协议。供应商与用户之间建立合作框架协议使双方订单处理的业务流程标准化。供应商应当和用户通过协商来确定库存检查周期、库存水平、订货点等库存控制的关键参数，以及合作双方之间该如何进行信息的交流和传递等问题。

（4）建立适应VMI运作模式的组织机构。因为VMI策略改变了供应商的组织运作模式，尤其是与订单处理相关的流程。所以，需要专人负责处理供应商与用户之间的订货业务、控制用户的库存和服务水平及协调处理其他的相关业务活动。

2. VMI的优缺点

（1）VMI的优点。实施VMI的好处主要体现在两个方面：一是成本的缩减；二是服务水平的改善。具体地，对于供应商而言，通过信息共享，能够更加准确地了解市场需求信息，简化配送预测工作，可以实现及时补货以防缺货，同时结合需求信息进行有效的预测可以使供应商更好地安排生产计划。对于需求方而言，VMI提高了供货速度，降低了缺货风险；将计划和订货工作转移给供应商，降低了运营费用；在恰当的时间适量补货，提升了总体物流绩效。

除此之外，VMI还为双方带来了共同利益，如通过计算机互联网通信，减少了数据差错；提高了供应链整体处理速度；各方更专注于提供更优质的用户服务，使所有供应链成员受益；确立真正意义上的供应链合作伙伴关系等。

（2）供应商管理库存的缺点。VMI尽管有可以为供需双方带来成本缩减、服务改善的优势，但在实施中，它也存在许多局限。首先，VMI中供应商和零售商协作水平有限。作为独立的经济个体，供应商和零售商的合作原则还是基于自身利益的最大化，因此在VMI实施过程中，双方的协作水平会受到限制。其次，VMI对于企业间的信任要求较高。要真正实施VMI，就要求供需双方彼此充分信任，从而实现信息共享、密切合作。但在现实中，这种充分的信任是很难实现的。再次，VMI中的框架协议虽然是双方协定的，但VMI是将需方库存决策权委托给供应商，因此供应商是处于主导地位的。在决策过程中如果缺乏有效的协商，很容易造成失误。最后，VMI的实施减少了库存总费用，但在VMI系统中，库存费用、运输费用和意外损失（如物品毁坏）不是由用户承担，而是由供应商承担的。

综上，VMI实际上是对传统库存控制策略进行"责任倒置"的一种库存管理方法，这无疑加大了供应商的风险。

(二) 联合库存管理

联合库存管理，是一种在 VMI 基础上发展起来的，让供应链上游企业与下游企业共同参与和决策，将 VMI 中供应商的权责转化为供应链各节点企业之间的责任分摊，实现风险共担、利润共享，从而提高供应链的同步化程度和运作效率的一种库存管理模式。联合库存管理(joint managed inventory，JMI)的定义为"供应链成员企业共同制订库存计划，并实施库存控制的供应链库存管理方式"。

1. JMI 的实施

(1) 建立供需协调管理机制。为了发挥 JMI 的作用，供需双方应当秉着合作的态度，建立供需协调管理的机制，明确各自的目标和责任，建立合作沟通的渠道，为 JMI 的实施提供有效的机制。

① 建立共同的合作目标。要建立 JMI 模式，供需双方首先要坚持互惠互利的原则，建立共同的合作目标。为此，要通过协商形成共同的目标，如提高服务质量、利润共同增长和降低风险等，要在理解双方的共同之处和冲突点的基础上，建立联合库存的协调控制方法，然后运用库存优化的方法进行明确确定。主要控制点包括如何在多个需求方之间调节和分配库存，而联合库存管理中心担负着协调供需双方利益的角色，起协调控制器的作用，这需要对库存的最大量、最低库存水平、安全库存及需求等进行预测。

② 建立一种信息沟通的渠道或系统。为了提高供应链需求信息的一致性和稳定性，减少由于多重预测导致的需求信息扭曲，供应链各方应增加对需求信息获得的及时性和透明性。为此，应建立一种信息沟通的渠道或系统，以保证需求信息在供应链中的畅通和准确性。要将条码技术、扫描技术、POS 系统和 EDI 集成起来，同时充分利用互联网的优势，在供需双方之间建立一个畅通的信息沟通桥梁和联系纽带。

③ 建立利益的分配、激励机制。要有效地进行基于协调中心的库存管理，必须建立一种公平的利益分配制度，并对参与协调库存管理中心的各个企业进行有效的激励，以增加协作性和协调性。

(2) 发挥两种资源计划系统的作用。为了发挥联合库存管理模式的作用，在供应链库存管理中应充分利用目前比较成熟的两种资源管理系统：ERP 和 DRP。

(3) 发挥第三方物流的作用。第三方物流是供应链集成的一种技术手段。通过把库存管理的部分功能委托给第三方，企业可以将精力更加集中于自己的核心业务。第三方物流起到了连接供应商和用户的作用，这样可以降低企业成本，使企业获得更多的市场信息和一流的物流咨询，改进服务的质量，快速进入国际市场。

2. JMI 的优缺点

联合库存管理的优点主要有：为实现供应链的同步化运作提供了条件和保证；减少了供应链中的需求扭曲现象，降低了库存的不确定性，提高了供应链的稳定性；库存作为供需双方信息交流和协调的纽带，可以暴露供应链管理中的缺陷，为改进供应链管理水平提供依据；为实现零库存管理、准时采购以及精细供应链管理创造了条件；进一步体现了供应链管理的资源共享和风险分担的原则。

联合库存管理的缺点主要体现在：由于联合库存管理过度以客户为中心，使得供应链的建立和维护费用都很高。

三、供应链环境下的采购方法

（一）准时采购

1. 准时采购的基本思想

准时采购，也叫 JIT 采购，是一种基于供应链管理思想的先进采购管理模式。它的基本思想是：在恰当的时间、恰当的地点，以恰当的数量、恰当的质量购买恰当的物品。

准时采购是从准时生产发展而来的，是为了消除库存和不必要的浪费而进行的持续性改进。准时生产最早起源于日本的丰田汽车公司，目的是减少公司库存和降低成本，在生产控制中采用基于订单流的准时化生产模式，实现生产过程的几个"零"化管理：零缺陷、零库存、零交货期、零故障、零（无）纸文书、零废料、零事故、零人力资源浪费。要进行准时生产必须有准时的供应，因此准时采购是准时生产管理模式的必然要求。它和传统的采购方法在质量控制、供需关系、供应商的数目、交货期的管理等方面有许多不同，其中选择供应商（数量与关系）、质量控制是其核心内容。

2. 准时采购的原理

日本丰田公司的大野耐一提出准时化生产模式是在美国参观超级市场时，受超级市场供货方式的启发而萌生的想法，而实际上超级市场模式本身就是一种采购供应的模式。有一个供应商和一个用户，双方形成了一个供需"节点"，需方是采购方，供方是供应商，供方按照需方的要求进行准时化供货，它们之间的采购供应关系就是一种准时采购模式，它与传统采购的主要区别表现在以下六个方面。

（1）与传统采购面向库存不同，准时采购是一种直接面向需求的采购模式，它的采购送货是直接送到需求点上。

（2）用户需要什么，就送什么，品种规格符合用户需要。

（3）用户需要什么质量，就送什么质量的产品，品种质量符合用户需要，拒绝次品和废品。

（4）用户需要多少就送多少，不少送，也不多送。

（5）用户什么时候需要，就什么时候送货，不晚送，也不早送，非常准时。

（6）用户在什么地点需要，就送到什么地点。

以上六点就是准时采购的原理，它既做到了满足企业运营的需求，又使企业的库存量保持最小。只要在生产线旁有一点临时的库存，一天工作干完，这些临时库存就消失了，库存接近于零。依据准时采购的原理，一个企业中的所有活动只有在需要进行的时候接受服务才是最合算的。

3. 准时采购的特点

和传统的采购方式相比，准时采购的不同之处主要表现在以下五个方面。

（1）供应商数量较少。在传统采购模式中，企业一般是采取多头采购，供应商的数目相对较多。准时采购模式中的供应商数量较少，甚至采用单一供应商。这种变化一方面可以使供应商获得长期订货和内部规模经济效益，从而降低产品的价格；另一方面有利于供需双方建立长期稳定的战略合作关系，保证产品质量的可靠稳定。但是，采用单一的供应商也有风险，如供应商可能因意外原因中断供货，以及供应商缺乏竞争意识等。

（2）综合评价供应商。在传统采购模式中，供应商是通过价格竞争而确定的，供需双方是短期合作关系，且在发现供应商不符合要求时，可以通过市场招标的方式重新选择。但在准时采购模式中，供需双方是长期战略合作关系，因而对供应商的选择要更加慎重，需要对供应商进行综合评价。在选择供应商时，价格不再是主要的影响因素，质量则成为最重要的标准，这里的质量不仅包括产品质量，还包括交货质量、技术质量、售后服务等。

（3）小批量采购。小批量采购是准时采购的一个基本特征。准时采购和传统采购模式之间一个重要不同之处在于：准时生产需要减少生产批量，因此采购物资也应采用小批量办法。小批量采购势必会增加配送次数和物流成本，对供应商来说，这是很为难的事情，特别是在供应商距离较远的情况下，实施准时采购的难度就更大。解决的办法是可以通过混合运输、代理运输等方式，或尽量使供应商靠近用户等。

（4）有效的信息交流。只有供需双方进行可靠而迅速的双向信息交流，才能保证所需的原材料和外购件的准时供应，同时充分的信息交流可以增强供应商的应变能力。所以，实施准时采购就要求上下游企业间进行有效的信息交流。信息交流的内容包括生产作业计划、产品设计、工程数据、质量、成本、交货期等。现代信息技术的发展，如 EDI、电子商务等，为有效的信息交换提供了强有力的支持。

（5）交货具有准时性。交货准时是实施准时生产的前提条件，这取决于供应商的生产与运输条件。对供应商来说，要做到交货准时，首先应当不断改进生产条件，提高生产的可靠性和稳定性，减少延迟交货或误点现象。为此，供应商同样应当采用准时生产模式，提高生产过程的准时性。其次应当改进运输系统，因为运输决定了交货准时的可能性。特别是全球的供应链系统，运输路线长，而且可能要先后使用不同的运输工具进行中转运输等，因此要通过有效的运输计划与管理，使运输过程准确无误。

4. 准时采购的实施要点

（1）选择最佳的供应商，并对供应商进行有效的管理是准时采购成功的基石。好的合作伙伴是影响准时采购的重要因素，如何选择合适的供应商就成了影响准时采购的重要条件。在传统采购模式下，企业之间的关系不稳定，具有一定的风险，影响了合作目标的实现。供应链管理模式下的企业是合作性战略伙伴，为准时采购奠定了基础。

（2）供应商与用户的紧密合作是准时采购成功的钥匙。因为准时采购成功与否的关键在于和供应商的关系好坏，而最困难的问题也是缺乏供应商的合作。供应链管理所倡导的战略伙伴关系为实施准时采购提供了基础性条件，因此在供应链环境下实施准时采购比传统管理模式下实施准时采购更加有现实意义和可能性。但是在实际运作中要保证供应商与用户的合作,成功实施准时采购,就必须建立完善、有效的供应商激励机制,使供应商和用户一起分享准时采购的好处。

(3) 卓有成效的质量控制是准时采购成功的保证。产品的质量问题关乎企业的生命,而采购环节的质量控制是其中关键的一步,它是准时采购的质量保证。这包括了企业按照双方协定的标准和程序对供应商质量保证能力的监控,对供应物资定期不定期的抽查检验,以及建立相应的奖惩机制激励约束供应商等。

5. 准时采购的实施步骤

(1) 创建准时采购团队。专业化的高素质采购队伍对实施准时采购至关重要,准时采购团队应当承担寻找货源、确定价格、发展与供应商的合作关系并不断改进的责任。为此,应成立两个采购团队:一个是专门处理供应商事务的团队,负责认定和评估供应商的信誉、能力,或与供应商谈判,签订准时化订货合同,向供应商发放免检签证等,同时要负责供应商的培训与教育。另一个团队专门负责消除采购过程中的浪费。

(2) 制订计划。要制定采购策略、改进当前的采购方式、减少供应商的数量、科学评价供应商、保持经常性的信息沟通、给予供应商适当的激励等。在这个过程中,要与供应商一起商定准时采购的目标和有关措施。

(3) 选择供应商,建立合作伙伴关系。供应商和企业之间互利的伙伴关系,意味着双方充满了一种紧密合作、主动交流、相互信赖的气氛,共同承担长期合作的义务。企业可以选择少数几个最佳供应商作为合作对象,加强业务方面的合作。选择供应商要从这几个方面考虑:产品质量、供货情况、应变能力、地理位置、企业规模、财务状况、技术能力、价格和其他供应商的可替代性等。

(4) 进行试点工作。企业可以先从某种产品或某条生产线开始试点,对准时采购进行摸索和实践。在试点过程中,取得企业各个部门的支持是很重要的,特别是生产部门的支持。通过试点,总结经验,为正式实施准时采购奠定基础。

(5) 培训供应商,确定共同目标。准时采购是供需双方共同的业务活动,单靠需方的努力是不够的,还需要供应商的配合。只有供应商也对准时采购的策略和运作方法有了认识和理解,才会愿意支持和配合,因此需要对供应商进行教育培训。通过培训,大家取得一致的目标,相互之间就能够协调做好采购的准时化工作。

(6) 向供应商颁发产品免检合格证书。准时采购与传统采购方式的不同之处在于买方不需要对采购产品进行比较多的检验手续。当供应商的产品百分之百合格时,便可核发免检证书。

(7) 实现配合生产节拍的交货方式。准时采购的最终目标是实现企业的生产准时化。为此,要实现从预测的交货方式向准时化适时的交货方式转变,最终达到当生产线恰好需要某种物资时,该物资恰好到货并运至生产线的目标。

(8) 持续改进,扩大成果。准时采购是一个不断完善和改进的过程,需要在实施过程中不断总结经验教训,从降低运输成本、提高交货的准确性和产品的质量、降低供应商库存等各个方面进行改进,不断提高准时采购的运作绩效。

(二) 全球采购

全球采购是指利用全球资源,在全世界范围内寻找供应商,寻求质量好、价格合理的产品。

1. 全球采购的优势

全球采购的显著优势就是供应商的选择范围大,不仅是"货比三家",而且是"货比多家",可以集中化管理供应商,通过批量采购增加议价能力等,可以选择到质量优良、价格合理的产品。这有助于企业提高产品质量、控制产品成本,从而提高竞争力和顾客满意度。

2. 全球采购的风险

尽管采购地域范围的扩大可以使企业获得价位更低、质量更好的物资,但同时也使企业的供应链链条延长,不确定因素大幅增加,这些必将给企业带来风险。具体体现在以下四个方面。

(1) 如果对运输费用、保管费用、关税、产品过时、库存、机会成本、市场保护等因素加以综合考虑,总成本可能比预计要多,从而影响到净收益的增长。

(2) 链条的延长可能使得企业对市场需求变化的反应速度比本地采购要慢,因此造成销售机会的丧失。

(3) 由于距离远,可能存在质量和执行方面的问题。另外,产品在运抵目的地的过程中,要经过多次交接,当中的不确定因素很可能导致服务水平降低,产生更大的成本负担。

(4) 长远的供需关系不透明,可能对市场的获利产生误导。

(三) 联合采购

联合采购是指对同一产品或服务有需求的许多买方,在相互合作的条件下合并各自的需求,以一个购买商的形式向供应商统一订货,以扩大采购批量,达到降低采购价格或者降低采购成本的目的。

1. 联合采购模式

联合采购的模式有很多种,其中最主要有合作型联合采购和第三方联合采购两种。

(1) 合作型联合采购是指联合采购参与者之间通过达成的各种协议(包括成本分担、利益分配、权利约束等),形成采购联盟进行集中采购。

(2) 第三方联合采购是指所有联合采购参与者都不直接控制联盟采购权利,而是将所有的采购活动委托给第三方进行。

2. 联合采购的优势

(1) 降低采购成本和其他环节成本。通过联合多家企业有选择地向供应商进货,可以扩大采购规模,实现批量采购,获得较强的议价能力或较大的数量折扣,从而降低采购成本。另外,由于现代通信技术的发展,企业可以通过电子商务平台进行订货,提高采购效率,节省人工和通信费用,从而降低间接采购成本。在采购过程中,为了保证采购质量,企业需要在采购前后做大量的工作,包括供应商的选择、评价、管理和控制,采购标准的制定,入库检验工作程序的制定和实施等。在各企业独立采购的情况下,每个企业都要重复这些工作,而实施联合采购以后,对生产同类产品或采购相同原料的企业,可以将这些管理工作统一实施,再将相关费用分摊到各个企业。这样可以有效避免低水平的重复工作,为企业减少大量成本。

联合采购通过实施各企业库存资源的共享和统一调配,可以实现以下目标:① 备用物资由各企业分别储存改为共同储存,所需资金由各企业分摊,可以大幅减少备用物资的积压和资金占用。② 增加各企业已有积压物资的利用机会,以逐渐减少各企业物资积压,盘活资产。③ 提高各企业紧急需求满足率,减少因物品供应短缺而造成的生产停顿损失。在联合采购模式中,上级供应商订单处理次数减少且更加集中,增加其对需求预测的确定性,这在一定程度上有利于减弱"牛鞭效应"。

企业在运输环节的联合,可通过合并小批量的货物运输,使单次运量加大,从而可以降低运输费率、减少运输费用。

(2) 提高市场透明度。市场透明度关系到企业采购的有效性,它包括产品透明度(可以采购何种产品以代替现有产品)、供应商透明度(哪家供应商可以取代现有的供应商)和价格透明度(此产品在市场上的价格是多少)。

(3) 有利于创造协同效应。每个企业的资源和能力都是有限的,并且资源在各企业之间的分布又是不均衡的。因此,通过合作走联合发展之路,围绕共同目标,合理使用资源,发挥各自的优势,弥补各自的劣势,可以产生良好的协同效应。

(4) 避免无谓的竞争。传统的竞争方式是一种零和博弈,一方获利必然意味着另一方失利,最终往往导致"双输"的局面。联合采购通过同行的竞争合作,可以改变企业之间相互替代的横向竞争关系,减少恶性竞争,改变"双输"的局面。

(5) 有利于降低采购风险。随着市场经济的不断发展,企业环境更趋向国际化、社会化、复杂化。单一的企业面对多变的市场,生存和发展的难度越来越大,难以独自承担来自各方面的采购风险,而如果几个企业联合起来,在采购领域进行合作,就能减少诸如资本不够雄厚、信息不对称等带来的风险。

(6) 有利于实现规模经济。在多数企业中,实现有竞争力的规模经济非单一企业所能做到的,它不仅难度大,需要的时间也长。联合采购能够迅速扩大成员企业的采购规模,实现规模经济。

3. 联合采购的不足

(1) 为了与联合采购协调一致,可能需要改变企业本身原有的采购周期,偏离企业经济订购批量,会产生额外成本。

(2) 为配合联合采购,可能需改变企业原有的采购流程。

(3) 为实现信息共享,可能会泄露企业产品设计等重要信息,使企业失去竞争优势。

(4) 协调成本过大或难以协调,可能会影响到企业正常生产,反而会得不偿失。

(四) 电子采购

电子采购,又称网上采购、在线采购,是以互联网等现代信息技术为手段,实现从寻找供应商、洽谈、签约到付款等业务网络化的采购活动。它通过信息技术来增强采购及日常采购的管理能力。

电子采购既是电子商务的重要形式,也是采购发展的必然趋势。它不仅是形式上和技术上的改变,更重要的是传统采购业务处理方式上的改变。它优化了采购过程,提高了采购效率,降低了采购成本。

1. 电子采购模式

(1) 卖方电子采购模式。卖方电子采购模式是指供应商在互联网上发布其产品的在线目录,采购方通过浏览来取得所需的商品信息,以做出采购决策,并下订单及确定付款和交付选择。

(2) 买方电子采购模式。买方电子采购模式是指采购方在互联网上发布所需采购产品的信息,供应商在采购方的网站上上传自己的产品信息,供采购方评估,之后双方通过采购方网站进行进一步信息沟通后完成采购的全过程。目前,企业的电子采购一般都是买方模式,这种模式广泛存在于由少数几家大型购买方主导的行业,如航天、汽车、零售等行业。

(3) 第三方模式。第三方模式是指供应商和采购方通过第三方设立的网站进行采购业务的过程。在这个模式里,无论是供应商还是采购方都只需在第三方网站上发布自己提供或需要的产品信息,第三方网站则负责产品信息的归纳和整理,以便于用户使用。

2. 电子采购的优势

在电子采购的整个流程中,人工参与因素越来越少,从而保证了采购过程的公正、高效,对克服采购过程中的"暗箱操作"十分有效。具体而言,电子采购具有以下六个方面的优势。

(1) 缩短采购周期。采购方企业通过电子采购交易平台可以最大化地找出所有采购事件的公共属性,各环节可以像生产流水线一样流转。同时,供需双方企业间信息的传递是以电子脉冲的速度进行的,很多环节可以在线进行,网上竞价、网上设定交易时间和交易方式等,从而大大地缩短采购周期。

(2) 节约采购成本。美国供应管理协会统计数据显示,传统方式生成一份订单所需要的平均费用为150美元,同等情况下电子采购解决方案的费用减少到30美元。IBM采用电子采购后,平均每年能节省20亿美元。这是因为电子采购使企业间通过互联网传递信息,这就减少了文件处理、通信和面对面交易程序的交易成本,避免了纸质传递过程中烦冗和复杂的过程,节省了人力成本。

(3) 优化采购管理。电子采购是在对业务流程进行优化的基础上按软件规定的标准流程进行的,可以规范采购行为和采购市场,有利于建立一种比较良好的经济环境和社会环境,减少采购过程的随意性。同时,网上采购实现了企业采购行为集中统一,既能降低采购价格,又能使采购活动统一决策、协调运作。另外,电子采购是一种"即时性"采购,使企业由"为库存而采购"转变为"为订单而采购",提高物流速度和库存周转率,实现采购管理向供应链管理的转变,达到逐步由高库存生产向低库存生产转变的目的,直至实现零库存生产。

(4) 降低安全库存。采购周期缩短后,相应的安全库存也会减少。海尔集团采用电子采购平台后,其采购周期缩短,释放了约7亿元库存资金,库存资金周转从30天降到了12天以内。

(5) 实现信息共享。供需双方的交易活动都会记录在这样一个电子采购平台上,包括过往的价格信息、交货记录、履约情况等,买方可以更清楚地把握市场、货比三家,获得最合适的需求产品。同时,这样的数据积累也督促供应商提供更完善的产品和服务,增进双方对彼此的了解,从而促进整个供应链的和谐发展。

(6) 增进交易透明度。在传统的采购活动中,交易透明度常常因为采购信息的不充分受到影响。有的交易是由人为原因造成的"暗箱操作",不仅给企业造成损失,也使不少人犯错。电子采购可提高供应商、采购商品及采购价格的信息透明度,对提高交易的透明度、减少"暗箱操作"起到重要的作用。

3. 电子采购的风险

电子采购需要借助网络完成,因此如何防止网络攻击,避免敏感的或私有的信息被盗或被泄露是企业及供应商要解决的问题。

四、供应链物流的其他方法

(一) 供应链运输管理

除库存管理之外,供应链物流管理的另一个重要方面就是运输管理。但是运输管理相对来说没有库存管理那样要求严格、关系重大。因为现在运力资源丰富、市场很大,只要规划好了运输任务,很容易找到运输承包商来完成它。因此,运输管理的任务重点就是三个:一是设计规划运输任务;二是找合适的运输承包商;三是运输组织和控制。

(二) 连续补充货物

连续补充货物(continuous replenishment process,CRP),就是供应点连续地多频次、小批量地向需求点补充货物。它基本上是与生产节拍相适应的运输蓝图模式,主要包括配送供货和准时化供货方式。配送供货一般是用汽车将供应商下了线的产品按核心企业所需要的批量(日需要量,或者半天需要量)进行频次批量送货(一天一次、两次)。准时化供货一般是用汽车、叉车,或传输线进行更短距离、更高频次的小批量、多频次供货(按生产线的节拍,一个小时一次、两次),或者用传输线进行连续同步供应。

(三) 分销需求计划

分销需求计划(distribution requirement planning,DRP)是MRP原理和技术在流通领域中的应用。该技术主要解决分销物资的供应和调度问题。基本目标是合理进行分销物资和资源配置,以达到既有效地满足市场需要,又使得配置费用最省的目的。

(四) 快速、有效的响应系统

快速响应系统(quick response,QR)是由美国塞尔蒙(Kurt Salmon)公司于20世纪80年代提出并流行开来的一种供应链管理系统,主要思想就是依靠供应链系统,而不是只依靠企业自身来提高市场响应速度和效率。一个有效率的供应链系统通过加强企业间沟通和信息共享、供应商掌握库存、连续补充货物等多种手段的运作能够达到更高效率,能够以更高速度灵敏地响应市场需求的变动。

有效率的客户响应系统(efficient consumer response,ECR)也是美国塞尔蒙公司于90年代提出来的一个供应链管理系统,主要思想是组织由生产厂家、批发商和零售商等构成的供应链系统在店铺空间安排、商品补充、促销活动和新商品开发与市场投入四个方面相互协调和合作,更好、更快并以更低的成本满足消费者需要为目的的供应链管理系统。

(五) 协同式供应链库存管理

协同式供应链库存管理(collaborative planning forecasting and replenishment,CPFR)也叫协同规划、预测与补货,是近年来供应链研究与实践的热点。它的形成始于沃尔玛所推动的联合预测补货系统(collaborative forecast and replenishment,CFAR),这是通过零售企业与生产企业的合作,共同做出商品预测,并在此基础上实行连续补货的系统。后来在沃尔玛的不断推动之下,基于信息共享的CFAR系统又向CPFR发展。

问题思考

JIT理念除了可以运用在供应链环境下的采购管理中,还能在哪些领域使用?

课后练习

选择题,选项四个的为单选题,选项五个的为多选题

1. VMI的实施条件包括( )。

A. 建立用户情报信息系统　　　　B. 建立销售网络管理系统

C. 建立供应商与用户的合作框架协议　　D. 建立硬件系统

E. 建立适应VMI运作模式的组织机构

2. 准时采购的特点包括( )。

A. 小批量采购　　　　　　　　　B. 综合评价供应商

C. 有效的信息交流　　　　　　　D. 供应商数量较少

E. 交货具有准时性

3. 联合采购的模式有很多种,其中最主要有( )两种。

A. 外包联合采购 B. 合作型联合采购
C. 供应链联合采购 D. 第三方联合采购
E. 社会化联合采购

4. 电子采购模式包括(　　)。
A. 制造商采购模式 B. 供应商采购模式
C. 第三方模式 D. 卖方电子采购模式
E. 买方电子采购模式

5. 电子采购具有以下六个方面的优势：缩短采购周期、(　　)、增进交易透明度。
A. 节约采购成本 B. 优化采购管理
C. 降低安全库存 D. 实现信息共享
E. 降低库存总量

第三节　供应链管理要素与集成化运行机制

一、供应链管理的概念与内涵

(一) 供应链管理的概念

供应链管理作为管理学的一个新概念，已经成为管理哲学中的一个新元素。以下是几个对供应链管理的经典描述。

哈兰德(Harland)将供应链管理描述成对商业活动和组织内部关系、与直接采购者的关系、与第一级或第二级供应商的关系及与客户的关系等整个供应链关系的管理。斯科特(Scott)与韦斯特布鲁科(Westbrook)将供应链管理描述成一条连接制造与供应过程中每一个元素的链，包含了从原材料到最终消费者的所有环节的管理。

供应链管理的广义定义，包含了整个价值链，即从原材料开采到使用结束的整个过程中的采购与供应流程管理。巴茨(Bartz)进一步将供应链管理扩展到物资的再生或再利用过程。他指出，供应链管理主要集中在如何使企业利用供应商的工艺流程、技术和能力来提高他们的竞争力，在组织内实现产品设计、生产制造、物流和采购管理功能的协作。当价值链中的所有战略组织集成为一个统一的知识实体，并贯穿于整个供应链网络时，企业运作的效率将会进一步提高。

由于广义供应链管理描述的价值链非常复杂，企业无法获得供应链管理提供的全部利益，因此产生了第二种较狭义的供应链管理定义：在一个组织内集成不同功能领域的物流，加强直接战略供应商、生产制造商、分销商和最终消费者的联系。利用直接战略供应商的能力与技术，尤其是让供应商在产品设计阶段的早期参与，已经成为提高生产制造商效率和竞争力的有效手段。

第三种供应链管理的定义出现在研究批发商和零售商的运输及物流的文献中,它强调地理分布与物流集成的重要性。毫无疑问,物流是商业活动中一个重要的功能,而且它已经发展成为供应链管理的一部分。产品的运输和库存是供应链管理最原始的应用场所,但不是供应链管理定义中至关重要的组成部分。

2021年,我国发布实施的《中华人民共和国国家标准:物流术语》(GB/T 18354—2021)对供应链管理的定义是:"从供应链整体目标出发,对供应链中采购、生产、销售各环节的商流、物流、信息流及资金流进行统一计划、组织、协调、控制的活动和过程。"

总部设于美国俄亥俄州立大学的全球供应链论坛将供应链管理定义为:为消费者带来有价值的产品、服务和信息的,从源头供应商到最终消费者的集成业务流程。

本书认为,供应链管理是在满足服务水平需要的同时,通过对整个供应链系统进行计划、组织、协调、控制和优化,最大限度地减少系统成本,实现供应链整体效率优化而采用的从供应商到最终用户的一种集成的管理活动和过程。

(二)供应链管理的内涵

作为流通中各种组织协调活动的平台,以将产品或服务用最低的价格迅速向顾客传递为特征的供应链管理,已经成为竞争战略的中心概念。供应链管理的思想可以从以下五个方面去理解。

1. 信息管理

知识经济时代的到来使信息取代劳动和资本,成了影响劳动生产率的主要因素。在供应链管理中,信息是供应链各方的沟通载体,供应链中各个阶段的企业就是通过信息这条纽带联系起来的。可靠、准确的信息是企业决策的有力支持和依据,能有效降低企业运作中的不确定性,提高供应链的反应速度。因此,供应链管理的主线是信息管理,信息管理的基础是构建信息平台、实现信息共享,如企业资源管理计划(enterprise resource planning,ERP)、Windows管理规范(Windows management instrumentation,WMI)等系统的应用,将供求信息及时、准确地传达给供应链上的各个企业,在此基础上进一步实现供应链的管理。当今世界,通过使用电子信息技术,供应链已结成一张覆盖全区域乃至全球的网络,使部分企业摆脱"信息孤岛"的处境,从技术上实现了与供应链其他成员的集成化和一体化。

2. 客户管理

在传统的卖方市场中,企业的生产和经营活动是以产品为中心的,企业生产和销售什么产品,客户就只能接受什么商品,没有多少挑选余地。而在经济全球化的背景下,买方市场占据了主导地位,客户主导了企业的生产和经营活动,因此客户是核心,也是市场的主要驱动力。客户的需求、消费偏好、购买习惯及意见等是企业谋求竞争优势所必须争取的重要资源。

在供应链管理中,客户管理是起点,供应链源于客户需求,同时也终于客户需求,因此供应链管理是以满足客户需求为核心运作的。然而,客户的需求千变万化,而且存在个性差异,企业对客户需求的预测往往不准确,一旦预测需求与实际需求差别较大,就很有可能造成企业库存的积压,引起经营成本的大幅增加,甚至造成巨大的经济损失。因此,真实、准确的客户管理是企业供应链管理的重中之重。

3. 库存管理

库存管理是企业管理中一件令人头疼的事情,因为库存量过多或过少都会带来损失。一方面,为了避免缺货给营销带来的损失,企业不得不持有一定量的库存,以备不时之需。另一方面,库存占用了大量资金,既影响了企业的扩大再生产,又增加了成本,在库存出现积压时还会造成巨大的浪费。因此,一直以来,企业都在为确定适当的库存量而苦恼。传统的方法是通过需求预测来解决这个问题,然而需求预测与实际情况往往并不一致,因而直接影响了库存决策的制定。如果能够实时地掌握客户需求变化的信息,做到在客户需要时再组织生产,那就不需要持有库存了,即以信息代替库存,实现库存的"虚拟化"。因此,供应链管理的一个重要使命就是利用先进的信息技术,收集供应链各方以及市场需求方面的信息,用实时、准确的信息取代实物库存,减小需求预测的误差,从而降低库存的持有风险。

4. 关系管理

传统的供应链成员之间的关系是纯粹的交易关系,各方遵循的都是"单向有利"的原则,所考虑的主要问题是眼前的既得利益,并不考虑其他成员的利益。这是因为每个企业都有自己相对独立的目标,这些目标与其上下游企业往往存在着一些冲突。例如,制造商要求供应商能够根据自己的生产需求灵活并且充分地保证它的物料需求;供应商则希望制造商能够以相对固定的周期大批订购,即有稳定的大量需求,这样两者之间就产生了目标的冲突。这种目标的冲突无疑会大大增加交易成本。同时,社会分工的日益深化使得企业之间的相互依赖关系不断加深,交易关系也日益紧密。因此,降低交易成本对于企业来说就成为一项具有决定意义的工作。现代供应链管理理论恰恰提供了提高竞争优势、降低交易成本的有效途径,这种途径就是通过协调供应链上各成员之间的关系,加强与合作伙伴的联系,在协调的合作关系的基础上进行交易,为供应链的全局优化而努力,从而有效地降低供应链整体的交易成本,使供应链各方的利益获得同步的增加。

5. 风险管理

国内外供应链管理的实践证明,能否加强对供应链运行中风险的认识和防范,关系到企业能否最终取得预期效果。如果企业认为实施了供应链管理模式就能取得预期效果,那么就把供应链管理看得太简单了。

供应链上企业之间的合作,会因为信息不对称、信息扭曲、市场的不确定性以及其他政治、经济、法律等因素的变化而存在各种风险。为了使供应链上的企业都能从合作中获得满意的结果,必须采取一定的措施规避供应链运行的风险,如提高信息透明度和共享性、优化合同模式、建立监督控制机制等,尤其是必须在企业合作的各个阶段通过各种手段实施激励,以使供应链企业之间的合作更加有效。

二、供应链管理的特征及优势

(一) 供应链管理的特征

供应链管理不同于传统的管理模式,具有以下六个基本特征。

1. 以客户满意为最高目标

供应链管理以客户为中心,客户服务目标的设定优于其他目标。它通过降低供应链总成本和实现对客户需求的快速反应,提高客户满意度,获取竞争优势。

2. 企业之间关系更为密切

在供应链管理中,参与各方进行跨部门、跨职能、跨企业的合作,建立有共同利益的合作伙伴关系,发展企业之间稳定的、良好的、共存共荣的互助合作,建立一种双赢关系。

3. 实施集成化管理

供应链管理不仅是节点企业和技术方法等方面的简单连接,而且是应用网络技术和信息技术,重新组织和安排业务流程,追求物流、信息流和资金流等方面的集成化。通过应用现代信息技术,如商品条码技术、物流条码技术、电子订货系统、RFID(radio frequency identification)技术等,使供应链成员不仅能及时有效地获得其客户的需求信息,并且能对信息做出及时响应,满足客户的需求。信息技术能缩短从订货到交货的时间间隔,提高企业的服务水平。信息技术的应用提高了事务处理的准确性和速度,减少了人员需求,简化了作业过程,提高了企业工作效率。

4. 把供应链中所有节点企业作为一个整体进行管理

供应链管理涵盖了从供应商到最终客户的采购、制造、分销、零售等职能领域过程。

5. 供应链管理强调和依赖战略管理

供应链管理注重从战略的、全局的和长远的角度考虑企业及整个供应链的生存与发展问题,如供应链企业合作伙伴关系的建立、供应链运作绩效的评价、供应链成员激励机制的建立等。

6. 供应链管理更具柔性

在供应链管理环境下,企业和供应链具有快速应对环境变化的能力,系统的运作更能适应快速变化的市场需求。例如,各节点企业的技术具有相互协调性和兼容性,在面对市场的不确定性需求时能确保及时有效的供给。

与物流管理相比,供应链管理具有以下八个特征。

1. 供应链管理具有互动特性

从管理的对象来看,物流是以存货资产作为管理对象的,供应链管理则是对存货流动中的业务过程进行管理,是对关系的管理,因此具有互动的特征。兰博特教授认为,必须对供应链中所有关键的业务过程实施精益管理,主要包括需求管理、订单执行管理、制造流程管理、采购管理、新产品开发管理及其商品化管理等。有些企业的供应链管理过程还包括从环保理念出发的商品回收渠道管理，如施乐公司。

2. 供应链管理是物流管理的高级形态

供应链管理是在物流管理的基础上发展起来的。从企业运作的层次来看，从实物分配开始，到整合物资资源管理，再到整合信息管理，通过功能的逐步整合形成了物流的概念。从企业关系的层次来看，则有从制造商向批发商和分销商再到最终客户的前向整合，以及向供应商的逆向整合，并且通过关系的整合形成供应链管理的概念。从操作功能的整合到渠道关系的整合，使物流从战术的层次提升到战略高度，所以，供应链管理实质上是物流的延伸。

3. 供应链管理决策的发展

供应链管理决策和物流管理决策都是以成本、时间和绩效为核心的，供应链管理决策在包含运输决策、选址决策和库存决策的物流管理决策的基础上，增加了关系决策和业务流程整合决策，成为更高形态的决策模式。

4. 供应链管理的协商机制

物流在管理上是一个计划的机制。在传统的物流模式中，核心企业通常是制造商，它们力图通过一个计划来控制产品和信息的流动，与供应商和客户的关系本质上是利益冲突的买卖关系，最终导致存货或成本向上游企业转移。供应链管理同样制订计划，但目的是谋求渠道成员之间的联合和协调。

供应链管理是一个开放的系统，它的一个重要目标就是通过分享需求和当前库存水平的信息，来减少或消除所有供应链成员企业所持有的缓冲库存，降低整个供应链的成本。

5. 供应链管理强调组织外部一体化

供应链管理与物流管理不同，物流管理更加关注组织内部的功能整合，而供应链管理是高度互动和复杂的系统工程，需要同步考虑不同层次上相互关系的技术经济问题，进行成本效益权衡。比如，要考虑在组织内部和组织之间采取什么样的库存策略、供应链系统的布局和选址决策、信息共享的深度、实施业务过程一体化管理后所获得的整体效益如何在供应链节点企业之间进行分配等。这些都需要进行跨边界和跨组织协调，更强调组织外部一体化整合。

6. 供应链管理对共同价值的依赖性

随着供应链管理系统结构复杂性的增加，它将更加依赖信息系统的支持。如果物流管理是为了提高产品面向客户的可行性，那么供应链管理则是首先解决供应链伙伴之间信息的可靠性问题。所以，有时也将供应链看作协作伙伴之间信息增值交换的一系列关系。但如何管理和分配信息则取决于供应链成员之间对业务过程一体化的共识程度。所以，与其说供应链管理依赖网络技术，不如说供应链管理是为了在供应链伙伴间形成一种相互信任、相互依赖、互惠互利和共同发展的价值观和依赖关系而构筑的信息化网络平台。

7. 供应链管理是"外源"整合组织

供应链管理与垂直一体化物流不同,它是在自己的核心业务基础上,通过协作的方式来整合外部资源以获得最佳的总体运营绩效。除了核心业务外,大部分业务都可能是外源的,即从公司外部获得的。

垂直一体化以拥有资源为目的,而供应链管理则以协作和双赢为手段。所以,供应链管理是资源配置的优先方法。供应链管理在获得外部资源配置的同时,也将自身的内部成本外部化,通过清晰的过程进行成本核算和成本控制,从而更好地优化客户服务和实施客户关系管理。

8. 供应链管理是一个动态的响应系统

在供应链管理的具体实践中,应该始终关注对关键过程的管理和测评。高度动态的市场环境要求企业管理层能够经常对供应链的运行状况实施规范的监控和评价,如果现有的供应链模式没有实现预期的管理目标,就必须考虑可能的替代供应链并做出适当的应变处理。

(二) 供应链管理的优势

成功的供应链管理能够协调整合供应链所有活动,使之成为无缝连接的一体化流程。具体而言,供应链管理主要有以下几方面的优势。

(1) 加强供应链管理能够减少非增值环节,消除无效的劳动与浪费,避免库存的重复设置,减少流通费用,创造竞争的成本优势。

(2) 实施供应链管理能够通过成员企业的快速重构形成动态联盟,对市场需求做出快速反应,实现供求良好结合,创造竞争的时空优势。

(3) 实施供应链管理可以在成员企业之间构筑战略合作伙伴关系,实现成员企业在战略、战术和运作层面的协同,实现核心能力的协同整合,创造强大的竞争优势。

(4) 实施供应链管理还可以促使企业采用现代化的信息技术和物流技术手段。在供应链管理中,信息技术的广泛应用是其成功的关键,而先进的物流设施设备、科学的管理方法则是其成功的重要保障。

总之,实施供应链管理可以提高供应链的运营效率,降低供应链的运营成本,提高客户服务水平,提高顾客满意度,给企业带来强大竞争优势。

三、集成化供应链管理

要成功地实施供应链管理,使供应链管理真正成为有竞争力的武器,就要抛弃传统的管理思想,把企业内部以及节点企业之间的各种业务看作一个整体功能过程,形成集成化供应链管理体系。通过信息、制造和现代管理技术,将企业生产经营过程中有关的人、技术、经营管理三要素有机地集成并优化运行。通过对生产经营过程的物料流、管理过程的信息流和决策过程的决策流进行有效的控制和协调,将企业内部的供应链与企业外部的供应链有机地集成起来进行管理,达到全局动态最优目标,以适应在新的竞争环境下市场对生产和管理过程提出的高质量、高柔性和低成本的要求。

(一) 集成化供应链管理理论模型

集成化供应链管理的核心是:① 由顾客化需求→集成化计划→业务流程重组→面向对象过程控制组成第一个控制回路(作业回路);② 由顾客化策略→信息共享→调整适应性→创造性团队组成第二个回路(策略回路);③ 作业回路中的每个作业形成各自相应的作业性能评价与提高回路(性能评价回路)。供应链管理正是围绕这三个回路展开,形成相互协调的一个整体。

1. 调整适应性

业务流程重组回路中主要涉及供需合作关系、战略伙伴关系、供应链(重建)精细化策略等问题。

2. 面向对象的过程控制

创造性团队回路中主要涉及面向对象的集成化生产计划与控制策略、基于价值增值的多级库存控制理论、资源约束理论在供应链中的应用、质量保证体系、群体决策理论等。

3. 顾客化策略

顾客化策略回路中主要涉及的内容包括:满意策略与用户满意评价理论、面向顾客化的产品决策理论研究、供应链的柔性敏捷化策略等。

4. 信息共享

信息共享回路中主要涉及的内容包括:JIT供销一体化策略、供应链的信息组织与集成、并行化经营策略等。

(二) 集成化供应链管理的实现

目前企业要实施集成化供应链管理,就必须面对和解决许多有关供应链的问题,主要包括:供应链的高成本(占净销售值的5%—20%);库存水平过高(库存水平经常保持在3—5个月);部门之间的冲突;目标重构;产品寿命周期变短;外部竞争加剧;经济发展的不确定性增加;价格和汇率的影响;用户多样化需求等。

要解决这些问题,真正实现集成化供应链管理,企业要从以下六个方面进行转变。

(1) 企业要从供应链的整体出发,考虑企业内部的结构优化问题。

(2) 企业要转变思维模式,从纵向一维空间思维向纵横一体的多维空间思维方式转变。

(3) 企业要放弃"小而全,大而全"的封闭的经营思想,向与供应链中的相关企业建立战略伙伴关系为纽带的优势互补、合作关系转变。

(4) 企业要建立分布的、透明的信息集成系统,保持信息沟通渠道的畅通和透明度。

(5) 所有的人和部门都应对共同任务有共同的认识和了解,消除部门障碍,实行协调工作和并行化经营。

(6) 风险分担与利益共享。

某生产企业集成化生产模式如图7-3所示。

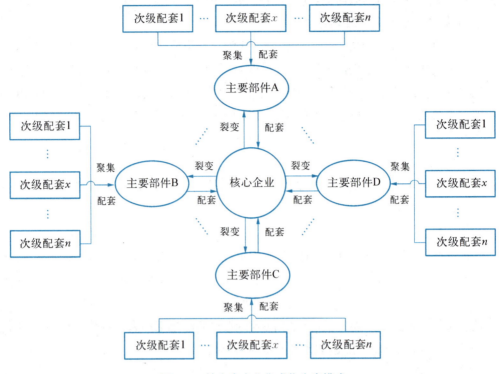

图 7-3 某生产企业集成化生产模式

四、供应链管理的基本要求

供应链是涉及有供求关系的多个企业的结构,成员企业各有各的产权,各有各的利益,彼此间还存在竞争。因而,供应链管理的成功实施有一定的难度,对核心企业的要求较高。一般而言,实施供应链管理对成员企业有以下基本要求。

(一) 建立双赢/共赢合作机制

供应链成员企业间的合作必须建立在双赢/共赢的基础之上。核心企业把上下游企业及其他服务商整合起来形成集成化的供应链网络,各成员企业仍然从事本企业的核心业务,保持自己的经营特色,但它们必须为供应链价值的最大化而通力合作。为此,首先应建立共赢合作机制,这是实施供应链管理的基本要求。

(二) 实时信息共享

供应链成员企业间的协同必须建立在实时信息共享的基础上。传统供应链渠道长、环节多,需求信息易扭曲、失真。为此,一方面要优化供应链的结构,实现供应链的简约化,另一方面要借助 EDI、(移动)互联网以及物联网等现代信息技术手段,打造透明的供应链,实现供应链的可视化,为成员企业的协同运作奠定良好的基础和条件。

(三) 根据客户所需的服务特性进行市场细分

传统意义上的市场细分一般是根据顾客的产品需求特性划分目标客户群体,往往忽视了客户的服务(尤其是物流服务)需求特性;而实施供应链管理则强调根据客户的服务需求特性进行市场细分,并在此基础上决定提供的服务方式和服务水平,尽可能满足客户的个性化需求。

问题思考

企业为什么要推行集成化供应链管理?它的优势是什么?

课后练习

选择题,选项四个的为单选题,选项五个的为多选题

1. 供应链管理思想包括五个方面的内涵,它们是信息管理、(　　)。

   A. 客户管理　　　B. 关系管理　　　C. 成本管理　　　D. 风险管理

   E. 库存管理

2. 供应链管理涵盖了从供应商到最终客户的(　　)等职能领域过程。

   A. 回收　　　　　B. 采购　　　　　C. 制造　　　　　D. 分销

   E. 零售

3. 兰博特教授认为,必须对供应链中所有关键的业务过程实施精益管理,主要包括(　　)和新产品开发管理及其商品化管理等。

   A. 需求管理　　　B. 采购管理　　　C. 订单执行管理　D. 销售管理

   E. 制造流程管理

4. 供应链管理决策在包含运输决策、选址决策和库存决策的物流管理决策的基础上,增加了(　　)成为更高形态的决策模式。

   A. 生产决策　　　　　　　　　　　B. 分销决策

   C. 业务流程整合决策　　　　　　　D. 关系决策

   E. 采购决策

5. 集成化供应链管理理论模型包括几部分内容(　　)。

   A. 风险分担　　　　　　　　　　　B. 调整适应性

   C. 面向对象的过程控制　　　　　　D. 顾客化需求

   E. 信息共享

6. 以下不属于供应链管理的基本要求的是(　　)。

   A. 实时信息共享

   B. 根据客户所需的服务特性进行市场细分

   C. 确立核心企业

   D. 建立双赢/共赢合作机制

第四节　供应链设计与优化

一、供应链的设计策略

供应链的设计策略主要有基于产品的供应链设计策略、基于成本的供应链设计策略、基于多代理的供应链设计策略等。其中,比较成熟、应用较广的是基于产品的供应链设计策略。该策略的提出者费舍尔(Marshall L. Fisher)认为,供应链的设计要以产品为中心。供应链的设计者首先要清楚顾客对产品的需求,包括产品类型及需求特性(不同的产品可以满足不同的客户需求)。此外,还应该明确不同类型供应链的特征,在此基础上,设计出与产品特性相一致的供应链。

根据产品生命周期、产品边际利润、需求的稳定性及需求预测的准确性等指标可以将产品划分为功能型产品和创新型产品两种基本类型,而根据供应链的功能模式可以将供应链划分为效率型供应链和响应型供应链两种类型。根据这两类产品的特性及这两种类型供应链的特征,就可以设计出与产品类型相一致的供应链,由此也产生了图 7-4：产品类型与供应链类型匹配矩阵 1。

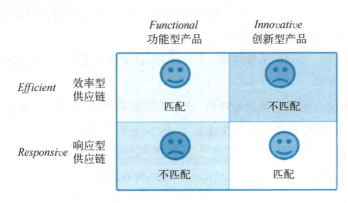

图 7-4　产品类型与供应链类型匹配矩阵 1

该矩阵中的四个元素分别代表四种不同的产品类型与供应链类型的组合,从中可以看出产品和供应链的特征,管理者据此就可以判断企业的供应链类型是否与产品类型相匹配。显然,这四种组合中只有两种是有效的,即效率型供应链与功能型产品相匹配以及响应型供应链与创新型产品相匹配的组合。

显然,上述供应链设计思想主要考虑了产品类型及需求特性,忽略了供应特性(如供应市场的复杂度与不确定性)。事实上,在不同的行业或不同的产品市场领域,企业所面临的供应风险是不同的。如果综合考虑需求的不确定性及供给的不确定性,上述供应链设计策略矩阵可以进一步得到优化,继而得到图 7-5：产品类型与供应链类型匹配矩阵 2。

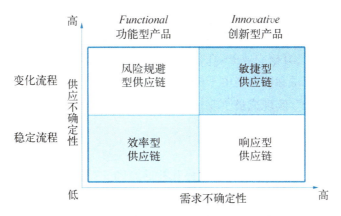

图 7-5 产品类型与供应链类型匹配矩阵 2

若需求与供给都相对稳定,可以设计为效率型供应链;若需求与供给的不确定程度都高,可以设计为敏捷型供应链;若供给稳定而需求的不确定性程度高,可以设计为响应型供应链;若需求稳定而供给的不确定程度高,可以设计为风险规避型供应链。

需要指出的是,基于产品的供应链设计策略应该与公司的业务战略相适应,并能最大限度地支持公司的竞争战略。许多学者也认为应该在产品开发的初期设计供应链,因为产品生产和流通的总成本最终取决于产品的设计,这样就能使与供应链相关的成本和业务得到有效的管理。

二、供应链的设计原则

在设计供应链时,应遵循如下一些基本原则,其目的是确保在供应链的设计、优化乃至重构过程中能贯彻落实供应链管理的基本思想。

(一) 双向原则

双向原则是指自上而下与自下而上相结合。自上而下即从全局到局部,是设计目标和任务逐级分解的过程;自下而上则是从局部到全局,是设计方案的系统集成的过程。在进行供应链设计时,一般由企业供应链管理者(如供应链总监 CSCO)根据企业所在的产品市场领域及客户的产品与服务需求特性进行供应链规划,再结合采购与供应、生产运作、分销(拨)、客户服务及物流等相关职能领域的业务流程特点进行详细设计。在供应链运营过程中,还要充分利用自下而上不断反馈的信息,对供应链进行优化、整合。因而供应链的设计与优化是自上而下与自下而上两种策略的有机结合。

(二) 简约化原则

简约化原则也称简洁性原则。为了能使供应链具有快速响应市场需求变化的能力,供应链的环节要少,同时每个节点都应该是敏捷的,能够根据客户订单进行供应链的快速重构。因此,合作伙伴的选择就应该遵循"少而精"的原则。企业通过和少数业务伙伴建立战略联盟,努力实现从精益采购到精益制造,再到精益供应链这一目标。

(三) 集优原则

供应链成员企业的选择应遵循"强强联合"的原则,以实现企业内外资源的优化整合。每个节点企业都应该具有核心业务,在理想的情况下都应该具有核心能力。并且需要实施"归核化"战略,将资源和能力集中于核心业务,培育并提升本企业的核心能力。通过成员企业间的"强强联合",实现成员企业核心能力的协同整合,全面提升整个供应链系统的核心竞争力。

(四) 优势互补原则

供应链成员企业的选择还应遵循优势互补的原则。"利益相关,优势互补"是组织之间或个体之间合作的一条基本原则。尤其是对企业这种营利性的经济组织而言,合作的前提是成员企业能实现"优势互补"。成员企业通过合作,取长补短、实现共赢。

(五) 协调性原则

供应链的设计应体现协调性原则。每个成员企业在供应链中所处的位置与作用,在很大程度上取决于供应链管理目标达成的需要。为此,供应链中各个参与体的存在,应当根据供应链管理目标的达成进行取舍。同时,各成员企业至少要能够承担供应链的某一项职能,要能够从供应链绩效目标达成的角度体现出整个供应链的协调性。

(六) 动态性原则

动态性是供应链的一个显著特征。一方面,企业经营环境是动态、复杂多变的;另一方面,由于成员企业间的相互选择,必然使供应链的构成发生变化。为了能适应竞争环境,供应链节点应根据企业经营的需要动态更新。因此,供应链的设计应符合动态性原则,应根据企业发展的需要优化乃至重构供应链,以适应不断变化的竞争环境。此外,处于不同产业的企业,其供应链的类型与结构也有所不同,在设计、构建供应链时应体现权变、动态的原则,不可盲目照搬。

(七) 创新性原则

创新是供应链设计的一条重要原则。在对供应链进行创新设计时,要注意以下几点:① 目标导向,即创新必须在企业总体目标和战略的指导下进行,并与企业的战略目标保持一致;② 客户导向,即供应链的设计要从用户的需求出发,体现市场导向、需求导向的理念,最大限度地满足客户需求;③ 集思广益,即要充分发挥企业采购、生产、物流及客户服务等相关人员的积极性、主动性和创造性,并加强与关键供应商和关键客户及其他关键合作伙伴的沟通,群策群力,确保供应链创新设计的有效性;④ 科学决策,即要建立科学的供应链设计项目评价体系和组织管理体系,并进行技术经济分析及可行性论证。

(八) 战略性原则

供应链的设计应具有前瞻性,应在企业竞争战略和供应链管理策略的指导下进行。供应链的规划与设计应从长计议,不能仅仅着眼于满足眼前企业运营的需要,还应该能够满足企业未来发展的需要。为此,供应链高级经理应至少对企业未来 5 年涉足的产品市场领域进行展望，并在此基础上进行供应链的顶层设计，确保战略性原则的贯彻与落实。

三、供应链的设计步骤

（一）环境分析

市场竞争环境分析的主要目的是明确顾客的产品需求及相关服务需求，包括产品类型及其特征、相关服务需求及其特性。为此，需要运用PEST模型、波特竞争模型、产品生命周期（PLC）模型等多种管理工具，分析企业经营环境，包括环境的不确定性、所在行业的成长性、市场的竞争性（特别是同业竞争者、关键的用户、关键原料或产品供应商、替代品或替代服务供应商、新入侵者/潜在进入者等特殊环境要素所构成的竞争威胁）。在市场调查、研究、分析的基础上确认用户的需求及市场竞争压力。第一步输出的结果是按每种产品的重要性排列的市场特征。

（二）企业现状分析

这一步主要是分析企业供求管理的现状（若企业已经在实施供应链管理，则应着重分析供应链及其运营管理的现状），其目的是发现、分析、总结企业存在的问题（特别是影响供应链运营绩效的问题），找出影响供应链设计（或再设计/优化设计）的瓶颈环节，并明确供应链开发或改进的方向。

（三）提出供应链设计项目

针对存在的问题提出供应链设计项目，并分析其必要性。例如，是供应渠道需要优化还是分销渠道需要优化；是生产系统需要改进还是客户服务水平需要提高；是供应链物流系统需要构筑还是供应链信息系统需要集成等。

（四）提出供应链设计目标

供应链设计的主要目标在于寻求客户服务水平与服务成本之间的平衡，同时还可能包含以下目标：进入新市场、开发新的分销渠道、开发新的供应渠道、建立新的生产基地、改善售后服务水平、提高供应链的运营效率、降低供应链的运营成本等。

（五）分析供应链的组成，提出供应链的基本框架

供应链由供应商、制造商、分销商、零售商和用户等节点组成，进一步分析，供应链系统还包括供应链物流系统、供应链信息系统等子系统。因此，分析供应链包括哪些节点、哪些物流节点，这些节点的选择与定位及评价标准，提出供应链的基本框架，就成了这一步的主要任务。

（六）分析、评价供应链设计的技术可行性

本阶段的主要任务是进行供应链设计的技术可行性分析。如果技术可行，就可以进行下一步的设计；否则，就要进行回溯分析，对供应链的设计项目、设计目标、供应链的组成等进行重新评估。

（七）设计供应链

这一步是供应链设计的主要环节，包括以下主要内容。

1. 确认供应链的成员组成

主要成员包括供应商、制造商、分销商、零售商、用户、物流服务商、银行等金融机构、IT 服务商等。

2. 明确物料的来源

需要考虑以下问题：是企业内部自制还是外购；是直接供应还是间接供应；是采用多层次的供应商网络还是单源供应等。

3. 生产系统设

主要包括产品决策、生产能力规划、生产物流系统设计等问题。

4. 分销系统与能力设

主要包括需求预测、目标市场选择、分销渠道设计（如采用多级分销还是直销模式，抑或采用多渠道系统）等问题。

5. 供应链物流系统设计

包括生产资料供应配送中心、成品库、物流中心、区域分拨中心（RDC）、成品配送中心等物流节点的选择、选址与定位；运输方式的规划；物流管理信息系统的开发，如仓库管理系统（WMS）、管理系统（TMS）、库存管理系统（IMS）及进货管理系统等子系统的开发与集成；物流系统流量预估等。

6. 供应链信息系统设计

主要解决基于 Internet/Intranet、EDI 的供应链成员企业间的信息组织与集成问题。

在供应链设计中，需要用到许多设计方法、工具和技术。前者如网络图形法、数学模型法、计算机仿真分析法、CIMS－OAS 框架法，后者如设计软件、流程图等。

7. 检验供应链

供应链设计完成以后，应采用一些方法和技术进行测试，抑或通过试运行进行检验。如果不可行，则要返回到第四步进行重新设计；如果可行，便可实施供应链管理。

问题思考

功能型产品与创新型产品的区别是什么？它们各自匹配什么类型的供应链？

课后练习

选择题，选项四个的为单选题，选项五个的为多选题

1. 以下哪个不属于供应链的设计策略（　　）。
   A. 基于多代理的供应链设计策略　　B. 基于产品的供应链设计策略
   C. 基于效率的供应链设计策略　　D. 基于成本的供应链设计策略

2. 根据（　　）等指标可以将产品划分为功能型产品和创新型产品两种基本类型。

A. 产品生命周期　　　　　　　　B. 产品边际利润
C. 需求的稳定性　　　　　　　　D. 需求预测的准确性
E. 产品销售渠道

3. 设计供应链时要对生产系统进行设计。以下哪个不属于生产系统设计的内容(　　)。

A. 产品决策　　　　　　　　　　B. 生产物流系统设计
C. 生产研发设计　　　　　　　　D. 生产能力规划

4. 供应链的设计原则包括(　　)等。

A. 优势互补原则　　　　　　　　B. 集优原则
C. 双向原则　　　　　　　　　　D. 协调性原则
E. 简约化原则

第八章 物流绩效管理

学习目标

- 重点掌握物流绩效管理的概念
- 重点掌握物流绩效管理的方法
- 掌握物流绩效管理的作用与要求
- 掌握物流绩效计划的概念
- 掌握物流绩效管理的实施
- 掌握物理绩效反馈的方式
- 了解绩效管理发展史
- 了解物流绩效计划的内容与制定步骤
- 了解物流绩效激励的基本原理
- 了解物流绩效激励计划的种类
- 了解物流绩效反馈的意义
- 了解企业进行物流绩效反馈时应注意的问题

【引导案例】

荷兰皇家壳牌石油公司管理人员的绩效评价

荷兰皇家壳牌石油公司(Shell)总部位于荷兰海牙,由荷兰皇家石油与英国壳牌公司合并组成。壳牌公司是全球主要的石油、天然气和石化产品生产商,同时也是国际主要的石化产品、公路运输燃料、润滑油、航空燃料和液化气销售商。壳牌公司组建于1907年,经历百年的发展,已经成为一家全球化的能源和化工集团,其业务遍布90多个国家和地区,员工人数超过10万。2014年,壳牌公司在《财富》杂志发布的2014年度世界500强企业中排名第二,仅次于沃尔玛,实现营业收入4 595.99亿美元,利润163.71亿美元。

在评价内容方面,壳牌对管理人员的绩效评价是业绩与胜任力的结合。在业绩评价方面,在结合职位分析、个人发展计划和组织经营发展计划的基础上,管理人员需要提出年度工作目标,从而确保公司的整体业务绩效和经营发展计划的顺利达成。壳牌公司将这一评价统称为目标和业绩评价(goals and performance appraisal, GPA)。在胜任力评价方面,管理人员的领导力是壳牌公司关注的核心,其主要目的是实现管理人员的个人发展,因此壳牌公司将胜任力评价称为个人发展计划(individual development plan, IDP)。壳牌公司的胜任力模型关注管理人员的基本能力、执行能力和处理关系能力。为此,壳牌公司专门创建了适应自身需要的管理人员素质胜任力模型,它包括能力(capacity)、成就力(achievement)和关系力(relationships)三个方面,简称CAR模型。

在评价主体方面,壳牌公司从多元视角对管理人员进行评价,从上级、协作者到下属和客户,全方位收集考核信息,考察管理人员的工作表现,以保证考核信息的完整和客观性。在考核过程中,管理人员必须首先进行自我评价。然后,管理人员的上级、同事、下属和客户等,都会对管理人员进行匿名考核。最后,由管理人员的直接上级根据相关人员对其的考核,对比管理人员的自我评价,向管理人员提供反馈,以帮助管理人员提高其业绩和能力水平。

在评价周期方面,壳牌公司管理人员的评价周期分为定期评价和不定期的平时考核。定期评价就是对包括业绩和个人发展胜任力的全面评价,往往每年评价两次,一般在每年的6月和12月进行。不定期的平时考核是在动态中进行的,因为壳牌公司不仅对常规工作目标和内容进行评价,还对管理人员的流动工作进行考核。无论管理人员到哪里工作,即使是短期外派工作,也必须跟踪评价,随时随地观察其工作表现。管理人员在每次短期工作结束后,其临时上级和合作者都要对其进行评价。这种无处不在的评价方式保证了管理人员绩效评价的有效性和连续性。

在评价结果应用方面,壳牌公司将评价结果广泛运用在个人发展、绩效薪酬和晋升决策等方面。

首先,管理人员的个人发展计划在壳牌公司的绩效管理中发挥着重要的作用,尤其在促进绩效不断提升方面作用更大。壳牌公司通过绩效考核将管理人员的个人发展与绩效管理紧密相连,从而构成十分有效的绩效支持结构。

其次,为了充分发挥薪酬的激励作用,壳牌公司在通过职级和平衡机制等薪酬体系要点设计保证内部公平性的同时,将个人薪酬与实际绩效挂钩,从而确保管理人员的薪酬不仅与个人绩效考核相关,而且与部门、企业的绩效逐层挂钩,使每一位管理人员在重点关注个人工作的同时也关注部门和企业的绩效,从而培养管理人员的整体意识。壳牌公司管理人员的评价结果与薪酬的联系主要体现在年终奖和对基本工资的调整两个方面。

最后，壳牌公司管理人员绩效考核结果与其在职业生涯上的晋升紧密相关，最典型的就是壳牌公司管理人员的机会晋升。机会晋升通常意味着岗位的变动，当出现空缺职位的时候，公司会根据管理人员的业绩和能力评价结果、工作背景和工作意愿，将其调整到该空缺职位上来，这种晋升形式可以将绩效突出者提拔起来。

（资料来源：黄玉玲.壳牌：以管理者能力为核心的考核[J].企业管理，2014(11)：68-69，部分内容略有改动。）

【思考】

1. 公平公正是企业评价员工的标准之一，试运用相关理论，对壳牌公司管理人员绩效评价的做法进行分析。
2. 你认为壳牌公司在管理人员的绩效评价方面有哪些成功经验？

第一节　现代物流绩效管理概述

一、物流绩效管理的概念

（一）绩效的概念

绩效(performance)是正在进行的活动或者已经完成的活动，是对命令、责任目标或者承诺的执行情况或者实际结果与预先制定的标准或者要求的结果的一个比较。

绩效具有如下特征。

1. 绩效的多因性

绩效是主客观多种因素制约和影响的结果，对绩效的考察需要从多种因素的相互作用、相互影响中寻找结果。

2. 绩效的多维度性

绩效是结果或者成就，必然包括财务、时间、质量、美观等多维度的要求。对绩效的考察评价也要从多个维度来进行。

3. 绩效的动态性

绩效会随着时间的变化而变化，包括内外部因素的变化、考核要求的变化等。

4. 绩效的价值性

绩效是投入产出的比较，是活动的结果与要求的结果的衡量，以价值为衡量基础。

（二）物流绩效

物流绩效是正在进行的物流活动的执行情况，以及已完成的物流活动的结果；是对物流活动要求的各个方面和维度,包括时间、质量、柔性、成本、服务、创新、环境等,是否达到预先设定的目标要求进行评价后的结果。

(三)物流绩效管理的概念

绩效管理是一个系统工程,通过设定绩效目标,选择合适的绩效评估方法,对中间过程进行监控、测量、比较,找出问题,纠正偏差等一系列步骤的整体组合,实现绩效的提升。绩效管理是一个不断的循环过程,可以用戴明环来表示,如图8-1所示。其中,计划(plan):包括制定绩效管理的目标,确定由谁来做、如何做等一系列前置要求内容,拟定实施方案。实施(do):采取行动,按照所选的方案展开具体的活动。检查(check):对过程以及结果的检查评价和与标准进行比较,发现偏差。行动(action):采取行动,纠正偏差。

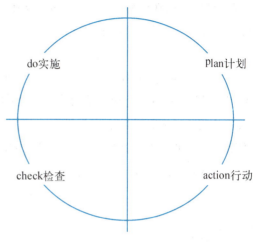

图8-1 绩效管理的戴明环

物流管理者的使命是尽可能根据客户的需求向客户提供高效的物流服务,在正确的时间、正确的地点以正确的数量、正确的质量满足客户的需求,对企业做出最大的贡献。其根本目的是在满足客户要求的前提下,实现总成本最低。

物流绩效管理是要考察判断物流服务计划目标与实际绩效之间的差距,以识别提高组织效率和效益的机会,并付诸实践促进组织绩效的提升。

二、绩效管理发展史

16世纪末至17世纪初是西方世界绩效管理思想的启蒙阶段,初步建立了以劳动结果确定收入的基本机制。从19世纪初开始,随着企业规模和经营地域的不断扩大,至19世纪末,纺织业、铁路业、钢铁业等管理者根据各行业特点先后建立了业绩衡量指标来评价企业内部的生产效率,后期随着绩效管理思想的发展,衡量指标也先后运用到美国军方和公务员队伍的考核上,如今随着企业的全球化发展,绩效管理思想也不断创新。概括来说,西方绩效管理发展史可以分为三个阶段。

(一)第一阶段(19世纪初—20世纪初):成本导向阶段

该阶段绩效管理单一地以成本或计数型成果作为评价标准,在泰勒科学管理运动中,以单位时间的动作研究为基础,计件工资激励制不断发展。

(二)第二阶段(20世纪初—20世纪80年代末)财务导向阶段

1903年,杜邦火药公司开始使用"投资报酬率"来评价公司业绩,后来其财务主管唐纳森·布朗将投资报酬率这一指标发展成一个评价各个部门业绩的手段,布朗建立了杜邦公式,即:投资报酬率=资产周转率×销售利润率,并发明了"杜邦系统图"。

1923 年，通用公司董事长小阿尔弗雷德·斯隆提出的分权管理就利用了布朗的理论，至此杜邦分析系统在企业管理中得到广泛运用。

1928 年，亚历山大华尔提出了包括资产周转率、存货周转率和流动比率为主的七个财务指标，统称为综合财务指标。随后又不断有新的财务考核指标加入，到了 20 世纪 70 年代，管理者们在分析了 30 家公司的绩效考核指标后，发现投资回报率为当时最常用考核指标，随后又不断发掘出包括现金流等财务指标。

(三) 第三阶段(20 世纪 90 年代初—至今)平衡创新导向阶段

进入 20 世纪 90 年代，随着企业的不断发展，单一的财务指标已不能满足发展的需要，新的绩效考核理论和方法都有了长足的发展，其中使用的最广泛的为关键绩效指标(key performance indicator,KPI)。同时，随着绩效管理的进一步发展，90 年代在研究机构诺兰诺顿的资助下开展了名为"未来组织业绩衡量"的研究项目，从而开启了平衡计分法(balanced-score card,BSC)的战略绩效管理时代。

三、物流绩效管理作用与要求

(一) 物流绩效管理的作用

物流服务作业活动已经成为企业提高生产经营效率和降低原材料消耗、控制成本的重要手段和途径，对于企业生产经营和竞争战略的制定和执行都有着重要作用。要把物流作业及其相关职能真正地建立成企业核心竞争力的有机组成部分，就必须对企业物流活动及其作业过程进行准确、科学、及时的动态绩效评价和分析，从而真正地提高企业物流活动中的投入-产出水平和实现企业资源的最佳合理配置。从这个意义上说，对于物流活动的绩效评价和评估已经成为企业计划控制系统的重要组成部分。

1. 测量已完成的物流活动

没有测量就没有控制。管理的要义是效率，能高效率地实现既定的目标是管理的出发点。通过对已经完成的物流活动的效率和效果的度量，弄清楚实际情况，发现其与要求的标准的偏差，是物流绩效管理的第一个作用。

2. 发现物流活动的问题

物流绩效管理把物流活动的实际结果与预定的目标、标准相比较，发现物流相关的仓储、配送、运输、流通加工等环节存在的问题，是物流绩效管理的第二个作用。

3. 提高物流活动的绩效

和其他职能的绩效管理一样，物流绩效管理的最终目的是提高绩效、提高效率。从物流相关活动进行系统的思考和设计来提高物流运作的整体绩效，实现整体最优，是物流绩效管理的最终目的。

(二) 物流绩效管理的要求

提高物流绩效，要从多个方面入手。物流绩效管理要把握以下几个方面。

1. 全面衡量,均衡评价

首先是企业物流绩效评价指标的平衡,主要包括:外部评价指标和内部评价指标之间的平衡;成果评价指标与行为评价指标之间的平衡;客观评价指标与主观评价指标之间的平衡;直接评价指标与间接评价指标之间的平衡;长期评价指标与短期评价指标之间的平衡;有形资产评价指标与无形资产评价指标之间的平衡。

其次是企业物流绩效评价指标体系、评价组织体系与评价方法体系三者之间的平衡。对物流绩效的评价,不仅需要科学合理的评价指标体系,而且需要建立与之相互协调的能正确理解和应用指标体系的评价组织体系,也需要建立与之相适应的评价方法体系。

最后,企业物流绩效评价是对整个供应链体系中多个群体利益的协调、平衡和兼顾。要建立企业与供应商、顾客等外部利益群体的利益分享机制,需要对企业物流绩效进行多角度评价的平衡和有机协调。

2. 围绕物流绩效改进目标

企业根据发展战略需要,围绕有效提升企业物流绩效,制定明确的发展目标,并依据具体的目标要求实施物流绩效的管理。

企业物流绩效的目标首先表现为追踪现行物流系统绩效并不断与以往的物流系统进行比较分析,主要就服务水平和物流成本的要素分析向管理者提供绩效评估报告。

其次是依据物流系统的标准化体系进行实时控制,追踪现行物流系统运作绩效,改进物流运作程序,及时调整运作方式。

最后是通过物流绩效评估来评价物流组织和物流人员的工作绩效,实现更优化的物流运作效率。

3. 建立科学评价体系

企业物流绩效是一个连续不断的循环过程,一个物流绩效及行为的结束,是另一个物流绩效及行为的开始。企业物流绩效过程管理的核心在于建立由绩效计划、绩效组织、绩效评价与绩效激励构成的科学的循环管理体系。

为了准确地掌握影响企业物流绩效的外部要素,需要建立科学的物流绩效评价体系。物流绩效评价体系由物流绩效评价指标系统、物流绩效评价组织系统和物流绩效评价方法系统三部分构成。物流绩效评价指标系统主要包含物流需求评价指标、物流资源评价指标、物流产业发展评价指标和物流政策与政府管理评价指标。物流绩效评价组织系统主要是进行对评价过程的科学组织,包括对评价原则、评价人员、评价时间、评价目标以及评价过程的控制等。

4. 采取合理评价方法

物流绩效评价方法系统是借助现有数学模型进行物流绩效评价指标要素的分析,并确定各要素对物流绩效的影响力度的排序,再对物流绩效评价指标要素进行比较和优化研究。例如,借助供应链成本仿真分析模型进行物流成本与物流绩效的综合分析;或者依据企业物流绩效评价的实际需要重新建立数量分析模型,并结合科学的定性分析方法,形成一个完善的由多个数学模型构成的评价方法系统。物流绩效评价方法大体可以分为三类。

(1) 定性评价方法。

在物流效率评价中,借助案例分析是定性分析中比较重要的手段。有人提出设计、执行和修改绩效评价系统三步骤的定性评价方法。有人提出物流绩效评价的三维法,分别从企业的历史、标杆企业、客户要求三个方面进行评价,它指明了物流绩效评价的方向,但没有具体给出评价的过程及其计算步骤。由于定性评价方法具有较强的主观性,因此它不是物流绩效评价的主流方法。

(2) 定量评价方法。

① 作业成本法。作业成本法是以物流作业为核心,确认和计量耗用企业资源的所有作业,将耗用的资源成本准确地计入作业,然后选择成本动因,将所有作业成本分配给成本计算对象(产品或服务)的一种成本计算方法。随着生产由劳动密集型转向知识密集型,人力、材料等直接成本所占的比例越来越低,而体现知识的设备、智力等间接成本所占的比例将越来越大,采用传统会计中的成本核算会隐藏真实成本,因此,在物流绩效评价中涉及的成本核算,常采用作业成本法。该方法能体现企业的真实成本,但采用此法的工作量较大。

② 数据包络分析法(DEA)。数据包络分析法是由著名运筹学家 A. Charnes 和 W. Cooper 等人首先提出的用于评价多输入和多输出的"部门"(称为决策单元)相对有效性的一种方法。该方法是一种非参数的经济估计方法,实质是根据一组关于输入-输出的观察值来确定有效生产。该方法由于不需要预先估计参数,因此在避免主观因素和简化算法、减少误差等方面有着不可低估的优越性。它不仅能比较各决策单元的相对有效性,并且可以对绩效不佳的单元指明改善的方向和程度,因此,应用领域也很广泛,如船舶业的绩效评价、港口绩效评价等。

(3) 定性与定量相结合评价方法。

① 层次分析法。该方法是 20 世纪 70 年代由著名运筹学家 T. L. Saaty 提出的,是一种将评价者的定性判断和定量计算有效结合起来的物流绩效评价方法。其基本原理是根据物流系统多层次的特点,用相对量的比较,确定多个判断矩阵,取其特征根所对应的特征向量作为权重,最后综合出总权重,按此进行优先程度排序,得到各物流单元的绩效排序。该方法可靠性高、误差小,不足之处就是评价的物流对象不能太多,目前较多应用于物流中心选址和物流服务供应商选择等方面。

② 标杆法(benchmarking)。标杆法也叫基准法,是 20 世纪 80 年代发展起来的一种使组织不断学习、改进、维持企业竞争力的新型管理方法。它把领先企业作为基准对象,将本企业尽可能多的业绩指标与领先企业的业绩指标进行对比分析,以找到两者的差距,此差距就是本企业要努力的方向。标杆法是一种积极的方法,确定基准的过程将企业的目标与外部市场连接起来,从而使企业的目标可以得到确认和合理化,但是一个良好的定基比较难以确定,且定基研究需要花费的成本较高。

③ 模糊数学评价法。模糊数学评价法是20世纪60年代由 L. A. Zaded 首先提出来的。它是用数学方法研究和处理具有"模糊性"现象的物流绩效问题(模糊性是指在物流绩效评价中,涉及的评价因素较多,既有定性的又有定量的,各因素间还有层次之分),基本原理是利用模糊集和隶属度函数等概念,应用模糊变换原理,采用定性和定量相结合的方法从多个方面对事物的隶属度进行整体评价。该方法可以较好地解决综合评价中的模糊性,因此已被广泛应用于物流绩效评价中。

问题思考

结合你熟悉的企业谈一谈,物流绩效管理的主要目的是什么?

课后练习

选择题,选项四个的为单选题,选项五个的为多选题

1. 绩效的特征包括( )。
   A. 复杂性   B. 动态性
   C. 多因性   D. 多维度性
   E. 价值性

2. 绩效管理是一个不断的循环过程,可以用戴明环来表示,它包括四个方面的内容( )。
   A. 实施   B. 检查   C. 计划   D. 控制
   E. 行动

3. 以下哪个不是绩效管理发展史中的一个阶段( )。
   A. 平衡创新导向阶段   B. 速度导向阶段
   C. 成本导向阶段   D. 财务导向阶段

4. 物流绩效管理的作用不包括( )。
   A. 纠正已出现的错误   B. 测量已完成的物流活动
   C. 提高物流活动的绩效   D. 发现物流活动的问题

5. 物流绩效管理中的定量评价方法主要包括( )。
   A. 数据包络分析法   B. 作业成本法
   C. 层次分析法   D. 标杆法
   E. 模糊数学评价法

6. 物流绩效管理中的"定性与定量相结合评价方法"主要包括( )。
   A. 实时信息共享   B. 根据客户所需的服务特性进行市场细分
   C. 确立核心企业   D. 建立双赢/共赢合作机制

第二节 制订现代物流绩效考核计划

一、物流绩效计划的概念

绩效计划是被评估者和评估者双方对员工应该实现的工作绩效进行沟通的过程,并将沟通的结果落实为正式书面协议(即绩效计划和评估表),它是双方在明晰责、权、利的基础上签订的一个内部协议。绩效计划的设计从公司最高层开始,将绩效目标层层分解到各级子公司和部门,最终落实到个人。对于各子公司而言,这个步骤即为经营业绩计划过程;对于员工而言,则为绩效计划过程。

物流绩效计划是物流绩效管理循环中的第一步,也是物流绩效管理流程中最重要的环节,是绩效管理工作的前提。

对物流绩效计划的含义可以从静态和动态两方面来理解。静态地看,物流绩效计划是指在一个物流绩效管理周期内,管理主体所希望达到的物流绩效目标和达到该目标的有效途径。动态地看,物流绩效计划是指确定绩效目标和绩效执行途径的过程。

物流绩效计划是物流绩效管理流程中最重要的环节,它的重要性主要表现在以下几个方面。

(1) 物流绩效计划为物流组织中的各个成员指明方向,是相关组织活动和组织成员间协调的前提。

(2) 物流绩效计划设立了绩效目标和标准,有利于工作过程中的控制。

(3) 物流绩效计划建立在对未来预测的基础上,可减少不确定性带来的冲击和影响。

(4) 物流绩效计划可以提高效率、减少浪费。

二、物流绩效计划的内容

制定物流绩效目标是物流绩效计划的重要内容。物流绩效目标,就是物流绩效管理主体在一个绩效管理周期内通过努力所期望实现的物流绩效成果。物流作为组织活动的一部分,需要服务于组织的总体战略目标,即物流绩效目标要依据主体的战略目标来制定。物流绩效目标,尤其是企业物流和供应链物流,通常可以分为三个层次:结果层、流程层和操作层,如图 8-2 所示。

通常而言,物流绩效目标的制定,应遵循以下所述的 SMART 原则。

S 代表具体(specific),指绩效考核要切中特定的工作指标,不能笼统。

M 代表可度量(measurable),指绩效指标是数量化或者行为化的,验证这些绩效指标的数据或者信息是可以获得的。

A 代表可实现(attainable),指绩效指标在付出努力的情况下可以实现,避免设立过

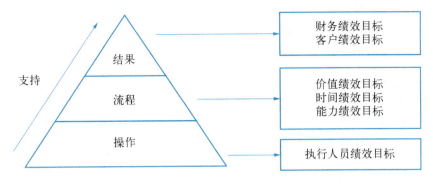

图 8-2 物流绩效目标

高或过低的目标。

R 代表相关性（relevant），指绩效指标是与工作的其他目标是相关联的；绩效指标是与本职工作相关联的。

T 代表有时限（time-bound），表示要注重完成绩效指标的特定期限。

三、制订物流绩效计划的步骤

（一）步骤一：绩效计划的准备

我们知道，绩效计划通常是通过管理人员与员工双向沟通的绩效计划会议得到的，那么为了使绩效计划会议取得预期的效果，事先必须准备好相应的信息。这些信息主要可以分为三种类型。

1. 关于企业的信息

为了使员工的绩效计划能够与企业的目标结合在一起，管理人员与员工将在绩效计划会议中就企业的战略目标、公司的年度经营计划进行沟通，并确保双方对此没有任何歧义。因此，在进行绩效计划会议之前，管理人员和员工都需要重新回顾企业的目标，保证在绩效计划会议之前双方都已经熟悉企业的目标。

2. 关于部门的信息

每个部门的目标是根据企业的整体目标逐渐分解而来的。不但经营的指标可以分解到生产、销售等业务部门，而且对于财务部、人力资源部等业务支持性部门，其工作目标也与整个企业的经营目标紧密相连。

3. 关于个人的信息

关于被评估者个人的信息主要包含两个方面：一是工作描述的信息；二是上一个绩效期间的评估结果。在员工的工作描述中，通常规定了员工的主要工作职责，以工作职责为出发点设定工作目标可以保证将个人的工作目标与职位的要求联系起来。工作描述需要不断地修订，在设定绩效计划之前，对工作描述进行回顾，重新思考职位存在的目的，并根据变化了的环境调整工作描述。

(二)步骤二:绩效计划的沟通

绩效计划的沟通是一个双向沟通的过程,绩效计划的沟通阶段也是整个绩效计划的核心阶段。在这个阶段中,管理人员与员工必须经过充分的交流,对员工在本次绩效期间内的工作目标和计划达成共识。绩效计划会议是绩效计划制订过程中进行沟通的一种普遍方式。以下是绩效计划会议的程序化描述。

管理人员和员工都应该确定一个专门的时间用于绩效计划的沟通,并且要保证在沟通的时候最好不要有其他事情打扰。在沟通的时候气氛要尽可能宽松,不要给人太大的压力,把焦点集中在开会的原因和应该取得的结果上。

在进行绩效计划会议时,首先往往需要回顾一下已经准备好的各种信息,在讨论具体的工作职责之前,管理人员和员工都应该知道公司的要求、发展方向,以及对讨论具体工作职责有关系和有意义的其他信息,包括企业的经营计划信息、员工的工作描述和上一个绩效期间的评估结果等。

绩效计划的沟通过程并不是千篇一律的,在进行绩效计划会议时,要根据公司和员工的具体情况进行修改,主要把重点放在沟通上面。

(三)步骤三:绩效计划的审定和确认

在制订绩效计划的过程中,对计划的审定和确认是最后一个步骤。在这个过程中要注意以下两点。

首先,在绩效计划过程结束时,管理人员和员工应该能以同样的答案回答几个问题,以确认双方是否达成了共识。这些问题是:员工在本绩效期内的工作职责是什么?员工在本绩效期内所要完成的工作目标是什么?如何判断员工的工作目标完成得怎么样?员工应该在什么时候完成这些工作目标?各项工作的职责以及工作目标的权重如何?哪些是最重要的,哪些是其次重要的,哪些是次要的?员工的工作绩效好坏对整个企业或特定的部门有什么影响?员工在完成工作时可以拥有哪些权利?可以得到哪些资源?员工在达到目标的过程中会遇到哪些困难和障碍?管理人员会为员工提供哪些支持和帮助?员工在绩效期内会得到哪些培训?员工在完成工作的过程中,如何去获得有关他们工作情况的信息?在绩效期间内,管理人员将如何与员工进行沟通?

其次,当绩效计划结束时,应达到以下结果:员工的工作目标与企业的总体目标紧密相连,并且员工清楚地知道自己的工作目标与企业的整体目标之间的关系;员工的工作职责和描述已经按照现有的企业环境进行了修改,可以反映本绩效期内主要的工作内容;管理人员和员工对员工的主要工作任务、各项工作任务的重要程度、完成任务的标准、员工在完成任务过程中享有的权限都已经达成共识;管理人员和员工都十分清楚在完成工作目标的过程中可能遇到的困难和障碍,并且明确管理人员所能提供的支持和帮助;形成了一个经过双方协商讨论的文档,该文档中包括员工的工作目标、实现工作目标的主要工作结果、衡量工作结果的指标和标准、各项工作所占的权重,并且管理人员和员工双方要在该文档上签字确认。

问题思考

结合你熟悉的企业谈一谈,制订企业物流绩效考核计划的意义是什么?试着制订一份物流绩效考核计划。

课后练习

选择题,选项四个的为单选题,选项五个的为多选题

1. 物流绩效计划是物流绩效管理流程中最重要的环节,它的重要性主要表现在以下几个方面(   )。
   A. 为物流组织中的各个成员指明方向   B. 设立了绩效目标和标准
   C. 提升物流速度   D. 降低物流成本
   E. 减少不确定性带来的冲击和影响

2. 物流绩效目标,尤其是企业物流和供应链物流,通常可以分为三个层次(   )。
   A. 实施层   B. 结果层   C. 流程层   D. 控制层
   E. 操作层

3. 为了使绩效计划会议取得预期的效果,事先必须准备好相应的信息。这些信息主要包括(   )。
   A. 关于个人的信息   B. 关于部门的信息
   C. 关于企业的信息   D. 关于外界的信息
   E. 关于系统的信息

4. 绩效计划的(   )也是整个绩效计划的核心阶段。
   A. 审定阶段   B. 沟通阶段   C. 确认阶段   D. 准备阶段

第三节 现代物流绩效考核方法

一、建立绩效管理指标体系

(一)关键绩效指标法

企业关键绩效指标(key performance indicator,KPI)是通过对组织内部流程的输入端、输出端的关键参数进行设置、取样、计算、分析,衡量流程绩效的一种目标式量化管理指标,是把企业的战略目标分解为可操作的工作目标的工具,是企业绩效管理的基础。KPI可以使部门主管明确本部门的主要责任,并以此为基础,明确部门人员的业绩衡量指标。建立明确且切实可行的 KPI 体系,是做好绩效管理的关键。

KPI 是衡量工作人员工作绩效表现的量化指标,是绩效计划的重要组成部分。KPI 法符合一个重要的管理原理:"八二原理",即在一个企业的价值创造过程中,存在着"80/20"的规律,即 20% 的骨干人员创造企业 80% 的价值;而且在每位普通员工身上,"八二原理"同样适用,即 80% 的工作任务是由 20% 的关键行为完成的。因此,必须抓住 20% 的关键行为,对之进行分析和衡量,这样才能抓住业绩评价的重心。

KPI 用于物流绩效管理过程中,关键要找出物流绩效衡量的关键指标,通过对成本、时间、利用率、完好率等关键指标的准确度量来表征物流活动的整体绩效。

(二) 平衡计分卡法

平衡计分卡(balanced score card,BSC)是由哈佛商学院罗伯特·S.卡普兰(Robert S. Kaplan)和复兴全球战略集团总裁大卫·P.诺顿(David P. Norton)经过与在业绩评价方面处于领先地位的 12 家公司进行的为期一年的研究,于 1992 年提出以信息为基础,系统思考企业业绩驱动因素,多维度、系统全面地评价企业或组织绩效的方法。平衡计分卡所采用的考核指标来源于组织的战略目标和竞争需要,从顾客满意度、财务指标、企业创新与成长能力和内部流程四个方面综合评价企业的绩效。同时,它又将企业战略目标与企业绩效驱动因素相结合,动态实施企业战略的战略管理系统。其核心思想是全方位多角度设计考核与控制的指标,降低单纯财务指标的比重,提升非财务指标的比重。平衡计分卡被《哈佛商业评论》评为 20 世纪最具影响力的 75 个管理概念之一。

平衡计分卡法在物流绩效管理的应用中,关键是要找准物流服务的客户要求,物流企业自身的提升(包括财务指标、内部流程),员工的福利,创新与成长等方面的平衡。

(三) 关键成功因素法

关键成功因素(key success factors,KSF)是信息系统开发规划方法之一,于 1970 年由哈佛大学教授 William Zani 提出。关键成功因素法是以关键因素为依据来确定系统信息需求的一种 MIS 总体规划的方法。在现行系统中,总存在着多个变量影响系统目标的实现,其中若干个因素是关键的和主要的(成功变量)。通过对关键成功因素的识别,找出实现目标所需的关键信息集合,从而确定系统开发的优先次序。

关键成功因素法是通过分析找出使得企业成功的关键因素,然后围绕这些关键因素来确定系统的需求,并进行规划。对物流企业而言,关键成功因素包括人力资源、设备、信息服务、管理方式、理念等。

二、物流绩效管理的实施

(一) 物流成本绩效

从职能划分的角度,主要讨论三种物流成本:运输成本、仓储成本和库存持有成本。

1. 运输成本

运输成本是承运人为完成特定的货物位置变化而消耗的物化劳动和活劳动的总和,

包括车辆、燃料、设备折旧、人力成本、装卸、保险等。这些成本可以分为三类：运营成本、管理费用和财务费用。

影响运输成本的因素很多，承运人在确定运输费率时，都必须对每个因素加以考虑，这些因素主要有三个方面。

(1) 产品特征。

① 产品密度。产品密度把质量和空间方面的因素结合起来考虑。这类因素之所以重要，是因为运输成本通常表示为每单位质量所花费的数额，如多少元每吨千米。在质量和空间方面，单独的运输工具会受到空间的限制，而不单单是质量限制，所以运输计费常常会有体积吨或者面积吨等单位。

② 产品的可靠性。对容易损坏或者容易被盗的、单位价值高的货物而言，可靠性是非常重要的指标。在货物运输时，需要承运人提供的可靠性越高，如计算机、珠宝、精密仪器等，相应的货物运输成本就越高。其他包括产品对运输的要求，如是否为危险品、对包装运输条件的要求程度等，也会影响运输成本。

③ 产品的装载性能。装载性能是指产品的具体尺寸及对运输工具的空间利用程度的影响。例如，对于散装颗粒状货物，运输空间可以得到最大化的利用；其他如机械、车辆、牲畜等类型的货物，则不能充分利用运输工具的空间，从而影响到单件货物的运输成本。

(2) 运输特征。

① 输送距离。输送距离是影响运输成本的主要因素。它直接对劳动、燃料和维修保养成本发生作用。一般而言，由于规模经济的存在，装卸、包装等分摊成本会由于距离的增加而减少，长距离运输存在规模经济优势。

② 载货量。载货量之所以会影响运输成本，是因为与其他许多物流活动一样，大多数运输活动中存在着规模经济。每单位的运输成本会随着载货量的增加而减少，主要是由于单次的装卸成本、行政管理成本会分摊到更大的载货量上。

③ 装卸搬运。卡车、火车或者船舶等的运输可能需要装卸搬运设备，运输成本通常较高，产品大小形状比较一致的货物或者可以用专门的搬运设备的货物，搬运成本较低，运输成本也会低。

(3) 市场特征。

① 竞争性。毫无疑问，市场竞争会改变运输费用。对竞争较充分的运输模式或者地区，运输的价格相对低。例如，在较发达地区，海运、航空和铁路存在一定的垄断性质，因此公路运输的价格变化存在一定刚性；而在偏远地区，运输行业竞争不明显，所以公路运输的价格会比较高。

② 运输平衡性。运输平衡性是往返运输起点与终点之间货物流动的平衡性。如果往返运输量相对平衡，运输工具空载的概率小，成本就会降低。

2. 仓储成本

仓储成本是产品在存储过程中所发生的仓库占用、人力成本消耗等费用。具体包括建造,购买或者租赁仓储设施(仓库、货架、叉车等)所带来的成本,以及各类仓储作业成本,包括进货、出货、搬运装卸等。

仓库等设施所带来的成本随着企业获得仓库等设施的不同而不同。企业获得仓储设施的方式有三种:企业自有仓库、租赁仓库和公共仓库。

(1) 企业自有仓库。企业自有仓库是企业的固定资产。它可以多次参加企业的生产经营过程而不改变其实物形态。其服务潜力会随着其在生产经营中的适应而逐渐降低甚至于消失,它的价值也会随着固定资产的使用而逐步、分次地转移到成本中。仓库的损耗分为有形损耗和无形损耗两种。有形损耗是随着仓库的使用和自然力量的作用而引起的服务潜能降低,如设备的风吹日晒、磨损锈蚀等;无形损耗是由于技术或者价格的变化导致的价值降低。

仓库设备通过折旧来予以计提。折旧方法包括平均年限法、工作量法等。

(2) 租赁仓库。当企业不建仓库时,可以采用租赁仓库的方式来满足企业对仓储空间的要求。租赁仓库一般只提供存储货品的服务,很少有其他附加服务。

租赁仓库的租金通常是根据企业在一定时期内租用的仓储空间大小来收取。租赁仓库的租金合约一般比较长(3—5年),而企业租用的空间大小是基于租赁期限内的最大存储量而定的。因此,当企业没有达到最大存储量时,租金并没有减少,从而产生了成本的浪费。

(3) 公共仓库。与租赁仓库不同,公共仓库可以为企业提供各种各样的物流服务,如卸货、存储、存货控制、订货分类、拼箱、运输安排、信息传递以及企业要求的其他事项。企业获取仓储空间时,希望对方不但能够提供存储空间,而且能够提供其他作业服务。公共仓库有利于促进社会分工更加专业化,有利于企业降低成本和发挥核心竞争优势。

公共仓库与租赁仓库的另一区别是:公共仓库属于短期合同,企业可以根据实际需要及时变更。公共仓库合同的灵活性使得企业能够适应多变的市场环境。

公共仓库的收费由三个部分组成:存储费、搬运费和附件费。它们各自具有不同的特征,费率通常也是不一样的。

3. 库存持有成本

库存持有成本是与存货数量相关联的成本,主要是受库存货物价值的影响和库存数量的影响。当存货数量过大时,资金占用成本过高;当存货数量少时,虽然占用的资金数量会减少,但是可能会产生缺货损失。除此之外,存货价值还可能会因市场价格的变化而发生损失。

(二) 提升物流成本绩效的措施

1. 降低运输成本的方法

简化运输系统、减少运输环节、降低运输成本的方法主要包括:合理规划运输路线,合理配置运输工具,尽量提高车辆配载效率,选择合理的运输手段,如整车运输、托盘化运输、集装箱运输、开展多式联运等。

2. 降低仓储成本的手段

合理选择仓库类型，合理规划存储空间取得方式，在自有仓库、租赁仓库和公共仓库的采用上，结合自身的具体特征和要求寻求总成本最低的方案。

在确定仓储空间的采用方式后，企业还要对仓库的结构和空间布局进行决策，平衡仓库的建设改造成本与仓储作业成本，以获得总成本最低。

3. 降低库存成本的措施

在一定范围内，适当提高周转率提高可以有效带来库存成本的下降。但是也要注意，周转率的提高会提高运输成本、批量成本和仓库备货成本以及仓储信息处理成本。

在企业确定库存水平的实际应用中，主要采用 ABC 分类法、准时制、零库存等存货分类管理方法来进行。

4. ABC 分类库存控制法

ABC 分类库存控制法（简称 ABC 法）是由意大利经济学家维尔弗雷多·帕累托首创的。1879 年，帕累托在研究个人收入的分布状态时，发现少数人的收入占全部人收入的大部分，而多数人的收入却只占一小部分，他将这一关系用图表示出来，就是著名的帕累托图。该分析方法的核心思想是在决定一个事物的众多因素中分清主次，识别出少数的但对事物起决定作用的关键因素和多数的但对事物影响较少的次要因素。后来，帕累托法被不断应用于管理的各个方面。1951 年，管理学家戴克将其应用于库存管理，命名为 ABC 法。1956 年，约瑟夫·朱兰将 ABC 法引入质量管理，用于质量问题的分析，被称为排列图。1963 年，彼得·德鲁克将这一方法推广到社会现象，使 ABC 法成为企业提高效益的普遍应用的管理方法。

ABC 法是基于"八二原理"，按占用资金的多少对库存物资进行分类管理和控制。具体方法是：通过找出占用资金量大的少数物料加以重点管理和控制，兼顾一般物资。

（三）提高物流综合绩效

从全面绩效观点出发，物流绩效可以从五个维度来考察，即客户服务、质量、生产力、资产管理和成本。

在激烈的竞争时代，面对在产品质量、性能、价格等方面几乎相同的现实，差异化的客户服务能给顾客带来更多的满足感和满意度，从而为组织带来独特的竞争优势。从广义上来看，物流本身就是提供的一种服务，而非有形产品，因此物流客户服务能够更好地衡量物流系统为某种产品或服务提供时间或地点效用的情况。

物流客户服务绩效可从三个基本属性来考察：服务可得性、服务作业绩效和服务可靠性。

1. 服务可得性

服务可得性是指当顾客需要产品或服务时，组织所拥有的库存能力或者提供服务的能力能够满足其需求。可得性的实现可以通过各种方式来完成，包括存货数量、仓储空间、设备安排、人员储备等。应该清楚，高水平的服务可得性往往是以较高的存储水平、较高的设备空闲率为代价的。因此，提升服务的可得性要在满足客户的同时，通过精细设计和预测,把整个存货准备和仓储设施空闲率维持在最低限度,才能在维持高服务水平时平衡成本压力。

一般认为,服务可得性可以用缺货频率、供应比率和订货完成率三个物流指标进行衡量。这三个指标基本可以确定一个厂商满足客户对存货需求的能力水平。

2. 服务作业绩效

服务作业绩效可以通过速度、一致性、灵活性和故障与恢复四个方面来衡量。作业绩效涉及物流活动的具体行为是否高效率、低成本,是否与设定的标准相符合。

速度衡量的是从接到服务要求到服务完成的相应时间。一致性是强调对客户的承诺与实际的结果相符合性。灵活性是在处理突发事件或者异常情况时的快速响应能力和处理应对能力。在很多情况下,让竞争对手最难复制的就是服务的灵活性。故障与恢复强调的是在物流系统发生故障时,企业必须具备预测服务过程可能中断的能力,并且能够制订应急计划来恢复系统的运作,从而完成服务。

3. 服务可靠性

物流服务的质量与物流服务的可靠性密切相关。物流活动中最基本的质量问题是如何实现服务的可得性和完成作业的能力。物流服务的可靠性强调的是物流的不间断性、无故障运行的概率有多大,可持续性有多强。

(四) 改善客户服务水平

客户服务水平可以通过以下一种或者多种措施来改善提高。
(1) 深入研究客户服务需求,有选择地满足客户的需求。
(2) 在权衡成本和收益的基础上确定公司的服务水平和服务承诺,制定符合客户和自身的服务战略,如成本领先、快速响应、差异化等。
(3) 采用先进的技术和设备,提高顾客的响应能力和反馈速度,增强服务可靠性。
(4) 衡量和评价当前物流活动的绩效。

问题思考

你熟悉的企业在进行物流绩效考核时用的是什么方法?为什么采用这种方法?

课后练习

选择题,选项四个的为单选题,选项五个的为多选题

1. ( ) 在物流绩效管理的应用中,关键是要找准物流服务的客户要求,物流企业自身的提升(包括财务指标、内部流程),员工的福利,创新与成长等方面的平衡。

A. 关键成功因素法　　　　　　　　B. 平衡计分卡法
C. ABC 分类法　　　　　　　　　　D. 关键绩效指标法

2. (　　)是用于衡量工作人员工作绩效表现的量化指标,是绩效计划的重要组成部分。

　　A. 关键成功因素法　　　　　　　　B. 平衡计分卡法
　　C. ABC 分类法　　　　　　　　　　D. 关键绩效指标法

3. (　　)是通过分析找出使得企业成功的关键因素,然后围绕这些关键因素来确定系统的需求,并进行规划。

　　A. 关键成功因素法　　　　　　　　B. 平衡计分卡法
　　C. ABC 分类法　　　　　　　　　　D. 关键绩效指标法

4. 仓库等设施所带来的成本随着企业获得仓库等设施的不同而不同。企业获得仓储设施的方式有三种类型(　　)。

　　A. 营业仓库　　　B. 租赁仓库　　　C. 战略仓库　　　D. 企业自有仓库
　　E. 公共仓库

5. 物流客户服务绩效可从三个基本属性来考察(　　)。

　　A. 服务可得性　　B. 服务作业绩效　　C. 服务持续性　　D. 服务质量
　　E. 服务可靠性

第四节　现代物流绩效激励

一、绩效激励的基本原理

很多激励理论都可以运用于物流绩效激励中。

(一) 马斯洛需求层次理论

马斯洛的需求层次结构理论作为心理学中的激励理论,列出了人类需求的五级模型,通常被描绘成金字塔内的等级。从层次结构的底部向上,需求分别为:生理需要(食物和衣服)、安全需要(工作保障)、社交需要(友谊)、尊重需要和自我实现需要。这种五阶段模式可分为缺陷需求和增长需求。前四个级别通常称为缺陷需求(D需求),而最高级别称为增长需求(B需求)。基本观点如下。

(1) 五种需要是最基本的、与生俱来的,构成不同的等级或水平,并成为激励和指引个体行为的力量。

(2) 对于低级需要和高级需要的关系,马斯洛认为需要层次越低,力量越大,潜力越大。随着需要层次的上升,需要的力量相应减弱。高级需要出现之前,必须先满足低级需要。在从动物到人的进化中,高级需要出现得比较晚,婴儿有生理需要和安全需要,但自我实现需要在成人后出现;所有生物都需要食物和水分,但是只有人类才有自我实现的需要。

（3）低级需要直接关系个体的生存，也叫缺失需要（deficit or deficiency need），当这种需要得不到满足时会直接危及生命；高级需要不是维持个体生存所绝对必需的，但是满足这种需要使人健康、长寿、精力旺盛，所以叫作生长需要（growth need）。高级需要比低级需要复杂，满足高级需要必须具备良好的外部条件，如社会条件、经济条件、政治条件等。

（4）马斯洛看到了低级需要和高级需要的区别，他后来澄清说，满足需要不是"全有或全无"的现象，他承认自己先前的陈述可能给人一种"错误的印象，即在下一个需要出现之前，必须百分之百地满足上一个需要"。在人的高级需要产生以前，低级需要只要部分满足就可以了。例如，为实现理想，不惜牺牲生命，不考虑生理需要和安全需要。

（5）个体对需要的追求有所不同，有的对自尊的需要超过对爱和归属的需要。

（二）期望理论

期望理论又称作"效价-手段-期望理论"，是管理心理学与行为科学的一种理论。这个理论可以用公式表示为：激动力量＝期望值×效价。它是由北美著名心理学家和行为科学家维克托·弗鲁姆（Victor H. Vroom）于1964年在《工作与激励》一书中提出来的激励理论。

在这个公式中，激动力量指调动个人积极性，激发人内部潜力的强度；期望值是根据个人的经验判断达到目标的把握程度；效价则是所能达到的目标对满足个人需要的价值。这个理论的公式说明，人的积极性被调动的大小取决于期望值与效价的乘积。也就是说，一个人对目标的把握越大，估计达到目标的概率越高，激发起的动力越强烈，积极性也就越大。在领导与管理工作中，运用期望理论对于调动下属的积极性是有一定意义的。

期望理论是以三个因素反映需要与目标之间的关系的，要激励员工，就必须让员工明确以下几点。

（1）工作能提供给他们真正需要的东西。

（2）他们欲求的东西是和绩效联系在一起的。

（3）只要努力工作就能提高他们的绩效。

（三）双因素理论

双因素理论（two factor theory）亦称"激励-保健理论"，是美国心理学家赫茨伯格于1959年提出的。他把企业中的有关因素分为两种，即满意因素和不满意因素。满意因素是指可以使人得到满足和激励的因素。不满意因素是指容易产生意见和消极行为的因素，即保健因素。他认为这两种因素是影响员工绩效的主要因素。

第一，不是所有的需要得到满足就能激励起人们的积极性，只有那些被称为激励因素的需要得到满足时才能调动人们的积极性；第二，不具备保健因素时将引起强烈的不满，但具备时并不一定会调动强烈的积极性；第三，激励因素是以工作为核心的，主要是在职工进行工作时发生的。

保健因素是指造成员工不满的因素。若保健因素不能得到满足，则易使员工产生不满情绪、消极怠工，甚至引起罢工等对抗行为；但在保健因素得到一定程度改善以后，无论再如何努力地进行改善往往也很难使员工感到满意,因此也就难以再由此激发员工的工作积极性,所以就保健因素来说:"不满意"的对立面应该是"没有不满意"。例如,工资报酬、工作条件、企业政策、行政管理、劳动保护、领导水平、福利待遇、安全措施、人际关系等都是保健因素。这些因素均属于工作环境和工作关系方面的因素,皆为维护职工心理健全和不受挫折的必要条件,故称为维持因素。它不能直接起激励职工的作用,但却有预防性。

激励因素是指能让员工感到满意的因素。通过激励因素的改善而使员工感受到满意的结果,能够极大地激发员工的工作热情,提高劳动生产效率;但激励因素即使管理层不给予其满意满足,往往也不会因此使员工感到不满意,所以就激励因素来说:"满意"的对立面应该是"没有满意"。

(四) 公平理论

公平理论是研究工资报酬分配的合理性、公平性对职工工作积极性影响的理论,由美国心理学家 J. S. 亚当斯于 1967 年提出。该理论认为:职工对收入的满意程度能够影响职工工作的积极性,而职工对收入的满意程度取决于一个社会比较过程,一个人不仅关心自己绝对收入的多少,而且关心自己相对收入的多少。

每个人会把自己付出的劳动和所得的报酬与他人付出的劳动和所得的报酬进行社会比较,也会把自己现在付出的劳动和所得的报酬与自己过去付出的劳动和所得的报酬进行历史比较,职工个人需要保持一种分配上的公平感,如果当他发现自己的收支比例与他人的收支比例相等,或现在的收支比例与过去的收支比例相等时,他就会认为公平、合理,从而心情舒畅,努力工作,如果当他发现自己的收支比例与他人的收支比例不相等,或现在的收支比例与过去的收支比例不相等时,会产生不公平感,内心不满,工作积极性随之降低。

亚当斯认为,职工的积极性取决于他所感受到的分配上的公正程度(即公平感),而职工的公平感取决于一种社会比较或历史比较。所谓社会比较,是指职工对他所获得的报酬(包括物质上的金钱、福利和精神上的受重视程度、表彰奖励等)与自己工作的投入(包括自己受教育的程度、经验、用于工作的时间、精力和其他消耗等)的比值与他人的报酬和投入的比值进行比较。所谓历史比较是指职工对他所获得的报酬与自己工作的投入的比值同自己在历史上某一时期内的这个比值进行比较。

当职工认为自己的收支比率过低时,就会产生报酬不足的不公平感,比率差距越大,这种感觉越强烈。这时职工就会产生挫折感、义愤感、仇恨心理,甚至产生破坏心理。少数时候,也会因认为自己的收支比率过高,产生不安的感觉或感激心理。

当职工感到不公平时,他可能千方百计地进行自我安慰,如通过自我解释,在主观上造成一种公平的假象,以减少心理失衡或选择另一种比较基准进行比较,以便获得主观上的公平感;还可能采取行动,改变对方或自己的收支比率,如要求把别人的报酬降下来、增加别人的劳动投入,或要求给自己增加报酬、减少劳动投入等;还可能采取发牢骚、讲怪话、消极怠工、制造矛盾或弃职他就等行为。

在国外,企业依据公平理论的基本观点,采取种种措施,如单独秘密发放奖金等,努力使职工产生一种主观上的公平感,从而调动职工积极性。

公平理论指出:人的工作积极性不仅与个人实际报酬多少有关,而且与人们对报酬的分配是否感到公平更为密切。人们总会自觉或不自觉地将自己付出的劳动代价及其所得到的报酬与他人进行比较,并对公平与否做出判断。公平感直接影响职工的工作动机和行为。因此,从某种意义来讲,动机的激发过程实际上是人与人进行比较,做出公平与否的判断,并据以指导行为的过程。公平理论研究的主要内容是职工报酬分配的合理性、公平性及其对职工产生积极性的影响。

(五)强化理论

"强化"这一观点在巴甫洛夫的经典条件反射理论、桑代克的试误理论中都曾提到,但真正对"强化"进行全面系统研究的则是美国心理学家和行为科学家斯金纳。在巴甫洛夫经典条件反射中,强化指伴随于条件刺激物之后的无条件刺激的呈现,是一个行为前的、自然的、被动的、特定的过程。在桑代克的试误理论中,强化的思想充分体现在效果律——凡在一定情境中引起满意之感的动作就会和该情景发生联系,如果再遇到此情景,这一动作会比以前更容易出现。

斯金纳是新行为主义心理学的创始人之一,他认为人或动物为了达到某种目的,会采取一定的行为作用于环境。当这种行为的后果对他有利时,这种行为就会在以后重复出现;不利时,这种行为就减弱或消失。人们可以用这种正强化或负强化的办法来影响行为的后果,从而修正其行为,这就是强化理论,也叫作行为修正理论。

二、绩效激励计划的种类

绩效奖励计划,是指员工的薪酬随着个人、团队或组织绩效的某些衡量指标所发生变化而变化的一种薪酬设计。该计划对员工有明确的绩效目标,遵循 SMART 原则。

绩效和薪酬联系在一起的观点已经存在很多年,但是这种思想在 20 世纪 80 年代以前只在很小一部分员工身上得到了体现。在当时的经营环境下,员工被看成是大型组织机器上的小齿轮,企业对员工的要求是每个人把自己分内的事情做好,不需要他们去创新或者发挥太多的主观能动性。

然而到了 20 世纪 80 年代,世界经济不景气使得企业界逐渐认识到,要想战胜竞争对手,还必须使员工的眼界更开阔一些。虽然生产率和利润等财务指标依然重要,但其他一些无形的价值越来越成为决定企业成功的关键因素,如质量、客户服务、创新、灵活性、生产或服务周期等。在这种情况下,浮动型绩效奖励计划的价值获得了广泛的重视,企业力图至少使员工薪酬的一部分随着组织经营状况的变化而有所升降。同时,绩效奖励计划的实施也使得当时企业所面临的固定成本过高以及裁员等问题多多少少得到了一些缓解。

从时间维度上看,可分为短期激励计划和长期激励计划;从激励对象维度上看,可分为个人激励计划和群体激励计划。

(一)短期绩效奖励计划

(1)绩效加薪。将基本薪酬的增加与员工在某种绩效评价体系中所获得的评价等级联系在一起,绩效加薪所产生的基本薪酬增加会在以后服务的年限里得到累积。

(2)一次性奖金。

(3)一次性支付的绩效加薪。

(4)月/季度浮动薪酬。

(5)特殊绩效认可计划。

对绩效超出预期水平很多的人给予的额外奖励。

(二)长期绩效奖励计划

绩效衡量周期在一年以上,对既定绩效目标达成提供奖励,通常以3—5年为一个周期。

其特点是:① 强调长期规划和对组织未来可能产生影响的决策。② 增强所有者意识。③ 增加员工收入。④ 为员工提供了一种方便的投资工具。

(三)个人绩效奖励计划

针对员工个人的工作绩效提供奖励的一种报酬计划。

适用条件:① 员工个人对工作完成情况有完全的控制力。② 企业经营环境、技术条件和生产条件必须是相对稳定的。③ 人力资源管理制度上必须有助于提高熟练程度。④ 奖励通常以实物产出为基础,适用于生产性员工。

类型:① 直接计件工资计划。② 标准工时计划。③ 差额计件工资。

(四)群体绩效奖励计划

(1)利润分享计划。根据对某种组织绩效指标的衡量来向员工支付报酬的一种绩效奖励模式。

(2)收益分享计划。企业提供的一种与员工分享因生产率提高、成本节约和质量提高而带来的收益奖励模式。

(3)成功分享计划。用平衡记分卡来设定目标,对超越目标的情况进行衡量,根据衡量结果提供绩效奖励。

问题思考

请结合你的工作谈一谈激励的重要性。

课后练习

选择题,选项四个的为单选题,选项五个的为多选题

1.五种需要是最基本的,与生俱来的,构成不同的等级或水平,并成为激励和指引个体行为的力量。以上观点是(　　)理论提出的。

A. 双因素理论　　　　　　　　B. 期望理论

C. 公平理论　　　　　　　　　D. 马斯洛需求层次理论

2. (　　)理论可以公式表示为：激动力量＝期望值×效价。

A. 双因素理论　　　　　　　　B. 期望理论

C. 公平理论　　　　　　　　　D. 马斯洛需求层次理论

3. 不是所有的需要得到满足就能激励起人们的积极性,只有那些被称为激励因素的需要得到满足才能调动人们的积极性。以上观点是(　　)理论提出的。

A. 双因素理论　　　　　　　　B. 期望理论

C. 公平理论　　　　　　　　　D. 马斯洛需求层次理论

4. (　　)是研究工资报酬分配的合理性、公平性对职工工作积极性影响的理论。

A. 双因素理论　　　　　　　　B. 期望理论

C. 公平理论　　　　　　　　　D. 马斯洛需求层次理论

5. (　　)也叫作行为修正理论。

A. 双因素理论　　　　　　　　B. 期望理论

C. 强化理论　　　　　　　　　D. 马斯洛需求层次理论

6. 从时间维度上看,可将绩效激励计划分为(　　)。

A. 个人激励计划　　B. 短期激励计划　　C. 长期激励计划　　D. 群体激励计划

E. 组织激励计划

7. 从激励对象维度上看,可将绩效激励计划分为(　　)。

A. 个人激励计划　　B. 短期激励计划　　C. 长期激励计划　　D. 群体激励计划

E. 组织激励计划

第五节　物流绩效反馈

一、物流绩效反馈的概念

心理学家发现,反馈是使人产生优秀表现的重要条件之一。如果没有及时、具体的反馈,人们往往都会表现得越来越差,因为在这种情况下,人们无从对自己的行为进行修正,甚至可能丧失继续努力的动力。同理,员工绩效表现不佳的一个可能的原因就是没有得到及时、具体的反馈。有学者认为,缺乏具体、频繁的反馈是绩效不佳最普遍的原因之一。

绩效反馈是指在绩效评价结束后,管理者与下属通过绩效反馈面谈,将评价结果反馈给下属,并共同分析绩效不佳的方面及其原因,制订绩效改进计划的过程。

在许多组织中,绩效反馈并没有得到足够的重视,它们往往将填写评价表格、计算评价结果视为绩效评价乃至绩效管理的全过程。实际上,如果缺少将评价结果和管理者的期望传达给评价对象的环节,就无法实现绩效管理的最终目的。

绩效反馈可以分为四个环节:期待、寻求并接收反馈;对反馈信息进行加工;使用反馈;改变行为以改善绩效。图8-4是物流绩效反馈示意图。

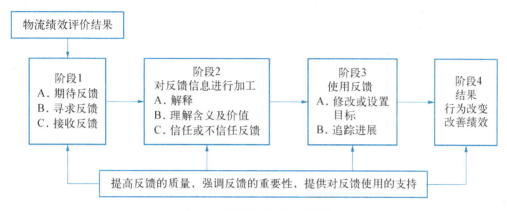

图8-4 物流绩效反馈示意图

二、物流绩效反馈的意义

绩效反馈是对评价对象整个绩效周期内的工作表现及完成情况进行的全面回顾,有效的绩效反馈对绩效管理起着至关重要的作用。

(一)绩效反馈有利于提高绩效评价结果的可接受性

绩效反馈在绩效评价结束后为评价双方提供了一个良好的交流平台。一方面,管理者要告知评价对象绩效评价的结果,使其真正了解自身的绩效水平,并就导致评价结果出现的原因进行深入的探讨,使被评价对象能够充分地接受和理解绩效评价结果;另一方面,评价对象也可以就一些具体问题或自己的想法与管理者进行交流,指出绩效管理体系或评价过程中存在的问题,解释自己超出或没有达到预期目标的主要原因,并对今后的工作进行计划与展望。总之,绩效反馈为管理者和下属建立起了一座沟通的桥梁,使评价对象拥有知情权和发言权,有利于双方在绩效评价结果上达成共识,确保绩效评价结果的公平和公正,进而提高了绩效评价结果的可接受性。

(二)绩效反馈有利于评价对象了解自身取得的成绩与不足

绩效反馈还是一个对绩效水平进行全面分析的过程。当评价对象取得成绩时,管理者给予的认可和肯定,可以起到积极的激励作用;此外,管理者也要让评价对象认识到自身在知识、技能等影响绩效水平方面存在的缺点与不足,并提出改进建议。绩效反馈使得评价对象既获得了鼓励,又发现了不足,从而为进一步提升绩效水平奠定了重要基础。

(三)绩效反馈有利于绩效改进计划的制订与实施

绩效反馈的一个重要目的是实施绩效改进,即针对评价对象当前绩效存在的不足提出改进计划,为下一个绩效管理周期中工作的开展提供帮助和指导。绩效改进计划对于绩效不佳的组织、部门和个人尤为重要,如果相关管理部门对此不能给予充分重视,评价对象自身也缺少绩效改进的动力,不去分析导致绩效偏差的原因,那么绩效不佳者很难发现改进绩效的有效途径和方式,也就无法达到提高绩效水平这一重要目的。另外,让评价对象参与到绩效改进计划制订过程的做法,会让其更容易接受绩效改进计划,增强对绩效改进的承诺,有利于绩效改进计划的贯彻落实。

(四)绩效反馈能够为员工的职业规划和发展提供信息

员工的职业生涯发展是建立绩效管理体系的目的之一,因此在绩效反馈阶段,管理者应当鼓励下属讨论个人发展的需要,以便建立起有利于达成这些发展的绩效目标。此外,为了帮助下属掌握职业发展所需技能,管理者和下属要讨论是否需要培训以及需要在哪些方面进行培训,管理者应当为员工提供一定支持。在绩效反馈面谈结束后,管理者和下属要根据反馈结果,结合组织、部门和个人的下一步计划,共同制订员工个人的发展计划。这些发展计划必须非常具体,明确员工需要做些什么,什么时候做;管理者要做些什么,什么时候做等。

三、绩效反馈的方式

一般意义上讲,反馈包括反馈信息、反馈源和反馈接收者三个要素。在绩效反馈中,上级为反馈源,评价对象为反馈接收者,而整个绩效周期内的工作绩效和绩效评价结果就是反馈信息。选择恰当的反馈方式对于绩效反馈的效果是至关重要的。一般根据绩效反馈信息的内容以及反馈源态度的不同,绩效反馈可被分为负面反馈、中立反馈和正面反馈三类。其中,中立反馈和负面反馈都是针对错误的行为进行的反馈,而正面反馈则是针对正确的行为进行的反馈。

(一)对错误的行为进行反馈

管理者针对下属的错误行为进行反馈的目的,是为了帮助下属了解自身存在的问题并引导其纠正错误。对错误行为进行的反馈就是通常所说的批评。在大多数人的印象中,批评往往是消极的,但实际上批评应该是积极的和建设性的,积极的和建设性的中立反馈方式明显优于负面反馈。

建设性批评是一种典型的中立反馈。美国加州大学洛杉矶分校的心理学家亨德里·温辛格(Hendry Wensinger)对中立反馈作了大量的研究,发现七条原则能够有效地促成建设性的批评。只要管理者在针对错误行为进行绩效反馈时注意以下七条原则,就能够避免无效的负面反馈,将中立反馈变成积极的建设性反馈,从而达到绩效管理的目的。这七条原则分别如下。

1. 建设性的批评要有计划性

管理者在进行建设性批评之前要明确批评的目的、内容、方式等。有时管理者和下属可能会受到当时谈话气氛的影响,对自己的言行失去控制,这种在情绪失控的状况下进行的反馈不但毫无意义,而且还会产生负面影响。因此,事先明确反馈的目的,组织好思路和语言,是建设性批评顺利实施的保障。

2. **建设性的批评要维护对方自尊**

自尊是每个人在进行人际交往时都试图维护的,管理者在绩效反馈时应当照顾到下属的自尊。消极的批评容易使下属的自尊心受到伤害,对人际关系具有破坏作用。要做到维护下属的自尊,最简单的方法就是在批评对方之前进行换位思考。管理者可以使用下面的批评方式来避免这类问题:"你是不是需要……的帮助才能够……""我是不是忘了告诉你……"等。

3. **建设性的批评要发生在恰当的环境中**

管理者在进行绩效反馈时应当选择合适的环境因素,充分考虑沟通的时间、地点以及周围环境,寻找最佳时机,以保证良好的反馈效果,尤其是对下属错误行为进行反馈时,更要注意选择适当的环境。通常,管理者单独与犯错误的员工进行交流可以维护下属的自尊心。但这一点并不是绝对的。例如,在团队的工作环境中,如果管理者只是进行私下的批评,下属往往会得不到充分的信息或帮助,不利于下属改进绩效。如果管理者能够在团队中营造出一种批评公开化的良好氛围,这类反馈就能够在团队集体会议上进行。在团队管理中一种常见的方式就是利用头脑风暴法给需要绩效改进的成员提供建议,这样不仅能够促进团队成员之间团结互助,也有利于提高所有成员的工作绩效。

4. **建设性的批评要以进步为导向**

批评并不是绩效反馈最终的目的,批评的目的是促使员工取得进步。强调错误的批评方式会使下属产生防御心理,这会对绩效反馈的效果起到消极的作用。绩效反馈应着眼于未来,而不应该抓住过去的错误不放。例如,王小姐在进行市场调查时选择了不恰当的样本采集方法,因而影响了统计结果的可信度。管理者在发现这一问题之后不应指责"你的方法简直太笨了""这个报告完全不能说明任何问题"等,而应该从改进绩效的目的出发,用下面的方式对其进行批评:"你应该……""用……的方法能够使……"。这类以进步为导向的批评才能够真正达到绩效反馈的最终目的——提高员工的未来绩效。

5. **建设性的批评要是互动式的**

负面反馈往往是单向传递信息的,这种方式会由于管理者单方的操纵和控制而引起下属的反感和抵触,从而使下属产生排斥心理。建设性的批评主张让员工参与到整个绩效反馈的过程中,也就是所谓的互动式的绩效反馈。管理者应当通过有效的引导让员工提出自己的看法和建议。

6. **建设性的批评要是灵活的**

灵活性要求管理者在批评时应当根据不同的对象和不同的情况采用不同的方式,并在批评的过程中根据对方的反应进行方式的调整。

7. **建设性的批评要能够传递帮助信息**

当员工在工作中遇到困难时,他们需要的不是一个只会批评打压的上级,而是一个能提供指导和帮助的领导。因此，管理者在进行建设性批评时，要为下属提供明确的、具体的建议。管理者应该让下属感受到自己对他们的关注以及信心，并使下属相信自己能够得到来自管理者的充分的帮助。这种传递帮助信息的批评有助于改善下属与管理者之间的关系，提高下属对管理者的信任感，从而提高工作绩效。

（二）对正确的行为进行反馈

通常人们更加倾向于关注对错误行为的训导，而往往忽视对正确行为的反馈。事实上，对正确行为的反馈与对错误行为的反馈同等重要。管理者在对错误行为进行反馈时，是为了减少不好的行为表现，而针对正确行为进行的反馈则是为了强化这种正确行为，两者的最终目的都是提高员工的绩效。管理者在实践中要综合运用两种不同的方式对员工的绩效水平进行反馈，从而达到良好的反馈效果。管理者在进行正面反馈时应遵循以下四个原则。

（1）用正面的肯定来认同员工的进步，例如，应针对"成功率的提高"而不是"失败率的降低"。

（2）明确地指出受称赞的行为。

（3）当员工的行为有所进步时，应给予及时的反馈。

（4）正面的反馈中应包含这种行为对团队、部门乃至整个组织的整体绩效的贡献。

四、物流企业绩效反馈应注意的问题

第一，绩效反馈前让每个部门/员工个人对自身的绩效进行自我评价，并鼓励他们寻找自己的不足。

第二，鼓励部门和员工积极参与绩效反馈过程。

第三，绩效反馈的重点在于解决问题。

第四，反馈应尽可能具体。

第五，制定具体的绩效改善目标，确定检查改善进度日期。

问题思考

请结合你的工作谈一谈企业日常绩效反馈的方式方法。

课后练习

选择题，选项四个的为单选题，选项五个的为多选题

1. 一般意义上讲，反馈包括（   ）三个要素。
   A. 反馈方法　　　　B. 反馈信息　　　　C. 反馈通路　　　　D. 反馈源
   E. 反馈接收者

2. 绩效反馈的方式包括(　　)。
A. 建设性的批评　　　　　　　　　　B. 对于员工进步的及时反馈
C. 明确地指出受称赞的行为　　　　　D. 用正面的肯定来认同员工的进步
E. 开大会通报批评

3. 物流企业绩效反馈应注意的问题包括(　　)。
A. 鼓励部门和员工积极参与绩效反馈过程　　B. 反馈应尽可能具体
C. 制定具体的绩效改善目标　　　　　　　　D. 绩效反馈的重点在于解决问题
E. 确定检查改善进度日期

参 考 答 案

第一章 物流概述

第一节 物流发展认知

答案：1. A 2. C 3. C 4. ABCDE

第二节 物流的含义与分类

答案：1. ABCDE 2. BDE

第三节 物流对企业的重要作用

答案：1. ABCDE 2. BC 3. DE 4. ABCDE

第四节 物流对宏观经济的作用

答案：1. ABCE 2. CDE

第五节 物流发展过程与趋势概述

答案：1. BCE 2. ABCD 3. ABCDE 4. BCE

第二章 企业物流管理

第一节 企业物流管理概述

答案：1. AE 2. ABCD 3. ADE 4. ABDE 5. ABCDE 6. C

第二节 物流成本管理

答案：1. D 2. C 3. BCDE

第三节 企业物流质量控制

答案：1. ABCDE 2. BCE 3. ABCDE 4. ACD

第四节 企业物流管理规范

答案：1. CDE 2. ABCDE

第五节 物流服务与营销

答案：1. ABE 2. ABCD 3. BCD 4. B

第六节 物流人员基本素养与职业道路设计

答案：1. BDE 2. ABDE 3. BC

第七节　企业物流战略管理

答案：1. ABCDE　2. ABDE　3. BCD

第三章　现代物流管理功能与内容

第一节　包装

答案：1. ABC　2. ABCDE　3. BCE　4. ACD　5. CDE

第二节　装卸搬运

答案：1. C　2. ABCDE　3. BCE　4. ADE　5. ACDE　6. ABCE　7. C

第三节　运输

答案：1. BCDE　2. C　3. D　4. BE　5. ABCDE　6. CE　7. D　8. ABCDE

第四节　仓储

答案：1. D　2. A　3. ABCD　4. BDE　5. ABCDE　6. ABCDE　7. C

第五节　流通加工

答案：1. D　2. ABDE　3. B　4. D　5. CE　6. ABCE　7. ABCDE　8. ABCDE

第六节　配送

答案：1. B　2. ABCDE　3. C　4. D　5. ABD　6. A　7. BCDE　8. D　9. ABCDE

第七节　物流信息处理

答案：1. A　2. ABCDE　3. ABDE　4. BCE　5. ABD　6. ABCDE　7. BCDE　8. ABCDE　9. ABCDE　10. ACE

第四章　传统物流业态

第一节　生产制造企业物流

答案：1. ABCDE　2. ACD　3. C　4. ACE　5. BDE　6. DE　7. BCDE

第二节　流通企业物流

答案：1. C　2. ABCDE　3. ABCDE

第三节　第三方物流

答案：1. ACD　2. D　3. ABCDE　4. BCD　5. ACDE　6. BCD　7. ABC

第四节　国际物流

答案：1. B　2. ACD　3. ABCDE　4. DE　5. BC　6. BE　7. ABCE　8. AB

第五章　新经济形势下的物流业态

第一节　电子商务物流

答案：1. BE　2. ABC　3. ADE　4. BD

第二节　冷链物流

答案：1. ABDE　2. ABCD　3. ABDE　4. ABCD　5. ABCDE

第三节　应急物流

答案：1. ABCDE　2. BCD　3. ABDE　4. ABCD　5. ABCD

第四节　逆向物流

答案：1. BDE　2. BE　3. ABCDE　4. ABCDE

第五节　绿色物流

答案：1. ABCD　2. CDE　3. B　4. D　5. ABCDE　6. ABCDE

第六节　物流金融

答案：1. ACDE　2. ABD　3. BCD　4. ABCDE　5. B　6. CE

第六章　现代物流管理环境

第一节　经济环境

答案：1. ABD　2. BCD

第二节　法律环境

答案：1. C　2. ABC　3. DE　4. ABC　5. ABCDE

第三节　物质条件

答案：1. BDE　2. B　3. ABDE　4. BCE　5. DE　6. ABCDE　7. ABCDE

第四节　物联网

答案：1. C　2. ABDE　3. ABCDE

第七章　供应链管理

第一节　供应链管理概述

答案：1. ABCDE　2. B　3. BDE　4. ABCDE　5. AB　6. CD　7. BCD

第二节　供应链管理环境下的物流管理

答案：1. ABCE　2. ABCDE　3. BD　4. CDE　5. ABCD

第三节　供应链管理要素与集成化运行机制

答案：1. ABDE　2. BCDE　3. ABCE　4. CD　5. BCDE　6. C

第四节　供应链设计与优化

答案：1. C　2. ABCD　3. C　4. ABCDE

第八章　物流绩效管理

第一节　现代物流绩效管理概述

答案：1. BCDE　2. ABCE　3. B　4. A　5. AB　6. CDE

第二节　现代物流绩效考核计划制定

答案：1. ABE　2. BCE　3. ABC　4. B

第三节　现代物流绩效考核方法

答案：1. B　2. D　3. A　4. BDE　5. ABE

第四节　现代物流绩效激励

答案：1. D　2. A　3. B　4. C　5. C　6. BC　7. AD

第五节　物流绩效反馈

答案：1. BDE　2. ABCD　3. ABCDE

图书在版编目(CIP)数据

物流学概论/张书源,李澈主编. —3版. —上海:复旦大学出版社,2024.1
(复旦卓越·21世纪管理学系列)
ISBN 978-7-309-17092-4

Ⅰ.①物… Ⅱ.①张… ②李… Ⅲ.①物流-高等学校-教材 Ⅳ.①F252

中国国家版本馆 CIP 数据核字(2023)第 233736 号

物流学概论(第三版)
WULIUXUE GAILUN
张书源 李 澈 主编
责任编辑/王雅楠

复旦大学出版社有限公司出版发行
上海市国权路 579 号   邮编:200433
网址:fupnet@fudanpress.com   http://www.fudanpress.com
门市零售:86-21-65102580   团体订购:86-21-65104505
出版部电话:86-21-65642845
上海盛通时代印刷有限公司

开本 787 毫米×1092 毫米   1/16   印张 23   字数 489 千字
2024 年 1 月第 3 版第 1 次印刷

ISBN 978-7-309-17092-4/F·3015
定价:68.00 元

如有印装质量问题,请向复旦大学出版社有限公司出版部调换。
版权所有   侵权必究